SV

Wilhelm Schmid
Das Leben verstehen

Von den Erfahrungen
eines philosophischen Seelsorgers

Suhrkamp Verlag

Erste Auflage 2016
© Suhrkamp Verlag Berlin 2016
Alle Rechte vorbehalten, insbesondere das der Übersetzung,
des öffentlichen Vortrags sowie der Übertragung
durch Rundfunk und Fernsehen, auch einzelner Teile.
Kein Teil des Werkes darf in irgendeiner Form
(durch Fotografie, Mikrofilm oder andere Verfahren)
ohne schriftliche Genehmigung des Verlages
reproduziert oder unter Verwendung elektronischer Systeme
verarbeitet, vervielfältigt oder verbreitet werden.
Satz: Satz-Offizin Hümmer GmbH, Waldbüttelbrunn
Druck: CPI – Ebner & Spiegel, Ulm
Printed in Germany
ISBN 978-3-518-42569-5

Inhaltsverzeichnis

Vorwort

Zügig bleibt die Stadt zurück und anstelle der Häusersäulen erstrecken sich Wiesen und Äcker, Obstfelder und Mischwälder über sanfte Hügel. Am Zugfenster ziehen schmucke Dörfer mit alten Höfen und neuen Betonbahnhöfen vorbei, dann wieder stoisch vor sich hin käuende Kühe, tatsächlich *fast* lila, wie in einer Werbung für Milchschokolade. Die Bahntrasse durchschneidet, als wäre es nie anders gewesen, einen Seerosenteich unter leicht bedecktem Himmel, in der Ferne überragen die Zacken hoher Berge den Morgennebel.

Südwestlich von Zürich liegt Affoltern am Albis, ein kleines, unspektakuläres Städtchen, in einer halben Stunde vom Hauptbahnhof aus mit der S-Bahn zu erreichen. Zum Spital, etwas bergan gelegen, gehe ich eine Viertelstunde zu Fuß. Es ist ein normales, schulmedizinisches Krankenhaus für die Grundversorgung von mehreren zehntausend Menschen in der Region Knonauer Amt (im Volksmund auch »Säuliamt« genannt). Zwischen Geburt und Tod wird ein weites Diagnosespektrum behandelt: Menschen mit allerlei Wunden, Rheuma, Rückenleiden, Darmerkrankungen, Herzleiden, Krebs, Hirnschlag, aber auch Menschen in Lebenskrisen, etwa im Falle von Panikattacken, Unfallverarbeitung, Depressionen, Suizidgefahr, psychotischen Episoden. Behandelt wird im so genannten Akutspital in den Abteilungen Innere Medizin, Chirurgie, Gynäkologie und Geburtshilfe. Der Inneren Medizin zugeordnet sind (zu dieser Zeit) ein Pflegeheim, ein Altersheim, ein geriatrisches und ein psychiatrisches Tagesheim. Eine besondere Errungenschaft ist die Abteilung für Psychotherapie, in der mehrere

Kunst- und Ausdruckstherapeuten arbeiten. Nach jahrelangem Ringen entsteht außerdem eine Palliativstation, in der Menschen bis in den Tod begleitet werden.

Wie kam ich dazu, als Philosoph in diesem Krankenhaus zu arbeiten? Den Anfang machte ein Essay, »Vom Sinn der Schmerzen«, den ich 1995 in der *Basler Zeitung* publizierte.* Ein Arzt in Affoltern am Albis las ihn und fand ihn interessant, der Chefarzt der Inneren Medizin, Dr. Christian Hess, nahm Kontakt auf und lud mich ein, die Thesen im Rahmen der hauseigenen Weiterbildung vorzustellen, nebst einem gemeinsamen »Nachtessen«. Der Vortrag fand Anklang und zog die Einladung nach sich, für einige Zeit im Krankenhaus zu arbeiten und die Ideen zu einer neuen Lebenskunst – die den weiteren Rahmen zum erwähnten Essay bildeten – in der Praxis zu erproben. Die Praxis ist für so manchen Philosophen freilich ein Ärgernis. Im praktischen Leben können theoretische Überlegungen scheitern, denn das Leben hält sich nicht immer an die Begriffe, mit denen es zu fassen versucht wird. Philosophen lasten die Schuld dafür nicht so sehr den Begriffen an, eher dem Leben, das sich nicht fügen will. Umso schlimmer für das Leben, das ohnehin die Gefahr mit sich bringt, die Distanz zur Unmittelbarkeit zu verlieren, die für jedes Denken wesentlich ist.

Die größten Zweifel, ob die Philosophie dort hilfreich sein kann, wo es doch oft in einem sehr direkten Sinne um Leben und Tod geht, hegte ich selbst. *Was soll ein Philosoph im Krankenhaus?* Das war zuallererst meine Frage. Da ich mich aber um die Neubegründung einer Philosophie der Lebenskunst be-

---

* In überarbeiteter Form in: *Philosophie der Lebenskunst. Eine Grundlegung,* Suhrkamp, Frankfurt am Main 1998, und erneut in: *Schönes Leben? Einführung in die Lebenskunst,* Suhrkamp, Frankfurt am Main 2000.

mühte, konnte ich mich nicht gut vor der Erprobung in der Praxis drücken, denn wozu Lebenskunst, wenn sie im wirklichen Leben nichts taugt? Lebenskunst ist nicht in erster Linie für das gelingende Leben da, sie wird vielmehr vor allem dann gebraucht, wenn das Gelingen ausbleibt und Lebensfragen aufbrechen. Das aber geschieht verschärft dort, wo Menschen das Leben nicht mehr verstehen, da sie mit Lebenskrisen und Krankheiten konfrontiert sind. Also sagte ich zu und nahm die Arbeit auf, erstmals im September 1998, dann jedes Jahr wieder für die von Anfang an so genannten *Philosophiewochen*, während derer ich auf dem Klinikgelände wohnte. Ich bat lediglich um eine zeitliche Begrenzung des Engagements auf zehn Jahre: Der überschaubare Zeitraum, so hoffte ich, würde alle Beteiligten und mich selbst dazu motivieren, alles zu geben, mit der Aussicht, dann auch wieder etwas Anderes machen zu können. So kam es zum schwierigsten und zugleich lehrreichsten Projekt, auf das ich mich bis dahin eingelassen hatte.

Da ich durch nichts auf diese Tätigkeit vorbereitet war, wurde alles zum Experiment. Zwar hatte ich mir viele Gedanken zu den Bedingungen und Möglichkeiten des Lebens gemacht, doch was davon würde sich in der Praxis bewähren? Es bedurfte eines tastenden Vorgehens, um Schritt für Schritt ausfindig zu machen, was unter den gegebenen Umständen möglich ist. Zunächst war ungewiss, ob das Angebot überhaupt Anklang bei Patienten und Mitarbeitenden finden würde, sodann ungewiss, was daraus werden würde. Aber der Zuspruch war vom ersten Tag an groß und ließ auch nicht nach, als die Anfangsjahre vorbei waren, in denen das ungewöhnliche Projekt viel Aufmerksamkeit auf sich zog. Es musste etwas damit verbunden sein, das nicht nur mir, sondern auch

Anderen viel bedeutete, jedenfalls stellte sich mir die anfängliche Frage nach ein paar Jahren genau andersherum: *Wie kommen eigentlich all die vielen Krankenhäuser ohne Philosophen aus?* Was ist dran an der Philosophie, die doch niemanden behandeln, niemanden im engeren Sinne therapieren kann? Sie kann helfen, das Leben besser zu verstehen, indem sie der *Besinnung* Raum gibt, also der Frage nach Sinn, um allein oder gemeinsam mit Anderen nach Antworten zu suchen. Sie ist ein Innehalten und Nachdenken, um Probleme zu identifizieren und zu analysieren, sie mit handlichen Begriffen fassbarer zu machen und mögliche Lösungen zu erkunden. Dass es im Krankenhaus außer um Behandlung auch um Besinnung geht, liegt nahe, aber ich bemerkte es erst vor Ort: Viele Menschen, die darniederliegen, verspüren ein existenzielles Bedürfnis, über ihre Situation, ihre Krankheit, ihr Leben und die Welt, in der sie leben, nachzudenken. Die Schlüsse, zu denen sie kommen, sind von Bedeutung dafür, wie sie ihre Situation bewältigen können. Und auch diejenigen, die für sie sorgen, sei es im direkten Umgang mit ihnen oder im Hintergrund, werden von Fragen zu ihrer Arbeit und ihrem Leben umgetrieben. Die Antworten, die sie finden oder die offenbleiben, sind von Bedeutung dafür, wie die Institution »funktioniert«, denn die lebt von den Menschen, die in ihr arbeiten.

In früheren Büchern habe ich die Lebenskunst im Umgang mit sich selbst, mit Anderen und der Welt insbesondere im vertrauten persönlichen Umfeld thematisiert.* Das vorliegende Buch widmet sich dem Leben und Arbeiten von Menschen außerhalb dieses Kokons. Auch wenn Lebenskunst als be-

---

* *Mit sich selbst befreundet sein*, Suhrkamp, Frankfurt am Main 2004. – *Die Liebe atmen lassen*, ursprünglich *Die Liebe neu erfinden*, Suhrkamp, Berlin 2010. – *Dem Leben Sinn geben*, Suhrkamp, Berlin 2013.

wusste Lebensführung immer vom Ich ausgeht, kann sie nie beim Ich stehenbleiben, sonst wäre sie keine Kunst, sondern eine Dummheit. Das Ich ist verloren ohne Andere, die ihm zur Seite stehen, im engeren Umfeld wie auch außerhalb. Die Voraussetzung für den Beistand Anderer aber ist, dass es seinerseits Anderen beisteht und dies als Element seiner Lebenskunst begreift. Die *Sorge für sich* dient im Wesentlichen dazu, sich zur *Sorge für Andere* zu befähigen, aus bloßer Freude, aus Menschen- und Nächstenliebe oder eben in der Hoffnung, dass Andere sich zu gegebener Zeit um das Ich sorgen. Meist erst dann, wenn ein Ich die Sorge für Andere wahrnimmt, bemerkt es außerdem, wie sehr dies zu einer Erfüllung seines Lebens beiträgt, die es aus sich allein heraus kaum gewinnen kann.

Aus all diesen Gründen geht die Lebenskunst mit einer *Ethik der Sorge* einher, die außer der Selbstsorge eines Ich für sich auch die Sorge für Andere umfasst, um ihnen wiederum bei der Sorge für sich behilflich zu sein, und dies gerade dann, wenn ihr Leben schwierig wird. Die Ethik der Sorge macht andere Ethiken nicht überflüssig, die nach allgemein verbindlichen Werten und Prinzipien (*Prinzipienethik*) und nach gut begründeten Vorgehensweisen und Entscheidungen etwa in medizinischen Grenzfragen suchen (*Angewandte Ethik*). Aber jede Ethik ist letztlich auf die Haltung (das *Ethos* im Griechischen) und bewusste Lebensführung Einzelner angewiesen, die sich um ethische Fragen kümmern. Noch dazu ist die individuelle Ethik der Sorge die einzige, die auch *Lebensfragen* ernst nimmt und sie nicht als trivial abtut, also Fragen, die sich in Bezug auf kleine Alltagsdinge oder große Zusammenhänge des Lebens stellen, ohne dass es endgültige Antworten darauf geben könnte. Wo einst eine Religion mit *heteronomer Sorge* vorgeben konnte, letzte Antworten zu kennen, geht es in der philosophischen Lebenskunst um die Stärkung der *autonomen Sorge* Einzelner, um sie in die Lage zu versetzen, eigene Antworten zu finden, ausgehend von ihrem eigenen Interesse am Leben, ihren Erfahrungen und allem, was damit zusammenhängt. Mit dem Innehalten und Nachdenken, dem Philosophieren in diesem Sinne, beginnt die Suche nach provisorischen Antworten, die in der aktuellen Situation weiterhelfen und zugleich für andere Erfahrungen und Einsichten offenbleiben.

In einer Institution, die ganz auf die Sorge für Andere ausgerichtet ist, nehme ich selbst nun diese Ethik der Sorge wahr. Nach dem engeren Kreis des Umgangs mit sich und nahen Anderen ist dies der weitere Wirkungskreis der Lebenskunst: Vom *individuellen* zum *institutionellen* Rahmen. Fragen stellen sich: Was können Institutionen, auch Unternehmen, für die bewusste Lebensführung von Menschen tun? Was können Menschen in Institutionen und Unternehmen für sich und Andere und für die Rahmenbedingungen ihres Lebens tun?

Ein solches Nachdenken wäre an vielen Orten wünschenswert, nicht nur in Krankenhäusern. Alle Institutionen und Unternehmen nehmen Einfluss auf die Haltung und das Verhalten von Menschen, strukturieren zeitlich und räumlich ihr Leben vor, stellen Zusammenhänge zwischen ihnen her, ermöglichen ihnen Entfaltung oder hemmen sie, stellen Arbeit und Einkommen zur Verfügung oder auch nicht, eröffnen Chancen fürs Leben oder verschließen sie. Dass sie das Ich übergreifen und überdauern, gibt ihnen Bedeutung weit über das einzelne Leben hinaus: Viele Individuen können in ihnen aufblühen, aber auch verwelken. Individuen sind es im Gegenzug, die die Institutionen und Unternehmen mit Leben erfüllen oder leerlaufen lassen, je nachdem, wie sie die Sorge für sich und Andere wahrnehmen.

Auf dem Weg zur Lebenskunst und Ethik der Sorge können Philosophen behilflich sein, nicht zwingend nur Berufsphilosophen, sondern auch philosophisch interessierte Psychologen, Therapeuten, Theologen und Andere, die sich durch das Bemühen um einen weiten Horizont des Denkens und der Erfahrung auszeichnen. Auf der Suche nach einem Begriff für meine eigene Arbeit als Philosoph im Krankenhaus kam mir die *philosophische Seelsorge* in den Sinn, in Erinnerung an Sokrates, der seine Tätigkeit, Gespräche mit Menschen über Lebensfragen und Fragen einer Ethik der Sorge für sich und Andere zu führen, *Seelsorge* nannte. Erst später wurde ein Begriff der Theologie daraus. Die erneute Befassung mit der Seelsorge könnte eine notorische Schwäche der modernen Philosophie beheben und den Praxisbezug stärken, den diese bräuchte, um ihre Theorien erproben und korrigieren zu können. Nicht nur die immer neue Produktion von Theorien ist von Interesse, sondern auch deren gelegentliche Überprüfung, um aussortieren zu können, was sich nicht bewährt.

Was ich der Zeit in Affoltern verdanke, ist ein enormer Reichtum an *Empirie* im Sinne von Erfahrungen, die zum Korrektiv für meine eigenen Theorien werden konnten. Der vorliegende Bericht davon will nicht etwa ein Modell schildern, das auf andere Situationen und Institutionen übertragbar wäre, sondern diskutable Beispiele für eine philosophische Praxis im weiteren Sinne vorstellen. Einige Erkenntnisse könnten in eine philosophische Aus- und Weiterbildung einfließen, die über die weiterhin erforderlichen theoretischen Grundlagen hinaus auch auf praktische Tätigkeitsfelder vorbereitet. Die akademische Philosophie sollte sich verstärkt auf dieses Terrain der *Lebenshilfe* vorwagen, das sie grundlos scheut: Ihre denkerische Kompetenz, historisch und systematisch geschult, kann für Menschen in praktischen Nöten sehr hilfreich sein, auch wenn sie selbst das kaum für möglich hält.

Da die Arbeit im Krankenhaus eine sehr persönliche Erfahrung war, die mir naheging, obwohl sie vergleichsweise wenig Zeit beanspruchte, habe ich dieses Buch aus der Ich-Perspektive geschrieben. Namen und Daten wurden geändert, wenn es um des Persönlichkeitsschutzes willen nötig erschien, angezeigt mit einem Sternchen* bei der ersten Nennung. Das Buch enthält keine objektiven Wahrheiten, sondern subjektive Wahrnehmungen. Ich widme es den Menschen, denen ich begegnet bin und die damals dort gearbeitet haben, wo ich so viel über das menschliche Leben, die Bedingungen einer Institution und die Möglichkeiten der Philosophie lernen konnte. Gemeinsam praktizierten wir die Philosophie in ihrer einfachsten Form: Als Methode, sich zu besinnen. Ein auf Schritt und Tritt spürbares Entgegenkommen vieler Menschen hat die Erfahrung der Fremdheit an diesem ungewohnten, ungewöhnlichen Ort abgemildert. Zu keinem Zeitpunkt musste ich befürchten, ein unerwünschter Fremdkörper zu sein. Nur selten hatte ich den Eindruck, fehl am Platz zu sein. Von Grund auf fühlte ich mich aufgenommen in das Haus mit dem Wort, das ich zuallererst hörte: »Willkommen!«

Was ist eigentlich Leben?
Gespräche mit Patienten und Klienten

Überraschende Begegnungen bei der Visite

Wie anfangen? Kaum jemand kennt mich hier. Die Vorbereitungsgruppe im Haus schlug mir vor, mich am besten selbst auf den Weg zu machen, um Menschen kennenzulernen, also gehe ich mit auf Visite. Weißer Kittel, auch für mich. Gemeinsam mit den medizinischen Kollegen stehe ich am Bett der Patienten, der Unterschied ist gleichwohl augenfällig: Sie können *ad hoc* wirksam sein und beispielsweise eine Wundheilung beurteilen und genau wissen, was jetzt zu tun ist. Welche Wunden kann ich heilen? Zwar lassen die Menschen, wenn ich als Philosoph vorgestellt werde, großen Respekt erkennen, manche fragen aber auch postwendend nach: »Und was macht ein Philosoph?« Nicht einmal diese Frage kann ich auf Anhieb beantworten, denn ich weiß es selbst nicht immer so genau.

»Wozu braucht man eigentlich einen Philosophen?« Nach der gestrigen Visite habe er die ganze Nacht darüber gegrübelt, sagt ein älterer, herzkranker Mann. Das Fenster in seinem Zimmer ist weit geöffnet, als ich ihn aufsuche, und er erzählt mir, dass er stundenlang nur auf seinem Bett liege, mit Blick zum Fenster. Jede Bewegung koste ihn Kraft und er wisse, dass keine wirkliche Aussicht auf Besserung besteht, »und so *sinniere* ich vor mich hin«.

»Schönes Wort«, sage ich. »So anspielungsreich.«

»Geistige Nahrung«, meint er, »die brauche ich, um mich

im Denken zu üben, denn meine größte Befürchtung ist, ich könnte zu allem Überfluss auch noch Alzheimer bekommen.«
»Beim Denken kann ich helfen. Wahrscheinlich kann man einen Philosophen brauchen, um mit ihm über das Leben nachzudenken und über die mögliche Haltung zum Leben und darüber, was sinnvoll, wichtig und richtig ist und aus welchen Gründen.«

So kommen wir ins Gespräch und unterhalten uns eine halbe Stunde lang, bis ich bemerke, dass die Anregung für ihn in Ermüdung umschlägt. Ein Gespräch muss also limitiert bleiben, um nicht zu anstrengend zu werden; auch die »geistige Nahrung« ist eine Frage des Maßes.

Geistige Nahrung – könnte es das sein, was die Philosophie zu bieten hat? Diesen Begriff höre ich hier zum ersten Mal, fortan aber oft, viele im Haus gebrauchen ihn, Patienten ebenso wie Mitarbeitende, bezogen auf meine Arbeit. Sie sind dankbar dafür, etwas zu naschen oder auch zu beißen zu bekommen, das den Hunger nach gedanklicher Anregung stillen kann. Menschen ernähren sich offenkundig nicht nur physisch mit Essen, psychisch mit Gefühlen, sondern auch geistig mit Gedanken. Der Redeweise von »geistiger Nahrung« könnte neurobiologisch die Einsicht entsprechen, dass das Gehirn ständig dazu bereit ist, Neuronen und Synapsen zu bilden. Es braucht Stoffe, die ihm zu denken geben, um in Bewegung zu bleiben und nicht schon zu Lebzeiten tote Materie zu sein. Philosophische Fragestellungen und Denkanregungen können vermutlich den Prozess unterstützen, neue Informationen und Inhalte aufzunehmen, sie einzuordnen, zu organisieren und miteinander zu verknüpfen.

Für Menschen ist das Bedürfnis, sich Gedanken über alles Mögliche zu machen, wohl nie größer als in der ungewissen

Situation, in der sie sich als Patienten befinden. Tag für Tag begegne ich Menschen, deren gewohntes, gesichertes Leben zerbrochen ist, momentan oder für lange Zeit, manchmal für immer. Häufig bettlägerig, haben sie alle Zeit der Welt, über ihr Leben nachzudenken, aber wo sind die Gesprächspartner für all das, was ihnen durch den Kopf geht? Kann ich ein solcher sein? Hilft ihnen das in irgendeiner Weise weiter? Und wenn ja, könnten auch Nichtphilosophen diese Aufgabe übernehmen? Nahestehende Menschen vielleicht, sofern sie damit nicht überfordert sind. Etliche Ärzte sicherlich, nur haben sie beim besten Willen oft nicht die Zeit dazu, eingehendere Gespräche am Bett oder im Sprechzimmer zu führen. Pflegende selbstverständlich, aber auch ihre Zeit ist knapp. Theologen ebenfalls, aber ihnen wird ein Gespräch über das Leben abseits von Glaubensfragen häufig zu Unrecht nicht zugetraut. Psychotherapeuten zweifellos, aber in den Augen vieler sind sie ausschließlich für psychische Krankheiten und Störungen zuständig, sodass der Gang zu ihnen mit einem Eingeständnis eigener Gestörtheit gleichgesetzt wird.

Der Bedarf nach Gesprächen ist vom ersten Augenblick an groß und ich finde rasch Gefallen daran, da sie ein ums andere Mal sehr spannend sind. Das wird zum ersten Schwerpunkt der philosophischen Seelsorge: *Gespräche zu führen*, vor allem mit Patienten. Da ich das nie gelernt habe, lege ich mir vorweg Fragen zurecht, die etwas in Gang bringen könnten. Und jedes Mal kommt in kurzer Zeit das Leben eines Menschen mit der ihm eigenen Welt zum Vorschein. Oft bin ich verblüfft über die tiefen Einblicke, die mir gewährt werden. Bei der Visite fällt mir beispielsweise ein beschriebenes Notenblatt neben dem Bett des Patienten auf. Er lässt es gerade verschwinden, als sollte niemand es sehen, aus welchen Gründen auch immer. Eine CD liegt auf dem Nachttischchen, eine Sammlung von Arien, gesungen von Barbara Bonney: *Exsultate, jubilate* von Wolfgang Amadeus Mozart, *Stabat mater* von Joseph Haydn. Auch Arien aus der Solokantate 199 von Johann Sebastian Bach: *Stumme Seufzer, stille Klagen, Tief gebückt und voller Reue, Wie freudig ist mein Herz.* Das macht mich hellhörig: Was für eine Geschichte steckt hinter einer so großen Liebe zur Musik?

Ich frage Herrn Steiner*, ob ich ihn wieder aufsuchen darf, und nach einer Weile weiht er mich in sein Geheimnis ein: Dass seine eigentlichen Interessen der Musik gelten, nicht nur sie zu hören, sondern auch sie selbst zu komponieren. Leider durfte diese Leidenschaft nie zum Ausdruck kommen, die Familie drängte ihn früh dazu, Elektriker zu werden, um schließlich den hundert Jahre alten Familienbetrieb zu übernehmen. Als er vor kurzem geschäftlich angefeindet wurde, brach dann seine ganze Wut über das verfehlte Leben aus ihm heraus, ohne jede Kontrolle, er selbst hätte das nie für möglich gehalten: Eines schönen Tages schlug er, der Inhaber eines Elektrofachgeschäfts, 45 Jahre alt, ein rundum gesunder Mensch, sein Firmenbüro kurz und klein und warf das Mobiliar durch die zersplitternden Fenster auf die Straße. Es fehlte nicht viel und er hätte sogar noch »mit sich selbst Schluss gemacht«. Er hatte Glück, dass er nicht in der Psychiatrie, sondern hier im Spital ankam, wo ein Angebot zur Krisenintervention bereitsteht, 1989 bereits von einem Team engagierter Kunst- und Ausdruckstherapeuten unter Leitung von Annina Hess-Cabalzar geschaffen.

Beim nächsten Gespräch lade ich Herrn Steiner ein, zum Vortrag zu kommen, den ich in der Mittagspause für alle Interessierten im Haus halte, Thema »Vom Umgang mit sich selbst und Anderen«. Als wir uns danach wieder treffen, hat er ein halbes Notizheft mit seinen Gedanken dazu vollgeschrieben. Ob der Vortrag ihm Anregungen gegeben habe, frage ich ihn. »Ja, aber er war auch eine Gefahr für mich«, antwortet er. »Da war vieles zu hören, was ich nicht kannte, und ständig ging mir durch den Kopf, was ich eigentlich noch alles lesen müsste. Lücken in meiner Bildung machen mich unruhig.«

Nur mit Mühe kann ich ihn davon überzeugen, dass es unmöglich und auch nicht erforderlich sei, alles zu wissen, dass es stattdessen wichtiger sein könnte, eine Anregung aufzunehmen und eigene Schlüsse daraus zu ziehen. Was fand er denn besonders interessant? »Dass ein Mensch eine ›innere Gesellschaft‹ ist und deren Zusammenhalt sich nicht von selbst versteht, sondern einer Strukturierung bedarf, die jeder selbst leisten muss. Und dass die Voraussetzung für diese Strukturierung eine Zuwendung zu sich selbst ist, die nicht nur legitim, sondern geradezu geboten ist, da sie dem Leben Sinn gibt und auch die Voraussetzung für die Zuwendung zu Anderen darstellt.«

Herr Steiner hat nur den Selbstverzicht kennengelernt und empfindet es als Befreiung seines Lebens, sich auch um sich selbst kümmern zu dürfen. Parallel zu unseren Gesprächen geht er jeden Tag zu den Kunst- und Ausdruckstherapeuten, die nicht nur die Krisenintervention anbieten, sondern auch als eine Art von *Kreativitätspool* im Haus fungieren. In ihren Räumen kann er die von ihm geliebte musikalische Seite seines Selbst nach Herzenslust erklingen lassen. Ich setze mich neben ihn und lausche seinen Kompositionen, die er selbst am Klavier spielt. Alles läuft auf die Frage hinaus, wie er diese Seite besser in sein Leben integrieren kann. In den Gesprächen kristallisiert sich endlich die Lösung heraus: Er mietet eine zusätzliche kleine Wohnung und stattet sie zur »Komponistenwohnung« aus, in der er neben der Tätigkeit im Betrieb für ein oder zwei Tage in der Woche seiner eigentlichen Berufung nachgehen kann.

Das ist ein erstes Beispiel für zahlreiche vertiefte Gespräche, die noch folgen sollten. Vielen anderen Menschen, ihrem Leben und Leiden begegne ich nur im Vorbeigehen, meist bei der Visite. Ärzte, Pflegende und Therapeuten kümmern sich mit ihrer alltäglichen Sorge um sie, etwa um die Patientin mit Beschwerden im Brustbereich, die vor Schmerzen weint, aber was für Schmerzen sind das? Die Diagnostik versagt fürs Erste, es sind weitere Abklärungen nötig. Eine andere Frau wird von Weinkrämpfen geschüttelt, dann wieder von Lachanfällen, sie kann nicht anders, macht sich dennoch bittere Vorwürfe und ist dankbar für jede Hilfe, aber wie ist ihr zu helfen? Eine alte Frau blickt apathisch vor sich hin, sie kann nicht mehr bei der Familie ihres Sohnes zuhause bleiben, »es geht nicht mehr«, nun braucht sie einen Pflegeplatz. Ein älterer Mann mit zupackendem Händedruck leidet an unerklärlichen Schwindelgefühlen. Ein Landwirt im Ruhestand, der Herzbeschwerden hat, ergibt sich voller Vertrauen in sein Schicksal in einem Dialekt, von dem ich kein Wort verstehe. Mühelos unterhalten sich die Ärzte auf Englisch mit einem weiteren Mann, der trotz offensichtlicher Gebrechlichkeit nicht daran denkt, sich in sein Schicksal zu fügen, und auf Französisch mit einer Asylbewerberin aus Burundi, die dort vergewaltigt wurde und völlig traumatisiert ist, sie leidet noch dazu an einem Beckenbruch, an Aids und Malaria.

Beim wöchentlichen gemeinsamen Rapport der Ärzte, an dem ich teilnehmen darf, werden Informationen über die Patienten ausgetauscht: Alle sollen einen Überblick haben, keiner in seiner Spezialisierung versinken. Es geht um Menschen, die hier keine »Fälle« sind, sondern beim Namen genannt werden, mit ihren Beschwerden und Krankheiten, persönlichen Geschichten und psychischen Belastungen. Eine Versammlung ganz in Weiß, in einer informellen, lockeren Atmosphäre. In schneller Folge schwirren Fachbegriffe durch die Luft, wie immer, wenn Experten unter sich sind. Soll man mit Antibiotika oder besser konservativ behandeln, soll operiert werden oder nicht? An der Lichtwand hängen die zugehörigen Röntgenbilder. Erfahrungen und Ratschläge flirren hin und her, einer nach dem Anderen muss zwischendurch dringend ans Telefon. Von der Pinnwand grüßen urlaubende Kollegen aus vielen Städten und Ländern der Erde, im Hintergrund treiben Pressluftbohrer unaufhörlich die Erweiterung des Hauses voran. Am Schluss herrscht eine Situation wie auf dem Marktplatz, jeder spricht mit jedem, einige kommunizieren schnell und konzentriert über ein geplantes Vorgehen, die Chefärzte leisten die Unterschriften, die gebraucht werden.

Bruch im Leben: Jede Krankheit kann eine Lebenskrise sein

Das Krankenhaus besteht aus vielen kleinen und größeren Häusern, die sich über einen Hang erstrecken. Die unteren Gebäude sind (damals) eingebettet in eine dichte Bepflanzung mit vielerlei Blumen, Büschen, Efeu, scheinbar wilden Gärten, durch die ein schmaler Pfad führt, seitlich zu Nischen mit Sitzbänken geöffnet, von meterhohem Bambus umstanden. Unten vor dem Altersheim plätschert ein Brunnen, Bewohner sitzen auf der Terrasse, wenn das Wetter es erlaubt. Sie schauen über die Dächer des Städtchens hinweg zu den

Bergen im blauen Dunst oder erblicken, wie ich zu erkennen glaube, ein imaginäres Land, das nur diejenigen sehen können, die sich in diesem Alter und in dieser Lebenssituation befinden. Werde ich es auch sehen, ebenfalls von einer schönen Terrasse aus, wenn ich in ferner Zukunft so weit bin? Jetzt aber bin ich erst einmal auf dem Weg zur Arbeit. Was erwartet mich heute?

Abweichend von der strengen Raum- und Zeitordnung, die um der Effizienz der Abläufe willen aufrechterhalten werden muss, kann der Philosoph mit jedem an jedem Ort zu jeder Zeit ins Gespräch kommen. Wichtig ist mir dennoch, einen festen Ort innerhalb des Hauses zu haben, den ich über die Jahre hinweg nicht wechseln muss. Der mir zugewiesene Raum ist eine Art Bibliothekszimmer ohne große Bibliothek, von nun an *Philosophenzimmer* genannt, mit vorgelagerter Terrasse und einem Blick in die Berge, im Vordergrund Rigi und Pilatus, im Hintergrund die schneebedeckten Zentralschweizer Alpen. Hier arbeite ich und führe Gespräche, soweit diese nicht quer durchs ganze Haus stattfinden. Auf der weitläufigen Terrasse kann ich zwischendurch im Gehen Gedanken erproben oder sie zerstreuen. Dafür, dass es nicht zu idyllisch wird, sorgt die rastlose Moderne: Die Wiese gegenüber, auf der anfänglich noch Schafe weideten, wird im Laufe der Jahre Stück für Stück zugebaut. Dann wird mein Zimmer renoviert und ist plötzlich so kalt und aseptisch, ohne jede Patina, dass mit ein paar Bildern, einer Sitzgruppe, einer eigenwilligen Lampe wieder die Atmosphäre herbeigezaubert werden muss, in der Menschen gerne zum Gespräch verweilen.

Herr Wintermann* kommt aus Neugierde zu mir. Mit einem Philosophen zu reden, stellt er sich spannend vor, und während wir die Pflaumen essen, die mir jemand mitgebracht hat, erzählt er, ein Gymnasiallehrer und promovierter Germanist, 37 Jahre alt, von Schmerzen im Bauch, die ihn aus heiterem Himmel während einer Zugfahrt überfallen haben. Er musste sich übergeben, vom Bahnhof aus konnte er gerade noch seine Frau anrufen, die ihn zum Hausarzt chauffierte. Der wusste keinen Rat und wies ihn ins Krankenhaus ein, wo der Durchbruch einer Entzündung im Dickdarm festgestellt wurde. Eine lebensgefährliche Situation, die früher nur bei älteren Menschen vorkam und mittlerweile immer jüngere betrifft, eine so genannte Zivilisationskrankheit: Die Darmwände werden schlaff, wenn zu wenig natürliche Kost gegessen wird – woran es bei diesem Patienten aber gar nicht fehlte. Die Behandlung der Entzündung mit Antibiotika schlägt unmittelbar an, der behandelnde Arzt warnt jedoch davor, dass da »noch etwas nachkommen kann«. Tatsächlich stellen sich binnen kurzer Zeit entsetzliche Schmerzen ein, Darmverschluss, rasch wird operiert und ein vorübergehender künstlicher Darmausgang geschaffen, damit die Erkrankung in Ruhe ausheilen kann.

Magen- und Darm-Geschichten, sagen die Ärzte, hätten oft mit psychosomatischen Verwicklungen, mit Wechselwirkungen von Psyche und Soma, Seele und Körper zu tun. »Was war los in Ihrem Leben?«, frage ich den Patienten.

Die Antwort kommt prompt: »Ich war derjenige, der sich schnell über etwas aufregte.« Dazu habe es viel Anlass gegeben, denn er habe hohe Ansprüche gestellt, vor allem an sich selbst. Von den Verhältnissen um sich herum habe er Perfektion erwartet, vornehmlich in Fragen der Gerechtigkeit, jede leise Ungerechtigkeit habe ihn in Rage gebracht, »und weil ich das nicht ständig zum Ausdruck bringen konnte, habe ich viel Ärger heruntergeschluckt«. Er überlegt einen Moment. Er sei sehr streng erzogen worden, »handfest«, daher rührten wohl auch die Perfektionsansprüche. Sie seien ihm eingebläut worden und es entsetze ihn jetzt, dass er diesen Willen zur Perfektion bei seinem kleinen Sohn wiederfinde, der den Vater nicht im Krankenhaus besuchen wolle, weil vermutlich sein Bild eines perfekten Vaters darunter leiden würde.

Ich bin nur der, der zuhört, mein Gegenüber kommt selbst auf die Idee, dass er einiges in seinem Leben ändern könnte. Der lächelnde, höchst reflektierte Germanist will die Krankheit und die Erfahrung der Schmerzen zum Anlass nehmen, ein anderes Leben zu führen, Resultat eines langen, einsamen Nachdenkens ohne Einsamkeitsgefühl, wie er sagt: »Seit ich aus der Narkose und dem darauf folgenden Dämmerzustand erwacht bin, geht mir sehr viel durch den Kopf. Ich will mein Leben mehr erfüllen, weniger mit Perfektion, mehr mit Muße, an der es mir fehlte, da ich immer an meiner Perfektionierung zu arbeiten hatte.«

Ich ermuntere ihn, seine hohen Ansprüche an Gerechtigkeit zu überdenken, ohne aber ins Gegenteil zu verfallen, also nun keinerlei Ansprüche mehr aufrechtzuerhalten und Gerechtigkeit für völlig unmöglich zu halten. Vorstellungen davon seien wichtig für das Zusammenleben in der Gesellschaft wie in der Familie. Das Kunststück sei, sie in einem Maß zu halten, das für einen selbst wie auch für Andere realisierbar sei. Es gebe ohnehin nicht den einen, einzigen Begriff von Gerechtigkeit, anhand dessen die Realität präzise zu beurteilen wäre. Und selbst dann, wenn Gerechtigkeit zur Perfektion getrieben werden könnte, würde sie womöglich wieder in Ungerechtigkeit umschlagen, da ihre Vervollkommnung Maßnahmen erfordern würde, die ungerechte Konsequenzen haben könnten.

Herr Wintermann stimmt zu. Aber noch etwas Anderes will er in sein neues Leben mitnehmen: Den *Gedanken an den Tod*, dem er bisher keinen Raum zugestanden hat. Er hält es selbst für kurios, sich so verhalten zu haben, denn immerhin sei dies die einzige Gewissheit: Dass dem Leben, wie lange es im Einzelfall auch dauern möge, eine Grenze gesetzt sei. Für jeden sei das so, aber kaum jemand wolle im Alltag daran denken. »Als ich darniederlag, überkam mich der Gedanke: Was wäre, wenn …? Mir wäre sehr viel Leben mit meiner Frau entgangen, auch mit meinen beiden kleinen Kindern, die ich nicht hätte heranwachsen sehen können. Eine unglaubliche Angst hat sich in mir breitgemacht, das nicht mehr zu erleben, denn tot zu sein heißt für mich nicht etwa, von anderswoher zuschauen zu können.« Was auch immer nun geschehe, er sei entschlossen, dem Gedanken an den Tod einen festen Platz in seinem Leben zu geben. Auch seine Vorstellung vom Sterben sei jetzt eine andere, denn zunächst habe er wie viele Andere auch gemeint, es solle, wenn es schon sein müsse, schnell gehen, jetzt aber würde er sich lieber schrittweise herantasten.

Er ist erstaunlich, welche Perspektivenwechsel Menschen vollziehen können, wenn ihnen das Leben Anlass dazu gibt. Eine Krankheit wirft Fragen auf, wächst sich zur Lebenskrise aus und stellt womöglich das Leben selbst in Frage. Ist die Beunruhigung groß genug, wird die Besinnung unumgänglich: Was war mein Leben, was ist es, was kann es noch sein? Wie kann ich mit dem Bruch im Leben umgehen, wie mit dem Schmerz, der mich dominiert und das Denken unterminiert? Das bisher gelebte Leben zerbricht und nun kommt es darauf an, die Bruchstücke wieder zusammenzufügen, eventuell auf radikal veränderte Weise, damit das Ich sich neu finden kann und das Leben Sinn gewinnt. Auch bei dieser Aufgabe kann ich behilflich sein, aber nicht indem ich sage, wie das Leben fortan zu leben sei, denn das weiß ich mit knapper Not für mich selbst, keinesfalls für Andere. Meine Art der Sorge für Andere sind vielmehr die Gespräche mit ihnen, bei denen sie selbst auf die Gedanken kommen, die anregend und überzeugend genug für sie sind, um ihr Leben daran zu orientieren. Die Neuorientierung im Denken stärkt das jeweilige Selbst und ermöglicht einen Neuanfang im Leben, vorausgesetzt, die Situation wird nicht nur als lästige Störung abgetan und überspielt.

Der erste Versuch, für mich selbst zu beschreiben, was da geschieht, führt mich zum Begriff einer *Hermeneutik der Existenz* (von griechisch *hermeneuein*, deuten). Die Gespräche bringen eine *Deutung und Interpretation des Lebens* in Gang, die dazu verhilft, das Leben besser zu verstehen und in diesem Moment, in dem ein Mensch nicht weiterweiß, einen gangbaren Weg auszumachen. Die Gelegenheit ist günstig für ein Innehalten, denn die Krise zwingt dazu, das Leben zu überdenken, im stillen Selbstgespräch oder im Gespräch mit Anderen, um in der unklaren Situation mehr Klarheit über Gegebenheiten und Möglichkeiten und das eigene Vorgehen zu gewinnen. Oft gilt die Deutung und Interpretation dabei »dem Sinn«, dem Sinn der Krise, der Krankheit, des Lebens, immer wieder wird in den Gesprächen danach gefragt.

Wer ist eigentlich für die Beantwortung dieser Frage zuständig? Im gesamten Gesundheitswesen gibt es Spezialisten für alles, aber wo sind die Spezialisten für die Frage nach dem Sinn? Theologen und Therapeuten stehen für Gespräche darüber bereit, aber was ist mit den Philosophen, die von alters her mit dieser Frage befasst sind? Niemand verfügt über endgültige Antworten darauf, aber in der akademischen Philosophieausbildung, wie ich sie selbst absolvierte, wurde bereits die Frage als esoterisch abgetan, abgeschoben in die Ecke eines Spezialgebiets namens *Hermeneutik*, in dem man sich meist damit begnügte, Texte auf die in ihnen enthaltene Wahrheit hin zu deuten.

Hier aber hat die Hermeneutik mit der *Existenz* zu tun und bei den Deutungen geht es darum, diejenigen Zusammenhänge zu sehen und herzustellen, die einer Situation oder dem gesamten Leben Sinn geben können. Vermutung: Die Zusammenhänge *sind* dieser Sinn. Wo keine Zusammenhänge zu sehen und herzustellen sind, entsteht demzufolge ein Eindruck von Sinnlosigkeit. Mit Deutungen lassen sich, wie bei Herrn Steiner und Herrn Wintermann, neue Zusammenhänge zwischen Erfahrungen und Vorstellungen im eigenen Selbst, darüber hinaus zwischen Selbst und Anderen, Selbst und Welt knüpfen. Nicht auszuschließen ist, dass dabei, wie bei der Deutung von Texten, von einem *hermeneutischen Zirkel* die Rede sein kann: Demnach wird ein Sinn zumindest teilweise in die Dinge und Ereignisse hineingelegt, um aus ihnen herausgelesen werden zu können. Die hermeneutischen Kriterien für Sinn sind umstritten, in der Lebenssituation aber dürfte die Schlüssigkeit, die *Plausibilität* in den Augen des Menschen, der dieses Leben lebt, entscheidend sein. Gedachte und wirkliche Zusammenhänge müssen nicht deckungsgleich sein, wichtiger ist, die Zusammenhänge zu finden, auch zu erfinden, die so tragfähig sind, dass es sich in ihrem Geflecht leben lässt und aus ihnen neue Kräfte zu schöpfen sind. Gut möglich, dass die entsprechende Selbstbesinnung des Menschen wie auch die Besinnung im Gespräch den Prozess der Heilung beeinflussen.

Mit dem gefundenen Sinn geht eine *Wahrheit* einher – ist das Leben von Sinn erfüllt, erkennt ein Mensch es als »wahres Leben«. Es kann sich dabei aber nicht um eine *objektive* Wahrheit handeln, für die es an zweifelsfreien Maßstäben fehlt, nur um eine *subjektive* Wahrheit, die länger Bestand hat, wenn sie besser begründet ist. In Frage steht eine *Lebenswahrheit*, eine Sichtweise und eine Lebensauffassung, die die Einordnung einer Situation, eines Problems, einer Krankheit ermöglicht, sodass das Leben weitergehen kann, mit allen Schwierigkeiten, Ungereimtheiten und Widersprüchen. Die Wahrheitsfrage ist somit eine doppelte: Was ist wahr im Sinne des *wirklichen Geschehens*, das zu dieser Situation geführt hat, und was ist wahr im Sinne des *richtigen Verhaltens*, das in dieser Situation sinnvoll erscheint? Die Lebenswahrheit ließe sich ohne aufwändige Besinnung zügiger gewinnen, aber fundierter und haltbarer ist die kritische Prüfung ihrer Plausibilität durch das Selbst und Andere, etwa durch den philosophischen Gesprächspartner, der weitere Aspekte und Argumente beisteuern kann.

Von Herrn Steiner höre ich nichts mehr, hoffentlich ein Indiz dafür, dass es ihm gelungen ist, sein Leben umzustellen. Herr Wintermann berichtet nach einem Jahr davon, dass er sein Leben wirklich neu orientiert habe, mehr Zeit mit seiner Familie verbringe und Kollegen ihm erfreut attestierten, weit umgänglicher als früher zu sein. Für viele Menschen beginnt ein solcher Prozess mit einer Lebenskrise, ausgelöst womöglich durch eine Krankheit.

Aber nicht jede Lebenskrise geht mit einer Krankheit einher

Anfangen, das ist jedes Mal von Neuem eine Herausforderung bei den Gesprächen. »Wie ist es dazu gekommen, dass Sie nun hier sitzen?« Es ist diese naheliegende Frage, mit der ich die besten Erfahrungen mache, da sie den meisten Menschen ermöglicht, von sich zu erzählen. Viele Gespräche gewinnen dann rasch eine Tiefe, in der verborgene Dinge und Verhältnisse sichtbar werden, von denen sich an der Oberfläche gar nichts abzeichnete. Als hätten die Menschen nur auf diesen Moment gewartet, um sich endlich zu öffnen und mit einem interessierten Anderen über ihr Leben nachzudenken.

Frau Augst* beispielsweise führte ein aus ihrer Sicht vollkommen erfülltes Leben als Chefsekretärin. Jetzt aber, da sie pensioniert ist, klagt sie über eine Sinnlosigkeit, auf die sie ihre »Wehwehchen« zurückführt. Sie fühle sich verloren, zähle sich nicht mehr zu den normalen Leuten, verstehe in dieser Welt von heute die Menschen nicht mehr. Die seien nicht mehr von Werten und Prinzipien geleitet. Das Leben laufe an ihr vorbei, sie sei nur noch Zuschauerin. Für junge Menschen sei sie, 70 Jahre alt, ein »Grufti«, ein »Komposti«, jedenfalls nimmt sie das so wahr und findet es schlimm.

Zu allem Überfluss muss sie seit längerem schon ohne ihr Hobby zurechtkommen. Was ist ihr Hobby? Sie spricht vom »Hobby Mann«, ohne das sie nicht leben könne, ihr Gatte sei viel zu früh gestorben und ihr Alter mache es schwer, wenn nicht unmöglich, einem anderen Mann zu begegnen, der wieder zum Hobby werden könnte. Es fehle ihr an Berührung, die doch zur Gesundheit gehöre, es fehle der Sex, es fehle das gelegentliche Kompliment, das Gespräch mit einem Menschen, der mitfühle, sonst sei alles sinnlos. Ihr bedeute Romantik alles, aber mit wem könne sie das leben? Ihre Erziehung sei total weltfremd gewesen, »bloß nichts Negatives«, und das wirke das ganze Leben hindurch nach.

Ich versuche, ihren Blick zu erweitern: »In Ihrer Person trifft zusammen, was die moderne Kultur an Problemen aufwirft: Der Sinn löst sich auf, und damit die Menschen nicht darüber verzweifeln, soll immer alles positiv sein, auch ein Älterwerden soll es nicht geben.« Die Fixierung auf das Positive könne tragischerweise Ängste vor dem Negativen verursachen, das in jedem Leben in irgendeiner Form vorkomme und nie gänzlich verbannt werden könne. »Aber lassen Sie uns überlegen: Wie könnten Sie, sollte Ihr Hobby als Sinngebung weiterhin ausfallen, neuen Sinn im Leben finden? Etwa durch ein ehrenamtliches Engagement?«

»Das ist nicht meine Sache«, wehrt sie ab.

»Durch Weiterbildung an einer Senioren-Universität, schon damit Sie die absolute Isolation, über die Sie klagen, durchbrechen können?«

Auch hier spricht etwas dagegen: »Zu beschwerlich. Gespräche mit Anderen sind manchmal ganz nett, aber die haben immer null Ahnung.«

»Wovon sollten sie denn Ahnung haben?«

»Etwa von der Geschichte.« Frau August fängt an, aus ihrem Leben zu erzählen: »Ich wuchs in Deutschland auf und Hitler war für mich ein Gott. Nach dem Krieg wurde ich als angebliche Spionin monatelang in eine Zelle gesperrt und immer abends um zehn zu Verhören abgeholt, bevor ich nach Russland verschleppt wurde. Ich war jung und kräftig und wurde in einem Viehwaggon in ein Lager am Eismeer transportiert, wo ich Baumstämme abladen und Eisenbahnschienen verlegen musste, Sommer wie Winter, in einem Lager voller Frauen. Die Männer mussten in Kohlegruben arbeiten. Für eine Schachtel Zigaretten gingen die Frauen mit jedem Russen mit, die Kinder wurden ihnen weggenommen. Nach dem Tod Stalins 1953 und nach dem Besuch Adenauers in Moskau 1955 durften die Ersten heimkehren, auch ich.«

»Das alles hat Sie hart gemacht?«

»Hinter der harten Fassade steht eine Person, die fast nicht lebensfähig ist.«

Frau Augst, die so viel durchlebte, hat panische Angst vor dem Leben, wie sie mir in einer längeren Pause zwischen den Gesprächen auch per Brief anvertraut: »Man steht ja völlig hilflos da und ist dem Schicksal restlos ausgeliefert, ohne jeglichen Schutz, ohne irgendeine Unterstützung eines vertrauten bzw. vertrauenswürdigen näherstehenden Menschen. Ist es unter diesen grausamen Umständen nicht verständlich, wenn man oft an Selbstmord denkt, obwohl man eigentlich noch so gerne leben und etwas Schönes erleben möchte???«

Was ich für sie tun kann, ist dennoch nur, im Laufe der jeweiligen Philosophiewochen mit ihr ein, wie sie es nennt, »so richtig tiefschürfendes Gespräch« zu führen. Von ärztlicher Seite sind die Symptome, die ihr zu schaffen machen, nicht erklärbar, etwa ein Juckreiz, der nicht von Hautproblemen herrühren kann. Frau Augst sagt: »Kein Arzt kann mir helfen.« Aber ist es denkbar, dass sie sich unbewusst ein gewohntes, alltägliches Leben mit ihren Symptomen eingerichtet hat, deren Funktion es ist, *Phantome* zu sein, Phantasiegestalten, zu denen sie Beziehungen unterhält und die sie wie ein Hobby pflegt? Da sie nach eigener Aussage am Fehlen jeglichen sozialen Umfelds leidet, könnte ihr am ehesten die Aufnahme und Pflege von Beziehungen helfen, aber solche unterhält sie bereits zu den Phantom-Symptomen, die in ihrem Selbst mögliche Andockstellen für Andere blockieren. Ist es sogar der Sinn dieses Verhaltens, keine Beziehungen zu realen Anderen mehr eingehen zu müssen, die im selben Moment existenziell vermisst werden? Ist das »Hobby Mann« nur ein Ideal, das als solches bewahrt werden muss, da jede Realität enttäuschend ausfallen würde?

Sie will nicht darüber nachdenken, sie will nur über ihre Erfahrungen und Empfindungen sprechen, die Fragen bleiben offen. Veränderungen oder Entwicklungen sind in all den Jahren nicht erkennbar, sie scheut davor zurück, lieber leidet sie still weiter. Ich sage ihr, dass ich das verstehen kann, denn Veränderungen seien nun mal energetisch aufwändig, kraftsparender sei das Verweilen im Vertrauten, Gewohnten, auch wenn es schmerzlich ist. Nicht jeder Mensch verfügt nach Belieben über die Energien, die als Mut, Willensstärke, Entschlossenheit zum Vorschein kommen. Wenn kein Gespräch, kein Beispiel Anderer, keine Einsicht in den Sinn von Veränderung etwas in Gang bringen kann, bleibt mir lediglich übrig, die Situation zu akzeptieren und mir jeden noch so leisen Vorwurf wegen Willensschwäche zu versagen.

Das Leben nicht ändern zu können, zugleich aber ideale Vorstellungen vom Leben zu hegen, die im realen Leben nur scheitern können: Das scheint ein Grundmuster im Leben vieler Menschen zu sein. Beispielhaft kommt dies in einem weiteren Gespräch zum Ausdruck, das ich routiniert beginne, da ich nun schon einige Erfahrungen gesammelt habe. Aber jetzt ist alles wieder ganz anders: »Welchen Plan haben Sie?«, fragt die 36-jährige Frau trocken. Sie hat alle Formen von Analyse und Therapie bereits durchlaufen und will es sich soeben bequem machen, neugierig, mit welchem Muster man ihr dieses Mal beizukommen gedenkt. Sich selbst hat sie die Rolle der amüsierten Beobachterin zugedacht, »therapieresistent«, wie sie sich charakterisiert, an der sich eben alle die Zähne ausbeißen, da ihr nicht zu helfen sei: Auch so kann eine Identität aussehen. Ich wolle sie gar nicht therapieren, sage ich. Was dann? Es wird ein packendes Gespräch über die Abgründe menschlicher Existenz.

Ins Krankenhaus kam Frau Bebel* zwei Jahre zuvor mit Magen- und Darmkrämpfen: Ihre Ernährung war unzureichend, Medikamente nahm sie im Übermaß. Und jetzt? Ein Anfall von Selbstzerstörung, Schrammen ziehen sich quer über Wangen und Hals. Sie weiß selbst nicht, wie es dazu kam, es sei einfach Verzweiflung gewesen, eine Depression, nirgendwo sei ein Sinn, nichts und niemand halte sie, es gebe keine einzige verlässliche Beziehung.

»Ja, das ist so in der Zeit, in der wir leben«, konstatiere ich.

»Das ist keine Zeit wirklicher Freiheit«, klagt sie, und als ich sie frage, was denn ihre Auffassung von Freiheit sei, gibt sie mir umgehend zur Antwort: »Freiheit heißt, frei zu sein von Einengung, aber dann darf ich in einer Beziehung wieder nicht ich selbst sein, soll mich einschränken und rechtfertigen, und alles zerbricht.«

Ich versuche ihr nahezubringen, dass engere Beziehungen nun mal mit Einbußen an Freiheit einhergehen: »Ich kann in einer Beziehung nicht jederzeit restlos tun und lassen, was ich will. Je stärker jeder auf seinem Ich beharrt, desto schwieriger wird das Beziehungsleben, das trifft vor allem sensiblere Menschen, die keine dicke Haut haben. Ansonsten bleibt nur der Verzicht auf Beziehung, eine Konsequenz moderner Freiheitsansprüche. Moderne kann sehr einsam machen. Aber vielleicht lassen sich Mittel und Wege finden, Freiheit und Beziehung besser miteinander zu vereinbaren, etwa in einer Freundschaft.«

»Ja«, meint Frau Bebel, »aber das ändert doch nichts an der Gesellschaft, die nicht frei ist.«

»Jede gesellschaftliche Veränderung setzt mit der Veränderung einzelner Menschen ein«, entgegne ich. »Das Problem der Zeit kann anstelle mangelnder Freiheit aber ein Mangel an Formen sein, wie die Freiheit gelebt werden kann. Solche Formen können am ehesten sensible Menschen erkunden. Könnte es nicht der Sinn der übergroßen Sensibilität eines Menschen sein, dass damit die ganze Gesellschaft an Sensibilität gewinnt, jedenfalls solange dieser Mensch sich mit der Art und Weise seines Lebens um eine Antwort auf offene Fragen bemüht? Könnte das nicht Ihrem Leben den Sinn geben, den Sie für sich ersehnen?«

Der Gedanke, dass sie trotz allem Teil eines größeren Ganzen sein könnte und ihr Leben in diesem Zusammenhang keineswegs sinnlos wäre, spricht Frau Bebel sehr an. Das könnte nun allerdings erneut ein Teil ihres Problems sein: Aus abgrundtiefer Niedergeschlagenheit springt sie direkt in eine übergroße Begeisterung. Ist das nicht die Symptomatik einer so genannten bipolaren Störung oder manisch-depressiven Erkrankung? Aber sie will von solchen Begriffen nichts wissen, sie will über das Leben sprechen. Immer wieder fragt sie geradezu vorwurfsvoll: »*Das soll das Leben sein?*«

»Gehen wir der Frage nach: Was ist das Leben? Ist es nicht wie ein Frosch? Der taucht auf, taucht ab, quakt vorlaut, hüpft herum, entgleitet dem, der ihn zu fassen versucht, verwandelt sich in Prinz und Prinzessin und ist dann doch wieder nur ein Frosch«, sage ich. »Das Leben« ist merkwürdig, rätselhaft, widersprüchlich, faszinierend, langweilig, unerklärlich, paradox, unvorhersehbar. In moderner Zeit stellen Menschen Ansprüche und richten Erwartungen an das Leben, die kaum noch zu steigern sind: Immer intensiv, spektakulär, strahlend, kaum je langweilig, niemals alltäglich soll es sein. Keine Widerstände sollen den Menschen an seiner freien Entfaltung hindern, stets sollen ihm alle Möglichkeiten offenstehen, Hindernisse sollen ihm nur aus sportlichen Gründen kurzfristig den Weg versperren, nie soll es irgendwelche Verpflichtungen geben, materielle Schwierigkeiten sowie Krankheiten und Behinderungen aller Art sollen endgültig überwunden werden: So soll das Leben sein! Aber wie realistisch ist das?«

Wir sprechen über die Gegensätze, die jede und jeder im eigenen Leben beobachten kann und denen niemand entkommt: Dass das Leben keine dauerhafte Gesundheit garantieren kann, immer auch Krankheit möglich ist, dass nicht nur Lüste, sondern auch Schmerzen erfahrbar sind, nicht nur (hoffentlich) viel Freude, sondern auch Ärger, nicht nur Jugend, sondern auch Älterwerden, nicht nur Wohlwollen, sondern auch Missgunst, nicht nur Freundschaft, sondern auch Feindschaft, nicht nur Erfolg, sondern auch Misserfolg, nicht nur Gelingen, sondern auch Misslingen, nicht nur Oberflächlichkeit, sondern auch Abgründigkeit.

»Das ist offenkundig die *Polarität des Lebens*«, meine ich. Diese Grundstruktur habe sich ganz sicher nicht erst in der Moderne entwickelt, aber die Moderne sei die Zeit, in der viele Menschen glaubten, die positiven Seiten des Lebens allein behalten und die negativen abschaffen zu können. Es gebe keinen Grund, sich vormoderne Zeiten zurückzuwünschen, aber allen Grund, moderne Erwartungen an das Leben zu mäßigen, um nicht immerzu maßlos von ihm enttäuscht zu sein. So könnte es leichter werden, schwere Zeiten durchzustehen und das Negative, das ebenfalls Leben ist, zu akzeptieren, wie es zu anderen Zeiten üblich war und in traditionsbewussten Kulturen nach wie vor ist.

»Und warum sollen die negativen Seiten so unverzichtbar sein?« fragt sie zweifelnd.

»Gründe der Spannung könnten dafür verantwortlich sein«, versuche ich eine Erklärung. »Nur zwischen gegensätzlichen

Polen kann Spannung entstehen. Wäre das Leben noch spannend, wenn immer alles positiv wäre? Aber Vorsicht: Von jedem Pol aus ist die perspektivische Täuschung möglich, dass es so negativ, so positiv für immer bleiben wird. Und doch ist das nie der Fall, immer bleibt es beim Hin und Her zwischen den Gegensätzen des Lebens. Wie wäre es, das Leben in dieser Spannweite *atmen* zu lassen? Und Tag für Tag in seinem Rhythmus *mitzuatmen*, also zwischen erfreulichen und ärgerlichen, hoffnungsvollen und enttäuschenden Seiten hin- und herzupendeln und zumindest in Gedanken damit einverstanden zu sein, dass mal der negative, dann wieder der positive Pol überwiegt?«

Mit dem Leben zu atmen, dieses organische Bild leuchtet Frau Bebel ein, sie will es sich zu eigen machen. Die Frage ist nur, wie lange das vorhält. Ich begegne ihr im Rahmen der Philosophiewochen über die Jahre hinweg immer wieder, sie hat anhaltend mit dem Auf und Ab ihrer Stimmungen zu kämpfen. Aber ihr Gefühl, das Leben nun besser zu verstehen, hilft ihr, sich weniger als zuvor beim vergeblichen Versuch, die Gegensätze aus ihrem Leben auszuschließen, selbst zu verlieren.

Wie umgehen mit sich selbst? Die Kunst des Neuanfangs

Idealvorstellungen vom Leben färben auf das Selbstbild ab, das makellos sein soll, und wenn schon nicht das Selbst, so doch wenigstens dessen Bild. Bis es zersplittert. Eine freundliche, nachsichtige Beziehung zum eigenen Selbst begegnet mir nicht bei vielen Menschen, eher eine funktionale, fordernde, gar feindselige. Ich sitze Herrn Stramm* gegenüber, der notfallmäßig ins Krankenhaus kam, mitten aus seiner Berufstätigkeit heraus. Auch er scheint ein Opfer der Moderne zu sein, aber ein ganz anderes: Er ist Broker, Wertpapierhändler, der sekündlich zwischen Käufern und Verkäufern vermittelt, sehr stressig.

Die Arbeit sei sinnlos gewesen, meint er, aber er habe seine Familie gut davon ernähren können. Jetzt erst im Alter von 43 Jahren überkam ihn eine große Lebensmüdigkeit und Leere, plötzlich stand er vor der Frage: »Funktioniere ich nur oder lebe ich?« Ihm sei, sagt er, »das Leben immer leicht von der Hand gegangen bis jetzt«. Nun aber finde er keine Balance mehr, er fühle sich den Anforderungen des bloßen Funktionierens restlos ausgeliefert, die Welt um ihn herum renne immer schneller und er müsse mitrennen, immer schneller. Nun kann er nicht mehr, *Burnout*.

Zu diesem Zeitpunkt ist nicht klar, dass er ein Vorbote der schwelenden und 2008 ausbrechenden weltweiten Finanzkrise ist. Aber aus seinen Erzählungen wird damals schon deutlich, dass sich da etwas anbahnt, das nicht gutgehen kann, auch weil es mörderisch für die Beteiligten selbst ist, die sich als Getriebene fühlen, getrieben von einem Prozess, den sie selbst antreiben, bis sie ausbrennen. Die große Frage für Herrn Stramm ist: »Kann der Einzelne abbremsen?« Ich frage ihn, ob er trotz allem irgendwo Sinn für sich sehen konnte. Ja, sagt er, in der Familie, in seinen Kindern, aber ihm sei die Zeit abhandengekommen, dieser Einsicht entsprechend zu leben. Die Liebe musste in den Hintergrund treten, Freunde waren wichtig, aber mit denen konnte er nie so offen sprechen wie jetzt hier. Auch die Sinnlichkeit musste in jeder Hinsicht leiden, er konnte nichts mehr genießen, egal, was es war, so sehr war er »beschäftigt mit Aktivitäten«.

Er ist froh über das Gespräch, in dem er seine Situation

schildern und darüber nachdenken kann: Wie lässt sich ein neuer Anfang machen? Wir sprechen über den *Neuanfang* als eine Errungenschaft, aber auch als eine Norm der modernen Zeit. Nachdem es über Jahrhunderte hinweg geboten war, Dinge und Situationen hinzunehmen, im Zweifelsfall bis zum tragischen Ende, ist es mit der modernen Idee der Veränderbarkeit von allem und jedem möglich, neu zu beginnen, wenn Altes sich nicht bewährt hat oder nicht mehr lebbar ist. Das ist erst einmal ein Gewinn: Der moderne Mensch ist nicht mehr lebenslang auf *eine* Wirklichkeit festgelegt, sondern kann Möglichkeiten erschließen oder sie geboten bekommen, um damit andere Wirklichkeiten zu begründen. Die Bedingungen dafür, insbesondere die materiellen und sozialen Verhältnisse, die Neuanfänge erlauben, sind erst in der Moderne geschaffen worden. Ein Neuanfang kann *freiwillig* angestrebt werden, um etwas Anderes als bisher zu machen, eine Chance wahrzunehmen oder vor Problemen zu fliehen, in der Lebensmitte auch auf die Angst vor dem Verlust von Lebensmöglichkeiten zu reagieren. Häufig ist der Neuanfang jedoch ein *unfreiwilliger*, wenn eine Krise, eine Krankheit, eine Entlassung oder ein Verlassenwerden dazu zwingen. Das bisherige Leben, das Menschen gerne beibehalten würden, weil sie am Vertrauten und Gewohnten hängen, kann nicht mehr weitergelebt werden.

Schwierig ist das Leben auf der Schwelle. Das Alte geht zu Ende, das Neue hat noch nicht begonnen, das Leben »hängt in der Luft«. *Übergänge* sind das große Problem des Lebens, aus diesem Grund gestalten und erleichtern Konventionen, Traditionen und Religionen sie durch Rituale: Übergang vom Nichtleben zum Leben, von einem Lebensalter zum anderen, vom freien Leben allein zum Leben in Beziehung, vom Leben ohne Kinder zum Dasein für sie, später dasselbe rückwärts, zuletzt vom Leben zum Tod. Schon die vermeintlich problemlosen Übergänge vom Wachen zum Schlafen, von der Nacht in den Tag, von der Freizeit zur Arbeit und umgekehrt haben es in sich. An all diesen Nahtstellen ist nach der Befreiung von alten Formen eine Leere entstanden, die modern und säkular kaum ausgefüllt werden kann. Ist es möglich, dass so manche Krankheit in dieses Vakuum einströmt? Jedenfalls leitet sie in vielen Fällen einen Übergang ein: Sie erzwingt den Abschied vom bisherigen Leben und wirft die Frage auf, was aus dem Leben nun werden soll. Als Übergang von einer Lebensphase zur anderen ist die Krankheit eine *Metapher* im Wortsinne (von griechisch *metapherein*, anderswohin tragen), sie trägt hinüber von hier nach dort.

Was heißt das für Herrn Stramm? Wohin wird er getragen? Bevor er sich eventuell erneut auf das Funktionieren in einem sinnlosen Job einlässt, könnte es ihn unterstützen, meine ich, mehr Sinn aus der Beziehung zu sich zu gewinnen und sich erst einmal um sich selbst zu sorgen. Meine Ethik der Sorge besteht in diesem Fall darin, ihn bei der *Sorge für sich* zu unterstützen. Er stimmt sofort zu, aber wie soll das gehen? Einige Schritte auf dem Weg dazu, die ich in den bisherigen Gesprächen ausfindig machen konnte, kann ich ihm nennen. Ein erster Schritt ist eine größere *Selbstaufmerksamkeit*, geleitet von Fragen wie: Welche Vorlieben, welche Abneigungen sind mir eigen? Welche Hoffnungen hege ich, welche Befürchtungen? Wo bin ich mutig, wo ängstlich? Was kann ich gut, was nicht? Welche Gewohnheiten pflege ich, wovon träume ich? Was finde ich schön, was hässlich? Was waren meine größten Erfolge und Misserfolge? Was bedeuten mir finanzielle, was andere Werte? Was ist mir Freiheit wert, was die Verbundenheit mit Menschen, denen ich vertrauen kann?

Sich auf diese Weise besser kennenzulernen, ermöglicht den nächsten Schritt, einige Eckpunkte für das eigene Selbst zu *definieren*, also Festlegungen zu treffen, die ihm mehr Widerständigkeit gegen die Vereinnahmung durch Andere oder eine fordernde Arbeit erlauben, die beste Burnout-Prophylaxe. Dazu ist es zuallererst nötig, sich mit sich über die *wichtigsten Beziehungen* im eigenen Leben zu verständigen: Welche Beziehungen der Liebe und der Freundschaft sind Herrn Stramm so wichtig, dass er sich über sie definieren will? Niemand außer ihm kann das wissen, nur er selbst kann den für ihn wertvollsten Menschen die gebührende Aufmerksamkeit zukommen lassen, um sich im Gegenzug ihrer Zuwendung zu erfreuen. Und was sind die *wichtigsten Erfahrungen* in seinem Leben, die er als feste Elemente seines Selbst betrachten will? Mit der Erinnerung an sie kann er sich, sollte er sich verlieren, immer wiederfinden. Was ist ferner sein *Traum*, dem er im Leben folgen will, sein Weg und vielleicht sein Ziel, seine Sehnsucht, sein Wohin, Wofür, Wozu? Mit Zielen und Zwecken, die er vor Augen hat, kann er dem Leben sehr viel Sinn geben. Und was sind seine *Werte*, die er hochhalten will, um deren Realisierung er sich aber auch selbst bemühen muss? Welcher dieser Werte soll Vorrang haben, wenn eine Entscheidung ansteht, beispielsweise zwischen Freiheit und Bindung, Risiko und Sicherheit, Geiz und Großzügigkeit?

Welche *Gewohnheiten* will er sorgsam pflegen, in denen er sich wohnlich einrichten kann und die ihm stets eine Rückzugsmöglichkeit bieten? Natürlich ist es wichtig, offen für Neues zu sein, aber Gewohnheiten erleichtern das Leben, da sie im Unterschied zu Neuem keinen Kraftaufwand erfordern: Nichts muss neu überlegt und organisiert werden, alles läuft wie von selbst ab. Und welche *Ängste*, welche Verletzungen, welche

Traumata hat Herr Stramm erfahren, gegen die er nicht ankommt, die er aber in sein Selbst integrieren kann, statt sich endlos daran abzuarbeiten? Eine unverzichtbare Ressource ist dabei das *Schöne*, an dem er sich orientieren kann: Wo findet er es? Was sind für ihn schöne Momente, Anblicke, Tätigkeiten, Lüste, Gespräche, Gedanken, die er bejaht? Bewusst wahrgenommen, werden sie zu einer Quelle von Kraft, mit der sich auch große Schwierigkeiten überwinden lassen.

Aus Herrn Stramms Antworten auf diese Fragen entsteht eine Geschichte seiner selbst, die er in diesen Gesprächen zum ersten Mal hört und die ihm eine Basis bietet, von der aus er allmählich in ein anderes Leben aufbrechen kann. Er muss nicht länger ein makelloses und immer gleiches Bild seiner selbst, eine *Identität* (von lateinisch *idem*, gleich) wie eine Monstranz vor sich hertragen, sondern kann an seiner *Integrität* arbeiten, die er selbst definiert und in die er auch Abweichungen, Veränderungen, Widersprüche integrieren kann.

Herrn Stramm hilft das weiter, ihm gelingt es, seinen Horizont zu öffnen und sich »neu aufzustellen«, wie er das bezeichnet. Verharrt ein Mensch beim Übergang zwischen Lebensphasen jedoch im undefinierten Schwebezustand, spitzt sich die Situation zu. Diesen Eindruck habe ich bei Herrn Lang*, der wegen Depressionen ins Spital eingewiesen worden ist. Zuvor setzte er Beruhigungsmittel gegen sie ein, mit dem Resultat, die Dosis immer mehr steigern zu müssen und in eine Abhängigkeit zu geraten, die ihn erst recht mit dem Problem konfrontierte, dass sein bisheriges Leben nicht mehr weitergehen kann. Bei dem 63-Jährigen stünde der Übergang in den Ruhestand an, aber er kann sich nicht mit dem Gedanken anfreunden, bald seine Firma verlassen zu müssen, denn was kommt danach? Womit soll er seine Tage und Jahre füllen?

Ist das Leben mit all den Gebrechen, die immer spürbarer werden, und dem Gefühl, nicht mehr gebraucht zu werden, noch lebenswert? In der Firma haben Jüngere seine Aufgaben übernommen, sie machen ihre Arbeit besser, als er es ihnen zugetraut hätte, einerseits erfreulich, andererseits der Beweis, dass er tatsächlich nicht mehr gebraucht wird. Wir konzentrieren uns zunächst auf den scheinbar einfachen morgendlichen Übergang in den Tag, mit dem er bereits Mühe hat, der sich aber mit Ritualen gestalten lässt (ihm gefällt es, einen Spaziergang zu machen). Sodann scheint auch ihm eine größere Selbstaufmerksamkeit und die Festlegung einiger Eckpunkte für sich zu helfen, das genügt ihm für den Moment. Die Psychotherapeuten übernehmen seine weitere Betreuung.

Von noch größerem Ernst ist die Frage der Selbstbeziehung, des Übergangs und Neuanfangs bei Frau Weber*, einer 45-jährigen Lehrerin, die von der Diagnose Brustkrebs aus dem gewohnten Leben gerissen worden ist. Bereits ihre Mutter war davon betroffen, daher hatte sie sich schon einmal mit der Situation befasst, die alles relativiert. Sie fühlt sich schutzlos wie ein Baby, symbolisch steht dafür in ihren Augen der glattrasierte Kopf, mit dem sie dem Haarausfall zuvorkommen wollte, den die Chemotherapie verursacht. Die »Chemo« sei wie eine Bombe, die langsam im Körper explodiert, sie gehe mit Geschmacksveränderungen einher, mit trockener Haut, Dünnhäutigkeit, auch einem Austrocknen der Schleimhäute. Sie fürchtet den Verlust ihrer Lust und ängstigt sich vor Sterben und Tod. Was sie während der vier Chemotherapie-Zyklen erlebt habe, sei jedes Mal wie »Sterben, Tod und Auferstehung in drei Wochen« gewesen. Aber es sei ihr zu eng, sich nur mit sich zu befassen, wozu ihrer Meinung nach die Psychodisziplinen verleiten. Bei Ärzten wiederum fehlt es an Muße, um über all das zu sprechen, was sie bewegt. Daher sucht sie nun das philosophische Gespräch.

»Ich habe immer und gerne *philosophiert*, also über vieles nachgedacht, und fühle mich reich an Gedanken. Auf diese Weise ist ein geistiges Reservoir entstanden, das ich mir im Laufe der Jahre geschaffen habe, und das bewährt sich jetzt als wertvolle Ressource, aus der ich im Umgang mit der Krankheit viel Kraft schöpfen kann, um mich auf die für *mich* wesentlichen Aufgaben im Leben zu konzentrieren.« Immer schon habe sie gerne dazugelernt und jetzt wolle sie die Krankheit zum Anlass dazu nehmen. Wann habe man schon mal die Chance, neu hinzuschauen oder neu anzufangen? Sogar aus dem Leiden lasse sich viel lernen, zum Beispiel welche Beziehungen wertvoll seien. »Jetzt bedeuten mir die Menschen besonders viel, mit denen ich existenzielle Dinge besprechen kann, beispielsweise, ob es wirklich eine *freie Wahl* gibt.« Denn sie spüre, dass die Medikamente ihr Bewusstsein trübten, müsse in diesem Zustand jedoch Entscheidungen treffen, die bedeutsam für ihr Leben seien: »Soll ich einer Injektion gegen den zu hohen Hormonspiegel zustimmen, der die Vermehrung von Krebszellen begünstigen kann, wie nach Aussage meines Arztes die Statistik zeigt? Kann ich mich dann noch am vollen Leben erfreuen? Was soll den Ausschlag geben, die medizinische Statistik oder das Gefühl für mich selbst?« Das seien Fragen, die sie jetzt beschäftigten.

»Sie treffen die Wahl selbst«, versichere ich ihr, »abhängig wahrscheinlich davon, welche Haltung Sie zur Krankheit einnehmen, Bejahung oder Ablehnung.«

»Ich bejahe sie, denn ich verdanke ihr auch etwas: Sie *zentriert* mich wieder und ermöglicht mir, viel bewusster zu leben und zu entscheiden. Ich erhoffe mir davon eine Verwandlung zum Menschsein. Durch die Krankheit wird alles schätzenswert, was früher normal und selbstverständlich war. Was mich unruhig macht, ist aber, ob ich selbst Schuld daran habe. Werde ich für einen falschen Lebenswandel bestraft?«

Ich wende ein, dass es nicht nur schwierig sei, Wege zurückzuverfolgen und Ursachen zu finden, sondern erst recht, an dieser Stelle einen moralischen Begriff wie Schuld einzusetzen. Dass Krebs außer von erblicher Veranlagung, Umwelteinflüssen und individuellem Lebensstil (Rauchen und Trinken, Bewegung und Ernährung) auch von rein zufälligen Mutationen bei der Reproduktion von Zellen verursacht werden kann, wird durch eine statistische Auswertung von Daten erst in späteren wissenschaftlichen Studien untermauert (Bert Vogelstein und Andere, Johns Hopkins University Baltimore, in: *Science*, 2015).

Wichtig ist Frau Weber, wie sie wieder ins Leben zurückfinden kann. »Ich frage mich: Was ist für mich gemeint mit Leben? Wie soll dieses Leben künftig aussehen? Kann es wieder ein lustbetontes Leben sein? Aus meiner jetzigen Distanz zum Leben um mich herum sehe ich deutlicher, was in der Gesellschaft falsch läuft, etwa das ständige Propagieren des Positiven, das Streben nach immerwährender Jugend und Unversehrtheit: So ist das Leben nicht, warum sich darüber hinwegtäuschen?«

»Aber haben Sie nicht selbst Probleme mit den Gegensätzen des Lebens?«

»Ja«, bestätigt sie, »ich kann offenbar doch nicht so gut umgehen mit den Gegensätzen, wie ich es geglaubt habe. Ich sehe selbst, dass es nötig wäre, mich mit mir selbst zu befassen, um mich nach all diesen Erfahrungen neu zu identifizieren, vor allem mich zu befreunden mit den Ängsten vor einem Leben ohne Brüste, falls sie wegoperiert werden müssten. Diesen Verlust würde ich bei der Operation passiv erleiden, wie könnte ich mich wieder schön finden und eine aktive Rolle für mich erobern?«

»Ihnen fehlt es nicht an Selbstaufmerksamkeit«, ermuntere ich sie. »Sie empfinden es eher als lustvoll, mit sich selbst umzugehen, da kann Ihnen doch eine aktive Selbstdefinition nicht so schwerfallen.«

Aber Frau Weber hadert mit der Vorstellung von einem souveränen Selbst, das über sich selbst bestimmt. »Mir gefällt viel mehr die Vorstellung von einem zwischenmenschlichen Selbst, das sich von der Verbindung mit Anderen bestimmen lässt.«

»Aber wer legt dann fest, was für Sie persönlich die wichtigsten Beziehungen und Erfahrungen, die wichtigsten Träume sind? Wer soll Ihre Ängste integrieren, wenn nicht Sie selbst? Und wer außer Ihnen könnte wissen, was für Sie schön ist?«

Frau Weber will das für sich prüfen. Letzten Endes will sie die Krankheit »gar nicht mehr missen« – sie habe in dieser Zeit so viel dazugelernt und fühle sich geradezu gesund, weil sie es geschafft habe, so viel durchzustehen: »Das Leben ist verrückt.« Tatsächlich gesundet sie dauerhaft; nach fünf und zehn und 15 Jahren treffe ich sie wieder und freue mich mit ihr über das Leben, das sie wiedergewonnen hat, ohne dass dies mit Gewissheit einem einzelnen Faktor zugeschrieben werden könnte. Viele Faktoren können an einer Entwicklung und Heilung beteiligt sein: Zufällige und willentlich herbeigeführte, medizinische, therapeutische und soziale (etwa die familiäre und freundschaftliche Unterstützung), nicht zuletzt persönlichkeitstypische Faktoren wie etwa die Wesenszüge, die einem Menschen eigen sind, sowie die Lebenshaltung, für die er sich, wie Frau Weber angesichts der Krankheit, bewusst entscheidet. Letzterer Faktor könnte ein wichtiger Ansatzpunkt für die weiteren Gespräche sein.

Was ist schön? Wieder anzufangen, das Leben zu genießen

Aus welchen Quellen schöpfen Menschen die Kraft dafür, Schwierigkeiten zu bewältigen und auf irgendeine Weise mit ihnen zurechtzukommen? Wo liegen die Ressourcen für *Resilienz*, für Widerstandsfähigkeit und Selbststärke? Das frage ich mich immer wieder, damit ich Menschen in den Gesprächen darauf aufmerksam machen kann. In diesem Punkt folge ich der Psychologie, die eine lange vorherrschende *Defizitorientierung*, die nur die Mängel eines Menschen im Blick hatte, um sie zu beheben, durch eine *Ressourcenorientierung* ablöste, um die Kräfte ausfindig zu machen, mit deren Hilfe Mängel zu überwinden und zu übertrumpfen sind und ein »Problemtunnel« verlassen werden kann. Um den Zugang zu Ressourcen freizulegen, könnte aber zuallererst das Wort *Orientierung* selbst ernst genommen werden, denn es ist eine Ableitung von *oriens, orientis* im Lateinischen, womit die Richtung bezeichnet wird, in der die Sonne aufgeht (von *orior*, aufgehen, sich erheben, aufsteigen). Die Leitfrage wäre also: Wo ist mein Orient? Wo ist meine Sonne?

Das *Schöne* könnte das sein, der krönende Punkt der Selbstdefinition: Was ist für mich schön? Als An- oder Abwesendes ist Schönes für das menschliche Leben zentral. Erfahrbar ist es auf vielfache Weise, in vielen Zusammenhängen, Situationen, Begegnungen, und doch sind nur wenige sich darüber im Klaren, wo sie es finden und wofür sie es brauchen können. Bringe ich die Rede darauf, bekomme ich nicht selten zu hören: »In meinem Leben gibt es nichts Schönes!« Dann machen wir uns gemeinsam auf die Suche, wo es verborgen sein könnte: In schönen Erlebnissen, in sinnlichen Erfahrungen, in einem menschlichen Gesicht, in einem Charakter, in einer Beziehung der Liebe oder Freundschaft, in der Natur, in der Kunst, in schönen Dingen, in Phantasien … Und sollte es wirklich nichts Schönes in diesem Leben geben, frage ich: »Was könnten Sie dafür tun, um etwas zu schaffen, das in Ihren Augen schön ist? Finden Sie sich selbst schön? Sind Sie es in den Augen Anderer? Wie könnten Sie es werden? Sind Andere in Ihren Augen schön? Aus welchen Gründen?«

Entscheidend für den Zugang zu Ressourcen ist es, Anderen und auch sich selbst solche Fragen zu stellen. Aber was ist gemeint mit Schönem? Das, wozu ein Mensch möglichst voll und ganz Ja sagen kann, dasjenige also, was ihm oder ihr *bejahenswert* erscheint. Es handelt sich um eine individuelle Wertung, die nicht von Anderen geteilt werden muss und keine Allgemeingültigkeit beanspruchen kann. Das Schöne, das bejahenswert erscheint, muss auch nicht perfekt sein und bezieht sich nicht nur auf Angenehmes, Lustvolles und Positives, sondern auch auf Unangenehmes, Schmerzliches, Negatives, das schön sein kann, weil es tiefere Erfahrungen vermittelt, die einen Menschen nach subjektivem Empfinden reifen lassen können. Sich um ein schönes Leben zu bemühen heißt, das Leben bejahenswerter zu machen und hierzu eine Arbeit an sich selbst, am eigenen Leben, am Leben mit Anderen und an den Verhältnissen, die dieses Leben beeinflussen, zu leisten. Aber das schöne Leben ist nicht unbedingt das, was man ein leichtes Leben nennt, eher eines, das voller Schwierigkeiten ist, die zu bewältigen sind, voller Widerstände, die nicht immer zu überwinden sind, voller Komplikationen und Konflikte, die durchzustehen oder auszufechten sind – all das, was gewöhnlich nicht unter einem guten, gelingenden und glücklichen Leben verstanden wird.

Diese Art der Ressourcenorientierung ist eine andere als die, die nur das Positive gelten lässt. Sie berücksichtigt das Leben mit all seinen Gegensätzen und auch die entsprechende Verfasstheit von Menschen, die sich nicht per Knopfdruck ändern lässt, schon aus genetischen Gründen nicht. Ein Mensch mit negativer Gestimmtheit beginnt eher zu leiden, wenn er unbedingt eine positive Gestimmtheit herbeizaubern soll. Der Versuch, um jeden Preis in allem das Positive zu sehen und ein »positiver Mensch« zu sein, als sei nur ein solcher wertvoll, führt zu einer sinnlosen Verausgabung von Kräften. Der *Burnout*, der durch eine positive Sichtweise des Lebens vermieden werden soll, wird so erst herbeigeführt. Die Fixierung auf das Positive ist sicherlich gut gemeint, hat aber nicht immer gute Konsequenzen, wie so vieles, was gut gemeint ist. Mehr Widerstandsfähigkeit und Selbststärke entstehen durch eine Akzeptanz des Negativen, um von diesem Punkt aus *Inseln* des Positiven für sich zu entdecken, die völlig ausreichen, um nicht im Meer des Negativen unterzugehen.

In den Gesprächen zeigt sich, wie Menschen mit der Orientierung an Schönem auch unter sehr schwierigen Bedingungen ihr Leben führen können, beispielsweise Frau Käfer*, 32 Jahre alt, bei der vor neun Jahren Multiple Sklerose (MS) diagnostiziert wurde. Im frühen 21. Jahrhundert ist noch immer unbekannt, wie diese Krankheit entsteht, bekannt ist nur, was da geschieht: Das eigene Immunsystem greift Nervenhüllen in Gehirn und Rückenmark an. Die Krankheit ist nicht heilbar, der Verlauf »progredierend«, also fortschreitend, bei den meisten schubweise, bevor mit einer Chronifizierung auch Behinderungen einhergehen. Medikamente lindern das Leiden, sind jedoch oft nicht gut verträglich. Es ist noch nicht die Zeit der Entdeckung des Wirkstoffs Dimethylfumarat, der Jahre später zur großen Hoffnung für MS-Patienten und die Pharmaindustrie wird. Frau Käfer will von Medikamenten ohnehin nichts wissen, das ist ihre Entscheidung, denn es ist *ihr* Leben, wie sie sagt, nicht das der Ärzte. Sie hat in ihrer Selbsthilfegruppe beobachtet, wie sehr Andere auf ihre Medikamente fixiert sind, sich daran festhalten und darüber vergessen, ihr Leben zu leben.

Vor der Diagnose sei ihr Zustand ganz langsam schlechter geworden, sodass sie sich »schön daran gewöhnen« konnte. Als ein plötzlicher Schub einsetzte, konnte sie morgens nicht mehr laufen, das war der Anlass für Untersuchungen im Krankenhaus, die zur Diagnose führten. Ihre Reaktion darauf sei gewesen: »Es gibt keinen Ausweg und du lebst jetzt damit.« Anfangs blieb nur ein leichtes Hinken zurück und da habe sie alles Mögliche versucht, um Heilung zu finden: Naturheilkunde, Handauflegen, Hypnose – nichts habe gewirkt. Ihr Freund verließ sie schon gleich nach der Diagnose, aber vor vier Jahren fand sie nach mehreren Versuchen per Inserat ihren Mann, der sie auch im Rollstuhl liebt und mit dem sie »wieder angefangen hat, das Leben zu genießen«. Sie umsorgt viele Tiere zuhause, engagiert sich für den Tierschutz, empfängt zahlreiche Besucher, kocht und backt gerne und hat den Haushalt zu ihrem Mittelpunkt gemacht, während sie früher ganz in ihrer Arbeit in einem Altersheim aufging, wo sie am liebsten den alten Menschen zuhörte.

Eine nachdenkliche Phase liegt hinter ihr, sie hat ihr Leben neu geordnet. Jeden Morgen ist sie eine Stunde lang mit ihrem Hund in der Natur unterwegs, wo ihr vieles durch den Kopf geht – der ist dann freigeräumt, wenn sie wieder zuhause ankommt. Sie genießt es, zeitweilig nur für sich selbst da zu sein und die kleinen Dinge wahrzunehmen, die Farben der Blätter, die Stimmen der Vögel, die Formen der Wolken. Aber sie hängt auch der Vergangenheit nach und versucht irgendwie damit fertigzuwerden, dass sie vor fünf Jahren bei einer Spazierfahrt im Wald überfallen und vergewaltigt wurde: »Diese Erfahrung war schlimmer als die Diagnose.« Der Hund war am Fahrrad festgebunden und konnte nicht eingreifen. Seither verkrampft sich alles in ihr, wenn es irgendwo auch nur raschelt, und sie tastet sich immer vorsichtig an andere Menschen heran. Aber vielleicht ist es von Vorteil, überlegt sie, eine so schlechte Erfahrung gemacht zu haben, denn das relativiere die Krankheit.

Frau Käfer erklärt ihre Sicht des Lebens: »Wenn alles schnurgerade läuft, ist ein Schnupfen schon der Weltuntergang, das war für mich selbst früher auch so gewesen.« Jetzt wolle sie noch ein schönes und erfülltes Leben führen, solange es möglich ist, und das Leben nicht um jeden Preis in die Länge ziehen. Daher wolle sie auch nichts von gentechnischen Experimenten wissen, nicht nur in Bereichen wie der Landwirtschaft, sondern auch in Bezug auf ihre eigene Krankheit: »Das ist nicht das, was in meinen Augen mit Leben gemeint ist.«

Auf diese Weise hält sie sich den Kopf davon frei, ungeduldig auf neueste Lösungen für ihr Problem zu warten. Ohnehin träumt sie nicht davon, dass es irgendwann endgültige Lösungen für alle Probleme geben könnte. Sie führt vor, was unter Lebenskunst im Umgang mit Krankheit verstanden werden kann, nämlich sich zu fragen: *Was steht in meiner Macht, was nicht?* Nicht in ihrer Macht steht in ihrem Fall, die Krankheit wieder loszuwerden. Heißt Krankheit nicht in jedem Fall, den misslichen Zustand nicht ändern zu können, nicht jetzt und vielleicht nie mehr? Umso mehr steht in der Macht des Betroffenen die *Haltung*, die er oder sie dazu einnimmt, um auf diese oder jene Weise mit der Krankheit umzugehen.

»Sie haben sich offenkundig dafür entschieden, die Situation vorbehaltlos zu *akzeptieren*, also hinzunehmen, was geschieht, wenigstens für eine Zeit, äußerstenfalls für immer. Andere würden sich möglicherweise ganz anders verhalten.«

»Nicht fragen, nicht klagen, nur tragen. Alter Spruch«, gibt Frau Käfer eine ihrer Quellen preis, »nicht immer wahr, für mich aber doch.«

»Möglich wäre im Gegensatz dazu auch, die Krankheit zu *ignorieren* – selbst wenn es nichts ändern könnte, würde es Ihnen doch eine Atempause verschaffen. Oder gegen die Krankheit zu *revoltieren*, alle Wut an ihr abzureagieren, die sich aufgestaut hat und sonst womöglich noch Andere treffen würde. Oder zu *resignieren*, sozusagen die Waffen zu strecken, im Sinne einer bewussten Wahl, nicht bloß aus Verlegenheit. Oder alles zu *ironisieren*, also auf lächelnde und lachende Distanz zum Geschehen zu gehen, um das Betroffensein abzumildern oder es von sich fernzuhalten, soweit das möglich ist.«

»Nein, das ist alles nicht meins«, lacht Frau Käfer.

»Die Kräfte, die Sie in einem aussichtslosen Kampf verlieren würden, nutzen Sie lieber, um gut mit dem schlechten Zustand zu leben, ihn vielleicht sogar zu *affirmieren*, also zu bejahen, weil beispielsweise neue Beziehungen und eine neue Sicht auf die Welt daraus hervorgehen.«

»Ja«, sagt sie, »es ist mir lieber, wenn ich das alles nicht defensiv hinnehmen muss, sondern mich der Situation, den Schmerzen, auch den fürsorglichen Anderen offensiv hingeben kann.«

Frau Käfer ist auch der Gedanke vertraut, dass es möglich ist, willentlich danach zu suchen, was sich aus dem Zustand noch machen lässt, ihn also zu *utilisieren*, einen Nutzen daraus zu ziehen: »Diese Erfahrung habe ich oft gemacht, dass etwas, das geschieht, für irgendetwas gut ist. Ich weiß in diesem Fall nur nicht, für was.«

Dass vor allem die Akzeptanz der Lebenssituation ein guter Ausgangspunkt dafür ist, das Leben auch unter erschwerten Bedingungen wieder genießen zu können, hat sie für sich selbst herausgefunden. Wonach sie im Gespräch suchte, war eigentlich nur die Bestätigung dafür.

Aus einer schwierigen Lebenssituation heraus ein neues Leben zu beginnen, ist auch Herrn Hausherr* gelungen, 47 Jahre alt und einmal pro Woche zu Gast in der psychiatrischen Tagesklinik. Wie hat er das geschafft? Er sei »selber Philosoph«, sagt er, nämlich ein Wahrheitssucher, der jetzt sozusagen seinem Kollegen gegenübersitzt. Als Autodidakt hat er alles Mögliche gelesen. Er ist wirklich ein phänomenaler Denker, Menschen mit seinem Denkhorizont werden anderswo auf Lehrstühle an Universitäten berufen. Aber am liebsten spielt er Klavier, das sei »Medizin für die Seele«, wie er meint. Eine Ausbildung am Konservatorium musste er einst wegen der Diagnose Schizophrenie abbrechen, es folgten 20 Jahre Depressionen mit Grübeleien, mit denen er an kein Ende kam, bis er nachts zum Fenster hinausschaute und sich sagte: »Vor mir breitet sich das Universum in seiner Unendlichkeit aus, was soll ich mir in meinem Spatzenhirn so viele Gedanken machen?«

Eine seiner größten Freuden sei es, heimlich in eine Regentonne zu pinkeln, »da lache ich mir ins Fäustchen, habe ich sie wieder hereingelegt«. Wer sind *sie*? Na, eben alle, die glauben, er sei krank, wo doch von Krankheit immer nur in Bezug auf aktuell geltende, sich historisch ändernde Maßstäbe die Rede sein könne. Letzten Endes sei alles hypothetisch, also nur eine Annahme, auch das, was als Krankheit erkannt wird, wie überhaupt alle Erkenntnis. Entscheidend sei letztlich nicht die Erkenntnis der Wahrheit, sondern die Haltung eines Menschen zu seinem Leben. Angesichts der Komplexität der modernen Welt, die ihm selbst Probleme bereite, habe er seinen eigenen *Approach* gefunden: Den *Humor*. Die Welt sei grotesk und wenn es etwas gebe, was das Leben in ihr ermögliche, sei dies das Lachen: »Ich muss immer wieder grausam lachen.« Er gibt auch gleich eine Kostprobe davon, wirklich ein höllisches Gelächter, bei dem unbändige Kräfte aus ihm hervorbrechen, die auf sein Gegenüber beängstigend wirken können, ohne dass er selbst Gründe dafür sieht.

Der Mann ist eine Wucht, er blickt aus so tiefen Augen, dass seine denkerischen Einsichten kaum noch zu bezweifeln sind: Der Mensch, meint er, sei nun mal ein fehlerbehaftetes Wesen, ihn zu idealistisch zu sehen, sei absolutistisch, etwas für Ichschwache Menschen, die die Realität nicht aushalten. Er selbst führt offensichtlich ein außerordentlich spannendes und interessantes Leben, ein so schönes Leben mit allen Freiheiten, dass er es »nie und nimmer« gegen ein anderes eintauschen würde. Ob er mir noch einen Witz erzählen dürfe? Ich begleite ihn zurück in die psychiatrische Tagesklinik, wo ihm ein Klavier zur Verfügung steht, auf dem er in den verschiedensten Stilarten spielt, Klassik, Blues, Jazz, alles ohne Noten, am liebsten mit Läufen über die gesamte Tastatur. Noch dazu fabriziert er phantasievolle Gebilde aus Ton und zeigt mir neben den Skulpturen seine Malereien – eine überbordende Kreativität.

Herr Hausherr braucht nichts weiter als den festen Rahmen, in dem er diese Kreativität ausleben kann, gelegentlich aber auch einen Gesprächspartner für seine ausufernden, luziden Gedanken über Gott und die Welt. Er ist zufrieden damit, wenn ihm jemand einigermaßen folgen kann und ihn nicht gleich für verrückt erklärt oder gar für einen Außerirdischen hält. Es freut ihn, ein etwas eigenwilliger Mensch unter Menschen zu sein, kein Monster. Er hat lange gebraucht, sein persönliches Glück zu finden, das nicht viel mit gängigen Auffassungen vom Glück zu tun hat. Aber nach dem Glück fragen viele Menschen. Und nach dem Sinn.

Werde ich jemals glücklich sein? Was ist der Sinn?

Frau Herbig* ist zarte 21 Jahre alt und arbeitet in einer Bank. Sie erfährt dort sehr viel Druck und fragt sich schon seit ihrer Schulzeit: »Bin ich anders als Andere? Werde ich jemals glücklich sein?« Seit ihrer Kindheit kennt sie Depressionen, sie vermutet »wegen einem Kindheitserlebnis«, das sie aber nicht näher schildern will. Denken wir also über das Glück nach, von dem sie sich ein positives Gegengewicht in ihrem Leben erhofft. Auf meine Bitte hin erklärt sie mir, was sie sich darunter vorstellt: »Dass ich mich gut fühle, Freude am Leben habe, geliebt werde, schöne Reisen mache, eine Familie gründe.«

»Was können Sie selbst dafür tun?«, frage ich. »Ist das alles planbar? Wo hat das *Zufallsglück*, das auch ungünstig ausfallen kann, seinen Platz?«

Aber sie will nicht gerne selber sprechen, lieber zuhören,

und so trage ich ihr vor, was ich in der Zwischenzeit zusammengetragen habe, da ich wiederholt nach dem Glück gefragt worden bin: Dass der Zufall seit jeher einen großen Teil des Glücks ausmacht, des Lebens überhaupt, von dessen Anfängen an. Dass er diesen Samenfaden auf jene Eizelle treffen und diesen Menschen mit jenen Eigenschaften an diesem Ort und in jenem Umfeld zur Welt kommen lässt. Zufälle sind im Spiel, wenn ein Mensch eine gute Bildung erfährt und Chancen auf dem Arbeitsmarkt erhält, Anderen und insbesondere einem bestimmten Anderen begegnet. Auch an Krisen und Krankheiten können Zufälle beteiligt sein, die so heißen, weil sie einem Menschen zufallen, niemand weiß woher, niemand kann sie herstellen, niemand verstehen.

Zufälle können Schicksal und Fügung sein, aber es ist unmöglich, ihre Fäden mit letzter Gewissheit bis zu einem Ursprungspunkt zurückzuverfolgen. Nur über seine *Haltung* zum Zufall kann ein Mensch bestimmen: Sich *aufzulehnen*, wenn ihn ein Zufallsunglück trifft, ohne es ungeschehen machen zu können. Oder *hinzunehmen*, was geschieht – eine leichte Übung beim günstigen Zufall, aber selbst dann ist es ratsam, sich nicht *zurückzulehnen*, alles in bester Ordnung zu wähnen und gerade damit das Glück wieder zu verlieren.

»Kann ein Leben auch aus einer Serie von Unglücken bestehen?«, fragt Frau Herbig.

»Ja, der Eindruck drängt sich auf«, antworte ich, »es gibt so genannte Unglücksraben wie auch Glückspilze, niemand kennt den Grund dafür.« Sehr viel könne ein Mensch aber dafür tun, sich zumindest ab und zu glücklich zu fühlen. Dieses *Wohlfühlglück* sei in jedem Leben möglich, auch in Zeiten von Krise und Krankheit, neue Kräfte seien daraus zu schöpfen. Bei der Sorge für Andere solle darauf geachtet werden, niemandem diese Möglichkeit zum Glücklichsein vorzuenthalten, denn es sei ein Teil des Menschseins. Aber in erster Linie gehe es aus der Selbstsorge hervor, abhängig nur davon, dass ein Mensch für sich selbst weiß, was ihm guttut. »Ein vertrauliches Gespräch? Wir sind mittendrin. Ein Plaudern mit Freunden und Freundinnen? Lässt sich arrangieren. Schöne Reisen? Das Geld dafür lässt sich ansparen. Nur eines kann dieses Glück nicht: Permanent da sein. Unglücklicherweise erwarten das die meisten Menschen vom Glücklichsein. Sie werden darin bestärkt von Ratgebern, die ihnen ein immer neues *Heubüschelglück* vor die Nase hängen, und so folgen sie jedem Anreiz, ohne das versprochene Ziel jemals zu erreichen. Auch so werden Menschen unglücklich.«

»Ein Glück, das unglücklich macht?« Frau Herbig schüttelt den Kopf. Aber auch im Gespräch mit ihr kommen so hohe Ansprüche an das Glück, an eine heile Welt, an das Gute, an die Intaktheit des Lebens zum Vorschein, dass sie unmöglich erfüllt werden können.

»Das ist die Gefahr des Wohlfühlglücks«, erkläre ich ihr. »Übersteigerte Erwartungen an das Leben bewirken letzten Endes, immer mehr Anlass zur Unzufriedenheit zu sehen und das gewöhnliche Leben nicht mehr wertschätzen zu können. Der unbescheidene Umfang der Wünsche lässt ihre Realisierung in weite Ferne rücken. Die bedenkenlose Festlegung des Lebens auf ein glattes Funktionieren ruft beinahe nach der Dysfunktion, der Störung, die dann als Lebenskrise und Zusammenbruch des Lebens, oft in Verbindung mit einer Krankheit, erlebt wird. Plötzlich tun sich Abgründe auf, die Gegensätzlichkeit und Widerspruchsstruktur des Lebens tritt hervor, die trotz aller Anstrengungen nicht außer Kraft gesetzt werden kann. Der Wohlfühlfaktor ist ein Pluspunkt im Leben, aber da sind noch andere Faktoren im Spiel. Davon nichts wissen zu wollen, liefert Menschen den unguten Seiten des Lebens aus. Gejagt von Ängsten schon bei der Ahnung davon, verstehen sie das Leben nicht mehr, erst recht nicht, wenn sie in Abgründe stürzen, aus denen es keine Rettung mehr zu geben scheint.«

Frau Herbig ist etwas ratlos: »Gibt es denn kein Glück, das länger vorhält und weniger bedroht ist?«

»Doch, das philosophische Glück.«

»Wie ist das zu erreichen?«, will sie wissen.

»Mit gelegentlichem Innehalten und Nachdenken über das Leben«, antworte ich, »verbunden mit der Frage an sich selbst: Kann ich damit einverstanden sein, dass das Leben von Grund auf aus Gegensätzen besteht? Aus der Bereitschaft zur Anerkennung der unterschiedlichen Seiten des Lebens geht das *Glück der Fülle* hervor.«

»Davon habe ich noch nie gehört.«

»Davon ist ja auch kaum irgendwo die Rede. Es ist die Balance in aller Gegensätzlichkeit des Lebens, nicht unbedingt im jeweiligen Moment, sondern das gesamte Leben hindurch, das mal so und mal so ausfällt. Heiterkeit und Gelassenheit resultieren daraus, denn vieles kann ein Mensch nun geschehen lassen, statt es immerzu kontrollieren und anders haben zu wollen: Das ist wohl die eigentliche Lebenskunst in den unterschiedlichsten Lebenssituationen. So kann ein Mensch auch unter schwierigen Bedingungen glücklich sein.«

»Und wenn ein Mensch trotz allem unglücklich ist?«, hakt Frau Herbig nach.

»Dann kann sogar das *Unglücklichsein* als Teil der Fülle des Lebens anerkannt werden. Wie das Glücklichsein ist es ein Bestandteil des Menschseins. Kein Mensch kennt nur das Glück des Wohlgefühls, jede und jeder zumindest zeitweilig auch das Unglücklichsein, in welcher Form auch immer: Unwohlgefühl, Unzufriedenheit, Traurigsein, Trauer, Zweifel, manchmal auch Verzweiflung. Wer sagt denn, dass nur ein glückliches Leben spannend sein kann? Das unglückliche Leben ist voller abgründiger Erfahrungen und unliebsamer Überraschungen, aber langweilig ist es nie, häufig vielmehr kreativ und produktiv, das fiel schon antiken Philosophen auf und auch moderne Studien erbringen Belege dafür. Wer aber auf das Wohlfühlglück allein fixiert bleibt, kann ein Unglücklichsein schlecht akzeptieren. Dessen Akzeptanz steht entgegen, dass es in fortgeschrittener moderner Zeit mit Depressionen in Verbindung gebracht und als Krankheit betrachtet wird. Aber die wirkliche Krankheit *Depression* ist noch etwas Anderes und kommt viel seltener vor. Der Mensch, von dem sie Besitz ergreift, bleibt in sich eingeschlossen und ist auf ärztliche und therapeutische Hilfe angewiesen, seine Gedanken und Gefühle können sich nicht mehr bewegen, während sie bei einem Menschen mit *depressiver Stimmung* in lebhafter Bewegung sind.«

»Keine Krankheit? Das wäre eine Befreiung!«, atmet Frau Herbig auf. »Aber wie lässt sich mit dem Zustand leben? Auch wenn er zum Menschsein gehören sollte, ist es schwer, ihn als Teil des Lebens zu betrachten.«

»*Sinn* kann dabei helfen«, sage ich. »Unglückliche Zeiten sind gut zu überstehen, wenn Sinn in ihnen gesehen werden kann, daher ist Sinn wichtiger als Glück.«

»Aber was ist der Sinn?« Ein fragender Blick von Frau Herbig. »Das wollte ich immer schon wissen!«

»Ein Wissen darüber ergibt sich aus der Beobachtung: Menschen erfahren Sinn in Zusammenhängen, in die sie eingebettet sind. Bereits der *Sinnlichkeit* verdanken wir solche Zusammenhänge, ihr Sinnpotenzial wird oft gar nicht ausgeschöpft. Durch die Sinne hängen Menschen mit der Welt zusammen, in der sie leben, ohne Sinne würden sie in einem schwarzen Nichts versinken. Je reicher die Sinnlichkeit eines Menschen entwickelt ist, desto sinnerfüllter ist sein Leben. Das spricht für eine bewusstere Pflege aller Sinne des Sehens, Hörens, Riechens, Schmeckens, Berührens.«

Das entspricht Frau Herbigs Erfahrungen. Sie liebt die Musik, spielt selbst Klavier und braucht, wie sie sagt, viel körperliche Berührung, die Physiotherapie tut ihr gut, schließlich ist ihr Körper, wie sie mal gehört hat, die Wohnung ihrer Seele – diese Sichtweise gefällt ihr.

»Ebenso«, fahre ich fort, »verdanken Menschen inneren Reichtum und Sinn den *Beziehungen*, durch die verlässliche Zusammenhänge mit Anderen entstehen. Daher ist es wichtig, solche Zusammenhänge zu suchen und zu pflegen, bei denen Sie etwas für andere Menschen fühlen und diese hoffentlich auch für Sie, und dies nicht nur im Moment. Das können Beziehungen der Freundschaft sein, die gerade in Zeiten der Krise und Krankheit unendlich guttun. Sich in dieser Situation Anderen anvertrauen zu können, entlastet und macht Mut.«

Schwierigkeiten hat Frau Herbig jedoch mit derjenigen *Beziehung*, die diese Bezeichnung im Sprachgebrauch ganz für sich allein beansprucht: »Warum ist die Liebe so schwierig? Es mag ja stimmen, dass sie dem Leben viel Sinn gibt. Aber was ist mit all dem Ärger, den Enttäuschungen und Verletzungen, die ebenfalls vorkommen?«

»Das ist die andere Seite der Liebe, nur im Hin und Her zwischen gegensätzlichen Gefühlen kann sie *atmen*.« Dass die Liebe, wie das gesamte Leben, *atmen* können soll, nimmt Frau Herbig gerne auf, sie kann damit ihre Erfahrungen gedanklich besser einordnen. Bisher ging sie immer davon aus, dass in einer Beziehung Harmonie vorherrschen soll, und immer war das nur im ersten Vierteljahr so, auch dieses Mal. »Jetzt aber habe ich jemanden kennengelernt, mit dem alles anders werden soll.« Ihre Augen leuchten.

»Es wäre allerdings gut«, gebe ich ihr zu bedenken, »wenn nicht aller Sinn des Lebens von einer einzigen Beziehung abhängen würde, die damit überlastet sein könnte.«

»Wovon sonst?«

»Beispielsweise von *Gedanken*, die Sie sich ohnehin in reichem Maße machen, um Antworten auf Ihre Fragen zu finden.«

»Ja, ich will wissen: Warum bin ich überhaupt da? Aus welchem Grund bin ich zur Welt gekommen. Wollte das jemand?«

»Das fragen sich viele. Jeder Mensch will gewollt sein, und er leidet, wenn er sich sagen muss, dass niemand ihn wirklich wollte. Das hat zweifellos etwas mit den Eltern zu tun, aber auf deren Motive hat der Betroffene keinen Einfluss. Im fraglichen Moment hatten die Eltern auf sich selbst vielleicht ebenfalls keinen Einfluss, und niemand kann sicher sein, dass ihm oder ihr das nicht irgendwann genauso passiert. Entscheidender ist daher, dass Sie sich selbst fragen: *Wozu* bin ich da? Das ist eine Frage des inneren Gespürs, aber auch der willentlichen Definition, um sich sagen zu können: Für diesen Traum, den ich realisieren will, lebe ich, für diese Aufgabe, die ich übernehme. Das ist mein Interesse, das mich antreibt, meine Faszination, der ich nachgehe, meine Sehnsucht, der ich folge. Das gibt meinem Leben Sinn. Und sehr viel Sinn ergibt sich auch aus dem Gedanken eines möglichen Darüberhinaus.«

»Glauben Sie an Gott?«, fragt Frau Herbig.

»Aber was ist gemeint mit Gott?«, frage ich zurück. »Handelt es sich um eine Person, einen Zustand, ein Prinzip? Da scheiden sich die Geister. Im Johannes-Evangelium, das philosophisch inspiriert ist, ist mit einem griechischen Ausdruck vom *Logos* die Rede, meist mit *Wort* übersetzt: ›Im Anfang war das Wort, und das Wort war bei Gott, und Gott war das Wort.‹ Aber *Logos* ist weit mehr als ein Wort, es ist auch ein kosmischer Zusammenhang, der über alle Personen und Dinge weit hinausreicht, sie durchdringt und zusammenhält.«

»Was könnte das sein?«, fragt sie weiter.

»Vermutlich etwas Unendliches, das nicht zu fassen ist. Menschen können sich eingebettet fühlen in dieses große Ganze.«

Das, so stellt sich heraus, ist auch für Frau Herbig so, es vermittelt ihr Sinn, und es gibt keinen Anlass dafür, das in Frage zu stellen. Entscheidend ist, dass sie etwas kennt, das ihr Leben so sehr erfüllt, dass sie es kraftvoll leben kann. Das Gespräch macht ihr bewusst, was sie ohnehin wusste, aber aus den Augen verloren hatte. Das genügt ihr für den Moment.

Haben die Krise, die Krankheit, das Leben irgendwelchen Sinn?

Der Kreis der in den Gesprächen wiederkehrenden Lebensfragen rundet sich: Es geht um die Auffassungen vom Leben, insbesondere beim Umgang mit Krise und Krankheit, Schmerz und Leid. Es geht um die Polarität des Lebens, die Komplexität des modernen Lebens, den Verlust von Beziehungen und ihre Neubegründung, beginnend bei der Beziehung zu sich selbst. Es geht um Möglichkeiten des Neuanfangs, Fragen nach dem Glück, Ursachen für Unglück und Unglücklichsein, Fragen nach dem Sinn, Leiden an Sinnlosigkeit. Und es geht um Gedanken an den Tod, auch an Selbsttötung, um tatsächlichen Tod und ein mögliches Darüberhinaus. Ich glaube die Themen zu kennen, Routine ist unvermeidlich. Aber sie ist auch gefährlich, denn der Routinier denkt, es läuft wie immer. Aber es läuft nicht immer wie immer.

»Kannst du dich darum kümmern? Wir sind im Moment überlastet!« Das ist eine unvermeidliche Erfahrung im Krankenhaus: Wer hier ist, wird in den Betrieb hineingezogen, manchmal geradezu von ihm aufgesogen. Es gibt kaum eine Möglichkeit, diesem Sog zu entkommen, der Bedarf an Helfern ist stets groß, sogar ein Philosoph ist jederzeit brauchbar. Die Therapeuten tun, was sie können, aber sie können nicht überall sein, und zu meinem Tätigkeitsfeld gehören ohnehin Gespräche mit Patienten und Klienten, also kann ich auch dieses Gespräch hier übernehmen. Herrn Regner*, einen jungen Mann von 32 Jahren, hat der Hausarzt vor kurzem eingewiesen, Alkoholprobleme. Er ist scheu und meint sich mangels höherer Schulbildung nicht gut artikulieren zu können. Ich versuche, ihm die Befangenheit zu nehmen, und ermuntere ihn, von sich und seinem Leben zu erzählen: »Was beschäftigt Sie? Was ging Ihnen in letzter Zeit durch den Kopf?«

Er berichtet zunächst stockend von seiner Tätigkeit im Straßenbetriebsdienst, von der stupiden Routine, die ihm zu schaffen machte – und davon, dass er vor wenigen Wochen eine Unfallstelle auf der Autobahn aufzuräumen hatte. »Da lag aber noch ein Toter, der längst abgeholt sein sollte. Das Bild hat mich verfolgt, und als ich dachte, ich hätte das ganz gut weggesteckt, warf mich eine Grippe ins Bett.«

»Das ist ja klar«, urteile ich selbst allzu routiniert: »Die Begegnung mit dem Tod irritiert Sie. Typisch für die moderne Zeit, die den Tod dem Blick aller entzieht, solange sie ihn noch nicht abzuschaffen vermag.«

»Aber nein, das ist es nicht. Nicht der Tod macht mir Probleme, ich bin mir darüber im Klaren, dass es den Tod gibt, und ich bin davon nicht sonderlich beunruhigt, der Tod macht mir keine Angst. Womit ich aber nicht leben kann, das ist die *Sinnlosigkeit* eines solchen Unfalltodes. Warum musste dieser Mensch sterben? Wofür? Zufälligerweise stießen zwei Autos zusammen, und das soll es gewesen sein?«

Was sage ich jetzt? Wenn ich nicht mehr weiterweiß, rät mir die bisherige Erfahrung, ist es am besten, das Gespräch einfach weitergehen zu lassen, noch mehr Geschichten zu hören, Geschichten erschöpfen sich nie. Und philosophische Gespräche müssen nicht zielführend sein, sie können sich im Kreis bewegen, im Schweigen pausieren, in Ratlosigkeit münden, das ist seit Sokrates so und daran hat sich in zweitausend Jahren nicht viel geändert. Ich bringe zur Sprache, was in diesen Tagen 2001 die ganze Welt erschüttert und an meinem Gegenüber sicher nicht vorbeigegangen ist: »Viele Menschen sind tief bewegt von der monströsen Terrortat am 11. September in New York. Bewegt Sie das auch?«

Die Augen des jungen Mannes fließen fast über, so sehr drängen die Tränen aus ihm heraus; es scheint plötzlich, als sei der ganze Körper voll davon. Seine Lippen zittern und er presst dazwischen hervor: »Diese Sinnlosigkeit! Ich kann nicht verstehen, dass so etwas möglich ist, ich kann es nicht bewältigen. Als ich diese Bilder im Fernsehen sah, habe ich nicht mehr gewollt. Weinen wollte ich nicht, also habe ich getrunken. Die Gefühle sind das Problem.«

»Die Gefühle? Oder die Gedanken, die zu Gefühlen führen? Etwa die Gedanken, dass etwas sinnlos ist, wie schon beim Unfalltod. Der Sinn ist das Problem, damit sind Sie nicht allein.«

Wie schon mit Frau Herbig und Anderen denke ich nun

auch mit Herrn Regner darüber nach, welche Rolle Sinn im Leben spielt, in dem Dinge und Geschehnisse oft als sinnvoll oder sinnlos bezeichnet werden: Dass etwas sinnvoll erscheint, wenn Zusammenhänge erkennbar werden, seien es Gründe, Ziele oder Zwecke, sinnlos aber das Zusammenhanglose, Grundlose, Ziellose, Zwecklose. Dass Sinn ist, wenn alles ineinandergreift und ein Warum, Wozu, Wofür nachvollziehbar ist. Dass aber schon dann, wenn zwei Menschen ihr Tun nicht aufeinander abstimmen, dies als sinnlos empfunden werden kann. Und dass als unsinnige Idee eine erscheint, die zu nichts gut ist und zu nichts führt, zumindest aus subjektiver Sicht. Können Menschen keine Zusammenhänge sehen, machen sie abgründige Erfahrungen der Brüchigkeit und Fragwürdigkeit, womöglich der Unfassbarkeit und Unvorstellbarkeit. Im eigenen Selbst tun sich in einer solchen Situation seelische und existenzielle Abgründe auf, in der Welt werden gesellschaftliche oder naturhafte Abgründe sichtbar.

»Wenn dann jemand Zeuge der Folgen eines Unfalls wird oder aber einen wahnwitzigen Terrorakt im Fernsehen sieht, ohne erkennen zu können, warum es dazu kam und wozu das gut sein soll, entsteht zwangsläufig der Eindruck von Sinnlosigkeit.«

»Gibt dieser Eindruck nun eine Realität wieder oder ist er nur eine Einbildung?«, fragt Herr Regner. »Ist die Frage nach dem Sinn zu beantworten? Und von wem?«

»Wichtig ist die Einsicht«, meine ich, »dass diese Frage wirklich von großer Bedeutung ist, nichts Nebensächliches. Menschen brauchen Sinn, er setzt die Kraft für die Bewältigung schwieriger Lebenssituationen und des Lebens im Ganzen frei. Wenn diese Kraft versiegt, ist sie durch nichts zu ersetzen. Der Sinn wirkt wie ein umfassendes *mentales Immunsystem*, das einem Menschen erlaubt, Herausforderungen und Bedrohungen aller Art zu parieren. Ein Leben, in dem die Erfahrung der Sinnlosigkeit überhandnimmt, weil keine Zusammenhänge mehr wahrnehmbar sind, wäre auf Dauer kaum lebbar. Es gibt kaum etwas Wichtigeres als Sinn. Können Sie nicht mit Freunden oder den Eltern über solche Fragen sprechen?«

Herr Regner schüttelt resigniert den Kopf. »Die Eltern sind für so etwas nicht zugänglich, und schon in der Schule bin ich von Anderen schief angesehen worden, wenn ich solche Fragen stellte. Ich galt als depressiv, als Weichei, und wer will schon mit so einem Problemfall zu tun haben! Ist es nicht krankhaft, die Frage nach dem Sinn zu stellen?«

»Im Gegenteil: Eher könnte es krankhaft sein, sie *nicht* zu stellen. Und dies in einem sehr direkten Sinne: Die nicht gestellte, erst recht die nicht beantwortete Frage könnte ein Leiden an Sinnlosigkeit zur Folge haben, das nicht nur tiefe Lebenszweifel, sondern auch so manche Krankheit hervorruft, körperlich und seelisch. Die ist dann zwar mehr oder weniger konventionell zu behandeln, aber die eigentliche Ursache liegt tiefer und wirkt weiter, wenn sie nicht erkannt wird.« Es könne Gründe dafür geben, dass die Frage nach dem Sinn gerade in moderner Zeit immer mehr Menschen umtreibe: In der wachsenden Kompliziertheit des modernen Lebens werde vieles als unzusammenhängend und fragmentarisch wahrgenommen. Viele Zusammenhänge würden tatsächlich zerstört, ohne dass ein Grund dafür erkennbar wäre – sie stehen einfach nur der Dynamik des immer Neuen im Weg. Der Zustand, der auf dieser Grundlage entstehe, werde von vielen Menschen als sinnloses Nichts empfunden.

Beim Stichwort der *modernen Zeit* gerät mein Gesprächspartner in lebhafte Bewegung: »Überhaupt diese moderne Welt, dieses ständige Rasen, diese Technik, diese Ungewissheit und Einsamkeit, diese menschliche Kälte! Diese moderne, schnelllebige Zeit ist meiner Meinung nach dem Leben nicht mehr nahe. Diese angebliche Freiheit macht mir Angst, in den vielen Möglichkeiten kann man sich doch nur noch verlieren und dann soll man die Verantwortung dafür auch noch sich selbst zuschieben.«

Die Verunsicherung durch moderne Freiheiten scheint junge Menschen umzutreiben. Hilft es Herrn Regner in seiner Situation weiter, darüber zu sprechen? Es wird ihm jedenfalls sichtlich leichter ums Herz, denn nun sind es schon zwei, die das tragen, was schwer erschien. Was im Gespräch geteilt wird, wird »normaler«, zugleich tun sich andere Perspektiven und Wege auf, an die zunächst gar nicht zu denken war. Er wäre froh, sagt er, wenn er wenigstens einmal im Monat ein solches Gespräch führen könnte. Keine Therapie, nur ein philosophisches Gespräch, um die tieferen Fragen zu besprechen, die ihn bewegen.

Eventuell gibt es noch Hintergründe zu seiner Situation, aber das ist eine Mutmaßung. Es wäre hilfreich, über mehr psychologisches und therapeutisches Wissen zu verfügen, um Aspekte in den Blick zu bekommen, die mir nicht geläufig sind, auf die ich folglich auch nicht aufmerksam sein kann. Hier stößt ein Philosoph an seine Grenzen. Wie gut, dass ich mich zwischendurch mit den therapeutischen Kollegen besprechen kann! Hätte ich den jungen Mann nach seiner Kindheit fragen sollen? Vielleicht war er früh im Leben Zeuge eines schrecklichen Unfalls, ohne dass jemand da gewesen wäre, der seine Beunruhigung hätte auffangen können. Möglicherweise hat er andere Erfahrungen unbewusst in seine Erzählung hineingepackt, um eine Kindheitsgeschichte zu *reinszenieren*. Dennoch gehört es zu der Art von Gesprächen, wie ich sie führe, der Frage nach der Kindheit keinen Vorrang einzuräumen. Ich mache durchweg die Erfahrung, dass Menschen sich ernster genommen fühlen, wenn sie *nicht* nach der Kindheit gefragt werden, als seien sie noch nicht so recht darüber hinausgekommen, selbst wenn es sich tatsächlich so verhalten sollte. Die Frage ist nicht belanglos, aber Therapeuten verstehen mehr davon. Sie übernehmen es auch, mit dem jungen Mann fortan die regelmäßigen Gespräche zu führen, die er sich wünscht.

Das philosophische Gespräch kann die therapeutische Arbeit nicht ersetzen, wie umgekehrt wohl auch die Psychotherapie die Philosophie nicht ersetzen kann. Ideal ist, wechselseitig Rücksprache halten zu können, insbesondere bei der wiederkehrenden Frage nach Sinn, die nicht nur ein altes philosophisches, sondern auch ein jüngeres therapeutisches Thema ist, seit sich die von Viktor Frankl begründete *Logotherapie* und *Existenzanalyse* damit befasst. Eine davon ausgehende empirische Sinnforschung versucht sogar eine *Existenzielle Wende in der Psychologie* herbeizuführen (Tatjana Schnell, Habilitationsschrift, Innsbruck 2012). Die Philosophie kann begriffsanalytische, denkhistorische und kulturgeschichtliche Aspekte beisteuern: Was ist mit Sinn gemeint? Woher kommt die Frage danach? Welche Antworten sind bereits gegeben worden? Welche sind denkbar? Ein gemeinsames Anliegen ist, die Frage nach Sinn als elementare Lebensfrage ernst zu nehmen und sie nicht als Ausdruck einer Krankheit oder Störung abzutun. Auf dieser Basis wird es möglich, einem Menschen therapeutisch und philosophisch bei seiner Sinnfindung und Sinngebung behilflich zu sein.

Das Leben eines Menschen kann jedoch einen Verlauf nehmen, der aus seiner Sicht jeden Sinn in Frage stellt. Das ist die

Situation von Frau Engel*, 63 Jahre alt, seit 25 Jahren wegen einer vollständigen Lähmung auf die Sorge für sie hier im Haus angewiesen. Sie kann ein Lächeln andeuten, mit Mimik auch Wünsche erkennen lassen, mit den Augenlidern Zustimmung und einem winzigen Kopfschütteln Ablehnung signalisieren. Ihre Augen sprechen so intensiv und differenziert wie bei kaum jemandem sonst. Mit dieser kommunikativen Grundausstattung machen mich ihre engagierten Pflegerinnen vertraut, dann beginnen wir uns zu unterhalten. Frau Engel hat von meinen Vorträgen über Sinn und Sinnlosigkeit gehört und interessiert sich brennend dafür. Ich schlage ihr Fragen vor, die sie stellen könnte, etwa: »Was ist Sinn?«

Ja, das will sie wissen, und so schlage ich ihr fünf mögliche Antworten vor: »1. Die Blumen. 2. Die Sonne. 3. Die Beziehung zu anderen Menschen. 4. Die Beziehung zu sich selbst. 5. Die kosmische und/oder göttliche Beziehung.«

Sie gibt mir zu verstehen, dass es ihr an der Beziehung zu anderen Menschen, mehr aber noch zu sich selbst fehle. Wie die Selbstbeziehung beschaffen sei, ist ihre Frage.

»Ähnlich wie eine Freundschaft«, antworte ich: »Manchmal mit sich uneins zu sein, wie mit einem Freund, oft aber sich etwas zu schenken, etwa einen Tag in der Sonne oder eine Stunde mit einem geschätzten Menschen.«

Sie ist überzeugt davon, dass ihr Leben trotz allem keinen Sinn hat.

»Sinn könnte aber«, schlage ich ihr vor, »auch die Sinnlichkeit sein. Sie blicken auf sehr schöne Blumen und können sich zum Sonnenbad auf den Balkon bringen lassen. Der Sinn des Lebens könnte außerdem unsichtbar sein und es gäbe ihn vielleicht dennoch. Kein Mensch weiß alles, nur ein Gott kann, sollte es ihn geben, alles überblicken und durchschauen.«

Danach setzt ihr Nachdenken neu ein und nachdem ich gegangen bin, spricht sie mit einer Pflegerin darüber. Diese berichtet mir davon, dass die Frage nach dem Sinn Frau Engel außerordentlich bewege und ihr buchstäblich den Atem raube, seelisch wie auch körperlich. Wenn ich bei ihr bin, erweckt sie nicht den Eindruck, keinen Sinn mehr im Leben zu sehen. Eventuell wegen des Zusammenseins und gemeinsamen Nachdenkens? Beides ist selbst schon ein Herstellen von Sinn, von Zusammenhang. Sie ist dankbar für jeden Besuch, jedes Wort, und lässt eine riesige Freude erkennen, wenn ich abends noch bei ihr vorbeischaue, um ihr Gute Nacht zu sagen.

Bei einem Gespräch stimmt sie dem Satz zu: »Nachdenken über das Leben ist interessanter und schöner als das Leben selbst.« Das Leben selbst findet sie nicht schön. Sie fühlt sich völlig ohnmächtig, alle Anderen haben alle Macht über sie. Es muss eine grausame Situation für sie sein, immerzu eingeschlossen in sich selbst zu bleiben, sodass jedes Wort, das sie erreicht oder ihre Lippen verlässt, zum Ereignis wird. Jahre später berichte ich, nachdem ich sie besucht habe, in einer hausinternen Beratung von ihren Erfahrungen. Tags darauf wird Frau Engel sterbenskrank, ich eile zu ihr und frage sie, ob ihr etwas wehtue. Sie verneint.

»Tut Ihnen die Seele weh?«

Sie bejaht.

»Haben Sie Sehnsucht nach etwas? Nach Leben?«

Nein.

»Nach dem Ende des Lebens?«

Ja.

Von den Ärzten der Inneren Medizin erfahre ich, dass sie den Wunsch geäußert habe, nicht mehr behandelt zu werden, wenn sie lebensbedrohlich erkranke. Als ihr nach Rücksprache mit den Angehörigen dieser Wunsch erfüllt wird, ist es eine Erlösung für sie, aber eine tiefe Erschütterung für alle, die sie ins Herz geschlossen hatten, auch für mich. Ihrer Pflegerin Frau Herzlich* hat sie aufgetragen, mir noch mitzuteilen, wie sehr sie meine Briefe, »und wenn Sie bei uns waren, die Gespräche mit Ihnen geschätzt, nein, sogar geliebt hat. Kam Post von Ihnen, leuchteten ihre Augen, in diesem Moment, denke ich, war sie wirklich glücklich.«

Kann es eine Lebenskunst angesichts des Todes geben?

Am anderen Ende der Gebäudegruppe, neben dem Haupteingang zum Krankenhaus, ist über einen Pfad ein verborgener kleiner Seerosenteich zu erreichen. Jedenfalls war das so, bevor hier ein eigener Trakt für Privatpatienten hochgezogen wurde, Tribut an den Zwang zum Geldverdienen, nicht um große Gewinne zu machen, sondern um allfällige Verluste auszugleichen und nicht die Steuerzahler damit zu belasten. Überwölbt von einem Laubdach, war dies damals ein schöner Ort für vertrauliche Gespräche, beispielsweise mit Frau Langeneck*, 63 Jahre alt. Sie ist eine »Leseratte« und passionierte Konzertbesucherin, aber bald nach ihrer Pensionierung (sie war Bankangestellte in leitender Funktion), als sie mit ihrem Freund »das Leben noch genießen« will, platzt eine Zyste im Eierstock, »es hat gebrannt wie Feuer«, und es ist, wie sich herausstellt, ein metastasierender Krebs. Die Chemotherapien, die folgen, schlagen nicht an oder sind unverträglich, eine Hautallergie kommt noch hinzu. Erst der Versuch mit einer weiteren Chemotherapie, die Haarausfall zur Folge hat, ist erfolgreich und ermöglicht ein »Spiel auf Zeit«, ohne jede Garantie, wie ihr Zustand nach dem Ende der Behandlung sein wird.

Sie will wissen: »Kann es eine Lebenskunst angesichts des Todes geben?«

Natürlich habe sie sich die üblichen Fragen gestellt: Warum diese Krankheit? Warum gerade ich? Warum jetzt? Aber die Krankheit ist offenkundig wahllos, hat sie beobachtet, auch »liebe Menschen« werden davon befallen, böse wiederum nicht unbedingt, es kann also nichts mit Moral zu tun haben. Aber sie will sich nicht lange mit solchen Fragen aufhalten, »es ist einfach so«. Das zu sagen, falle ihr nicht schwer, denn »ich habe ein schönes Leben gehabt, ich habe es gelebt«. Das verdanke sie einer sehr offenen Haltung zum Leben schon im Elternhaus, in dem sie als einziges Kind zeitlebens geblieben ist und die Eltern bis zu deren Tod gepflegt hat.

»Was meinen Sie mit *schönes Leben*?«, frage ich.

»Einen Beruf, in dem ich erfolgreich war und der mir tiefen Einblick nicht nur in die finanziellen Verhältnisse, sondern auch in das Leben vieler interessanter Menschen gewährt hat. So entstand ein großer Bekanntenkreis, und bis heute sind mir einige Freundschaften sehr wichtig. Und schön ist die große Naturverbundenheit, die ich von klein auf mitbekommen habe und die mir ermöglicht, mich auch jetzt noch als Teil der Natur zu betrachten. Besonders schön aber ist die Liebe.«

Mit 25 Jahren, erzählt sie, habe sie sich in einen Mann verliebt, eine unglückliche Liebe, denn er war verheiratet und hatte Kinder, also beendeten sie das leidenschaftliche Verhältnis nach einiger Zeit wieder und sie entschied sich für eine Karriere. 20 Jahre später, als ihre Eltern nicht mehr lebten und seine Frau an Krebs gestorben war, begegneten sie sich erneut, und nun wohnen sie seit Jahren glücklich zusammen.

Nur für ihn ertrage sie die Prozeduren der Chemotherapie, sie selbst würde ihr Leben lieber zu Ende gehen lassen. Das ist ihre tiefe Einsicht: Irgendwann ist jedes Leben »fertig« und Alzheimer wäre schlimmer. Nur das Denken im westlichen Kulturraum lasse eigenartigerweise den Gedanken an den Tod nicht zu, »man kann's nicht denken«.

Ich staune ein wenig: »Sie selbst bejahen die Grenze des Lebens?«

»Ja, die lässt mich viel bewusster leben, macht mich froh über jeden schönen Tag, obwohl ich jeden einzelnen mit einer Reihe schlechter Tage erkaufen muss. Als ich *die Nachricht* bekommen habe, bin ich allein in den Wald gegangen. Beim Blick auf die Tier- und Pflanzenwelt wusste ich, dass das Leben weitergeht, wenn halt auch nicht mein eigenes. Das ist beruhigend, besänftigend, ja, tröstend.«

Von mir will sie nichts weiter als die Bestätigung, dass es in Ordnung sei, keine weitere Behandlung mehr auf sich zu nehmen. Ein Dreivierteljahr später stirbt sie zuhause im Beisein ihres Lebensgefährten.

»Was war mein Leben? War es ein schönes Leben, eines, das ich bejahen kann? Was daran war schön, was nicht? Was ist darüber hinaus?« Diese Fragen stellen sich Menschen in der Konfrontation mit dem Tod, und einige Male spreche ich mit ihnen darüber, auch mit Frau Weininger*, die große Angst vor dem Sterben hat. Früher *wollte* sie sterben, »jetzt aber, wo das Leben schön ist, will ich davon nichts wissen«. Es ist schön, weil sie endlich die Familie hat, die sie sich lange sehnlichst wünschte. Sie hat dafür kämpfen müssen, ihr Mann ist deutlich älter als sie, das gefiel vielen in ihrer Umgebung nicht. Ihre beiden Kinder sind erst halbwüchsig, und jetzt soll alles zu Ende sein, »mitten in einem Projekt«? Sie hat mit der Familie ein Haus im Tessin gebaut und würde sich gerne wenigstens noch ein oder zwei Jahre am Leben dort erfreuen. Dem steht ein Mammakarzinom entgegen, das sie im Alter von 50 Jahren befallen hat. Sie ist bereits in der Palliativsituation, in der ein Mantel (*pallium* im Lateinischen) im Sinne von Umsorgung und Linderung die Krankheitsbekämpfung ersetzt.

Jetzt ist sie in Aufruhr, sie denkt sehr viel nach, und nach einem anfänglichen Herantasten sprechen wir ausgiebig über ihr Leben, ihre Haltung zum Tod und das mögliche Leben danach. Eines ist für sie gewiss: »Danach kommt nichts.«

»Aber woher wissen Sie das?«

Frau Weininger stellt die Gegenfrage: »Woher wissen *Sie* denn, was danach kommt?«

»Auch ich weiß nichts«, gestehe ich ein. »Niemand weiß etwas über das Danach. Es ist unmöglich, Wissen über etwas zu gewinnen, das nicht erforscht werden kann: Wie sollte es jemals möglich sein, das Leben zu verlassen, sich umzusehen und wieder zurückzukommen, um darüber zu berichten?« Wo es aber kein Wissen gebe, sei es möglich, sich eine *Vorstellung* zu machen – warum nicht eine, die mehr Gelassenheit vermittelt? Etwa die Vorstellung, dass das Leben auf andere Weise weitergeht, wie überall in der Natur, in der auf jedes Sterben ein neues Werden folgt. »Ist der Mensch nicht auch Natur?«, frage ich.

Frau Weininger stimmt zu und erweitert den Bogen: »Und dem Werden der Natur ist die Kreativität der Kunst am nächsten. In der Kunst zeigt sich die menschliche Natur sehr schön.«

Ihr Mann ist Künstler und lädt mich zum Zeichnen ein, alle Utensilien hat er mitgebracht und so fabrizieren wir am Krankenbett Kunstwerke. Seine Frau findet Gefallen an den Gesprächen und den Aktivitäten um sie herum. Wochen später, als meine Arbeit im Haus turnusgemäß pausiert, erreicht mich die Nachricht von ihrem Tod und dass es ihr Wunsch war, mir noch ausdrücklich für die Gespräche zu danken, die ihr neue Horizonte eröffneten. Eine Zeichnung von damals hängt bis heute bei mir zuhause an der Wand.

Und dann ist da noch Herr Debus*, der im Alter von 86 Jahren mit metastasierendem Darmkrebs im Krankenbett liegt. Er fällt mir bei der Visite auf, da er einen hellwachen, gefassten und energiegeladenen Eindruck macht – er nennt sich selbst einen *Lebenskünstler*. Mein Angebot zu Gesprächen nimmt er gerne an, er hat ein großes Bedürfnis, von seinem Leben zu erzählen, das er zu meiner Verblüffung für völlig misslungen hält. Nicht der Tod beunruhigt ihn, sondern die in seinen Augen endgültige Erkenntnis, dass er ein sinnloses Leben gelebt habe. Es gab »nur zehn schöne Jahre« und der Rest war »für nichts«.

Ich habe nicht den Ehrgeiz, ihn vom Gegenteil zu überzeugen, bitte ihn aber, mir anzuvertrauen, was schön war, was nicht. Da fällt ihm fast nur Nichtschönes ein: Eingespannt in Konventionen, ging sein Leben völlig in Arbeit, Ehe und Familie auf. Er erzählt von einem dicht geflochtenen Beziehungsnetz, das mir undurchdringlich erscheint, und von lebenslangen Problemen mit seiner Frau und deren Schwester. Erst spät erfährt er von seiner Frau, dass sie ihn nur geheiratet habe, weil ihre Mutter das so wollte. »Das kann ich nicht begreifen, das ist für mich unerklärlich.« Der Mangel an Liebe wurde noch dadurch verschärft, dass sie aus christlicher Überzeugung jegliche Sexualität ablehnte. Die Zeugung der Kinder war aufgrund dieser abweisenden Haltung »nicht immer ganz rosig«, denn Geschlechtsteile, ihre eigenen wie die seinen, hielt sie für scheußlich, während er immer der Meinung war, Kinder seien Gottesgaben, sodass die Sexualität zu ihrer Zeugung keine Sünde sein könne.

Mit seinen sexuellen Bedürfnissen, bricht es nun aus ihm hervor, blieb er immer allein. 30 Jahre lang bestand seiner Darstellung zufolge die einzige Abwechslung in seinem Leben darin, in die Berge zu gehen und die Belastungen »in Abgründe hinabzuwerfen«. Erst im Alter von 60 Jahren ließ er sich auf ein Liebesverhältnis zu einer gleichaltrigen Schulfreundin ein. Zehn Jahre lang trafen sie sich jedes zweite Wochenende in Hotels zu Intimitäten, nach der Pensionierung, also in einem Alter, von dem Jüngere meinen könnten, das Leben sei größtenteils bereits gelaufen. »Es war so schön«, zunächst verschwiegen, dann offen. Es blieb nicht der einzige Seitensprung: Wo er schon mal dabei war, fing er auch noch ein Verhältnis zu einer 15 Jahre jüngeren Frau in Zürich an, mit der zuvor sein Bruder eine Beziehung hatte. Er zog sogar von zuhause aus und bei ihr ein, aber das ging nicht gut, da sie ebenso liebenswürdig wie kaltherzig sein konnte, und so kehrte er schließlich zu seiner Frau zurück. Von der zweiten Nebenbeziehung blieb nichts übrig, aber aus der ersten zu seiner Schulfreundin ging eine enge Freundschaft hervor, die mittlerweile auch von seiner Frau geteilt wird, die die vorausgegangene Geschichte kennt (und sie vermutlich ganz anders erzählen würde).

Die heiteren Züge in seinem Gesicht legen Zeugnis davon ab, dass der Ausgleich zu den Belastungen in seinem Leben sehr nachhaltig gewesen sein muss. Er ist sich sicher, dass er das seiner Lebensbejahung verdanke, die er nicht nur selbst praktizierte, sondern in einer Schreinerei auch den Lehrlingen weitergab, deren Ausbildung ihm oblag: Ihnen machte er damit viel Mut. Was ihn aber immer noch schmerzt, ist die ausgeschlagene Chance zu einer vergleichbaren Tätigkeit in Amerika, »das wäre wunderbar gewesen«. Als schön hat er auch den Umgang mit den eigenen Kindern erlebt. Erst im Alter begann er, noch Theater zu spielen, und das wurde zur großen Erfüllung für ihn, weil er endlich die Anerkennung fand, die er zuhause lebenslang entbehren musste. Seine Lieblingsrolle war die eines geistig Behinderten.

Für das Theater seines Lebens wünscht er sich zum Abschluss nur: »Jetzt sollte ich die Sachen liegen lassen können.« Er nimmt gerne den Gedanken auf, dass im Leben nicht nach Anzahl, sondern nach Intensität der Jahre »abgerechnet« werde, sodass für zehn schöne Jahre 70 weniger schöne ohne Weiteres gerechtfertigt seien. Er sieht, dass es an ihm selbst liegt, denjenigen Dingen im Leben, die er als schön wahrgenommen hat, größeres Gewicht zu geben und die wenigen Jahre voller Intensität schwerer wiegen zu lassen als die vielen Jahre, die unerfreulich und schwierig waren und die ohnehin um keinen Preis mehr zu ändern sind. Mit dieser Haltung geht er zufrieden nach Hause. Kurze Zeit darauf stirbt er.

Leben auf zwei Planeten: Die Welten drinnen und draußen

Jedes Gespräch ist ein eindrückliches Erlebnis. Ebenso jede Visite. Die Ärzte setzen bei der Kommunikation mit den Patienten nicht nur auf den verbalen Austausch, sondern achten auch auf die Körpersprache und die Blicke. Dennoch kann eine harmlose Situation an einem ruhigen Morgen plötzlich explodieren. Die nette alte Dame ist vor wenigen Tagen operiert worden, Knochenbruch im Oberschenkel. Der Chirurg erklärt mit handwerklichem Stolz, wie der Knochen der Länge nach aufgebohrt wurde, um einen fast 40 Zentimeter langen

Nagel hineinzutreiben. Dann bedurfte es einer Querverstrebung mit einem diagonalen Nagel, um die Statik abzusichern. »Gute Arbeit«, lobt der Chefarzt und nimmt die entstandene Wunde in Augenschein, die seiner Ansicht nach gut verheilt: »Eine schöne Wunde.«

Auf seine Bitte hin führt die Frau vor, wie sie das Bein bereits wieder bewegen und anwinkeln kann. Dem Chefarzt ist das noch nicht genug und er hilft etwas nach. Mit einem Mal schreit die Frau entsetzlich auf und wird ganz weiß im Gesicht vor Schmerz. Auch mir fährt ihr Schmerz tief ein, lässt augenblicklich meine Knie zittern, kalter Schweiß tritt mir auf die Stirn, gleich wird mir schwarz vor Augen. Es hilft mir nichts zu wissen, dass das neurobiologisch eine Wirkung der Spiegelneuronen ist, landläufig als Mitgefühl bekannt. Was hilft, ist nur, tief durchzuatmen und eine kleine Auszeit auf der Toilette um die Ecke zu nehmen. Die Ärzte können dieses Durchschlagen auf sich selbst offenkundig abblocken und müssen es auch. Ich aber kann es nicht, nicht im ersten Jahr und nicht in den folgenden.

In so einer Situation fühle ich mich, als sei ich auf einem fremden Planeten gelandet. Extraterrestrische Erfahrungen sind hier möglich, Fremdheitserfahrungen für einen ahnungslosen Philosophen, dem diese Welt so unvertraut ist wie vermutlich den meisten Patienten, vollkommen vertraut aber den vielen Menschen, die in diesem Haus arbeiten. Sie sprechen eine eigene Sprache, die ich wenigstens teilweise erlernen muss, während ich doch dachte, der Fremdsprachenerwerb liege längst hinter mir: Dass jemand *hyperventiliert*, also heftig zu atmen und eventuell zu schwitzen beginnt, ist ein Anzeichen für Probleme. Auch ich hyperventiliere fortan, wenn ich unter Druck stehe, das mutet gleich viel professioneller an. Gelegentlich *dekompensiert* ein Mensch, bricht also zusammen, wenn ein Organ eine Störung nicht mehr auffangen, eine Seele Aggressionen nicht mehr abfedern kann. Auch ich fühle mich der Dekompensation zeitweilig nahe, froh, einen Ausdruck dafür zu haben, um noch rechtzeitig Mitteilung machen zu können. Umgekehrt gebrauche zweifellos auch ich Begriffe, die einem Philosophen geläufig sein mögen, aber in den Ohren Anderer fremd klingen müssen, und so beginne ich meinen Sprachgebrauch auf den Prüfstand zu stellen.

Es gibt viel zu lernen in diesem Haus, vieles ist verwirrend. Immer am ersten Tag, wenn ich die Arbeit wieder aufnehme, stürmen neue Eindrücke auf mich ein, es hagelt Worte in Medizinersprache, Ungewohntes springt mich von allen Seiten an, ich ertrinke in Anfragen und Anforderungen aller Art. Das Leben, das ich für gewöhnlich führe und zuhause um mich herum wahrnehme, unterscheidet sich so eklatant vom Leben im Krankenhaus, dass ich mich fühle, als lebte ich auf zwei Planeten. Drinnen und draußen, das ist jeweils eine Welt für sich, der leere Raum dazwischen ist kaum zu überbrücken. Separate Welten bilden sicherlich auch andere Institutionen, Ämter, Schulen und Unternehmen auf ihre Weise aus, aber dabei geht es um Segmente des Lebens, im Krankenhaus hingegen um das gesamte Leben und um den Tod. Der Unterschied zwischen den Welten drinnen und draußen ist so krass, weil drinnen das Leben auf dem Spiel stehen kann, sodass alles da draußen als harmloses Spiel erscheint. Ist es nicht sogar so, dass die Außenwelt das größere Krankenhaus ist und die Menschen es nur noch nicht wissen, weil sie noch nicht ausreichend untersucht worden sind? Alter Medizinerwitz.

Umgekehrt können Krankenhäuser von außen gesehen Angst machen: Jeder weiß doch, dass da drinnen Krankheit und Tod regieren! Aus der Binnensicht kann die Welt da draußen wiederum arm erscheinen: Sie kann gar nicht mithalten mit der Fülle menschlicher Wirklichkeiten, Möglichkeiten und Unmöglichkeiten, die nirgendwo sonst in solcher Dichte versammelt sind! Die menschliche Existenz in all ihren Variationen, gewöhnlich über Raum und Zeit auf dem Planeten Erde verstreut, findet sich geballt an diesem Ort, der sich gerade deshalb als Kraftzentrum erweist. Nirgendwo draußen auf dem Planeten der Normalität existiert eine solche Ansammlung zahlreicher, oft kurioser Schicksale auf so engem Raum. Dort sind sie vielmehr über zahllose Orte verteilt und verbergen sich hinter den Mauern der Häuser. Nur hier drinnen auf dem Planeten der Krankheit liegen sie offen zutage, begegnen sich und treiben schreiend bunte Blüten hervor. Das Gefühl der Nähe zur Energie des Lebens in sämtlichen Ausprägungen, die von ihr wie von einer Sonne gespeist werden, ist der Grund für den großen menschlichen Reichtum, den viele erfahren, die hier arbeiten. Auch ich spüre, dass die Kraft, sich unter schwierigen Bedingungen zu behaupten, zu einem guten Teil aus diesen Bedingungen selbst erwächst.

So bereichernd ist die Begegnung mit den verschiedenen Menschen und ihren Schicksalen, die Konfrontation mit den Grenzerfahrungen menschlicher Existenz, dass ein *Lebenselixier* daraus wird, ein Gefühl der Erfüllung für das eigene Leben. Anders wäre die Heiterkeit angesichts der Abgründigkeit schwerlich zu erklären. Zuweilen ist mir so, als ob im Krankenhaus das Fest der menschlichen Existenz gefeiert würde, ein dionysisches Fest. Die menschliche Existenz in ihrer ganzen Spannweite und Abgründigkeit vor Augen zu haben, sie auch an mir selbst wahrzunehmen, sorgt dafür, die Ängste davor zumindest etwas zu verlieren, die zum guten Teil darin begründet sind, zu wenig Spannweite und Abgründigkeit zu kennen, ja, nicht die geringste Vorstellung davon zu haben. Die Erweiterung und Vertiefung ist ein Gewinn, der anderswo, wo das Leben leichter zu führen ist, nicht so leicht zu haben ist. Sich im Garten am Rande des Abgrunds wohnlich einzurichten: Das ist eigentlich Philosophie, zu der auch diejenigen in der Lage sind, die andere Berufe ausüben.

Diese Sichtweise trägt zu meiner eigenen Lebenskunst in dieser Zeit bei. Ich bedarf ihrer sehr, denn nicht selten kommt es vor, dass ich im Feuer der Gespräche, in der plötzlichen Begegnung mit Schicksalen nicht mehr recht weiß, wer ich bin. Was dann? Soll ich etwa die Machete einer analytischen Rationalität in die Hand nehmen und eine Schneise durch den undurchdringlichen Dschungel der Phänomene schlagen, gewaltsam und sinnlos, da die farbenprächtigen, wilden Gewächse den geschlagenen Pfad hinter mir sofort wieder zuwuchern würden? Besser, ich bleibe ruhig an meinem Platz, nehme die Unübersichtlichkeit hin und staune einfach über diese Welt, um im Laufe der Zeit, wenn sich die Augen an die Umgebung gewöhnen, die Pfade durch den Dschungel zu sehen, die sich von selbst anbieten. Das ist schonender für die Umwelt und für mich selbst. Ich beschließe, erst einmal alles über mich ergehen zu lassen und gegen nichts anzukämpfen. Im Vertrauen darauf, dass sich auch hier wieder Alltag einstellt, in dessen überschaubare Strukturen ich mich einfügen kann.

In der Tat setzt auch unter schwierigen Bedingungen ein Prozess der *Gewöhnung* ein, der den Alltag im Krankenhaus gut lebbar macht, für mich wie für alle Anderen, die sehr viel mehr als ich mit den Herausforderungen im Umgang mit Krisen und Krankheiten zu tun haben. Menschen gewöhnen sich an alles, es kommt nur darauf an, den Prozess geschehen zu lassen, ihn sogar noch zu forcieren, also willentlich und vorsätzlich Gewohnheiten einzurichten, von deren festem Boden aus das Anbranden des Ungewohnten und Ungewöhnlichen mit Interesse zu beobachten ist. Mit Tageszeiten, Essenszeiten, Ablaufplänen sind Gewohnheiten, Rituale und Rahmenbedingungen zu schaffen, die dem Alltag Struktur geben und es leichter machen, sich selbst zwischendurch etwas Gutes zu tun, etwa mit rituellen Kaffeezeiten und Plauderviertelstunden mit Anderen, um nicht in der Flut der Anforderungen unterzugehen, sondern auf sinnlicher, seelischer und geistiger Ebene Sorge für sich zu tragen.

Mühe bereitet mir die Aufnahme immer neuer Informationen, die ich nicht so rasch verarbeiten kann, wie sie ankommen. Am ehesten hilft mir die Erinnerung an Philosophen älterer Zeiten, etwa die Stoiker, die in solchen Fällen die kalkulierte Abschottung des Selbst empfahlen. Etwas abweichend davon beschließe ich, das anstürmende Neue zwar nicht schutzlos auf mich durchschlagen zu lassen, es aber auch nicht restlos abzuwehren, sondern der *osmotischen Grundregel* einer grundsätzlichen Durchlässigkeit, die regulierbar bleibt, zu folgen. Ich will aufmerksam sein, die Aufmerksamkeit aber eingrenzen oder auch brüsk abbrechen, sobald ich spüre, dass ich die Flut der Eindrücke nicht mehr bewältigen kann. Wird eine Distanzierung und Regulierung in schwierigen Situationen erforderlich, helfen mir eine milde *Ironie*, ein Schmunzeln und ein Lächeln, um die Dinge zu relativieren, ein *Lachen* aus voller Kehle, um eine übermäßige Spannung aufzulösen, manchmal aber auch eine kleine *Bosheit*, die für den erforderlichen Ausgleich sorgen kann, oder ein härterer *Sarkasmus*, der eine größere Distanz herzustellen vermag.

Es ist mir wichtig, belastende Geschichten nicht mit mir allein herumzutragen, sondern mit vertrauten Menschen zu besprechen, wenigstens am Telefon, und vieles auch »ins Papier zu stecken«, wenn ich die Notwendigkeit dazu verspüre. Manchmal tagsüber, oft aber am Abend gönne ich mir Momente der Muße, ein wenig *otium* bei all der Unmuße, diesem *negotium*, wie das im Lateinischen bei Seneca heißt. Mal mit einem Spaziergang, mal mit einem Mittagsschlaf, dann wieder mit einem Abend, den ich bei einem guten Mahl mit mir allein verbringe. Ich richte mir innere »blaue Stunden« ein, um das Geschehen im Kopf sich selbst zu überlassen, Stunden am späten Abend, in denen die Nebel wirbeln können, wie sie wollen, bis sie sich von selbst lichten. Es können auch Stunden des Zappens am Fernseher sein, jedenfalls ohne große Aktivität, gerne mit einem Buch oder einer Musik, etwa den elegischen Klängen der *Peer Gynt Suite* von Edvard Grieg, die über weiten, eisigen Fjorden verwehen. Aber nicht zu viel davon, damit die Melodien im Kopf nicht die Präsenz bei den Gesprächen am nächsten Morgen beeinträchtigen.

Einiges lässt sich einfach »wegschlafen«. Am Wochenende bietet es sich außerdem an, irgendwohin zu fahren, an einem schönen Ort zu verweilen, viel Zeit mit Nachsinnen und Vorausdenken zu verbringen, nicht um gezielt zu denken, sondern ganz im Gegenteil den Gedanken Raum zu geben, die sich von selbst einstellen. Geradezu heimisch werde ich am nahe gelegenen Vierwaldstätter See und auf der (oder dem) Rigi, der »Königin der Berge«, einem recht unspektakulären Berg, der jedoch atemberaubende Blicke in die Bergwelt, hinauf in die Wolken und hinunter auf den See bietet, leicht zu erreichen mit der Bahn über die Städte Zug und Luzern. Manchmal mache ich einen größeren Ausflug, beispielsweise auf das Jungfraujoch, wo die Zahnradbahn auf 3454 Metern in

Schnee und Eis endet und in der dünnen Luft kein schneller Schritt mehr möglich ist. Oder auf das fast 2000 Meter hoch gelegene Bergplateau von Sils-Maria, wo ich nach stundenlanger Fahrt mit Zug und Postbus ankomme und tief durchatme. Bestens gerüstet für neue Herausforderungen, kehre ich am späten Sonntagabend zurück.

So richte ich mir die Aufenthalte als philosophischer Seelsorger im Krankenhaus ein. Wie die Arbeit strukturiert ist, wird zum Teil vorweg besprochen, zum Teil erhält sie ihre Gestalt *in situ*, in der konkreten Situation vor Ort. Einige Vorbereitungen von meiner Seite, um die ich mich in den jeweiligen Wochen zuvor kümmere, bewähren sich bestens: Ein *physisches Training*, um vieles von dem, was belastend sein wird, bereits im Körper verarbeiten zu können. Eine *psychische Einübung*, um mich seelisch und geistig auf das mögliche Spektrum der Belastungen einzustellen. In der Situation selbst kommt es dann sowieso immer wieder zu einer großen Verunsicherung, einer Beklemmung, einem Kloß im Hals, einem inneren Weinen, das nur auf Ausbruchsmöglichkeiten wartet.

Belastungen, die ich wieder loswerden will, kann ich mit viel Trinkwasser aus dem Leib spülen. Meiner Vorstellung nach verflüssige ich damit die Moleküle der Informationen, die ich nicht in mir behalten will. Auf einem ähnlichen Prinzip könnte das Weinen beruhen, auch der Gebrauch alkoholischer Getränke, der nur leider einige Nebenwirkungen zeitigt. Mit dem kühlen, klaren »Hahnenwasser« (wie das Nass aus dem Wasserhahn hier genannt wird) rinnen viele Probleme durch meinen Körper hindurch und sonst wohin. Manche schwitze ich auch beim gelegentlichen Besuch einer nahen Sauna aus, das frische Körpergefühl übt segensreichen Einfluss auf das seelische Empfinden aus.

Meine Angst davor, unter dem Ansturm der Anforderungen zusammenzubrechen, macht sich immer wieder bemerkbar, aber ich unternehme nichts, um sie zu besiegen, überzeugt davon, dass Ängste sowieso nicht zu besiegen sind, sondern dass es darauf ankommt, mit ihnen leben zu lernen. Hilfreich ist die tröstliche Gewissheit, jederzeit von Anderen aufgefangen zu werden, wenn es nötig werden würde, und im äußersten Fall sofort die beste medizinische Versorgung zu erhalten.

Nicht anfreunden kann ich mich all die Jahre mit dem so genannten *Piepser*, der die ständige Erreichbarkeit aller Funktionsträger im Haus sicherstellt. Fraglos ist es eine Notwendigkeit, jederzeit schnell kommunizieren zu können, im Sinne der bestmöglichen Sorge für die Patienten, aber gilt das auch in meinem Fall? Auch mir wird so ein kleiner Apparat zugeteilt, aber der Status der Beziehung zwischen uns bleibt konstant kompliziert: Philosoph und Piepser vertragen sich nicht. Unmittelbar erreichbar zu sein, ist mir ein Gräuel, Unmittelbarkeit stört und zerstört die Nachdenklichkeit. Bei meiner Arbeit geht es nicht um Minuten und Sekunden, und so versuche ich die ständige Erreichbarkeit zu sabotieren, wenngleich das in der Mobiltelefonkultur, der just in dieser Zeit der Durchbruch gelingt, immer schwerer fällt.

Die Gespräche mit Patienten und Klienten wären für sich genommen schon eine erfüllende Aufgabe. Aber die philosophische Arbeit, deren Grundstrukturen sich im Laufe der Jahre verfestigen, reicht über die Gespräche im Philosophenzimmer oder am Krankenbett und die Beteiligung an Visiten und Rapporten noch weit hinaus. Von Bedeutung sind ebenso Gespräche quer durchs Haus mit den verschiedensten Teams, mit Ärzten und Mitarbeitenden, teils verbunden mit einer

eigenen punktuellen Mitarbeit in Abteilungen und auf Stationen, um das Haus und dessen innere Zusammenhänge genauer kennenzulernen.

Wie hängt das alles zusammen? Gespräche mit Ärzten und Mitarbeitenden

Transversale Arbeit: Quer durchs ganze Haus

Von der Cafeteria, die mittags zur Kantine des Hauses wird, geht der Blick ins Grüne. Bonbonfarbene bodentiefe Gardinen verdecken die hässlichen Betonpfeiler. An einem Tisch versammelt der Chef des Hauses, Emil Oberender*, am heutigen Morgen das Küchenpersonal um sich. Ihm untersteht auch die Küche, und jetzt will er alle Arbeitsabläufe und insbesondere die Essensverteilung von einer Beratungsfirma analysieren lassen, damit eine neue, optimierte Küche gebaut werden kann. Er bittet die Mitarbeitenden um Vorschläge für Verbesserungen, die sie sofort parat haben. Sowieso sind sie immer hingebungsvoll bemüht, den individuellen Wünschen ihrer Gäste Rechnung zu tragen, sodass alle, die im Haus arbeiten, ihre knapp bemessenen Ruhezeiten gerne in der Cafeteria verbringen, Ärzte ebenso wie Pflegende, Verwaltungsangestellte oder die Besatzung des Einsatzwagens. Hinzu kommen nachmittags viele Patienten mit ihren Angehörigen.

Der Küchenchef fragt mich, ob ich für ein paar Stunden bei ihm mitarbeiten wolle. Wir vereinbaren einen Termin. *Transversale Arbeit* ist der zweite Schwerpunkt meiner Tätigkeit, bestehend aus gelegentlicher Mitarbeit und Gesprächen hier und da im Haus. Als Philosoph bin ich ohnehin ein transversales und diachrones Element in dessen Organisationsgefüge: *Transversal*, da meine Arbeit quer zur Hierarchie der verschiedensten Bereiche und Ebenen steht und keinen festen Platz in die-

86

ser Ordnung hat. *Diachron*, da meine Tätigkeit aus der gewohnten Zeitordnung des Hauses herausfällt. Die Unterbrechung der alltäglichen Routine öffnet den Spalt, durch den gedankliche Anregungen eindringen können. Ein diachrones Element bringt auch der geschichtlich weit zurückreichende Hintergrund der Philosophie mit sich: Eine Geschichte ist dem Denken selbst und allem, worüber je nachgedacht wurde, eigen. Das Denken in größeren zeitlichen Zusammenhängen weckt die Aufmerksamkeit auf die Grundstrukturen der gegenwärtigen Zeit und weitet den Blick über sie hinaus. Insbesondere Rückbezüge auf die antike Philosophie führen eine andere Zeitdimension vor Augen und machen bewusst, dass auch Menschen in anderen Epochen sich schon Gedanken machten, um das Leben zu verstehen und Antworten auf ihre Fragen zu finden.

Die transversale Arbeit ist eine zusätzliche Variante der Seelsorge. Sie erweitert den eigenen Horizont und schenkt Anderen die Aufmerksamkeit, die sie sich erhoffen, um zeigen zu können, mit welchem Engagement sie ihrerseits die Sorge für Andere wahrnehmen. Alle freuen sich über das Interesse eines Fachfremden an ihrer Arbeit: Endlich sieht jemand, was vor Ort geleistet wird, statt gleichgültig daran vorbeizugehen. Meinerseits mache ich die Erfahrung, dass ich die Arbeit Anderer besser wertschätzen kann, wenn ich sie wenigstens ein bisschen kenne. Bei nächster Gelegenheit schäle ich also mit weißer Schürze grüne Kiwis und schneide sie in Scheiben, verfolge interessiert all die getrennt zubereiteten Bestandteile des Essens, die zuletzt am Fließband zum jeweils gewünschten Teller zusammengetragen werden. Der Küchenchef steht selbst mit am Band. Von nun an sehe ich die Essensausgabe mittags mit anderen Augen.

So geht es weiter, immer nach vorheriger Vereinbarung, denn ein so komplexes Haus ist auf die minutiöse Abstimmung aller mit allen angewiesen. Im Rettungsdienst halte ich mich einen Tag lang für Einsätze bereit und trage die rote Kluft (»sieht *schnell* aus«), um die untergründige Alarmstimmung mitzuerleben, in der die Mitarbeitenden ihre Zeit verbringen. Zwischendurch ertappe ich mich beim Gedanken, dass jetzt ruhig mal etwas passieren dürfte, rufe mich aber zur Raison: *Action* in meinem Leben wäre zwangsläufig ein Unglück im Leben Anderer. Binnen drei Minuten müsste ich am Einsatzfahrzeug sein, den Ablauf simuliere ich mit den Kollegen, beginnend mit einem schrillen Alarmton auf meinem Piepser und der sofortigen Bestätigung durch mich, um auf dem schnellsten Weg zum Fahrzeug zu rennen und mich auf meinen Platz zu werfen. Zum ersten Mal sehe ich ein solches Gefährt von innen, das in der Stadt mehrmals täglich mit Blaulicht und Sirenengeheul vorbeirast. Ich werde in die Handhabung der diversen Koffer und Geräte eingewiesen.

Kennengelernt habe ich die Rettungsmannschaft in der Cafeteria: Dort wollte ich am späten Abend noch eine Kleinigkeit aus dem Automaten essen, die Besatzung des Einsatzwagens ebenfalls, gerade eben erst zurückgekehrt, »nichts Schlimmes«, eine Frau hatte sich ohne ersichtliche Gründe übergeben müssen und wurde zur Beobachtung ins Krankenhaus gebracht. Oft sind die Fahrer und die begleitenden Helfer die Ersten, die bei einem Patienten ankommen. Sie wirken cool: »Andere machen Bungee-Jumping, wir fahren mit Blaulicht!« Die Katastrophen im Leben Anderer sind Routine für die rettenden Engel, die ihnen zu Hilfe eilen. Ohne die routinemäßigen Handlungsabläufe wäre die Hilfe viel schwieriger.

Natürlich ist das jetzt wieder eine Welt für sich, in der etwa von einem »intensivpflichtigen Infarkt« die Rede ist, der umgehend in das nächste Krankenhaus gefahren werden muss, das einen Platz dafür frei hat. Bei schlechtem Wetter, wenn der Hubschrauber nicht fliegen kann, müssen schwer verletzte Patienten womöglich bis nach Basel transportiert werden. Halbe Nächte müssen sich die Retter um die Ohren schlagen und können sich früher schlafen legen, wenn die Kollegen von der Tagschicht freundlicherweise zur vorzeitigen Ablösung bereit sind. Um welche Unfälle oder Notfälle es geht, tritt in einer Gruppensitzung zutage, in der die jüngsten Einsätze noch einmal durchgespielt und besprochen werden, um darüber nachzudenken, was geschehen ist, wer sich wie verhalten hat und was sich besser machen lässt. Der Ehrgeiz richtet sich darauf, nicht nur schnellstmöglich vor Ort zu sein, sondern auch so angemessen und sicher wie möglich zu agieren und zu reagieren, medizinisch wie menschlich. Dafür ist es nötig, dass alle teamorientiert arbeiten und keiner nur die eigene Arbeit sieht. Alle sollen sich wechselseitig als Menschen mit je spezifischen Stärken und Schwächen wahrnehmen, wie jede und jeder sich das umgekehrt auch für sich selbst wünscht.

Während wir gemeinsam auf einen Einsatz warten, kommen wir miteinander ins Gespräch. Die Kollegen wollen wissen, worin die Arbeit eines Philosophen besteht.

»Das ist eine Arbeit im Stillen«, sage ich, »die Denkarbeit sieht niemand. Ein Philosoph denkt beispielsweise darüber nach, ob das Leben auf dem richtigen Weg ist, das eigene und das gesellschaftliche.«

»Das Leben aller auf dem richtigen Weg zu halten und erforderliche Veränderungen einzuleiten, ist doch die Aufgabe von Politik und Wirtschaft«, hält Markus* mir entgegen.

»Aber mit dieser Aufgabe«, meine ich, »sollten wir ›die da

oben‹ nicht alleinlassen, da sie zu wenig Zeit dafür haben und selbst oft Getriebene sind, getrieben nämlich von ›uns hier unten‹, die wir unseren eigenen Interessen und Wünschen folgen. Gerade eben war das Eingeständnis eines führenden Politikers in der Zeitung zu lesen: Eigentlich denke man zu wenig strategisch nach. Das sei zeitlich nicht möglich.«

»Gut«, sagt Markus, »also mal vorausgesetzt, das Nachdenken von Philosophen hat einen Sinn: Haben Philosophen denn auch Einfluss darauf, wie das Leben wirklich gelebt wird?«

»Im unmittelbaren Sinne wohl kaum, im mittelbaren jedoch sehr wohl. Immerhin waren es Philosophen, die sich im 18. Jahrhundert die moderne Zeit ausdachten, mit neuem Denken, neuen Grundlagen der wissenschaftlichen Forschung und mit der neuen Idee einer freien Wirtschaft. Mit Blick darauf muss man wohl sagen, dass Philosophen einige Macht haben.«

Markus ist skeptisch: »Aber worin besteht diese Macht, die niemand sieht?«

»Vermutlich in der Erarbeitung von Begriffen, mit deren Hilfe Menschen sich und das Leben zu verstehen suchen: *Subjekt, Freiheit, Glück* – falls solche Begriffe zu einseitig, zu wenig umsichtig gedacht werden, geschieht dasselbe wie bei einem Arzt, der bei seiner Arbeit etwas übersieht. Nur dass dies in der Philosophie, wenn sie wirkungsmächtig wird, mehr als einen Menschen, letztlich ganze Gesellschaften und Epochen betreffen kann.«

Die Gelegenheiten für solche Diskussionen häufen sich, je mehr ich im Haus herumkomme, die Philosophie erweist sich als idealer Anknüpfungspunkt für Gespräche. Mit interessanten Gedanken macht mich Martin Koller vertraut, ein Mitarbeiter des Technischen Dienstes, mit dem ich unterwegs bin, um Glühbirnen auszutauschen. Unversehens finde ich mich auf einer Bildungsreise durch asiatische Länder wieder und werde beiläufig mit Grundlagen von *Ayurveda* (Sanskrit für »Lebenswissenschaft«), Übungen in *Tai Chi* sowie buddhistischen Meditationstechniken bekannt gemacht. Die Beschäftigung damit hilft, so erfahre ich, ein Mensch mit Körper, Seele und Geist und »nicht nur eine Nummer«, nicht nur im engen Zirkel des alltäglichen Lebens gefangen, sondern weltweit bewandert zu sein: »Ich möchte mehr darüber wissen, was global abläuft.« Die fernöstliche Philosophie hat es meinem Gegenüber besonders angetan, diesem Einfluss verdanken sich vermutlich auch seine Beobachtungen zu frappierenden Ähnlichkeiten zwischen Technik und Leben: Die meisten Probleme lösen sich demzufolge von selbst, die Menschen sollten sich in Gelassenheit üben.

Wider Erwarten wird die Technik vom Mitarbeiter des Technischen Dienstes nicht sonderlich geschätzt: Das größte Problem sei, so Herr Koller, dass nicht der Mensch die Technik, sondern die Technik den Menschen beherrsche, ein krasses Beispiel dafür sei die Atomkraft. Das klingt wie bei Günther Anders, dem österreichischen Technikphilosophen mit großer Wirkung in der zweiten Hälfte des 20. Jahrhunderts, den Herr Koller aber nie gelesen hat, er kann selber denken. Technik, das seien doch nur »gebaute Gedanken«. Daraus folgt: Andere Gedanken, andere Technik. Völlig illusionslos sieht er damals bereits die elektronische Expansion: Der Computer sei ein »Plaggeist«, der nicht allen guttue. Die Leute kämen nicht mehr davon los und könnten sich nicht mehr mit sich selbst beschäftigen, zu viel Überwachung werde möglich. Auch das Mobiltelefon stößt auf Ablehnung: Das bringe mehr Hektik ins Haus. Wichtiger wäre, das eigene Denkvermögen zu strapazieren und ein paar Überlegungen anzustellen, die erste Frage sollte immer sein: Brauche ich die Technik oder nicht? Gehe ich zu Fuß oder nehme ich das Auto? Diese Fragen müssten im Alltag eine stärkere Rolle spielen, statt immer alles haben zu wollen und sich alle Wünsche zu erfüllen, »es muss einfach Grenzen haben«.

Während wir durchs Haus gehen, bemerke ich, dass der Technische Dienst keineswegs nur die technischen Systeme am Laufen hält, sondern auch die menschlichen. Dass mein transversaler Kollege überall willkommen ist, hat nicht nur damit zu tun, dass er Dinge reparieren kann, sondern auch damit, dass man mit ihm über alles Mögliche plaudern kann, ein Netzwerk des Austauschs von Erfahrungen und Informationen entsteht auf diese Weise. Außer über die technische Infrastruktur des Hauses und ihre Tücken erfahre ich daher auch einiges über die menschlichen Binnenverhältnisse und die Eigenarten derer, die im Haus tätig sind – selbstverständlich aus subjektiver Sicht, Andere haben eine andere Sicht.

Vor allem die Differenzen der Sichtweisen bekommt der mit, der das Haus durchquert. Auf den weiteren Stationen meiner transversalen Arbeit wird mir klar, wie sehr jede Sichtweise an den Einzelnen und seine Tätigkeit gebunden ist, wie wenig sie ihm selbst jedoch als *Sichtweise* erscheint. Aus subjektiver Sicht handelt es sich meist um die einzig mögliche und richtige Wahrnehmung des Lebens, der Arbeitswelt und der Welt überhaupt. Ist das bei mir ebenfalls so? Sicherlich ist die Perspektive des Philosophen eine andere als die des Mediziners, die des Inneren Mediziners eine andere als die des Chirurgen, die des Arztes eine andere als die des Pflegenden. Und kaum jemand achtet auf die spezielle Perspektive des Putzdienstes, sehr zu Unrecht, denn dessen Mitarbeiter (überwiegend Mitarbeiterinnen), gehören zu den bestinformierten des Hauses, wie sich in Gesprächen herausstellt.

Fast alle, mit denen ich ins Gespräch komme, versichern mir, eine *Philosophie* zu haben. Sie meinen damit die Gedanken, die sie sich zu ihrer Arbeit, zum Leben und zu vielem sonst machen. Dieses Potenzial ist wertvoll und könnte besser genutzt werden, abhängig davon, dass die leitenden Personen des Hauses die gedankliche Ebene des Menschseins ausdrücklich wertschätzen. Sich selbst »einen Kopf zu machen«, darin besteht schließlich das Eigenleben, die Eigendynamik, der *Geist* einer Institution oder eines Unternehmens. Wie inspirierend das sein kann, zeigt sich hier im Spital: Jede und jeder sieht sich als Person respektiert, alle nehmen die Eigenverantwortung in ihrem Tätigkeitsfeld gerne wahr, niemand verhält sich gleichgültig zu seiner Tätigkeit, auch nicht im Technischen Dienst oder sonst wo von der Pforte bis zur Führungsebene. Überall beherbergen kritische Köpfe spannende Ideen.

In der Verwaltung: Das Haus von oben her betrachtet

»Philosophie ist ein Medikament gegen Ideenlosigkeit«, meint Emil Oberender, der einst Verwaltungsdirektor war und im Zuge der Kommerzialisierung des Gesundheitswesens zum *Chief Executive Officer* (CEO) befördert wurde. Heute bin ich bei ihm und seinem Team in der Verwaltung zu Gast, die manchen im Krankenhaus als notwendiges Übel erscheint: Irgendjemand muss halt auch die Abrechnungen machen, fern von der verantwortungsvollen Arbeit direkt am Menschen und ohne den Zwang zu Entscheidungen über Leben und Tod. Von der Brandung der Lebensschicksale umtost, steht die Verwaltung in dieser Sicht fest wie ein Fels, an dem allerdings auch die kreativen Ideen zerschellen. Vor Ort sieht dann alles, wie üblich, ganz anders aus, ohne dass dies äußerlich erkennbar wäre. Wir sitzen in einem beliebigen Büroraum mit Computern und viel Papier um einen Tisch herum und sprechen darüber, wie ein solches Haus funktioniert und was unter Verwaltung zu verstehen ist.

Wichtig ist allen, dass Verwaltung auch *Gestaltung* ist. Hier in diesen Räumen werden finanzielle Schwerpunkte gesetzt und die neuen Mitarbeitenden rekrutiert, von deren Persönlichkeit, Qualifikation und Engagement sehr viel für das Haus abhängt. Hier werden neue Bauten geplant, Maschinen bestellt, Methoden diskutiert, immer in enger Abstimmung mit denen, die es unmittelbar angeht. In Frage steht die Beschaffung von allem und jedem, für alle Arbeitsbereiche, und permanent muss dabei auf den Ausgleich zwischen Einnahmen und Ausgaben geachtet werden, um den sich sonst niemand im Haus sonderlich sorgt, wie das von den Mitarbeitenden der Verwaltung beklagt wird, ein ständiges Spannungsfeld: Andere haben tolle Ideen, die Verwaltung soll sich um die banalen Zahlen kümmern, also um die materiellen Mittel, ohne die nichts geht. Das Verhältnis zwischen Ideen und Zahlen ist prekär.

Das scheint ein ewiger Konflikt zu sein: Für die Einen besteht das Wesentliche des Hauses nicht aus Zahlen, sondern aus Ideen, ohne die nur noch die Verwaltung materieller Mittel übrig bliebe. Die Anderen sehen das Wesentliche nicht in großartigen Ideen, sondern in nackten Zahlen, ohne die es um die Realisierung von Ideen schlecht bestellt wäre. Fakt ist aus der Sicht der Verwaltung: Die Ideen müssen sich rechnen, denn was nützt eine Idee, die nicht bezahlbar ist? Nüchtern gesehen ist eben auch ein Krankenhaus ein Unternehmen, das wirtschaften muss. Stimmen die realen Zahlen nicht, bleiben die Ideen ein irreales Hirngespinst. Die Zahlen stimmig zu machen, ist keine leichte Aufgabe, unentwegt muss mit unbekannten Faktoren jongliert werden. Halbwegs kalkulierbar ist, was ein teures neues Untersuchungsgerät einbringt, aber wie erfolgreich wird eine neue Behandlungsmethode sein? Und dann erst der menschliche Faktor: Nicht nur der einzelne Arbeitsbereich, sondern das gesamte Haus muss im Blick behalten werden, damit beispielsweise die bessere Ausstattung einer Abteilung nicht den Neid anderer Abteilungen zu groß werden lässt.

»Sind die Zahlen die einzige Basis dafür, dass das Haus gut funktioniert?« frage ich.

»Nein, natürlich brauchen wir sehr gut qualifizierte Menschen mit ihren Ideen. Aber auch das kostet.«

Ich bohre nach: »Signalisieren Sie diesen Menschen deutlich genug, dass Sie ihre Ideen brauchen, um stimmige Zahlen erreichen zu können? Ich kann mir vorstellen, dass bei einer größeren Bereitschaft, Ideen aufzunehmen und sie nicht ›versanden‹ zu lassen, auf der anderen Seite auch das Verständnis dafür wächst, dass die Verwirklichung von Ideen etwas mit wirtschaftlichen Notwendigkeiten zu tun hat. Und vielleicht muss noch etwas hinzukommen, das die Menschen verbindet und ihren gezielten Einsatz fördert.«

»Was sollte das sein?«

»Das dürfte auch hier der *Sinn* sein, im Sinne von Zusammenhängen, beispielsweise in Form von *kollegialen Beziehungen*. Umfragen zeigen, dass Menschen am liebsten dort arbeiten, wo sie nicht nur funktionieren sollen, sondern kooperieren können und kollegiale Unterstützung erfahren. Das macht Funktionen, die zu erfüllen sind, und ein gutes Funktionieren von

Abläufen nicht überflüssig, aber wo ein Mensch nur seine Funktion erfüllt, erfüllt er auch die nicht wirklich. Wo etwas nur gut funktioniert, funktioniert auch das nicht gut. Für das Mehr-als-nur-gut-Funktionieren ist das Zusammenwirken unverzichtbar. Das macht aus der Organisation eines Hauses mehr als eine gut geölte Maschine, nämlich einen *lebenden Organismus*, in dem möglichst viele sich wechselseitig als Menschen und nicht nur als Funktionsträger sehen.«

»Und wie lässt sich die Kollegialität Ihrer Meinung nach fördern?«

»Durch Personalentscheidungen, bei denen darauf geachtet wird, dass die Menschen gut zusammenarbeiten können.«

»Große Aufmerksamkeit auf die Personalentwicklung, fachlich wie menschlich, ist selbstverständlich«, sagt die *Human Ressource Managerin*. Dennoch würden nicht immer alle gut zusammenarbeiten, erfahrungsgemäß könnten Menschen sich ganz im Gegenteil erbittert zerstreiten. »Gibt es etwa ein Problem?« sage dann der Eine, während der Andere davon überzeugt sei: »So kann es nicht weitergehen!« Einer meine: »Jeder macht zuverlässig seine Arbeit«, während ein Anderer ihm entgegenhalte: »Wenn es doch so wäre!«

Ich erfahre, dass im Konfliktfall Angebote zur Moderation bereitstehen, damit ein von allen Beteiligten akzeptierter Weg zur Verständigung und Entscheidungsfindung gegangen werden kann, und dass für eine Mediation gesorgt ist, wenn sich die Fronten bereits verhärtet haben. Aber ich habe noch eine Idee: Dass auch die *teleologischen Zusammenhänge* verstärkt zur Sprache zu bringen wären, da sicherlich ein zielorientiertes Zusammenwirken für die Sinngebung des Hauses bedeutsam sei, ausgehend von der Frage, was Ziel und Zweck (griechisch *telos*) des Ganzen sei, dessen Teil der Einzelne ist. »Es will ja niemand sinnlos vor sich hinarbeiten, fast jeder stellt sich selbst Fragen: Wofür arbeite ich? Wozu all die Mühe? Geht es nur darum, materielle Ziele zu erreichen, oder spielen auch ideelle Werte eine Rolle? Arbeite ich nur für Geld oder auch für die Realisierung von Ideen und Werten?« An der Personalführung liege es, nicht nur auf materielle, sondern auch auf ideelle Motive von Menschen einzugehen. Und wünschenswert wäre, von der Leitungsebene her auf Fragen nach dem Sinn des Ganzen überzeugend antworten zu können.

»Dazu haben wir ja auch einen Philosophen hier, der mithelfen soll, die Ziele und Zwecke des Hauses zu verwirklichen.«

»Gut, dann nutzen wir den jetzigen Moment des Innehaltens und Nachdenkens dafür, die Ziele und Zwecke von Neuem zu reflektieren. Worum geht es Ihnen grundsätzlich?«

»Die Grundidee des Hauses ist, den *ganzen* Menschen im Blick zu haben, sich *ganzheitlicher* als anderswo um seine Gesundheit zu sorgen und ihm einen guten Umgang mit Krise und Krankheit zu ermöglichen«, sagt ein leitender Mitarbeiter. »Bei der Sorge für die Patienten kommt es auf jeden Einzelnen im Haus an, um am jeweiligen Platz tagtäglich die Grundidee in die Praxis umzusetzen. Die Patienten beurteilen das Haus nach den Erfahrungen, die sie mit ihren unmittelbaren Ansprechpartnern machen, und sie erzählen Anderen davon, die sich dann ihrerseits bei anderer Gelegenheit diesem Haus anvertrauen – oder auch nicht.«

»Das heißt, das Image ist auch im Gesundheitswesen wirtschaftlich relevant. Und es hängt von der Grundidee ab und wie sie verwirklicht wird. Könnte man also doch sagen, dass Ideen die Basis für stimmige Zahlen sind?«

Letztverantwortlich für das alles ist der CEO, dem Exekutivgewalt zugeschrieben wird, aber in Wahrheit kann er nichts einfach so exekutieren. Nach Meinung vieler befindet er sich »oben« an den Schalthebeln, aber er fühlt sich eher »unten« im Maschinenraum. Die Chefärzte sind Fürsten in ihrem jeweiligen Hoheitsgebiet, sie lassen sich nicht so gerne dreinreden. Macht ist ein großes Thema, hier lässt sich lernen, wie kompliziert sie funktioniert und wie wenig sie mit einem Schalthebel zu tun hat, der nur umgelegt werden müsste. Vielmehr ist immer über alles zu diskutieren, sind Kompromisse zu schließen, auch nach Art eines Kuhhandels, nicht zu vergessen die Lobbyarbeit außerhalb des Hauses. Andere Machtmittel wie Bonuszahlungen (etwa für eine vermehrte Anzahl teurer Operationen, um Ziele zu erreichen, die den Zahlen des Hauses nützen), sind damals noch keine gängige Praxis.

Emil Oberender macht sich seine eigenen Gedanken über die strategische Ausrichtung des Hauses, dessen Fortbestehen mit allen Arbeitsplätzen er langfristig sichern will. Der Weg dorthin führe über die Rentabilität, das Haus dürfe keine Verluste machen, die zu seiner sicheren Auflösung führen würden. Wäre der Betrieb größer, wäre er auch rentabler. Das könnte mit neuen Angeboten zu erreichen sein, die sich mit überschaubaren Investitionen realisieren lassen. Da die Normalmedizin nicht viel einbringe, seien vielleicht mit einer *Nischenpolitik* einträgliche Akzente zu setzen. Beispielsweise könnte ein hotelartiger Rundumservice von solcher Attraktivität sein, dass Menschen dafür gerne Geld ausgeben würden. Aber das brauche Zeit und dürfe nicht zu sehr forciert werden, es müsse organisch wachsen und nach jedem Schritt sei sorgfältig darauf zu achten, ob und wie das Neue sich in das Bestehende einfügt. Und wenn die Grundidee des Hauses bewahrenswert erscheine, wäre es jetzt schon an der Zeit zu fragen, was daraus werden solle, wenn die wichtigsten Ideenträger etwa aus Altersgründen weggehen. Bereits jetzt darauf zu achten, wer diese Idee und ihre Umsetzung weiter befördern könnte, wäre doch wohl besser, als auf ein schriftlich fixiertes Leitbild zu pochen, das nur durch reale Menschen an Leben gewinnen kann.

Anregungen für Veränderungen und Verbesserungen, die sich im Laufe meiner transversalen Arbeit ergeben, sind erwünscht, also mache ich Vorschläge und gebe die Ideen Anderer weiter: Wäre es zum Beispiel möglich, mehr für die *Ökologisierung* des Hauses zu tun? Das betrifft Kleinigkeiten wie die lichtdurchflutete Eingangshalle, in der mittags noch unnötig Licht brennt. Auf dem neu anzulegenden Parkplatz könnte auf eine Versiegelung des Bodens verzichtet werden, die eine Versickerung des Regenwassers verhindert. Größere Investitionen wären erforderlich, um ein projektiertes neues Gebäude mit einer Solaranlage auszustatten (ein paar Jahre später wird sie installiert). Die Standards des 21. Jahrhunderts sind im letzten Jahrzehnt des vorherigen noch keine, nicht wenige finden damals sogar die Idee abwegig, die Ökologie könne ökonomisch sein, sich also rechnen.

Das schwierige Verhältnis zwischen guten Ideen und nüchternen Zahlen habe ich beim Besuch in der Verwaltung kennengelernt. Was aber lässt sich dafür tun, dass deren Dienstleistungen fürs Haus besser gewürdigt werden? Vielleicht mit einem großen Transparent über der Pforte, durch die jeder täglich hindurchmuss: »Danke, liebe Verwaltung!« Toller Vorschlag, Herr Philosoph, ist das ernst gemeint? Na gut, nicht jede Idee eignet sich optimal für die Praxis.

Viele Menschen im Haus sind mit einer so harten Wirklichkeit konfrontiert, dass ihnen sowieso nicht nach Scherzen zumute ist. Am frühen Abend besuche ich eine Patientin, der ich bei der Visite in der Chirurgie begegnet bin, wir vereinbarten ein Gespräch in ihrem Zimmer. Seit zwei Jahren lebt Kathrin Grunder, 48 Jahre alt, mit Darmkrebs, bisher ohne Metastasen, aber mit Blut im Stuhl, jetzt soll sie operiert werden. Sie liegt nicht im Bett, wir sitzen an einem Tisch in ihrem Zimmer. Äußerlich scheint sie in bester Verfassung zu sein, innerlich ist sie auf alles gefasst, was da kommen könnte, ihr christlicher Glaube hilft ihr dabei: »Ich schaue alles von unten an.« Von unten? Ja, sagt sie, sie wolle sich nichts vormachen, lieber mit beiden Beinen fest auf dem Boden stehen und in Gedanken vielleicht schon unter der Erde sein, um das Leben vom Tod her zu betrachten. Was ist ihr aus dieser Perspektive wichtig? »Ich will noch sehen, dass meine Kinder ihre Ausbildung beenden.«

Wir sprechen lange miteinander, draußen dunkelt es, während drinnen die Vertrautheit wächst, soweit das bei einem ersten Gespräch möglich ist. Frau Grunder erzählt davon, dass sie nicht imstande war, ihre Mutter zu berühren, als diese selbst schwer krank war. Und dass die Welt für sie zusammenbrach, als sie vor ein paar Jahren von ihrem Mann verlassen wurde, auf den sie ihr ganzes Leben ausgerichtet hatte. So sehr war sie seine Frau, dass sie den Zustand des naiven Mädchens, das sie ihrer Meinung nach von Hause aus war, nie hinter sich lassen konnte. Nach der Trennung musste sie von Grund auf neu lernen, ihr Leben zu organisieren und Selbstbewusstsein zu gewinnen. Ob es möglich sei, dass eine so tiefe Lebenserschütterung eine solche Krankheit verursache? An diese Frage muss ich zurückdenken, als Jahre später eine Studie publiziert wird (Robert Lefkowitz, Duke University, in: *Nature*, 2011), die die Annahme erhärtet, dass Wechselwirkungen zwischen Körper und Psyche auch solche Konsequenzen nach sich ziehen können. Jedenfalls zeigt sich bei Experimenten mit Mäusen, dass Dauerstress zu einem niedrigen Pegel des Proteins p53 führt, das für die Reparatur von Schäden am Erbgut zuständig ist. Kann das Protein seine Aufgabe nicht mehr erfüllen, werden Tumorerkrankungen statistisch wahrscheinlicher.

Im Gespräch lenke ich von der Frage nach den Ursachen ab, die ja doch nicht zweifelsfrei zu beantworten ist. Wichtiger ist die Bewältigung dessen, was jetzt ansteht: Morgen früh soll der Eingriff stattfinden. Da mich der Chefarzt der Chirurgie, Dr. Martin Christen, zu einem Besuch an seinem Arbeitsplatz eingeladen hat und vorschlug, auch mit in den Operationssaal zu kommen, frage ich Frau Grunder, ob sie damit einverstanden ist, dass ich sie dorthin begleite und bei der Operation zugegen bin. Kein Problem, meint sie, es sei ihr sogar angenehm, wenn jemand, den sie bereits ein bisschen kenne, ihr hinterher berichten könne, wie die Operation verlief.

Beim Vorgespräch bat der Chefarzt sie um ihre »Mitarbeit«: Sie selbst solle wollen, dass alles gutgehe, an ihre Gesundung glauben und Vertrauen haben. In langen Berufsjahren hat er, erzählt er mir bei Gelegenheit, die Erfahrung gemacht, dass in der fragilen Situation einer Operation noch ganz andere Einflussfaktoren als die medizinischen und technischen wirksam sein können: Wenn ein Mensch »nicht mehr will«, können die besten Operationskünste versagen. Also befindet sich der Mensch, der reglos auf dem Operationstisch liegt, doch nicht in völliger Ohnmacht? Wo befindet er sich dann? Dr. Christen wird von Fragen dieser Art umgetrieben, die über das Medizinische weit hinausgehen. Abgesehen von seiner Nachdenklichkeit fiel er mir auch auf, weil er ohne Not bereit war, einen Fehler einzugestehen, der ihm bei einer Operation unterlaufen war und für den er sich beim betroffenen Patienten entschuldigte. Im Alter von 60 Jahren staunt er selbst darüber, dass ihm bei all dem Leid, das er im Laufe seines Lebens gesehen hat, eine so heitere Grundstimmung erhalten geblieben ist.

Am Eingang zu seinem Arbeitsbereich sticht mir ein modernes Gemälde ins Auge: *Impressionen aus dem OP-Saal.* Der Schweizer Maler Martin Ziegelmüller, Jahrgang 1935, hat einen Herzchirurgen, mit dem er von Jugend an befreundet war, Dutzende Male an dessen Arbeitsplatz beobachtet, den OP zeigt er als Atelier der kunstvollen Handwerker, die die Chirurgen nach eigenem Verständnis sind. Die Szenerie wirkt wie durch einen Schleier hindurch wahrgenommen, ganz so, wie sie wohl auch ein Patient, der nur noch halb bei Bewusstsein ist, wahrnehmen dürfte: Vermummte Gestalten umstellen einen liegenden Körper, das gesamte Geschehen konzentriert sich auf eine einzige Stelle, das Operationsfeld, das den Mittelpunkt bildet: Beinahe eine kultische Handlung, ein sakraler Vorgang, magisches Licht fällt von oben herab.

Wer ins Heiligtum will, muss eine Art Sakristei passieren, einen Vorraum, wo rituell die Kleider gewechselt werden. Auch ich muss mich umziehen, grüne Hose, grüne Jacke, grüne Kopfbedeckung, Atemmaske, unter der dem Ungeübten das Atmen etwas schwerfällt. Auf dem fahrbaren Bett wird die Patientin, unbekleidet unter einer weißen Decke, in den Anästhesieraum geschoben. Kathrin Grunder ist guter Dinge, in der Nacht hat sie noch »die Verbindung nach oben gesucht« und gut geschlafen. Ihre Sorge gilt allenfalls der Frage, ob ihr Darm auch wirklich ganz entleert ist. Die einfühlsame Assistentin streichelt ihre Hände, wohl wissend, dass ein wenig menschliche Zuwendung die befremdliche Umgebung gleich viel freundlicher macht. Der Körper wird nun mit Tüchern bedeckt, die nur eine Stelle frei lassen. Eine Spritze nach der anderen wird aufgezogen und angesetzt, ein Katheter gelegt, Blut tropft auf den Boden. Das Piep-Piep der Herzschläge auf dem Monitor verlangsamt sich, als die Patientin binnen von Sekunden mithilfe einer Anästhesiemaske in Schlaf versetzt wird. Durch den Mund werden Atemschläuche eingeführt, die die künstliche Beatmung sichern, durch die Nase eine Magensonde, damit der Mageninhalt abfließen kann.

Dann weiter in den OP-Saal, wo plötzlich Hektik ausbricht: Ein Beatmungsschlauch ist nicht tief genug platziert worden und muss nachgeführt werden. Vom ersten Augenblick an ist klar, dass hier ein Menschenleben auf dem Spiel steht. Aus diesem Grund ist dieser Raum wirklich das Allerheiligste des Hauses: Hier geht es um Leben und Tod im wahrsten Sinne. Es erscheint mir als eine zivilisatorische Errungenschaft, dass auf dem Altar, auf dem im gleißenden Licht die Patientin liegt, nicht mehr wie in grauer Vorzeit ein Menschenopfer dargebracht wird, sondern jeder Eingriff der Heilung des Menschen dient. Und doch ist dieser Mensch jetzt nur noch Fleisch, das zurechtgeschoben wird. Bauchdecke, Schenkel und Schritt werden zur Desinfektion mit einer bräunlichen Flüssigkeit überstrichen, der süßliche Geruch erfüllt den ganzen Raum. Das Gesicht der Patientin verschwindet hinter einer weißen, dann blauen Blicksperre. Blau ist jetzt auch die Kleidung derer, die in der Sterilzone arbeiten. Kein Wort wird mehr gesprochen. Helferinnen staffeln sich zum OP-Tisch hin, reichen Werkzeuge in schneller Folge. Ein Schnitt durch die Bauchdecke, die Enden klaffen weit auseinander, Blut wird abgesaugt. Für den Beobachter, der das nicht kennt, ein extrem aufregender Moment: Den geöffneten Körper zu sehen, den grob erscheinenden Zugriff auf ihn, wenn die Bauchhälften auseinandergezogen werden, um im Durcheinander der Organe nach dem *Corpus delicti* zu suchen. Nur der geübte Blick findet sich im offenen Körper zurecht.

Nach kurzer Zeit liegt der Darm frei, der Krebs wird als Verwachsung sichtbar. In rascher und präziser Handarbeit werden Gefäße mit Fäden abgebunden. Ein Abschnitt des Dickdarms wird markiert und mit gezieltem Einsatz von Pinzette und Schere, aber auch mit schwerem Gerät, das in Stellung gebracht wird, entfernt. Mit elektrischer Hitze wird verödet und geschmort, dass es nur so qualmt und ich froh sein darf, dass der Geruch nicht bis zu mir vordringt. Sehr beeindruckend, tief verunsichernd für mich, für den dieser Anblick anders als für die Chirurgen, Assistenten und Mitarbeitenden kein alltäglicher ist: Der geöffnete Körper, das blutige Fleisch, die blutverschmierten Handschuhe der blaugekleideten Operateure, die abklemmen, schneiden, saugen, vereisen, Fäden einziehen, Enden miteinander vernähen. Der Mensch liegt ausgeliefert, buchstäblich in Fesseln, auf dem Operationstisch, seine Körperfunktionen zeichnen sich nur noch in Kurven und Zahlen auf Displays ab, »er selbst« (aber wer ist das jetzt?) muss ganz und gar ohnmächtig all das mit sich geschehen lassen, was eben geschieht.

Es wird mir heiß unter meiner Gesichtsmaske, ich muss mich setzen – bis die Neugierde wieder obsiegt. Der diensthabende Anästhesist, der für den Tiefschlaf der Patientin zuständig ist, macht mich schmunzelnd mit der »Blut-Hirn-Schranke« vertraut, dem Paravent aus grünem Tuch zwischen dem Operationstisch dort, wo einfach nur *Blut* fließt, und den Geräten hier, wo mit viel *Hirn* des Anästhesisten und seiner intelligenten Feinabstimmung die Patientin im Schlaf und am Leben gehalten wird. Dort werden jetzt weiße Tücher in die Wunde gestopft und vollgesaugt mit rotem Blut wieder entfernt. Ein ganzer Liter Kochsalzlösung wird in den geöffneten Körper hineingeschüttet und wieder abgesaugt, um Blut und bakterielle Reste zu entfernen, während Oberarzt Dr. Matthias Wiens an einem Seitentisch das abgeschnittene Darmstück seziert und mich herbeiwinkt, um mir den Krebsknoten zu zeigen. Eine Geruchswolke von Blut und Exkrementen steigt nun auch mir in die Nase. Endlich werden am Operationstisch die Tücher und Instrumente abgezählt, um nur ja nichts im Körper zu vergessen, bevor der Bauch wieder zugenäht wird, erst das innere Fleisch, dann die äußere Haut. Zurück bleibt eine Narbe von 20 Zentimetern. Wie viel Zeit ist vergangen? Vielleicht eine halbe Stunde, ich habe jedes Zeitgefühl verloren.

Frau Grunder kann sich, als sie Stunden später aufwacht, nicht daran erinnern, operiert worden zu sein. Wie vereinbart, gebe ich ihr weiter, was mir die Ärzte ausgiebig erklärten, berichte ihr von allem, was ich gesehen habe, vor allem vom faszinierenden Einblick in ihren geöffneten Bauch, in dem die einzelnen Organe wie eigenständige Lebewesen vor sich hin pulsieren. Gibt es etwas Intimeres, als das Innere eines Menschen zu sehen? Wir beschließen, die gemeinsame Erfahrung zum Beginn einer Freundschaft zu machen. Bald nach ihrer Entlassung aus dem Krankenhaus schreibt mir Kathrin Grunder in einem Brief, dass sie »den Blitz vom Rand des Lebens« wohl kaum vergessen werde: »Ich möchte dies alles nicht nochmals durchleben müssen, aber auch nicht missen, war es doch eine enorme Bereicherung meines Lebens. Unsere Gespräche im Spital waren mir sehr lieb geworden.«

Da sie zur weiteren Behandlung oft ins Haus kommen muss, ergeben sich in den folgenden Jahren viele Gelegenheiten zu Gesprächen. Nach einer anfänglichen Euphorie über die gelungene Operation zeigt sich bald, dass sich Lebermetastasen gebildet haben. Als sie eine Chemotherapie nach der anderen durchläuft, fragt sie sich selbst, ob dies »die Ouvertüre zur Oper *Abschied*« ist. Mit Humor in der Verzweiflung hofft sie auf einen Vierakter: »In der Oper wird ja meistens erst im letzten Akt gestorben. Vorher gibt es vielfach noch gute Zeiten.« Sie will um jeden Preis kämpfen, denn »das Leben ist so schön«. Zeiten der Niedergedrücktheit und der überschäumenden Lebensfreude wechseln sich ab. Ich versuche, sie in der Euphorie etwas zu bremsen, damit der unvermeidliche Absturz nicht zu hart ausfällt, und sie in der depressiven Stimmung aufzumuntern, damit im Meer der Verzweiflung wieder Land zu sehen ist. Die Gespräche werden zu einem wertvollen Rückhalt für uns beide bei den sehr unterschiedlichen Herausforderungen: Für sie beim Leben mit der Krankheit, für mich bei der Reflexion und Verarbeitung der Erfahrungen im Krankenhaus. Sie lässt mich an ihren Hoffnungen und Enttäuschungen, ihren Beobachtungen und offenen Fragen teilhaben. Und ich kann ihr von den spannenden Begegnungen bei der transversalen Arbeit quer durchs Haus erzählen.

»Wer ein guter Arzt ist, der ist auch ein Philosoph.« Diese Auffassung könnte eine große Zukunft vor sich haben, sie stammt jedoch aus einer großen Vergangenheit: Fünf, sechs Jahrhunderte nach Hippokrates formulierte ein anderer berühmter Arzt der Antike, Galen, im 2. Jahrhundert n. Chr. diese Sentenz. Er selbst führte Gespräche mit dem Philosophenkaiser Marc Aurel. Dass auch Ärzte Fragen haben, für die sie Gesprächspartner brauchen, wird mir erst bei der Arbeit hier klar. Teils sind es Lebensfragen, wie auch Andere sie haben, teils Fragen zum Kontext ihrer Arbeit, mit der sie so nachhaltig auf das Leben Anderer einwirken. Der ständige Umgang mit Krankheit, Schmerz, Leid und Tod erzwingt Gedanken, für die in der Medizin selbst kein Platz ist. Gesprächspartner könnten vertraute Menschen zuhause sein, aber dort ist meist die Organisation des Alltags vordringlicher. Kollegen könnten es sein, aber nicht alle sind ansprechbar. Freunde könnten es sein, aber verblüffend oft gibt es sie gar nicht oder sie sind nicht offen dafür. Immerhin kann jetzt der Philosoph ein Gesprächspartner sein.

Mit manchen verabrede ich mich zum *Nachtessen*, diesem ausgiebigen Abendessen, das zur Schweizer Nationalkultur gehört. Das Gespräch dreht sich dann eine ganze Weile um triviale Dinge und Alltagsfragen, teils privat, teils vermengt mit dem Beruf. Aber es genügt eine einzige Rückfrage zu einer Bemerkung, die ich neulich im Vorübergehen hörte, oder zu einem in sich gekehrten Blick, der mir auffiel, und plötzlich kommt es zum Vorschein: Die schmerzliche Trennung vom Ehepartner, das unerträgliche Getrenntsein von den Kindern, die Selbstvorwürfe als Arzt, als Ärztin, wenn er oder sie einem Menschen nicht in dem Maße helfen konnte, wie es wünschenswert gewesen wäre. Immer quellen Probleme im Gespräch hervor, denn es gibt kein menschliches Leben ohne Probleme, und Lösungen sind nicht gleich oder überhaupt nicht in Sicht, wenn die Situation allzu verworren ist. Gleichwohl kann es geschehen, dass derselbe Arzt, dieselbe Ärztin nach ein paar Tagen mit hellem Blick auf mich zukommt. Was ist passiert, haben sich alle Probleme in Luft aufgelöst? Das Gespräch darüber hatte offenkundig das befreiende Gefühl zur Folge, nicht mehr alles alleine tragen zu müssen – und schon kehren die Kräfte zurück, die wieder mehr Zuversicht ermöglichen.

Einmal spricht ein Arzt im Verlauf eines langen Abends vom *Bescheidenwerden*. Er meint damit nicht, dass das Nachtessen künftig bescheidener ausfallen sollte, sondern dass er die Erwartungen an die ärztliche Arbeit für übertrieben hält. Die Ärzte selbst sollten sich damit abfinden, dass im Grunde nicht viel zu machen sei. Wirklich? Warum? Ist es Fatalismus, also der Glaube daran, dass ohnehin alles schicksalhaft vorherbestimmt ist? Nein, winkt er ab, Schicksalhaftigkeit sei für ihn keine unumstößliche Wahrheit, es gehe ihm vielmehr um »Selbstbescheidung«. Mit dieser Haltung hoffe er, die Schicksale, denen er begegne, besser bewältigen zu können. Denn schicksalhaft ist nicht nur das, was eine unbekannte Macht von irgendwoher schickt, sondern auch das, was unter den gegebenen Bedingungen irreversibel, unumkehrbar, nicht mehr veränderbar ist. Er selbst hat das vor allem bei einem Aufenthalt in einem Land der Dritten Welt erfahren, wo er unter Bedingungen praktizieren musste, die hier gar nicht vorstellbar sind. Aber gibt es nicht auch in der modernen Welt Schicksalhaftigkeit, weil keineswegs immer alles so machbar ist, wie Menschen sich das vorstellen?

Bei einem anderen abendlichen Gespräch erzählt einer, der

weit in der Welt herumgekommen ist, von seinen Beobachtungen zur Erfahrung von *Schmerzen*. Deren Empfindung scheint sehr von den Vorstellungen der jeweiligen Kultur abhängig zu sein, in der ein Mensch aufwächst: Wo Schmerzen als Teil des Lebens gelten, werden sie eher gleichmütig hingenommen. Wo Vorstellungen von absoluter Schmerzfreiheit vorherrschen, kann jedes Wehwehchen schon zur großen Katastrophe werden. Könnte es zur Aufgabe des Arztes gehören, im Gespräch mit Patienten die übertriebenen modernen Vorstellungen von einem vollkommen schmerzfreien Leben bei immerwährender Gesundheit offen anzusprechen? Aber daran, weiß mein Gesprächspartner, ist kein Patient in seiner Lage interessiert, in der er nur eines vom Arzt erwartet: Befreiung vom Schmerz und schnellstmögliche Heilung.

Wieder andere Gespräche kreisen um Fragen einer *ärztlichen Ethik*. Wie kann ein ärztliches Standesethos unter Bedingungen der fortgeschrittenen Moderne mit all ihren technischen Möglichkeiten aufrechterhalten werden? Fraglos ist die Basis dieser Ethik die *Sorge für Andere*, aber was heißt das im Detail? Die erste Sorge des Arztes, meine ich, muss zweifellos seiner handwerklichen Kunst gelten. Dass sie bei der Ausbildung eine zentrale Rolle spielt, ist angebracht, denn sie ist die Voraussetzung für alles Weitere. Dass die Kunstfertigkeit das ganze Berufsleben hindurch *State of the Art* bleiben muss, bestes Können auf jüngstem Stand des Wissens, ist geboten in einer Zeit, in der sich das medizinische Wissen nebst zugehörigen Techniken rasant entwickelt. Aber genügt das? Ein junger Assistenzarzt erzählt mir von seinem Bedürfnis nach einer philosophischen Weiterbildung, am liebsten berufsbegleitend, um nicht berufsblind zu werden, sondern den tieferen Fragen nachzugehen, die ihn bewegen. Er will sich mit Anderen darüber austauschen und seinen Blickwinkel erweitern, und er wäre froh gewesen, wenn das Medizinstudium auch ein *Philosophicum* mit umfasst hätte, wie es noch im 19. Jahrhundert verpflichtend war (und beispielsweise von der Universität Würzburg 2010 als Wahlfach wieder eingeführt wurde).

Tatsächlich hat sich binnen Jahrzehnten ein riesiger Bereich medizinethischer Fragen aufgetan: Welche Behandlung bis zu welchem Alter angezeigt ist, unter welchen Umständen eine Hormonbehandlung ratsam sein kann, wann eine Abtreibung vertretbar ist, wann menschliches Leben beginnt, wann es endet, unter welchen Bedingungen das Ende herbeigeführt werden darf und vieles mehr. Aufgrund wachsender medizinischer und technischer Möglichkeiten kennzeichnet eine umfangreichere Verantwortung als je zuvor den Beruf und die Lebensform des Arztes im 21. Jahrhundert. Die Kompetenzen der Entscheidungsfindung konnten nicht ebenso rasch mitwachsen. Nicht immer ist klar, wer wann welche Entscheidung anhand welcher Maßstäbe treffen kann oder soll oder muss. Beteiligt sind außer dem Arzt weit mehr als früher die Betroffenen selbst, Angehörige, Pflegende, eventuell die Ethikkommission des Hauses, genereller dessen wirtschaftliche Leitung, die über Leistungsangebote entscheidet, die Krankenkassen, die einen finanziellen Rahmen festlegen, die Pharmakonzerne, die Forschung für neue Medikamente betreiben (oder auch nicht), schließlich die politischen Akteure, die Regeln vorgeben.

Selbstverständlich bezieht sich die ärztliche Ethik weiterhin auf den alten Grundsatz des hippokratischen Eides, dem eine Autorität eigen ist, die neue Eidesformeln (etwa des Schweizerischen Instituts für Ethik im Gesundheitswesen) noch nicht erreichen; gemäß dem Wortlaut im *Corpus Hippocraticum*: »Meine Verordnungen werde ich treffen zu Nutzen und Frommen der Kranken, nach bestem Vermögen und Urteil, sie schützen vor allem, was ihnen Schaden und Unrecht zufügen könnte. Nie werde ich, auch nicht auf eine Bitte hin, ein tödliches Gift verabreichen oder auch nur einen Rat dazu erteilen.« Was aber besagt das beispielsweise für den Umgang mit dem betagten, schwer kranken Herrn Rühlin*, der im Moment durch kaum noch wirksame Antibiotikagaben und eine stetig gesteigerte Dosis an Schmerzmitteln am Leben gehalten wird? Er selbst bittet inständig darum, sterben zu dürfen. »Dann machen wir am Freitag den letzten Antibiotikatag«, heißt es bei einer Besprechung in hausinterner Runde, nach Rücksprache mit den nächsten Angehörigen. Es handelt sich nicht um eine aktive Sterbehilfe, die aus guten Gründen verboten ist, um Missbrauch auszuschließen, aber um ein bewusstes Sterbenlassen. Wenig später geht es bereits wieder um ein anderes Schicksal und Absprachen zu einem anderen Behandlungskonzept, Klinikalltag.

In den Gesprächen zeigt sich, dass *drei Aspekte der ärztlichen Ethik* von Bedeutung sind, um der Sorge für den Patienten gerecht zu werden, ebenso aber der Sorge für sich selbst, die vor einem Ausbrennen schützt, und den äußeren Rahmenbedingungen, die zu beachten sind:

1. Aspekt des Patienten: Was ergibt sich aus seiner individuellen Lebensführung, was ist seine eigene Wahl, die sich von der des Arztes und von geltenden Normen sehr unterscheiden kann? Wie kann dieser Wahl Rechnung getragen werden, ohne in Konflikt mit gesetzlichen Vorgaben und ärztlichen Überzeugungen zu geraten? Was soll im Zweifelsfall Vorrang haben? Nicht immer dreht sich alles nur um medizinische und technische Fragen und das Einhalten von Regeln, immer aber kommt es darauf an, die Lebenssituation des Patienten zu verstehen und ihm die beste Hilfe in seinem Sinne zu bieten. Dazu ist seine eigene Sorge ernst zu nehmen, die zunächst eine *ängstliche Sorge* ist: Was ist mit mir los? Was ist zu tun? Was soll aus mir werden? Im Dialog mit dem Arzt kann daraus eine *kluge Sorge* werden: Wie kann ich mit meinem Problem leben? Was kann ich verändern und verbessern?

2. Aspekt des Arztes: Welche Entscheidung entspricht am besten der Standesethik und den aktuell anerkannten Regeln der Kunst? Was ist meine eigene Haltung, mein *Ethos* als Arzt und als Mensch? Welchen Werten und Prinzipien fühle ich mich verpflichtet? Was kann ich vor diesem Hintergrund verantworten? Die Ethik des Arztes resultiert aus seiner Selbstsorge und ist ein Bestandteil seiner bewussten Lebensführung, seiner Lebenskunst, die er braucht, um die an ihn gestellten Anforderungen bewältigen zu können. Handwerkliche Kunst und ethische Haltung stellen die professionellen Grundlagen dar, die aber ihrerseits in das Ganze des Lebens eingebettet sind. Ein Teil der ärztlichen Lebenskunst ist die Integration der Arbeit ins Leben, sodass die Arbeit das Leben bereichern, umgekehrt das Leben aber auch die Arbeit tragen kann. Das erfordert einen guten Umgang mit sich selbst, der durch Selbstaufmerksamkeit, Selbstklärung und Selbstdefinition zu erlangen ist. Die Selbstsorge ist die Basis dafür, die Sorge für Andere, für Patienten wie für Mitarbeitende, wahrnehmen und auch mit ihnen gut umgehen zu können.

3. Aspekt der Gesellschaft: Was wird durch Gesetze, allgemeine Regelungen und Standards vorgegeben, die bei einer Entscheidung zu beachten sind? In demokratischen Gesellschaften kommen diese Rahmenbedingungen nicht willkürlich zustande, sondern auf der Basis eines Für und Wider, das unter Beteiligung vieler Menschen in Veranstaltungen und Medien aller Art diskutiert wird. Auch die politische Willensbildung, die über die Abgeordneten der Parlamente geschieht, kann jeder Wahlberechtigte beeinflussen und sich auch selbst als Kandidat zur Wahl stellen. Keine allgemeine Regelung, die Verbindlichkeit gewinnt, stimmt mit der individuellen Haltung eines jeden gänzlich überein, aber keine hat auch ewigen Bestand, jede kann mit erneuter Diskussion und Willensbildung wieder verändert werden.

»Wie könnten all diese Aspekte des ärztlichen Lebens und Arbeitens kurz und knapp in einem Begriff gebündelt werden?«, frage ich eine Ärztin, mit der ich zusammensitze. Dr. Suzanne Braga arbeitet in einem anderen Krankenhaus, interessiert sich aber für das Philosophieprojekt in Affoltern am Albis. Ihr eigenes Fachgebiet ist die Humangenetik, die Wissenschaft vom Erbgut des Menschen, die bei ihr selbst viele Fragen aufwirft.

»*Ars Medici*«, schlägt sie vor. »Die Medizin als Kunst zu verstehen, ist über dem herrschenden technischen Verständnis in Vergessenheit geraten, aber die Ausübung der ärztlichen Tätigkeit ist nicht nur ein funktionaler, sondern auch ein kreativer Akt.«

»Könnte sich die Kreativität auch darauf richten, das Leben verstehen zu wollen?«, frage ich weiter. »Denn wer das Leben allgemein und das des Patienten im Besonderen versteht, kann doch auch die beste Vorgehensweise für ihn finden.«

»Das Verstehenwollen ist Bestandteil der Heilkunst, in jeder Hinsicht«, meint Dr. Braga, »verbunden mit anderen in den Beruf mitgebrachten oder in ihm erworbenen Eigenschaften wie Sensibilität, Mut, Ehrlichkeit, Vertrauenswürdigkeit, Verlässlichkeit, Umsicht, Vorsicht, Voraussicht.« Bei jemandem, der tagtäglich auf die Konfrontation mit Krankheit, Schmerz,

Leid und Tod gefasst sein müsse, sei außerdem eine Klärung der eigenen Haltung zu diesen Phänomenen erforderlich: »Was bedeutet das alles für mich? Wo sind meine Grenzen? Wo finde ich einen Ausgleich zur Konfrontation mit den existenziellen Problemen Anderer, aber auch mit eigenen Ängsten, eigener Macht und Ohnmacht, eigener Endlichkeit?«

»Könnte das *Schöne* auch eine Ressource für die Kunst des Arztes, der Ärztin sein?«, frage ich. »Auch wenn es nur subjektiv als solches erscheint, könnte daraus immer wieder Kraft für das eigene Leben und die Arbeit geschöpft werden. Es könnte zum Teil außerhalb der Arbeit angesiedelt sein, zum Teil aber in ihr selbst.«

»Ja«, sagt Frau Braga, »als schön und erfüllend empfinde ich selbst die Bereicherung durch den Umgang mit so vielen Menschen und ihren oft erstaunlichen Biographien. Es ist die Erfahrung der gesamten menschlichen Realität in ihrer teilweise extremen Bandbreite, die die Belastung durch manchmal tragische Schicksale auszubalancieren vermag. Daraus erwächst für den Beruf eine Multiplikation dessen, was man als Einzelner erfahren kann.«

Für die *Ars Medici* will Dr. Braga die wissenschaftlich-technische Seite der Medizin um eine ästhetisch-gefühlvolle Seite ergänzt sehen, damit Ärzte sich selbst, erst recht aber die ihnen anvertrauten Patienten nicht auf die erstere Seite reduzieren müssen. Was ist dafür entscheidend? »Die *Aufmerksamkeit*, die einem Menschen gewidmet wird. Aufmerksamkeit ist nichts Nebensächliches, sondern das Wesentliche, das ein Patient von Seiten des Arztes erfährt, eine Kraft, die zur Heilung das entscheidende *Surplus* beiträgt, zusätzlich zu technischen und pharmakologischen Mitteln.« Auf dem Boden der Aufmerksamkeit wachse das Vertrauen des Patienten, dass die ärztliche

Kunst alles im Blick habe, was von Bedeutung sein könnte. Wichtigstes Element der Aufmerksamkeit sei das *Zuhörenkönnen*, es repräsentiere den »wirksamsten, schnellsten und kostengünstigsten Weg, um zum Kern der meisten medizinischen Probleme vorzudringen«, wie das in einem Buch gut ausgedrückt sei.

Frau Braga weist mich auf die Autoren hin, die eine dergestalt veränderte Medizin vertreten, wie etwa den hier zitierten Bernard Lown (*Die verlorene Kunst des Heilens. Anleitung zum Umdenken*, 2004). Da sei vom »sorgenden Bewusstsein« des Arztes die Rede, von der Beziehungsmedizin, die auf die »sprechenden Augen« des Anderen antworte, wie bei Klaus Dörner (*Der gute Arzt – Lehrbuch der ärztlichen Grundhaltung*, 2001), und von einer Medizin, die den Menschen nicht mit der Diagnose alleinlasse, zuerst die Person sehe und dann erst die Krankheit (Rolf Verres, *Die Kunst zu leben. Krebsrisiko und Psyche*, 1991).

»Das Gespräch zwischen Arzt und Patient ist ein *kommunikatives Medikament*, manchmal heilsamer als alle Medizin«, weiß Dr. Braga. Eine *Ars Medici* müsse daher auch die Kunst der Gesprächsführung umfassen, die aus guten Gründen zu einem integralen Bestandteil der medizinischen Ausbildung werde. Das ärztliche Gespräch gelte der sorgfältigen Anamnese, die mehr erfasse als nur technische Daten, aber auch dem sorgsamen Mitteilen der Diagnose, der Erörterung der Therapiemöglichkeiten und, falls erwünscht, der Prognose. Es brauche dafür ein Verständnis des Menschen, eine Einschätzung seiner Lebenssituation, eine erste Hilfestellung bei der Gestaltung seines Lebens mit der Krankheit und ein Angebot für die weitere therapeutische Begleitung. Dann werde es weniger wahrscheinlich, dass ein Patient nach abgeschlossener Untersuchung mit einer schwerwiegenden Diagnose allein bleibe und sich nicht mehr zu helfen wisse.

»Das Wichtigste sind die Beziehungen«, sagt die Ärztin, »das ist meine Erfahrung, darauf achte ich immer.« Es sei das *soziale Geflecht*, das ein akutes Kranksein oder aber die Belastung, sich mit einer Erbkrankheit und deren Folgen für die Familie konfrontiert zu sehen, auffangen kann. Angehörige und auch Freunde nach Möglichkeit ins Gespräch einzubeziehen, sorge dafür, den Patienten nicht als isoliertes Individuum zu sehen, sondern als Menschen, der in einem Umfeld lebt, in dessen Rahmen manchmal eine Krankheit entstehen kann, in vielen Fällen aber die Ressourcen zur Gesundung zu finden und Enttäuschungen zu bewältigen sind.

Wie in der Psychologie sei eine *Ressourcenorientierung* erforderlich, um die Quellen ausfindig zu machen, aus denen ein Mensch heilsame Kraft schöpfen könne, statt mit einer *Defizitorientierung* bei seinem Mangel, seiner Krankheit und Dysfunktion stehenzubleiben. »Die Frage ist nur, was die wichtigsten Ressourcen für diesen Menschen sind: Die Zuneigung, die er von jemandem erfährt, der Sinn, den er im Leben sieht, das Schöne, für das er lebt, die Neugierde, die er dem Leben und seiner Situation entgegenbringt, der Glaube, der nicht zwingend an die Zugehörigkeit zu einer Glaubensgemeinschaft gebunden ist.« Was einen Menschen heile, sei nur zum Teil die Medizin, zum anderen und vielleicht größeren Teil seine eigene innere Kraft. Die Quellen, aus denen diese sich speise, zu eruieren und freizulegen, sei die zentrale Aufgabe der ärztlichen Kunst.

»Und welcher Arzt, welche Ärztin soll das alles leisten können? Es könnte auf Überforderung hinauslaufen«, gebe ich zu bedenken.

»Das glaube ich kaum. Es kommt auf die Kunst des Fragens an. Das Erstgespräch dauert länger, aber durch eine präzise und empathische Kommunikation, die die medizinischen, psychischen und sozialen Aspekte berücksichtigt, erhält man zuverlässige Informationen, kommt dadurch rascher zur Diagnose, vermeidet unnötige Abklärungen, erstellt eine tragfähige Beziehung, vermeidet Missverständnisse, die Mitarbeit des Patienten wird optimal. Das ist Arztsein: Aufmerksam wahrzunehmen, Spuren zu folgen, Spuren zu sichten und zu sichern mit Hilfe von Beobachtungen, Untersuchungen und genauer Anamnese, um auf den Weg zur Therapie zu gelangen und, wann immer möglich, zur Heilung.«

»Da liegt der Begriff des *Gespürs* nahe«, bemerke ich, »die Aktivierung sämtlicher Erkenntnisfähigkeiten, auch der nichtkognitiven. Messwerte und statistische Daten kann es ideal ergänzen. Allerdings kann es nur bedingt ein Gegenstand theoretischer Ausbildung sein, denn es erwächst aus praktischen Erfahrungen, guten und schlechten, auch aus dem Austausch von Erfahrungen mit Anderen, in diesem Fall mit Kollegen, und aus der immer neuen Rückfrage bei Patienten, ob die ärztliche Wahrnehmung ihrer Selbstwahrnehmung entspricht. Im Krankenhaus entwickeln auch die Pflegenden sehr viel Gespür im Umgang mit den Patienten, würde das nicht für ihre stärkere Einbeziehung sprechen?«

»Deren Expertise einzubeziehen«, sagt Dr. Braga, »begreife ich als Teil der *Ars Medici*.«

Zurück im Spital, bin ich heute mit einem Pfleger unterwegs. Für Karl Hofer* ist es ein Tag wie jeder andere, für mich ist alles neu. Wir holen einen Patienten aus der Chirurgie ab, der soeben operiert wurde, und schieben das Krankenbett mit der gebotenen Vorsicht über lange Flure, in Aufzüge hinein und aus ihnen heraus und um etliche Ecken herum ins Zimmer. Ich soll beim Patienten bleiben und auf jeden Atemzug aufpassen, während er allmählich aus der Narkose erwacht. Zwischendurch entsteht Hektik auf dem Flur, im Nebenzimmer konnte eine ältere Frau den Stuhlgang nicht mehr halten, es stinkt infernalisch, Patientin und Bett müssen unter verschärften Bedingungen gereinigt werden.

Später steht die Intimpflege bei einem älteren, fiebrigen Patienten an, bei dem unklar ist, woher das Fieber kommt. In seinem früheren Leben war er Baupolier, jetzt liegt er willenlos im Bett. Der Pfleger rückt die Sichtblenden zurecht, fährt das Bett hoch, löst die Windel, streift sich Gummihandschuhe über, wäscht den Penis, putzt den ganzen Unterkörper mit nassen Tüchern, die dann in einem schwarzen Plastiksäckchen verschwinden. Auf das wunde Knie muss neue Salbe aufgetragen werden, ich rolle den Verband ab und wieder auf. Nur mit unserer Hilfe und unter äußerster Anstrengung kann der Patient aufstehen, um am Waschbecken weiter gewaschen zu werden. Er wischt sich selbst das Gesicht ab und ich bleibe bei ihm stehen, während der Pfleger das Bett aufschüttelt. Der linke Arm des Patienten ist wie gelähmt, seine Haut fühlt sich ledrig an. Kleidungsstück für Kleidungsstück wird wieder angezogen, dann sollte er ein paar Schritte machen, aber die Schwindelgefühle sind zu groß, er ist froh, sich wieder hinlegen zu können. Jetzt ist noch das Hinweisschild »Trinkmenge« über dem Bett zu beachten, auf einem Zettel wird über die gegebene und getrunkene Menge Buch geführt.

Eine lange Tradition, die immer noch nachwirkt, lässt die Pflege als nachrangige Tätigkeit gegenüber der erstrangigen medizinischen Versorgung durch die Ärzte erscheinen, und damit ist selbstredend nicht die zeitliche Abfolge gemeint. Bei der Mitarbeit wird rasch deutlich, dass die Umsorgung von Patienten im Schichtdienst rund um die Uhr eine unverzichtbare und der ärztlichen Tätigkeit gleichwertige Arbeit ist. Schon der kleine Einblick in den Pflegealltag gibt einen Eindruck von den nichttrivialen Herausforderungen und grundsätzlichen Fragen, die sich dabei stellen und auf die die Pflegenden individuell und situativ antworten müssen. Sie tragen wesentlich zur Bewältigung von Krisen, Krankheiten und Schmerzen bei, Medikamente und »Schnitte« alleine können das nicht, insofern sind die Pflegenden Leistungsträger und keineswegs nur medizinische Helfer. Der Respekt für ihre Arbeit wächst mit den Erfahrungen, die ich an ihrer Seite mache.

In ruhigen Minuten denke ich mit Herrn Hofer darüber nach, was Pflege eigentlich ist, warum es sie gibt, wozu sie dient. Denn diese professionalisierte Form der Sorge für Andere, die in moderner Zeit immer weiter um sich greift, ist nicht so selbstverständlich, wie es den Anschein hat. Sie erfüllt eine Funktion im Rahmen der dynamischen Kultur der Moderne, in der nichts und niemand am angestammten Ort bleibt. Fluktuierende Beziehungen in lose zusammengefügten Gesellschaften ermöglichen dem Einzelnen mehr Freiheit als je zuvor, treiben aber auch grenzenlose Einsamkeit und Verlorenheit hervor. Für alle, die mit der Dynamik der Moderne nicht mithalten können, werden exterritoriale Räume geschaffen: Kindergärten, Kinderspielplätze, Krankenhäuser, Pflegeheime, Altenheime. Die Entrüstung darüber liegt nahe, ist aber wenig ergiebig, denn die meisten modernen Menschen, das eigene Ich inklusive, legen Wert auf ihre individuelle Freiheit, die insbesondere beim Dasein für einen kranken und bedürftigen Menschen mehr oder weniger große Einbußen erleiden würde. So entsteht der Bedarf für professionelle Pflege. Gemeinsam tragen Herr Hofer und ich Erfahrungen und Überlegungen zusammen, die ihre Konturen deutlicher hervortreten lassen.

Warum pflegen? Warum nicht lieber »etwas mit Medien machen«, wie in moderner Zeit üblich? Aber niemand muss diesem *Mainstream* folgen, jeder kann eigene Wege verfolgen. Beziehungen sind zerbrechlich geworden? Jeder kann selbst welche gründen und bewahren, und dies gerade am neuralgischen Punkt des Umgangs mit kranken und bedürftigen Menschen. In vormoderner Zeit fand deren Pflege überwiegend im familiären Umfeld statt, nur ersatzweise in sozialen, oft kirchlichen Institutionen. Pflege war im Wesentlichen *Pflicht*, der man oft genug ohne große Sachkenntnis nachkam. In moderner Zeit aber können diejenigen pflegen, die sich dafür entschieden haben, je nach Ausbildung und Erfahrung mit sehr viel Sachkenntnis. Die beste Voraussetzung dafür, die professionelle Pflege gerne zu tun, ist außer der guten Ausbildung die Motivation, die aus Sensibilität und Einsicht resultiert: *Sensibilität* für die Bedürftigkeit von Menschen, *Einsicht* in die Bedeutung der Sorge für sie, die sich jeder auch für sich selbst in vergleichbarer Situation wünschen würde.

Wen pflegen? Ist das nicht naheliegend? Natürlich die Bedürftigen, die Hilfe brauchen, das ist der *auxiliatorische Sinn* der Pflege (von *auxilium*, lateinisch für Hilfe). Die Ethik der Sorge für Andere, das Dasein für sie und Helfenwollen muss aber nicht mit einer Aufopferung des eigenen Selbst einhergehen. Pflege ist eine so anstrengende Tätigkeit, dass sie reicher Ressourcen bedarf, um geleistet werden zu können, ansonsten droht die Erschöpfung. Wichtig ist daher von vornherein die *Selbstpflege*, die beste Prophylaxe gegen das verbreitete Burnout-Syndrom in der Pflege. Pflegende bedürfen der Aufmerksamkeit auf sich, damit sie auf der Basis der pfleglichen Selbstbeziehung auch pflegliche Beziehungen zu Anderen unterhalten können. Die Befassung mit sich erfordert, eigene Lebensfragen zu klären und Antworten auf Fragen nach dem Sinn der Arbeit und des Lebens zu finden. Pflegende sind zuweilen von Sinnlosigkeitsgefühlen bedroht, gegen die sie nur ankommen, wenn sie die Zusammenhänge ihres Tuns nicht aus den Augen verlieren. Nur sie selbst können sich im Gespräch mit Anderen, mit Kollegen, Freunden und professionellen Gesprächspartnern darum kümmern, den Faden neu aufzunehmen und den eigenen Ort in einem umfassenderen Horizont zu bestimmen. Auch Anregungen durch andere Gedanken als die bisher gedachten verhelfen dazu, zu gegebener Zeit zur Seite treten zu können, anders blicken zu lernen und mithilfe Anderer den Sinn des eigenen Tuns wieder besser zu sehen.

Was pflegen? Nach Möglichkeit den ganzen Menschen, jedenfalls dem Menschenbild gemäß, das außer Körper, Seele und Geist auch sein soziales und ökologisches Umfeld, seinen Umgang mit Anderen und mit Natur, und außer seiner Herkunft auch seine mögliche künftige Entwicklung unter dem Einfluss der Krankheitserfahrung im Blick hat. Die Pflege des ganzen Menschen hat unweigerlich mit *Berührung* zu tun: Wer pflegt, berührt, und zwar in erster Linie den Körper. Selbst dann, wenn ein Mensch »nicht mehr ganz da ist«, bleibt die Basiskommunikation über den Tastsinn weiterhin möglich, beispielsweise über die Hand, die gehalten wird. Neben der körperlichen ist ein Mensch auf die seelische Berührung durch Zuwendung und Zuneigung angewiesen. Ein einziges freundliches Wort kann gerade in einer fragilen Situation alles verändern. Geistig wiederum kann ein Mensch von anregenden Gedanken und Ideen berührt werden. Eine offene Frage ist darüber hinaus, ob auch eine metaphysische Berührung für ihn von Bedeutung ist, auf welche Weise er diesem Bedürfnis nachgehen möchte und wie die Pflegenden ihm dabei behilflich sein können.

Wozu pflegen? Um Leben zu ermöglichen, klar. In der aktuellen, womöglich bedrohlichen Situation der Konfrontation mit Krise, Krankheit, Schmerz und Tod geht es um unmittelbare Lebensbewältigung, bis daraus nach Möglichkeit eine Lebenskunst im Sinne bewusster Lebensführung werden kann. Die Sorge der Pflegenden ermöglicht den Patienten eine Auszeit von der Selbstsorge, bis sie diese wieder übernehmen und ihre Autonomie von Neuem wahrnehmen können. Wo die Rückkehr zur Selbstsorge aber nicht mehr möglich ist, ist es Aufgabe der Pflegenden, die schwindende Autonomie aufzufangen und behutsam aus ihr herauszuführen. Bei der Lebensbewältigung stehen sie Menschen bei, indem sie ihnen die Pflege von *Gewohnheiten* ermöglichen. Das Leben fällt leichter mit Gewohnheiten, in denen ein Mensch wohnen kann und nicht unentwegt Entscheidungen treffen muss. Der Verlust der gewohnten Umgebung ist ein Problem für Menschen, die unversehens der ungewohnten Umgebung des Krankenhauses ausgesetzt sind. Sie können ihr Leben besser einrichten, wenn vertraute Gewohnheiten die Fremdheit abpuffern. Die Pflegenden gewinnen die nötige Sensibilität dafür, wenn sie auf die Rolle von Gewohnheiten in ihrem eigenen Leben achten.

Jeder Mensch braucht zur Lebensbewältigung außerdem Möglichkeiten, *Lüste* zu genießen, um Anspannungen auszubalancieren, also könnten die Pflegenden, wo immer es sich anbietet, lustvolle Erfahrungen ermöglichen. Lüste des Sehens, Hörens, Riechens, Schmeckens, Tastens, des Denkens und der Phantasie, der Erinnerung, der Lektüre und des Gesprächs oder des Lachens in allen Variationen können Körper, Seele und Geist in Vibrationen versetzen. Die große Herausforderung der Lebensbewältigung bleibt gleichwohl der Umgang mit *Schmerzen*, die wie Lüste zu einer unerhörten Intensität in der Lage sind, im Unterschied zu diesen aber mit ihrer geballten Energie die menschliche Existenz im Kern bedrohen können. Dass in der modernen Medizin jede denkbare Möglichkeit zur *Intervention* bereitsteht, sorgt dafür, dass die Angst vor Schmerzen nicht größer werden muss als ein eventueller Schmerz selbst. Pflegende können jedoch auch, vielleicht aufgrund eigener Erfahrungen, einem Menschen bei der *Integration* von Schmerzen in sein Leben beistehen, wenn er diesen Weg gehen will, der ihm das Leben auf ganz andere Weise erschließen kann.

Besser zu bewältigen sind die im Krankenhaus unvermeidlichen leidvollen Erfahrungen durch das Eingebettetsein in Beziehungen. Was Dr. Braga mir nahebrachte, wissen die Pflegenden schon lange und wussten auch die alten Philosophen. Das »Leben in der Verflochtenheit«, das Aristoteles im Buch *Nikomachische Ethik* als Grundelement des *Eudaimonia*-Glücks bezeichnet, hilft erst recht beim Umgang mit Unglück. Die Verflochtenheit verbürgt den dauerhaften Sinn, der Menschen mit einem »guten Geist« (wörtliche Übersetzung der *Eudaimonia*) beseelt. Wer die Bedeutung von Beziehungen für das Leben versteht, kann ihnen besser Rechnung tragen. Daher unterstützen die Pflegenden die Einbeziehung der Familienmitglieder und Freunde des Patienten in dem Maße, wie er sich das wünscht. Die Pflegenden selbst können sich anstelle bloß funktionaler Beziehungen im Beruflichen um kooperative Beziehungen bemühen, sodass es ihnen möglich wird, in der Verflochtenheit eines Teams zu arbeiten, in dem Belastungen gemeinsam getragen, Erfahrungen ausgetauscht, Schwierigkeiten und Konflikte besprochen werden.

Wie pflegen? Ein möglicher Maßstab dafür ist die Frage: Wie möchte ich, wenn es darauf ankommt, selbst gepflegt werden? Wie sollen Andere dann mit mir umgehen? So will ich meinerseits jetzt mit ihnen umgehen. Diese Goldene Regel hilft bei der Suche nach dem richtigen *Maß der Pflege* zwischen einem Zuviel und einem Zuwenig, auch dem richtigen Maß der Nähe und der Distanz zwischen den Pflegenden und denen, die sich der Pflege anvertrauen müssen. Wie weit kann ich »mitgehen«? Wie viel Abstand sollte ich wahren? Mehr Nähe ist möglich bei der *Bezugspflege* einzelner Patienten, mehr Distanz erfordert die *Gruppenpflege* vieler, allzu distanziert ist die bloße *Funktionspflege*, die niemanden zufriedenstellt.

Muss ich pausenlos präsent sein oder sollte ich mich nur sporadisch zeigen? Wie verfahre ich mit »schwierigen« Patienten, die sich zu häufen scheinen, während die anspruchslosen und liebenswürdigen seltener werden? Wie kann ich alten oder neuen Gewohnheiten der Patienten Raum geben, alte oder neue Gedanken und Deutungen bei ihnen wachrufen, die bei der Bewältigung der Krise oder Krankheit helfen? Wie kann ich ihre Entwicklungsprozesse erfassen und darauf reagieren? Was wünschen sich Leidende und Sterbende von mir, ein Dabeibleiben oder Alleingelassenwerden? Wie kann ich sie trösten, um auch auf diese Weise für sie da zu sein? Wie bewältige ich selbst die Konfrontation mit Leid und Sterben?

In Frage steht ebenso das richtige Maß der Ansprüche an sich selbst: Anspruchsvoll zu sein und *Exzellenz* zu erstreben, hat nichts mit *Perfektion* zu tun. Es ist ein Element der Erfüllung, etwas so gut wie möglich zu machen, aber ein Anlass zur Verzweiflung, perfekt sein zu wollen. Perfekt sind eventuell Maschinen, die aber wenig menschliche Wärme ausstrahlen, es mangelt ihnen an Erfindungsreichtum und Humor.

Eine Frage des Maßes ist ferner die *Machtausübung*. Macht hat der, der über Möglichkeiten verfügt, aber das ist bei der Pflege eine sehr einseitige Angelegenheit, abhängig vom Grad der Bedürftigkeit derer, die gepflegt werden sollen. Da es eine ständige Kontrolle der Machtausübung von außen nicht geben kann, kommt es in hohem Maße auf die Selbstkontrolle der Pflegenden an, auf ihre *Selbstmächtigkeit* und ihre Bereitschaft, ihr Tun und Lassen immer wieder daraufhin zu befragen, welche Machtausübung damit einhergeht. Wie wird diese von den Betroffenen erlebt? Sollte die Erfahrung der Patienten immer nur eine der Ohnmacht sein, kann das in tyrannische Aktionen gegen die Pflegenden umschlagen. Zum Ausgleich könnten den Patienten Entscheidungs- und Gestaltungsspielräume zur eigenen Machtausübung überlassen werden.

Um in allen Belangen das Richtige zu tun, bedarf die Pflege, wie jede Berufsausübung, aber vor allem einer eigenen Form des *Gespürs*, zu erlangen auf dem Weg von Erfahrung und Besinnung. Mit pflegerischem Gespür ist auch die »vulnerable Phase« eines Menschen rechtzeitig zu erkennen, die zu erfassen wichtig ist, um ihn in dieser Zeit besonders großer Verletzlichkeit schützen und umsorgen zu können.

Was ist also Pflege? »*Ein Geben und Nehmen*«, sagt Herr Hofer. Das Schönste, was er entgegennehmen könne, sei das

Vertrauen von Patienten, dass er sein Bestes gebe, und ihre Dankbarkeit für die Hilfe, ihre Freude schon über kleine Fortschritte im Heilungsprozess. Hinderlich sei jedoch, dass er jeden Handgriff, den er mache, jede Zeit, die er dafür aufwende, in das elektronische System des Hauses »einpflegen« müsse, statt in dieser Zeit pflegerisch tätig sein zu können. In allen Bereichen ersetze *High Tech* die Fähigkeit zu Einfühlung und Berührung, *High Touch* genannt (erstmals von John Naisbitt in: *Megatrends*, 1995). Die Absicht könne er verstehen: Die Situation des Patienten und die Arbeit des Pflegenden sollten transparent sein für alle, die Zugang zur digitalen Datenbank haben. Zugleich verschwänden damit jedoch menschliche Freiräume.

Solange die zusätzlichen, gut ausgebildeten Pflegekräfte ausstehen, die es wird geben müssen, antwortet Herr Hofer auf die ärgerlichen Personalengpässe lieber mit Kreativität. Es mangelt an Zeit für das Verweilen bei Patienten? Aber auch Gesten und Blicke lassen eine Atmosphäre der Zuwendung entstehen. Beeindruckt davon, wie viele Gedanken er sich zu sich und seinem Leben, zu seiner Arbeit und ihrer Ausgestaltung im Rahmen der Kultur des Hauses macht, kehre ich ins Philosophenzimmer zurück. Eine Anregung von Herrn Hofer gebe ich gleich weiter: Dass ein Perspektivenwechsel, eine gelegentliche Mitarbeit auch für die Leitungsebene des Hauses sinnvoll sein könnte. Der Chefarzt der Inneren Medizin absolviert daraufhin einen freiwilligen Pflegetag. Leider finden sich keine Nachahmer.

Ein anderes Mal bin ich in den Räumen der Physiotherapie (ehemals »Physikalische Therapie« genannt) zu Gast, wo mich eine geradezu meditative Atmosphäre umfängt. In großer Ruhe geht die Arbeit mit den Patienten vonstatten. Zufälligerweise sind zurzeit nur Therapeutinnen da, kein Therapeut. Zur Behandlung kommen viel mehr Frauen als Männer, denn Frauen, so erfahre ich, geben eher zu, dass sie Probleme haben, während Männer das eher für eine Schwäche halten. Viel mehr Frauen als Männer besuchen auch die so genannte *Rückenschule*, die auf Freiwilligkeit beruht und selbst bezahlt werden muss: Da geht es um Theorie, Anatomie, Verhaltensregeln und praktische Übungen bei den diversen Formen von Rückenleiden, die dermaßen zugenommen haben, dass sie einen erheblichen Prozentsatz aller Erkrankungen ausmachen. Grundsätzlich könnte man annehmen, dass die Vorsorge Bestandteil einer individuellen Lebenskunst in körperlicher Hinsicht sein sollte, aber kaum jemand nimmt an der Rückenschule teil, der nicht schon Beschwerden hat, beobachten die Therapeutinnen Annalis Schuler* und Beate Grosser*. Die meisten bevorzugen das Fitnessstudio, das erheblich teurer, in therapeutischer Hinsicht jedoch weniger effektiv ist.

Hier hingegen ist die körperliche Sorge für Andere ganz und gar auf die jeweilige Person und ihre momentane Verfassung abgestimmt. Von Interesse ist auch, was sich hinter einem verspannten Muskel verbirgt: Sind es wirklich körperliche Gründe oder wirkt sich eine »somatisierte« seelische Anspannung auf diese Weise aus? Gibt es Spannungen im sozialen Beziehungsgeflecht? »Ein kaputtes Knie ist nie nur ein kaputtes Knie«, wissen die beiden Therapeutinnen. Sie stellen von sich aus den Patienten keine Fragen, aber die erzählen gern und viel, gerade in dieser Situation, in der sie eine halbe oder ganze Stunde lang Zuwendung, Berührung, Aufmerksamkeit, Konzentration eines Anderen auf sich und das eigene Anliegen erfahren. Unweigerlich kommt dabei zum Vorschein, welche Rolle die Lebensumstände und das spezifische Umfeld spielen. Und was erwarten die Patienten? Ausnahmslos alle wollen ihren Schmerz loswerden. Manchmal ist es an den Therapeutinnen, jemanden dazu zu motivieren, mit dem Schmerz zu leben, der partout nicht mehr zu beseitigen ist, und Wege und Übungen dazu aufzuzeigen, aber »das ist ein langer Prozess«.

Das Wichtigste in der Physiotherapie ist die Wiederherstellung körperlicher Funktionen mithilfe von Massagen und der Einübung von Bewegungsabläufen. Aber manchen dient der körperliche Schmerz auch als willkommene Gelegenheit, um etwas seelische Zuwendung zu erfahren. Die Leere und Kälte, die ein Mensch vielleicht in seinem Leben empfindet, wird in der Physiotherapie erst einmal mit körperlicher und seelischer Wärme gefüllt. Die Ärzte wissen das und verordnen eine Anzahl von Stunden, im Vertrauen darauf, dass die Arbeit am Körper zur Heilung beiträgt, auch indem sie die Seele öffnet und zum Sprechen bringt.

»Wie entsteht diese Wechselwirkung von Körper und Seele?«, überlege ich gemeinsam mit den Therapeutinnen. »Wie kann mit der körperlichen Bewegung *seelische Energie* in Bewegung gesetzt werden? Was ist das für eine Art von Energie?«

»Schwer zu sagen, aber in der Physiotherapie wird deutlich, dass diese Energie etwas ist, ohne das der Körper nichts ist.« Diese Erfahrung machen die Therapeutinnen immer wieder: »Ohne Energie ist der Körper schlaff, der Mensch antriebslos.

Mit Energie gewinnt der Körper Spannkraft und der Mensch beginnt aufzuleben.«

»Die Körperarbeit, die Berührung und Bewegung von außen, stimuliert also Energien. Und wenn ein Mensch durch keine Berührung mehr angesprochen wird, ziehen sich seine Energien nach innen zurück, kann man das so beschreiben?«, frage ich.

»Ja, je weniger körperliche Berührung Menschen erfahren, desto fremder werden sie sich und Anderen, sie fühlen sich losgelöst und ausgeschlossen«, beobachten die Therapeutinnen.

»Wenn Berührung so große Bedeutung hat, wäre doch nicht nur im Spital, sondern immer im Leben Sorge dafür zu tragen, dass jeder Mensch ein Mindestmaß davon bekommt.«

»Dazu könnte die physiotherapeutische Arbeit beitragen, ja.«

Wir geraten ins Philosophieren über die Berührung, die Energie freisetzen kann. So könnte es sich verhalten: Zunächst ist die Energie reines *Potenzial*, aber wenn sie mithilfe von Berührung in Bewegung gesetzt wird, wird sie als *Kraft* wirksam. Menschen erfahren Kraft als volles, erfülltes Lebensgefühl, ihre Abwesenheit als leeres. Im alltäglichen Sprachgebrauch ist häufig von Energie und Kraft die Rede, ohne dass zwischen beiden unterschieden werden würde, auch ohne sich Gedanken darüber zu machen, was damit gemeint sein könnte – aber niemand zweifelt daran, dass da »etwas ist«. Dieses Etwas wird beispielsweise in Form von Wärmeenergie bei einer Berührung spürbar. Es ist auch in Form von elektrischer Energie bei Hirnströmen mit medizinischen Geräten messbar. Für physikalische Energien wie diese gilt der Energieerhaltungssatz, den Hermann von Helmholtz 1847 formulierte und der seither immer wieder Bestätigung fand: Energie kann in andere Energieformen umgewandelt, nicht jedoch vernichtet werden. Sie löst sich nicht in nichts auf.

Ein poetischer Ausdruck dafür war in den unterschiedlichsten Kulturen seit jeher die *Seele*, die für unsterblich gehalten wurde. Darf die Seele mit *Energie* gleichgesetzt werden? Frau Schuler und Frau Grosser haben kein Problem damit. Sie sprechen gerne von seelischen Energien, machen aber die Erfahrung, dass dies rasch als »esoterisch« abgetan wird. Im Zeitalter der *Psyche* war von einer Seele nicht mehr die Rede, aber das hat sie nicht zum Verschwinden gebracht. Offenkundig ist sie unverzichtbar, wenn es um die Beschreibung dessen geht, was einen Menschen und seinen Körper überhaupt erst belebt und aufleben lässt. Das wäre also eine These: Mit Seele ist die Energie gemeint, die *räumlich* im Körper verankert ist und zugleich, wie die Ausstrahlung eines Menschen zeigt, weit über den Körper hinausreichen kann. Umgekehrt kann sie sich bis zum Erlöschen jeder Ausstrahlung in ihn zurückziehen. Kein Mensch, kein Lebewesen kann ohne diese Energie leben, schwindet die Energie aus dem Körper, schwindet das Leben. Ähnlich scheint die Energie der Seele auch *zeitlich* nur bedingt an den Körper gebunden zu sein, dem Energieerhaltungssatz zufolge kann sie vor seiner Zeit da sein und danach bestehen bleiben, in welcher Form auch immer.

Die Therapeutinnen hätten gerne mehr Wissen über die verschiedenen Aspekte der Energie, die wir gemeinsam herausarbeiten. Etwa darüber, wie eine Körperspannung, aber auch eine Verspannung entsteht und was genau geschieht, wenn verkrampfte Energien durch die Arbeit am Körper wieder in Fluss gebracht werden können (*physiotherapeutischer Aspekt*). Ferner, welche Energien einem Menschen im Laufe seines Lebens zuströmen und woher, welche abfließen und wohin (*biographischer Aspekt*). Ebenso, wie das Quantum der verfügbaren Energien durch Nahrung, Atmung, Bewegung vergrößert werden kann (*Lebensstil-Aspekt*). Und wie es möglich ist, einem Menschen durch intensive Berührung Energie zuzuführen, durch die Verweigerung von Berührung in einer Beziehung aber zu entziehen (*Beziehungs-Aspekt*). Schließlich, wie die Energieflüsse durch emotionale Konflikte beeinträchtigt, durch traumatische Erfahrungen blockiert, durch bewusste Befassung damit jedoch wieder freigesetzt werden können (*psychotherapeutischer Aspekt*).

Wünschenswert wären mehr Studien zu den psychischen Wirkungen der Physiotherapie, die Schlüsse aus den langjährigen Erfahrungen mit der Körperarbeit in Kliniken und Praxen ziehen würden. Sie könnten zutage fördern, was die Therapeutinnen vermuten: Dass die Physiotherapie manchmal eine Psychotherapie mit anderen Mitteln ist. Aber was davon lässt sich mit modernen wissenschaftlichen Methoden nachweisen? Wie können die Methoden verbessert und verfeinert werden? Wie könnte eine detaillierte Analyse von Energieflüssen vorgenommen werden? Wie funktioniert die offenkundige Lenkung von Energien durch Akupunktur und -pressur? Was können pharmazeutische, was natürliche und homöopathische Heilmittel energetisch bewirken? Wie kommt es zu dem Eindruck, dass sich energetische Prozesse in den Augen von Menschen widerspiegeln?

Eine *energetische Analyse* sollte solche Prozesse aufzeigen können. Einstweilen bleibt nur der Bezug beispielsweise auf die traditionelle chinesische Medizin, die damit arbeitet, die als *Chi* bezeichneten Energien eines Menschen aufzuspüren und in ein dynamisches Gleichgewicht zu bringen. Einiger Aufschluss ist von der klinischen *Psychoneuroimmunologie* zu erwarten, die das Zusammenspiel von Bewegungsapparat, Nerven- und Immunsystem, psychosozialem System und hormoneller Ausstattung eines Menschen zu verstehen sucht, um Aussagen darüber zu machen, wie sein Energiestoffwechsel reguliert wird und gegebenenfalls durch gezielte Interventionen (etwa durch Modifikationen des Denkens und des Lebensstils) verändert werden kann. Aus philosophischer Sicht ist die Erforschung der Wechselwirkungen zwischen körperlicher Bewegung und seelisch-geistigen Bewegungen von Gefühlen und Gedanken von besonderem Interesse. Wie gelingt es Menschen, mit Gedanken die gefühlten Energieflüsse zu beeinflussen (etwa bei einer Motivation), um sich daraufhin auch körperlich in Bewegung zu setzen? Offensichtlich kann die Kausalkette von körperlichen Prozessen, die zu Gefühlen und Gedanken führen, auch die umgekehrte Richtung einschlagen.

Ich erzähle von meinen Erfahrungen mit der energetischen Wirkungskaskade, die ich selbst in Gang setze, wenn ich eine Sauna aufsuche. Alle Aufmerksamkeit gilt in diesem Fall für zwei, drei Stunden allein dem Körper, den ich der Bullenhitze im aufgeheizten Saunaraum, aber auch der Eiseskälte danach beim Wasserguss und im Tauchbecken aussetze. Der brüske Wechsel zwischen Hitze und Kälte lässt ihn geradezu erbeben, bevor sich eine große Wohligkeit in ihm breitmacht, eine mächtige und nachhaltige Körpererfahrung. Beim Ausruhen auf der Liege wird von Minute zu Minute deutlicher, welche Energien bei diesem Prozess freiwerden, die nicht nur den Kreislauf in Schwung bringen, sondern auch der Seele angenehme Gefühle bescheren. Und schließlich beginnen die Gedanken zu fliegen, kreative Ideen blitzen auf, Vergessenes kommt wieder in den Sinn, Künftiges wird erahnbar. Die Muße, die in diesen Stunden Platz greift, die Besinnung, die damit einhergeht, führt zu einer körperlichen, seelischen und geistigen Regeneration. Aus der Pflege des Körpers, von Intellektuellen nicht selten verachtet, wird eine integrale Erfahrung der verschiedenen Ebenen des Menschseins. Mit frischem Mut lassen sich anstehende Herausforderungen angehen.

Auf welche Art von Regeneration vertrauen die Physiotherapeutinnen? Worin besteht ihre Lebenskunst? Wie halten sie all das aus, was sie körperlich leisten müssen und ganz nebenbei von den Lebensumständen Anderer mitbekommen? Sie betreuen auch unheilbare Patienten, den Eindruck von solchen Begegnungen nehmen sie mit nachhause, das lässt sich »nicht einfach abschütteln«. Beispielsweise das Schicksal eines 61-jährigen Mannes, der Manager in einer großen Firma war: Vor 20 Jahren kam er wegen leichter Gehstörungen zu Abklärungen ins Spital, dann in Abständen immer wieder, bis Multiple Sklerose bei ihm diagnostiziert wurde, seit fünf Jahren sitzt er im Rollstuhl. Er wird von schrecklichen Aggressionen gegen sich selbst heimgesucht, stößt Flüche gegen seine Arme und Beine aus, die nicht so funktionieren, wie er will. Die Therapeutinnen nimmt er hingegen als Kraftwerke wahr, aus diesem menschlichen Umgang schöpft er immer wieder neue Energie, wie er sagt. Sie vermitteln ihm diese Energie mit ihrer Art der Aufmerksamkeit, therapeutisch wie menschlich.

Um besser zu verstehen, was in einem Patienten vorgeht, versuchen Frau Schuler und Frau Grosser, »sich in die Schuhe des Anderen zu stellen«, also ihr eigenes Handeln und dessen Welt aus seiner Perspektive wahrzunehmen. Für sie selbst ist es eine wichtige Kraftquelle, ein Element ihrer Lebenskunst, im Team vieles miteinander besprechen zu können. Und sie machen sich selbst viele Gedanken: Die Konfrontation mit tragischen Schicksalen empfinden sie keineswegs nur als schrecklich, »man wächst damit auch«. Ihre Erfahrung ist, dass im Leben nichts statisch ist, nichts festgehalten werden kann, vielmehr alles sich im Fluss, im Wandel, im Kommen und Gehen befindet. In jüngeren Jahren fanden sie das sehr beunruhigend, heute ist es für sie eher ein Grund zu größerer Gelassenheit. Nicht alles ist eine Frage des Willens, auch ungewollte Krankheit und unverständliche Tragik können zum Leben gehören. Aufgrund ihres Berufes um solche Dinge zu wissen, ist in ihren Augen »auch eine Erfüllung«.

Psychotherapie: Die Möglichkeiten der Kunst und des Ausdrucks

Zur Physiotherapie muss ich quer durchs Haus gehen, zur Psychotherapie nur quer über den Flur. Die Räume machen den Eindruck von Ateliers, Malutensilien liegen herum, diverse Musikinstrumente lassen auf die Vorbereitung zu einem Konzert schließen. Es sind kunst- und ausdrucksorientierte Psychotherapeuten und -therapeutinnen, die seit 1989 die medizinische Behandlung und pflegerische Umsorgung der Patienten im Spital begleiten. Außerdem bieten sie eine sofortige Kriseninterventtion für Menschen in schwierigen Situationen an. Die Zuweisungen erfolgen auf eigenen Wunsch der Betroffenen, auf Initiative von Hausärzten oder bei der wöchentlichen Chefarztvisite, auch aufgrund von Empfehlungen der Pflegenden, die von Sorgen, Nöten und Ängsten der Patienten oft zuallererst erfahren.

Die Kunst- und Ausdrucksorientierung hat den Vorteil, niemanden mit einem allzu dominanten »Psycho« abzuschrecken, auf das viele auch 100 Jahre nach der Begründung der

Psychotherapie noch reserviert reagieren. Es handelt sich bei dieser Art der Orientierung um eine psychotherapeutische Sorge, die Menschen ermöglicht, Gefühle, Probleme, Krisen, Konflikte, Störungen in künstlerischen Formen zum Ausdruck zu bringen. Mit den Ausdrucksformen, die sie finden, wirken sie zugleich auf sich und ihr Leben ein, denn mit der Formung und Gestaltung eines Materials, mit Musik, Malerei, Skulptur, Collage, Dichtung, Schauspielerei etc. formt und gestaltet ein Mensch sich selbst.

Die Auffassung von Joseph Beuys, jeder Mensch sei ein Künstler und jede seiner Fähigkeiten entstamme seiner Kunstfähigkeit, wird hier zur Praxis. Durch den künstlerischen Ausdruck erfährt ein Mensch sich erstmals oder von Neuem als aktiv Gestaltender, nicht mehr nur als passiv Ausgelieferter. Er entdeckt und erfindet neue Möglichkeiten, die Welt und das Leben, sich selbst und Andere zu sehen, und kann diese Erfahrung schließlich bewusst oder unbewusst auf seine Lebensführung übertragen. Seine inneren, seelischen, energetischen Verhältnisse führt er sich im Prozess des Formens und Gestaltens vor Augen und kann sie Anderen, insbesondere den Therapeuten zeigen, um sie im Gespräch mit ihnen zu deuten und zu interpretieren, sich ihrer dabei bewusster zu werden und auf sie Einfluss zu nehmen.

Jede Art von Ausdruck ist ein erstaunliches Phänomen der Selbsterfahrung, erst recht bei einem Heilungsprozess. Dass Selbstheilungskräfte durch die bloße Tatsache, sich ausdrücken zu können, freigesetzt werden, ist für die Therapeuten eine gesicherte Erfahrung. Menschen fühlen sich befreit, wenn sie mit einem Wort, einer Linie, einer Farbe, einem Klang das aus sich hervorbringen können, was sich in ihnen verbirgt und was sie womöglich lange bedrückt hat. Die Möglichkeit, Ausdruck zu finden, ist entscheidend dafür, nicht im eigenen Inneren eingeschlossen zu bleiben. Eine mögliche Erklärung dafür ist, dass durch den Ausdruck etwas Erstarrtes im Subjekt in Bewegung gesetzt werden kann. Etwas, das das Ich irritiert, aber so sehr zum Bestandteil seiner selbst geworden ist, dass es bis zur Identität mit ihm verschmolzen ist, wird von ihm abgelöst, mit dem Ausdruck aus ihm herausgesetzt und als Objekt in einen Außenraum gestellt. Etwas Konturloses gewinnt Konturen, wird anschaubar, anfassbar und handhabbar. Einmal draußen, kann es Anderen mitgeteilt, mit ihnen geteilt, auch zerteilt werden, sodass das Selbst nicht mehr die ganze Last allein zu tragen hat.

Aber etwas beschäftigt mich schon lange, ich spreche es in der Runde mit den Therapeuten an: »Muss denn *alles* Ausdruck finden, jede Angst, jede Verletzung, jeder Schmerz? Steht es fest, dass *nichts* verdrängt werden darf? Das wäre doch nur eine neue Norm, die Umkehrung der alten, wonach alles Mögliche verdrängt werden sollte. Handelt es sich nicht in beiden Fällen um *Optionen* der Lebenskunst, nichts zu verdrängen oder es doch zu tun, indem etwas in einer Schublade weggesperrt wird? Der Einzelne selbst hat das doch zu entscheiden.«

»Ja«, stimmt Beate Wild*, eine der Therapeutinnen, grundsätzlich zu, »er sollte sich nur im Klaren darüber sein, dass der Schließmechanismus der Schublade zuweilen nicht funktioniert oder die Schublade unkontrolliert aufspringt.«

»Gut«, sage ich, »dann gäbe es noch eine weitere Option, anstelle des Verdrängens das *Verbergen*, also ein inneres Problem, eine Irritation oder ein Trauma *bewusst* gar nicht erst zum Vorschein zu bringen, sich selbst damit zu beschäftigen, aber nichts davon nach außen dringen zu lassen und den Mantel des Schweigens darüber zu breiten.«

Die Therapeutin ist etwas konsterniert: »Aber warum?«

»Um das Eigentum daran zu bewahren und das Wissen davon nicht mit Anderen zu teilen, etwa nach dem Motto: Mein Problem gehört mir, es ist ein Teil meiner selbst. Das wäre eine Erklärung dafür, warum Menschen hartnäckig an ihren Problemen festhalten, als fürchteten sie um ihr Leben. Sie fürchten, dass es nicht ihr eigenes bleiben könnte. Lösungen wären möglich, aber sie suchen nicht danach, vielleicht scheuen sie auch die damit verbundene Mühe. Sollte das nicht akzeptiert werden? Letzten Endes *muss* diese und jede andere Entscheidung akzeptiert werden«, finde ich. »Ein Mensch kann allenfalls zu etwas gedrängt werden, etwa eine Verdrängung aufzugeben, aber er kann zu nichts gezwungen werden.«

»Das versteht sich von selbst.«

»Kann es sein«, wage ich mich weiter vor, »dass es an diesem Punkt eine *normative Unreflektiertheit* therapeutischer Ansätze gibt? Angesichts der Vielfalt der Ansätze sicher nicht bei allen, aber bei manchen? Und dass gerade deshalb, weil eine *explizite* Normativität nicht greift, eine *implizite* errichtet wird? Meiner Meinung nach kommen unausgesprochene, insofern implizite Normen zumindest bei einigen *Begriffen* der Therapie zum Tragen, die gewohnheitsmäßig gebraucht und nicht mehr in Frage gestellt werden. Mit größter Selbstverständlichkeit sprechen dann alle von *Verdrängung* mit einer unterlegten Abwertung, sodass klar ist: Verdrängung muss aufgedeckt und besser noch von vornherein vermieden werden. Indem der Begriff vorgibt, nur eine Beschreibung zu sein, stellt er in Wahrheit eine Forderung auf, während es doch wohl sinnvoller wäre zu differenzieren, in welchen Fällen Verdrängung hilfreich sein kann, in welchen nicht.«

»So differenzieren wir auch«, lassen mich die Therapeuten

wissen. »Andere therapeutische Richtungen vielleicht weniger.«

»Ein Begriff mit impliziter Normativität könnte auch das *Loslassen* sein«, setze ich nach. »Es erfährt viel Zustimmung und kann dennoch in die Irre führen. Es ist aufs Engste mit der modernen Befreiungskultur verknüpft, der viele unbewusst folgen, wenn sie loslassen wollen. Die Moderne erträgt keine festen Bindungen, daher wird das Loslassen zu einem eigenen Wert. Immer und überall soll etwas oder jemand losgelassen werden und dem Neuen weichen, etwa alte Überzeugungen, einst liebgewonnene, jetzt aber hinderliche Dinge, vertraute, aber zwischenzeitlich lästig gewordene Beziehungen, womöglich das ganze bisherige Leben. Manche Menschen finden ihren einzigen Halt in Krankheitssymptomen – warum sollten sie unbedingt loslassen? Das blinde Loslassen hat die Auflösung jeder Verlässlichkeit zur Folge.«

»Ist nicht auch das blinde Festhalten problematisch?«, wendet Hermann Huber* ein, ein ruhiger und besonnener Therapeut, der jetzt etwas genervt ist.

»Alles, was ohne Überlegung geschieht«, gebe ich ihm recht, »verhindert das Abwägen bei einer bewussten Lebensführung. Die Bewusstheit macht den Unterschied. Nur mit dem bewussten Festhalten an etwas oder jemandem entsteht Verlässlichkeit. Nur so erhält die Freiheit lebbare Formen. Daher erscheint in einer anderen Moderne nicht mehr jedes Loslassen sinnvoll, vielmehr wird das Festhalten zu einem eigenen Wert. Geht es nicht auch in der Psychotherapie außer um das Loslassen, das als Allheilmittel erscheint, um ein neues Festhaltenkönnen, wenn etwa die Beziehungsfähigkeit gestärkt werden soll, die sehr viel zum Sinn im Leben eines Menschen beiträgt? Sogar das Bestreben, Unbewusstes bewusstzumachen, zielt letztlich darauf, eine dauerhafte Beziehung dazu einzugehen und mit einem guten ›Draht‹ zu diesem Potenzial mehr Sinn im Selbst zu finden.«

»Klar, ein Philosoph kann über all das nachdenken, aber was bringt das?«, entgegnet Herr Huber. »Mit Nachdenken allein kann kein Mensch sich und sein Leben verändern, auch mit noch so klugen Beobachtungen und Beschreibungen ist für den Lebensvollzug rein gar nichts gewonnen. Von Beziehungen und speziell vom Unbewussten haben die Philosophen sowieso keine Ahnung, da sie allein auf der Ebene des Bewusstseins zuhause sind, mit ihren Begriffen hantieren und wenig von der Gefühlswelt des Menschen, ihren Regelmäßigkeiten und Widersprüchlichkeiten, ihren Störungen und Krankheiten verstehen. Und das Entscheidende, was die Psychotherapie der Philosophie voraushat: Sie findet den Übergang von der Theorie zur Praxis und setzt damit dort an, wo die Philosophie aussetzt.«

»Ja, das sehe ich auch so«, lenke ich ein. Therapie könne einem Menschen bei der praktischen Einübung (griechisch *askesis*) dessen helfen, was sich aus der theoretischen Einsicht ergebe. Sie könne also die *asketische Lücke* schließen, die aus dem ewigen Auseinanderklaffen von Denken und Handeln resultiert. Auf dem Weg zur Verwirklichung einer Veränderung könnten die Therapeuten einem Menschen eine Brücke bauen, wenngleich er sie dann immer noch selbst überqueren muss. Sie könnten ihn an der Hand nehmen, wenngleich sie ihm damit nicht alle Arbeit an sich selbst abnehmen können. Eine Patientin, die sehr viel Erfahrung mit den verschiedensten Therapien gesammelt hat, brachte das einmal so zum Ausdruck: »Die Vorstellung, man geht zu einem Therapeuten, schüttet ihm oder ihr sein Herz aus, wird bemitleidet, bekommt gute

Ratschläge und weiß fortan, wie man sein Leben zu führen hat, ist meilenweit von jeglicher Realität entfernt! Ich habe allerdings selber Jahre gebraucht, bis ich einsah: ICH muss die Arbeit machen, der Therapeut kann mir allenfalls dabei behilflich sein, einige Steine aus dem Weg zu räumen, mir aufmerksamer zuhören als Freunde, die irgendwann auch ihre eigene Geschichte einbringen wollen.«

»Nicht alle Therapierichtungen legen Wert auf den Übergang von der Analyse der Psyche zur Askese der Selbstgestaltung«, wissen die Therapeuten. In ihren Augen hat es keinen Sinn, immer nur auf dem Wiederholen und Durcharbeiten problematischer Erfahrungen zu bestehen. In der Fixierung darauf sehen sie selbst eine Art von Wiederholungszwang, der mit den immer gleichen dysfunktionalen und destruktiven Verhaltensweisen jegliche Veränderung verhindern kann. Eher kommt es ihnen zufolge auf eine Wiederholungsarbeit *im anderen Sinne* an: Mit der Wiederholung anderer Abläufe ein erwünschtes Verhalten einzuüben und neue Gewohnheiten zu etablieren. Die Bewusstmachung unguter alter Gewohnheiten ist nur die Voraussetzung für die Einübung in bessere neue. Gelingt es, das aktuelle Leben attraktiver zu gestalten, ist ein gleitender Übergang möglich, der das Loslassen überflüssig macht. »Das Attraktivere zu finden, um es dann einüben zu können, erfordert aber Phantasie und Vorstellungskraft, und dabei kann die Kunst- und Ausdruckstherapie behilflich sein.«

Was diese Arbeit bewirken kann, zeigt sich etwa bei der 40-jährigen Frau Hoffmann*, die seit vielen Jahren unter Essstörungen leidet. Sie erscheint zerbrechlich und fühlt sich auf der Schwelle zwischen Leben und Tod. Angeregt von den Therapeuten, knetet sie Ton zu schmalen Gestalten, die an Figuren von Alberto Giacometti erinnern und von ihr in Anlehnung an die unglückliche britische Prinzessin Diana »Lady Di« genannt werden. Experimentierend mit dem Ton experimentiert sie mit sich selbst: Wie viel muss sie hinzufügen, damit die Gestalt nicht zerbricht? Millimeter für Millimeter nähert sie sich der Stabilität an, künstlerisch wie existenziell.

Begleitend zu den Übungen von Frau Hoffmann führe ich auf Wunsch der Therapeuten Gespräche mit ihr über die Befreundung mit sich selbst. Sie ist hungrig nach geistiger Nahrung, die auch sie so nennt, aber von klein auf entbehren musste, wie sie erzählt. Nie sei im Elternhaus ein »sinnvolles Gespräch« zustande gekommen. Sie kann sich auch nicht erinnern, jemals von ihren Eltern in den Arm genommen worden zu sein, sie spürt sich selbst oft nicht, schon körperlich nicht, und kann sich selbst nicht akzeptieren: »Was habe ich auf der Welt zu suchen?« Die Idee der Selbstfreundschaft spricht sie sehr an, sie hofft, damit ihre geistige Seite stärken zu können und Gramm für Gramm ihre andere Seite, den zerbrechlichen »Bauch«, besser auszubalancieren. Sie lässt sich auf den Gedanken ein, dass das Ziel nicht so sehr sein kann, ihre Störung zu beseitigen, sondern eher, sich damit zu befreunden, um von dieser Basis aus nach einer Balance zu suchen. Darin sieht sie Sinn und kann ausreichende Motivation daraus schöpfen, um den langwierigen Weg in diese Richtung zu gehen und den hauchdünnen Reiz des Lebens, den sie verspürt, wirklich für dessen Lebbarkeit einzusetzen.

Die Lehre daraus ist: Philosophie und Psychotherapie können sich sehr gut *ergänzen*. Die Philosophie trägt ihre historisch und systematisch geschulte Aufmerksamkeit auf Begriffe und Lebensfragen bei, die Psychotherapie ihr Wissen von psychischen, insbesondere von pathologischen psychischen Zusammenhängen, aber auch ihre Fähigkeit, Menschen zur asketischen Arbeit an Veränderungen anzuleiten. Unstrittig ist, dass die Therapie früher als die Philosophie tätig werden kann, wenn ein Mensch von einer existenziell bedrohlichen Situation noch wie betäubt ist. Die Philosophie setzt später ein, wenn die Möglichkeit und die Bereitschaft zur Reflexion und Selbstreflexion zurückkehren. Mit Menschen, die etwa einen Burnout erleiden, können nicht erst lange intellektuelle Gespräche geführt werden, sie müssen zuallererst wieder zu Kräften kommen. Hilfreicher als die Philosophie ist in dieser Zeit die physio- und psychotherapeutische Arbeit. Eine künstlerische Betätigung vermittelt sinnliche und emotionale Erfahrungen, ermöglicht eine neue Selbstaufmerksamkeit und kann mit ersten Erfolgserlebnissen wieder das Gefühl der Selbstmächtigkeit wachrufen.

Neben ihrer Arbeit mit den Patienten sorgen die Kunst- und Ausdruckstherapeuten außerdem für die Kultur im Haus. Viele Ideen, die den Alltag bereichern, stammen von ihnen, etwa mittags für eine halbe Stunde im Mehrzweckraum, in dem auch die Vorträge stattfinden, eine Geschichte zu erzählen, mit musikalischer Umrahmung: Eine gefühlsmäßige und gedankliche Entführung aus dem Alltag, die guttut. Heute erzählt eine der Therapeutinnen die Geschichte von einer noch etwas unerfahrenen jungen Frau, die vom ewigen Leben träumt. Sie fragt einen weisen alten Mann, dem sie begegnet, wie sie es denn erlangen könne. Das sei ganz einfach, antwortet er, sie müsse lediglich auf ein paar Dinge verzichten. Auf welche denn? Auf Geld, auf Schmuck, auf Märchen – und auf Männer. »Und das soll das ewige Leben sein?«, zweifelt die junge Frau. »Zwar wird es«, gesteht der alte Mann, »doch nicht das ewige Leben sein. Aber es wird dir ewig vorkommen!«

Ein psychiatrisches Tagesheim gehört schon lange zum Haus, jetzt bin ich hier zu Gast. Die Patienten, von den liebenswürdigen Betreuerinnen ebenfalls Gäste genannt, wohnen zuhause und halten sich nur tagsüber hier auf. Oft haben sie wenig Selbstwertgefühl, fühlen sich am Rand der Gesellschaft, sind dünnhäutig und verletzlich. In der Gruppe aber gehören sie mit dazu, führen Gespräche miteinander, scherzen, lachen, kochen, spielen und gestalten. Sie entdecken, dass sie über eigene Fähigkeiten verfügen und glückliche Momente erleben können, obwohl sie manchmal überzeugt sind, dass es für sie nichts Schönes im Leben gibt. Wir sitzen um einen Tisch herum und gehen ihrem Wunsch entsprechend der Frage nach: »Was ist ein Philosoph?« Frau Helbig* berichtet, dass sie in den letzten Monaten zwölf Kilo zugenommen habe, ob das ein Philosoph erklären könne? Die Ärzte können es nämlich nicht, zu ihrem Leidwesen der Philosoph auch nicht, aber das ist kein Hindernis für weitere Fragen. Frau Sens* backt gerne Kuchen, hat aber Angstzustände, immer wieder, stundenlang, warum? Auch das weiß ich nicht, aber vielleicht sind die Zustände leichter zu ertragen, schlage ich vor, wenn sie als Teil des Lebens akzeptiert werden, statt sie loswerden zu wollen – es könnte wie bei einer Gruppe von Menschen sein, die um einen Tisch herum sitzen: Von denen möchte auch keiner ausgeschlossen werden. Naja, der Philosoph hat gut reden …

Aber ich kenne Angstzustände selbst und berichte von einer konkreten Erfahrung, die mehr sagen kann als ein abstrakter Gedanke: Auf einem Riesenrad schwebte ich gemeinsam mit meiner Frau und unseren beiden kleinen Kindern in einer offenen Gondel nach oben, wo das Rad stehenblieb, unten stiegen Leute ein und aus. Mich aber packte ohne jede Vorwarnung plötzlich die nackte Angst, dass ich mich gleich hinabstürzen und zerschmettert dort unten liegen werde, dass nichts mich davon wird abhalten können. *Ich*? Ich wollte das doch gar nicht! Welcher Dämon packte mich da? Ich weiß es bis heute nicht, ich spürte damals nur mit grausamer Gewissheit, dass dieses Andere in mir übermächtig ist. Kein Quäntchen Kraft war mehr übrig für irgendein Wort zu jemandem, geschweige denn für einen Hilfeschrei. Ich versuchte meine Finger irgendwo festzukrallen, aber da war nur Hartplastik. Ich blickte auf meine Kinder und schwor mir um ihretwillen, mit jeder Muskelfaser, die mir noch gehorchte, das Hinabspringen zu verhindern. Es war ein innerer Machtkampf, der mir den Schweiß aus allen Poren trieb. Nur diesen Moment noch, und noch einen, noch einen … bis nach einer Ewigkeit das Riesenrad ruckelte und sich quälend gemächlich nach unten bewegte, wo ich mit schlotternden Knien aus der Gondel stolperte.

Ich habe überlebt und wusste von diesem Zeitpunkt an, dass ich Höhenangst habe, keine Ahnung, wie es dazu kam. Es dauerte viele Jahre, bis die Angst sich wieder mäßigte. Ich unternahm nichts gegen sie, ließ sie gewähren, begann erst allmählich, mich in Begleitung Anderer in Situationen zu begeben, in denen sie aufkommen konnte und es auch tat. Und ich nahm sie zum Anlass, mir Fragen zu stellen: Kann es überhaupt ein Leben ohne Angst geben? Was ist Angst, was ist Leben? Die Angst ist ein Anlass, nachdenklich zu werden, bemerkte ich, ein philosophischer Moment, ein Blick in Abgründe, der daran erinnert, dass das Leben nicht nur aus alltäglicher Oberfläche besteht. Für keinen Menschen ist das anders, variabel sind nur die Anlässe, sich dessen gewahr zu werden.

Aus der ängstlichen Sorge *um* das Leben kann dann im Laufe der Zeit eine umsichtige Sorge *für* das Leben werden.

Die Geschichte macht Eindruck, jetzt darf ich mitreden, ich bin sozusagen einer vom Fach, ein Mensch mit Ängsten und kein entrücktes Geistwesen mehr. Aber was ist ein Philosoph sonst noch? Ist er ein Eigenbrötler? Ist er so etwas wie ein Pfarrer? Oder doch eher ein Dichter? Ein Schriftsteller? Ein Geisteswissenschaftler? Was für einen Sinn hat sein Wissen? Kann er den Menschen etwas geben? Erfindet er Lebensweisheiten? Was unterscheidet seine Gedanken von der Alltagsphilosophie, die jeder hat? Fragen über Fragen. Da fällt mir Diogenes ein, der in seinem Fass saß und über das Leben nachdachte, ein Beispiel dafür, was die Aufgabe der Philosophie sein könnte: Nachzudenken über das Leben, das eigene und gemeinsame, um zu fragen, ob es auf dem richtigen Weg ist oder eventuell korrigiert werden sollte. Ich sage, dass es doch wohl jemanden geben müsse, der das Leben genauer betrachte, um es besser zu verstehen, jemanden, der auch größere Zusammenhänge über den Alltag hinaus im Blick behalte, um alle Lebensgebiete zu erfassen.

Alle Lebensgebiete? Das interessiert nun Herrn Fiedler* näher, der bisher schweigend dabeisaß. In seinem früheren Leben hatte er eine Gehirnhautentzündung. Dass er sie überstanden hat und am Leben ist, findet er wunderbar. Auch er hat eine Frage, die sogleich eine lebhafte Debatte auslöst: »Wie ist das mit der Schöpfung? Gibt es sie oder ist alles nur Evolution? Hat ein Gott das alles gemacht oder hat es sich selbst gemacht?«

Sofort stehen sich die Überzeugungen frontal gegenüber, die entscheidende Frage stellt jedoch Frau Sens: »Wo in diesem unvorstellbar großen Kosmos bleibt denn meine kleine menschliche Seele? Woraus besteht sie, wenn sie so labil sein kann, dass sie im Halbstundentakt hin- und herschwankt, wie das hier jeder kennt? Aus welchem Stoff ist sie gemacht, wenn sie mit künstlichen Stoffen und Medikamenten so leicht zu beeinflussen ist, dass immer wieder etwas Anderes im eigenen Ich zum Vorschein kommt? Wo ist der Kern der Person, die sich selbst nicht kennt und sich, soweit sie sich kennt, gar nicht mag und auf sich auch nicht vertrauen kann?«

»Könnte es sein«, bringe ich auch hier ins Gespräch, »dass das, was mit der Zugabe von Stoffen beeinflusst werden kann, nur die *Psyche* ist, dass diese aber nur das biochemische Material und die Mechanik der *Seele* ist, die nicht aus Materie, sondern aus Energie besteht, von der der gesamte Kosmos erfüllt ist? Einzelne Funken dieser Energie entzünden das Leben in einem Wesen und lassen es für eine Weile aufleben. Am Ende entweichen sie wieder aus ihm, bleiben aber als Energie erhalten, ein unsterblicher Kern des sterblichen Menschen.«

Das gefällt allen, da es »so poetisch ist«. Aber ich sage natürlich auch, dass niemand die letzte Wahrheit kennt und es nicht die Aufgabe eines Philosophen ist, eine solche zu verkünden. Ein Philosoph kann allenfalls darauf aufmerksam machen, wie sehr es auf die Gedanken ankommt, die ein Mensch selbst sich macht: Sie sind wertvoll, schon weil sie all die möglichen Aspekte zu Bewusstsein bringen, aus denen die Wahrheit bestehen könnte.

Einige Jahre später kann das Haus mit einer großzügigen Spende, wie sie wohl nur in der Schweiz möglich ist, eine stationäre Psychiatrie einrichten. Der Einladung zur Teilnahme an Rapporten und Fallbesprechungen am neuen Ort folge ich gerne und bemerke dabei, dass jeder Patient mit großer Liebe zum kleinsten Detail seines Verhaltens beschrieben wird. In einem »Feedback-Rapport« bringe ich das zur Sprache. Dem Chefarzt der Psychiatrie, Dr. Alfons Hügeli*, und einigen Ärzten und Mitarbeitenden selbst sind die detailgenauen Beobachtungen nicht ganz geheuer. Sie kennen die Studien des französischen Philosophen Michel Foucault, der in der Psychiatrie die Speerspitze des modernen Bedürfnisses sah, das Abweichende, Andere, genau im Blick zu behalten. Foucault setzte sich dafür ein, diejenigen, die anders sind, nicht in separaten Räumen von der Gesellschaft fernzuhalten.

Aber im Einzelfall steht eben sehr viel auf dem Spiel, das wird in der Diskussion deutlich: Hier sind Menschen, die ihre Affekte nicht immer kontrollieren können, *manche* werden ausfällig, auch gewalttätig gegen sich und Andere. Soll man etwa dabei zusehen, wie es *eventuell* zu Straftaten kommt oder ein Mensch sich selbst zerstört, ohne willentlich bewusst darüber entscheiden zu können? Menschen, die zu psychiatrischen Patienten werden, sind nicht immer verantwortlich zu machen für das, was in ihnen und aus ihnen heraus geschieht. Mehr als Andere gelten sie als Produkt dessen, was Natur, Zufall und soziale Umgebung aus ihnen gemacht haben. Manche sind bis in den Verlauf ihrer Geschichte hinein ein Resultat der modernen Gesellschaft. Aufgrund ihrer großen Sensibilität trifft es sie härter, wenn gesellschaftliche Ideen in die Irre führen, denen sie folgten, weil sie ihnen »total gut« erschienen. Das gilt insbesondere für die Ideen vom guten Leben und vom Glück.

Da ist zum Beispiel Ursula Geiger*, 21 Jahre alt, Drogen und Alkohol haben ihr eine andere Welt eröffnet, in der sie gerne lebt, weil sie dort glücklich sein kann. Die Rückkehr zur gewöhnlichen Welt fällt ihr schwer, es gelingt ihr nicht mehr, »die Realität zu spüren« und »die Gedanken zu dämpfen«. Im Alter von vier Jahren adoptiert, hat sie sich »nie richtig eingelebt« bei den Adoptiveltern, bis heute stellt sie sich immerzu Fragen wie diese: »Wer bin ich, wohin gehöre ich, warum existiere ich, welche Aufgabe habe ich, was ist der Sinn des Lebens? Ich sehe keinen.« Das Reden fällt ihr schwer, vermutlich auch wegen der Medikamente, die sie nehmen muss. Auf ihren bloßliegenden Ober- und Unterarmen sind viele verheilte Schnitte zu sehen. Ich spreche mit ihr und meine, dass es doch möglich sei, dem Leben Sinn zu geben, aber sie entgegnet: »Und wenn man nur eine schwarze Wand vor sich sieht, eine Leere?« Was ihr helfen könne, frage ich sie. »Mehr Klarheit im Leben, Einordnen von Gedanken.« Darf ich einen Versuch dazu unternehmen? Es werden im Beisein von Dr. Hügeli Überlegungen daraus, warum ein Mensch wie sie süchtig werden kann.

Physiologische, psychologische, soziale Erklärungen für Sucht sind bekannt, gibt es auch philosophische? Ein Grund für Sucht könnte, der These eines Psychotherapeuten folgend, *Sehnsucht* sein (Werner Gross, *Hinter jeder Sucht ist eine Sehnsucht*, 1985). Viele Menschen sind von Grund auf von einer existenziellen Unruhe geprägt, die immer wieder neu in ihnen aufbricht: Sehnsucht nach einem unbestimmten Anderen, nach Tiefe, nach Intensität, nach dem Eigentlichen der Existenz, nach dem wahren Leben. In moderner Zeit kommt dieser Drang in einem nie zuvor dagewesenen Ausmaß in der Suche nach *Glück* zum Ausdruck, das mit allen nur denkbaren positiven Bestimmungen aufgeladen wird: Angenehm und lustvoll, ohne Beimischung von irgendwelchem Schmerz soll das Leben sein, und dies dauerhaft.

Auch wenn es sich um extreme Ansprüche an das Leben und an eine heile, unversehrte Welt handelt, die in der Realität kaum einlösbar sind, ziehen sie dennoch das Bestreben nach sich, das Ersehnte mit allen Mitteln zu erlangen. Kompromissloser als Andere verfolgen die angehenden Süchtigen diesen Weg, aber sie entfernen sich dabei keineswegs von den kulturell vorgegebenen Werten. Lediglich in der Wahl der Mittel gehen sie über das hinaus, was üblich ist und ebenfalls süchtig machen kann, meist jedoch halbwegs maßvoll eingesetzt wird: Sex, Süßigkeiten, Koffein, Nikotin, Alkohol und das Durchdrücken des Gaspedals. Innere oder äußere Dispositionen verleiten dazu, von härteren Mitteln Gebrauch zu machen, die zugleich deren maßvollen Einsatz erschweren. Die den Suchtforschern geläufigen Dispositionen wie instabile Psyche, schwierige Kindheit, mangelnde Geborgenheit, verführerische Gelegenheit kennt Frau Geiger nur allzu gut. Wie auch die Suche nach Glück.

Das gesellschaftliche Interesse gilt zu sehr der Frage, welchen Suchtmitteln Anerkennung zuteilwerden sollte. Mehr Aufmerksamkeit sollte sich darauf richten, welche Auffassungen vom Glück die Suche nach Suchtmitteln begünstigen. Wenigstens für die Zeit des Rausches wird das große Ziel des modernen Glücks, Maximierung der Lust und Eliminierung von Schmerz, ja sehr wohl erreicht. Der erhoffte Glückszustand der reinen Lust, gleichgesetzt mit dem wahren Leben, ist für einen Moment erfahrbar. Dass sich dann in den »Auszeiten« ein immer größeres Unglücklichsein und ein Gefühl der Sinnlosigkeit von allem und jedem breitmacht, wird merkwürdigerweise nie dem *Begriff des Glücks*, immer der unbefriedigenden *Wirklichkeit des Lebens* angelastet. Erschöpfen sich die Lüste des Glücks, ist der Einsatz eben zu steigern, die Dosis zu erhöhen: So wird die Schwelle zur Sucht überschritten und die Lustmaximierung des Glücks endet in der Unlust maximalen Unglücks.

Aber auch am anderen wunden Punkt der modernen Kultur setzen die Suchtmittel an: Bei der Suche nach *Sinn*, einem weiteren möglichen Grund für Sucht. Das fragmentierte, zusammenhanglose moderne Leben wird als Leben im Nichts erfahren. Die Sucht wird zur Methode, mit aller Macht den Sinn zu erzwingen, der in der modernen Kultur nicht mehr offen zutage liegt. In den im Rauschzustand durchmessenen Traumwelten ist es möglich, Zusammenhänge im doppelten Wortsinn zu *spinnen*, also Netze zu knüpfen, wenngleich imaginäre, deren Geflecht ein besseres Leben verspricht. Die drogengestützte Phantasie spielt alle nur denkbaren Kombinationen durch, die »Sinn machen« könnten. Dass auch die elektronische Vernetzung die Erfahrung vermittelt, alles sei mit allem verbunden und jeder könne mit jedem kommunizieren, dürfte ein Grund für das Suchtpotenzial des virtuellen Raums sein. An die Stelle der Arbeit, dem Leben durch eigene Deutung und Interpretation Sinn zu geben, wird der Sinn gesetzt, den der endlose Aufenthalt im Netz und in digitalen Spielwelten gewährt. Die mit der jeweiligen Sucht entstehende Abhängigkeit stellt eine starke Bindung dar, die einen fatalen Halt gewährt und fortan nicht mehr entbehrt werden kann. Dass die Sucht letztlich jeden vitalen Zusammenhang unterläuft, wird lange nicht wahrgenommen.

Ein dritter, noch tiefer liegender Grund für die Sucht könnte ein *ontologischer* sein, der auf dem spezifisch menschlichen Bewusstsein des *Seins* (*on* im Griechischen) beruht. Menschen ahnen zumindest, dass es unterschiedliche Ebenen des Seins gibt und dass sich über jedes *Wirklichsein* hinaus ein *Möglichsein* auftun kann. So können sie sich nach einem Leben ausschließlich auf der Ebene des Möglichseins, nach Virtualität auch in diesem Sinne sehnen. Bei jüngeren Menschen scheint dies in höherem Maße als bei älteren der Fall zu sein, da sie dem Anfang noch nahe sind, der für viele Möglichkeiten offen ist, bevor ein ungewisser Lebensweg beschritten wird, der im Laufe der Zeit zu einer immer größeren Gewissheit des Wirklichseins führt und immer weniger revidierbar ist. Die gefühlte Heimat in der Freiheit des Möglichseins behaupten junge Menschen so lange wie möglich gegen die Notwendigkeit des Wirklichwerdens, das, wie sie richtig erspüren, eine sukzessive Verabschiedung von der Welt der Möglichkeiten erfordert. Und jede Möglichkeit, die sie verwirklichen, fällt im Vergleich zum potenziellen Reichtum unendlicher Möglichkeiten ärmlich aus und unterliegt zeitlich der Endlichkeit. Gegen die missliche Erfahrung des Wirklichseins mit der damit einhergehenden Begrenztheit und Endlichkeit setzen sie die Erfahrung des Darüberhinaus, der Utopie, der Transzendenz, der Überschreitung in virtuellen Welten aller Art.

Alle Drogen, auch die gesellschaftlich üblichen, öffnen in der Wahrnehmung eines Menschen den Raum der Möglichkeiten und weisen einen Ausweg aus der allzu engen und engstirnigen Wirklichkeit. Gerade dann, wenn ein Mensch nicht auf andere Weise gelernt hat, sich mögliche Welten und Existenzen zu erschließen, etwa durch die Lektüre von Büchern und die Beteiligung an jeder Art von Kunst und Kultur, ist er oder sie offen für den gefährlichen »Stoff, aus dem die Träume sind«. Dessen Gebrauch aber führt nach dem anfänglichen Allmachtsgefühl, über endlose Möglichkeiten zu verfügen, letzten Endes zum schrecklichen Ohnmachtsgefühl, dass sich sämtliche Möglichkeiten verschließen. Aus der Weigerung, sich auf die Bedingungen einer Wirklichkeit einzulassen, folgt der Verlust jeglichen Könnens, mit der wirklichen Welt zurechtzukommen. Das ist zutiefst frustrierend, aber jedes Lebenkönnen ist nun mal darauf angewiesen, *ontologische Übergänge* zwischen der zeitlosen Welt der Möglichkeiten und der gegenwärtig wirklichen Welt zu finden, um nicht an der unüberbrückbar erscheinenden Diskrepanz der Welten zugrunde zu gehen.

Nicht zwangsläufig ist Sucht eine Krankheit, grundsätzlich ist sie eine ungewöhnliche, aber zweifellos mögliche Lebensform. Selbst wenn sie dazu führt, das eigene Leben zu ruinieren, kann ein Mensch sich gerade dafür bewusst entscheiden. Der Versuch, der mit dem Suchtverhalten unternommen wird, das gewöhnliche Leben *unmöglich* zu machen, ist eine Option der Lebenskunst. Dies im Umgang mit Süchtigen einzuräumen, ist vielleicht eine bessere Gesprächsbasis als die normative Abwertung jeglicher Sucht. Es ermöglicht die Erörterung von Gründen, die dafür sprechen könnten, eine andere Option zu realisieren, nämlich ein gewöhnliches Leben trotz all seiner Begrenztheit *möglich* zu machen. Wird diese Wahl getroffen, kann alle Aufmerksamkeit der Lebbarkeit des Lebens gewidmet werden. Die existenzielle Erfahrung der Sucht dabei im Hintergrund zu bewahren, ist wertvoll, da das gewöhnlich an der Oberfläche gelebte Leben durch sie an Tiefe gewinnt. Fürs Lebenkönnen aber ist es erforderlich, eine Oberfläche herzustellen, die die Tiefe ausbalanciert, und ein Maß des Gebrauchs von Suchtmitteln zu finden, das verträglich ist. Dazu dient die Einrichtung des Lebens in der Wirklichkeit mit ihrer alltäglichen Banalität und widersprüchlichen Polarität.

Fühlt sich Frau Geiger von diesen Überlegungen angesprochen? Sie beteuert zumindest, ihr eigenes Leben damit besser zu verstehen. Unklar bleibt, wie weit das über ihre momentane Lebenssituation hinausreicht und ob es sich dauerhaft auf ihre

Lebensführung auswirkt. Fürs Erste ist sie gerne hier, »in der Psychiatrie führt man die besten Gespräche«, wie sie sagt, und die Pflegenden erfährt sie als offen und zugewandt. Mehr braucht sie im Moment nicht, in ihren Augen kann es noch eine Weile so bleiben. Dr. Hügeli wiederum findet die geäußerten Gedanken »interessant«, hält aber einiges davon für spekulativ und weist darauf hin, dass nicht alle Suchtkranken intellektuell ansprechbar seien. Wer in der Psychiatrie oder sonst wo mit Süchtigen zu tun habe, müsse sich damit bescheiden, oft nur punktuell und provisorisch weiterhelfen zu können. – Die Sorge für Andere ist jedoch noch umfangreicher, eine weitere Dimension lerne ich auf der letzten Station meiner transversalen Tätigkeit kennen.

Theologie: Religiöse Seelsorge

Geradezu herzlich sind die Begegnungen mit den theologischen Seelsorgern, die nicht sporadisch wie ich, sondern ständig im Haus tätig sind. Vor allem mit dem evangelischen (oder, wie es in der Schweiz heißt, »reformierten«) Seelsorger ergeben sich spannende Gespräche, er findet die Philosophie erfrischend. Peter Ochsner wundert sich anfangs nur, wie die meisten theologischen Seelsorger, denen ich im Laufe der Jahre auch außer Haus begegne, über den Begriff der *philosophischen Seelsorge*. »Philosophisch« und »Seelsorge« – schließt sich das nicht wechselseitig aus? Ist die Seelsorge nicht eine genuin theologische Angelegenheit? Wir sprechen über die Herkunft der Seelsorge aus der antiken Philosophie, ihre Weiterführung und Umwandlung über Jahrhunderte hinweg bei den christlichen Kirchenvätern (dargestellt in der *Geschichte der Seelsorge*, herausgegeben von Christian Möller, Band 1, 1994). Die eigentliche Frage, die uns beide gleichermaßen beschäftigt, ist jedoch: Was bedeutet Seelsorge in moderner Zeit? Ist dieser philosophisch-theologische Begriff, der auf etwas antiquierte Weise von der Sorge für Andere spricht, noch zeitgemäß? Während die Philosophie in ihrer modernen Ausprägung die Seelsorge restlos vergessen hat, ist sie in der Theologie ausweislich zahlreicher Publikationen und unter dem Einfluss psychotherapeutischer Konzepte im Laufe des 20. Jahrhunderts zu einer sehr reflektierten Angelegenheit geworden. Seelsorgerliche Gespräche sind mehr als früher davon getragen, ohne missionarische Absichten mit Menschen über ihre Ängste und Nöte zu sprechen und auf diese Weise den Begriff der Nächstenliebe mit Leben zu erfüllen. Dass dennoch viele Menschen das theologische Gesprächsangebot nicht wahrnehmen wollen, in der fälschlichen Annahme, ohnehin nur mit veralteten Glaubensinhalten konfrontiert zu werden, findet mein Gesprächspartner zwar bedauerlich, aber er trauert alten Zeiten nicht nach, da die Religion allzu lange mit Bevormundung einherging. Ein Problem sei nur, dass mit dem Schwinden der religiösen Bindung bei vielen die Ratlosigkeit wachse: Sie verstehen das Leben nicht mehr und wissen auf kleine und große Lebensfragen nicht zu antworten. Von Telefonseelsorgern, die oft einen therapeutischen Hintergrund haben und sich weltanschaulich neutral verhalten, weiß Peter Ochsner, wie groß das Bedürfnis nach Lebensgesprächen geworden ist.

Ihm selbst, sagt er, gehe es bei der Seelsorge nicht um eine therapeutische, sondern um eine zwischenmenschliche Beziehung. In Frage stünden auch nicht explizit theologische Inhalte, »außer es ist gewünscht, was gar nicht so selten ist, gerade bei nichtkirchlichen Patienten«. Die heutige Seelsorge begegne dem Einzelnen nicht mehr mit Normen, sondern nehme ihn mit seinen besonderen Lebensformen, die womöglich brüchig geworden sind, ernst. Sie habe längst nicht mehr im Sinn, einen Menschen von allen Seiten zu umstellen, um ihn zuverlässig zu Gott zu führen, und betreibe auch keine »Gewissenserforschung« mehr, mit der Menschen über Jahrhunderte hinweg auf den angeblich einzig richtigen Weg gebracht wurden. Vielmehr bemühe sie sich um Beistand bei der individuellen Lebensführung, die in moderner Zeit viele Fragen aufwirft, auf die keine letzten Antworten gegeben werden können.

Kann die Seelsorge Menschen helfen? Mein theologischer Kollege will vom *Helfen* nicht viel wissen, er hält das für einen schwierigen Begriff. Was kann einem Menschen wirklich helfen? »Helfen heißt zu oft, für Andere tun, was die selber können, für Andere denken, wo sie ja selber denken können, wenn oft auch anders als wir.« Gerade im wirklich gutgemeinten Fall der Nächstenliebe werde die Liebe zu vorschnell mit Helfen gleichgesetzt. Ein häufiger Gegenstand der seelsorgerlichen Gespräche sei jedoch die Frage nach dem Sinn: »Welchen Sinn soll das haben, dass ich so darniederliege? Welches Schicksal ist für mich vorgesehen? Warum? Wozu?« Gerade bei denen, die eher nur am Rande mit Gott befasst sind, manchmal aber auch bei tiefgläubigen Menschen komme die Klage zum Vorschein: »Wie kann Gott zulassen, dass ich so leide? Was habe ich getan, dass ich so bestraft werde? Ist das etwa gerecht?« Es ist die aus der Geschichte der Theologie wohlbekannte *Theodizee-Frage*, die auf der Vorstellung beruht, dass Gott (*theos*) für Gerechtigkeit (*dike* im Griechischen) sorge. Das haben Menschen verinnerlicht, und wenn Gott seinen Job nicht ordentlich macht, strafen sie ihn ab, indem sie eben nicht mehr an ihn glauben. Der Seelsorger aber ist der Ansicht, dass es niemandem, auch keinem Theologen zustehe, nach Belieben einen Gott zu definieren, um ihn dann an dieser Definition zu messen.

Und was sagt er zur Sinnfrage? Peter Ochsner meint, er könne keine Sinnfragen beantworten, er formuliere nur »Verstehensangebote«. In der Moderne sei alles von Grund auf fraglich geworden, feststehende Definitionen seien verlorengegangen, aber das sei auch ein Vorteil, denn so könne vieles neu bedacht werden. Was heißt Glauben unter diesen Bedingungen? »Das, worauf ich mein Leben setze.« Das sei nicht messbar und nicht quantifizierbar, es sei etwas, das das Diesseits durchdringt, ohne von einem Jenseits stammen zu müssen. Es könne auch eine diesseitige Jenseitigkeit sein, die nicht genauer fassbar ist, ein Gott im Selbst. Einen Bezug zu diesem Anderen in sich selbst herzustellen und damit eine unendliche Weite in sich zu gewinnen: Dazu eigne sich die Annahme einer Dimension der Transzendenz. Glauben in diesem Sinne ist für den theologischen Kollegen die Grundlage der seelsorgerlichen Arbeit. Er vertraut einfach darauf, dass das Leben einen Sinn in sich entwickeln kann, eine Art von »rotem Faden«, dessen sich ein Mensch bewusstwerden kann. Der Sinn könne sich jedoch auflösen, wenn ein Mensch ihn ausschließlich in seinem Leben sehen wolle, das nun bedroht ist und in Frage steht, womöglich sogar wirklich endet. In einer solchen Situation einen Eindruck davon zu vermitteln, dass das Leben in etwas Größeres eingebettet sein kann, auch wenn es kein Wissen darüber gibt: Darin sieht er eine Aufgabe der Theologie.

Theologie ist aus dieser Sicht nicht mehr das Reden über Gott, wie es die Wortkombination von *theos* und *logos* nahelegt, sondern eine ständige Reflexion des eigenen Lebens und der eigenen Arbeit, auch für den Theologen selbst, um immer von Neuem die *Warum-Frage* zu stellen: Warum mache ich das? Warum diese Arbeit? Kann das ein wesentlicher Teil meines Lebens sein? Meinem Gegenüber liegt die Krankenhausarbeit am Herzen, weil sie mit all ihren offenen Fragen vielfältiger und erfüllender sei als die Arbeit in der Kirche, wo es zu viele Scheinantworten gebe, die mit dem Glauben nicht viel zu tun hätten. Die Arbeit hier lasse ihm mehr Freiheit als die Gebundenheit in der Gemeinde, in der man zielgerichtet arbeiten und leben müsse und die Ansprüche Anderer im Zweifelsfall glatt über die Person des Seelsorgers hinweggehen. Im Krankenhaus fühle er sich zwar manchmal als Fremdkörper, »gerade im Gegensatz zum Betrieb der wissenschaftlichen modernen Medizin«. Aber er genieße auch die »Narrenfreiheit«, kein Ziel verfolgen zu müssen, niemandem Rechenschaft schuldig zu sein, ohne Plan einfach nur da sein zu können, so wahrhaftig wie möglich. Er müsse niemanden zu etwas drängen und könne solidarisch mit allen sein, mit denen er zu tun habe. Wolle jemand etwas verschweigen, dann bleibe es eben verschwiegen. Aber die *Sinnlichkeit* ist ihm wichtig: Zum Menschsein brauchten Menschen ihre Sinne, also wolle er auch über die Sinne mit ihnen kommunizieren, berührend und singend beispielsweise, soweit das möglich und angemessen sei: »Da muss auch ich als Seelsorger einiges wagen!«

Zusätzlich zur seelsorgerlichen Arbeit im Krankenhaus unterhält er eine Praxis für Trauerbegleitung, nicht nur bei Todesfällen, sondern auch bei Trennungen und Abschieden aller Art. Dieser Arbeit gilt seine eigentliche Leidenschaft und sie hat etwas mit seiner eigenen Geschichte zu tun, denn als er sieben Jahre alt war, starb sein Vater und er musste seine Trauer viele Jahre in sich verbergen, sie »vergessen«, weil er nirgendwo Verständnis dafür fand, niemand wollte darüber sprechen. Als er 17 war, sagte in seiner Heimat in Graubünden ein Schulkamerad zu ihm: »Du bist doch traurig!« Das habe er nicht verstanden, viele weitere Jahre blieben angefüllt mit Schmerz, Tapferkeit, Verdrängen, Überspielen. Dann erst bemühte er sich darum, Ausdrucksformen für die Trauer zu finden, für sich selbst wie für Andere. Für ihn selbst wurde eine kleine, hölzerne Eisenbahn, die sein Vater für ihn gebaut hatte, zum »Trauergegenstand«. Aber es sei wichtig, den Toten nicht auf einen Aspekt allein »festzunageln«, sondern sich an alle seine Seiten zu erinnern und sich auch mit den problematischen zu versöhnen. Es komme darauf an, ein freies Verhältnis zu ihm zu gewinnen. Die seelische Aura, das geistige Fluidum und all das, was vom Toten bleibt, könne dann zur lebendigen Kraft im eigenen Selbst werden. »Ist es sinnvoll, sich diese Kraft zu versagen? Ist es human, dem Toten dieses Weiterleben zu verweigern?«

Trauer ist für Peter Ochsner »eine natürliche, lebensfördernde Reaktion auf einen wie auch immer gearteten Verlust«. Die moderne Kultur aber habe daraus eine Arbeit gemacht, die so genannte *Trauerarbeit*, darüber diskutieren wir lange: Was suggeriert dieser Begriff? Dass es möglich ist, mit etwas oder jemandem fertig zu werden, wenn nur genügend gearbeitet wird? Was ist hier unter Arbeit zu verstehen? Warum fertig werden, warum nicht bewahren? Ursprünglich mag die Einsetzung des Begriffs Arbeit dazu gedient haben, gegen eine Verdrängung von Trauer anzugehen. Aber Trauerarbeit klingt so *objektivierend*, als hätte man einen Gegenstand vor sich, den man bearbeiten könnte. Das ist nicht gemeint, warum es dann nicht anders nennen? Gemeint ist eher, das Geschehene zu *subjektivieren,* es auf sich wirken zu lassen und damit zu einem Anlass der Arbeit an sich selbst zu machen, wenn schon Arbeit. Das aber geschieht nicht so sehr in einer Aktivität, eher in einer Passivität, die einer Zeit des Traurigseins bedarf, die sich so lange ausdehnt, wie es nötig ist. Wäre nicht *Traurigsein* anstelle der Trauerarbeit der treffendere Begriff dafür?

Beim Umgang mit Trauer und Tod lässt der theologische Seelsorger einige Distanz zur kirchlichen Lehre erkennen: In der Kirche werde zwar getrauert, die Trauer aber nicht wirklich ernst genommen. Es werde nicht durch die Trauer hindurchbegleitet, sondern über sie hinwegbegleitet, hinweggetröstet, Leitbild sei nicht der gekreuzigte, sondern der auferstandene Christus. Im Neuen Testament selbst fänden sich harte Aussagen wie etwa, »lass die Toten ihre Toten begraben« (*Matthäus-Evangelium* 8, 22; *Lukas-Evangelium* 9, 60). Das sei zwar interpretierbar, aber die alte Lehre sei: Der wahre Christ gibt sich nicht lange mit der Trauer ab, er folgt seinem Herrn nach und verkündet frohgemut das Reich Gottes, in dem der Tod besiegt ist. Die Menschen sollten glauben, dass sie den Gestorbenen »im Himmel« wiedersehen, sodass es keinen Grund zur Trauer gebe. Dem entspreche die Erwartung vor allem von kirchlich beheimateten Teilnehmern an Trauerseminaren: »Hier wird mir meine Trauer genommen.«

Tatsächlich wurde die Urtrauer, die *Melancholie,* über viele Jahrhunderte der christlichen Geschichte hinweg zur Todsünde erklärt, ergänze ich. Der abwertende Begriff der Theologie dafür war *Akedia,* die erstaunlicherweise in der katholischen Theologie des 21. Jahrhunderts wieder auftaucht: Es handle sich um die Schwermut, die »zur Traurigkeit dieser Welt führt«, heißt es bei Walter Kasper, dem Kardinal, der vermutlich das päpstliche Sendschreiben von 2013, *Evangelii gaudium,* inspirierte und daher auch gut erklären konnte (in seinem Buch *Papst Franziskus*, 2015). Von Todsünde ist dabei nicht mehr die Rede, stattdessen aber von einem menschlichen Grundfehler, der zu überwinden sei – als stünde es Menschen frei, ihre Grundverfassung einfach abzulegen, die die Schwermut sein kann. Es fehlt jeder Gedanke daran, dass eine Urtrauer zum Menschsein gehören könnte, allein die Freude am ewigen Leben soll herrschen. Will diese Theologie etwa wieder ein schlechtes Gewissen erzeugen, um sich damit ein weites Arbeitsfeld zu sichern?

Im wirklich gelebten Leben kommt die Trauer zuverlässig immer wieder mal zum Vorschein, beispielsweise im November, berichtet Peter Ochsner, »da werden die Leute traurig« und es herrsche Hochbetrieb in der Trauerpraxis. Der andere »Trauermonat« sei überraschenderweise der Mai, weil dann viele alleinstehende und verlassene Menschen überall in den Parks die Verliebten sehen. Er will ihnen trotz allem nicht den Glauben als Instrument zur Überwindung ihrer Trauer andienen. Die theologische Seelsorge, das wird deutlich, folgt nicht immer den kirchlichen Vorstellungen davon. Größere Überschneidungen gibt es eher mit der philosophischen Seelsorge, aus der die theologische ursprünglich hervorgegangen ist. Im ausgehenden 20. Jahrhundert wurde diese vorchristliche Geschichte der Seelsorge von dem französischen Denker wiederentdeckt, an den meine eigene Arbeit anschließt.

Was macht ein Philosoph?
Grundzüge einer weltlichen Seelsorge

Zur Geschichte der philosophischen Seelsorge

Ein weiterer Tag liegt hinter mir. Von den Gebäuden aus führt
ein Weg etwas bergan und überquert einen plätschernden Bach.
Nur wenige Schritte und ich stehe inmitten zirpender Grillen
im kühlen Abendwind, ein schwarzer Salamander mit leuch-
tend gelben Streifen kreuzt den Weg. Vom Tal dringt der Ver-
kehrslärm der stark befahrenen Durchgangsstraße herauf, in
den sich die Glockenschläge einer Kirche mischen. Am Horizont dampft ein Kraftwerk Wolken in den Himmel. Ich steue-
re eine Bank am Waldrand an, auf der ich immer wieder gerne
verweile. Lieblingsplätze sind Rückzugsorte, sie dienen der
Gewohnheitspflege im Alltag und der Beruhigung im Problemfall. Etwas höher am Waldrand vergnügt sich die Ortsju-
gend an einer Feuerstelle mit Blick übers Tal. Diejenigen, die
weit unten um diese Zeit noch den Ball im Flutlicht über das
Fußballfeld jagen, treffe ich wenig später in der nahen Gaststätte *Schmiedstube*, in der ich zum Abschluss des Tages noch
ein naturtrübes Bier trinke.

Ich liebe diese Abende, an denen ich nachdenklich sein
kann. Mir geht durch den Kopf, was ich heute erlebt habe,
was erfreulich, was ärgerlich war, wie anstrengend diese Art
von Arbeit manchmal ist und was ich eigentlich hier mache.
Was macht ein philosophischer Seelsorger, der in einem Krankenhaus arbeitet? Die Rückbesinnung auf Sokrates hilft mir
weiter. Der führte seine Gespräche zwar nicht im Kranken-

haus, sondern auf dem Marktplatz von Athen, aber er war der Erfinder der Seelsorge. »Sich zu sorgen um die Seele« (*epimeleisthai tes psyches*) war für ihn in erster Linie die Tätigkeit eines Menschen für sich selbst, um Vortrefflichkeit (*arete*) im Sinne einer guten Gesinnung und eines vorbildlichen Verhaltens zu erreichen, überhaupt etwas gut und sehr gut zu tun. Später wurde daraus ein Argument seiner *Apologie*, seiner Verteidigungsrede, die Platon nach dem Tod seines Lehrers 399 v. Chr. aufschrieb oder ihm zuschrieb. Der wegen Verführung der Jugend und Leugnung der Götter angeklagte Philosoph wollte seine Gespräche rechtfertigen: In Wahrheit habe er die jungen Menschen dazu angehalten, sich um sich zu sorgen und sich dabei am Guten zu orientieren, das in den gemeinsamen Überlegungen ausfindig gemacht wurde, und dies nicht etwa nur individuell, sondern auch im Hinblick auf die Gesellschaft, die darauf angewiesen ist, dass möglichst viele Individuen sich um die Verhältnisse in ihr sorgen.

Die Seelsorge als Anliegen der endlosen Gespräche, die Sokrates führte, hat jedoch eine dreifache Bedeutung: 1. Sie ist die Tätigkeit des Philosophen *in Bezug auf Andere*, mit der er sich um deren Seele sorgt – Seele verstanden als das Wesentliche des Lebens, als die Energie, aus der heraus ein Mensch lebt, verdichtet in seinen Auffassungen, Überzeugungen, Werten und Regeln. 2. Sie ist die Tätigkeit eines Menschen *in Bezug auf sich selbst*. Das Ziel der philosophischen Seelsorge ist nicht, dem Gesprächspartner die Sorge um sich abzunehmen, sondern ihn überhaupt erst zu ihr zu befähigen. 3. Sie ist die Tätigkeit des *Seelsorgers* in Bezug auf sich selbst. Sokrates vernachlässigt auch sich selbst nicht, er meint zuletzt lediglich, er hätte mehr Musik treiben sollen – seine musische Seite kam offenbar zu kurz. In allen drei Fällen ist die Sorge erst einmal eine ängstliche *um die Seele*, bevor sie zur klugen, vorausschauenden *für die Seele* wird, ohne dass dies immer ausdrücklich unterschieden wird.

Die sokratische Seelsorge ist eine *poristische*, beratende, auf der Suche nach einem Weg (*poros* im Griechischen). Das Gespräch miteinander dient dazu, nicht der *Aporie*, der Rat- und Auswegslosigkeit anheimzufallen. Keiner kennt vorweg das Resultat der Beratung. Dass es um die Seele geht, schließt die Sorge um den Körper nicht aus. Zwar messen Sokrates und Platon dem sterblichen Körper nicht dieselbe Bedeutung zu wie der in ihren Augen unsterblichen Seele, die der Sphäre des Göttlichen zugehört. Aber der Körper soll nicht vernachlässigt werden, da er zu Lebzeiten die Wohnung der Seele ist. Die Sorge für das Selbst, das wesentlich in der Seele beheimatet ist, wirft daher Fragen des Lebensstils und des Umgangs mit den körperlichen Lüsten auf: Es ist nicht egal, was ein Mensch isst und trinkt und wie er die »Lüste des Bettes« pflegt, ob er Gymnastik betreibt, sich fit hält und abhärtet. Daraus geht eine Tradition der Selbstsorge hervor, die nicht nur in der platonischen Akademie, sondern auch noch etwa beim Arzt Galen im 2. Jahrhundert n. Chr. anzutreffen ist. Bisweilen verschwimmen dabei die Grenzen zwischen physiologischen und philosophischen Erörterungen, die Sorge um das körperliche Wohl kann etwas hypochondrisch ausfallen.

Einen Höhepunkt erreichen Theorie und Praxis der Selbst- und Seelsorge bei den Stoikern: Ihnen zufolge lässt sich mit intensiver und gewissenhafter Sorge alles realisieren, die Seele ist formbar und nimmt leicht die gewünschte Gestalt an, wie Seneca im 1. Jahrhundert n. Chr. im 50. seiner *Briefe an Lucilius* schreibt. Deutlicher wird nun unterschieden zwischen einer ängstlichen Besorgnis (*sollicitudo* im Lateinischen), die zu überwinden ist, und einer klugen Sorge um sich (*cura sui*), der alle Aufmerksamkeit gilt. Nur Nachlässigkeit (*neglegentia*) steht der Sorge entgegen, sie allein verhindert die Selbstaneignung, sodass ein Mensch von Anderen, von Geschäften und Dingen okkupiert werden kann. Die Verhaltensweisen, Regeln und Übungen der Sorge werden genauestens beschrieben: Achtsamer Umgang mit der Zeit, Selbstbeobachtung, Kontrolle der eigenen Gedanken, morgendlicher Vorsatz, abendliche Prüfung, Meditation, Lektüre, Memorieren von Sentenzen, Gespräche, Briefeschreiben, um sich wechselseitig Rat zu geben, Konzentration auf das Eine, das auszuwählen ist (*unum excerpe*, 2. Brief an Lucilius), das Wissen, welche Dinge gleichgültig sind, die Befolgung von Maximen, die Vorbereitung auf den Tod.

Die stoische Seelsorge ist *ichzentriert* und verfährt *normativ*, schreibt also das richtige Verhalten vor. Rat heißt hier: Einer weiß, wo es langgeht, eine gemeinsame Beratung ist überflüssig. Erneut ist es wichtig, den Körper nicht zu vernachlässigen, vollkommen ist nur der, der sich um Seele *und* Körper sorgt und weder Unruhe in der Seele noch Schmerz im Körper kennt. Hilfreich bei diesem Prozess ist ein *Custos* (im 21. Jahrhundert könnte von einem *Coach* die Rede sein), der zum Wächter und Aufseher über das eigene Selbst bestellt wird: Durch Rat und Ermahnung wirkt er auf die Besserung des Selbst hin und klammert dabei auch die intimsten Fragen der Lebensführung nicht aus. Die eigene Sorge wird nicht aufgehoben, aber der Akzent wird deutlich zur Seite dieses äußeren Wächters hin verschoben.

Zur selben Zeit entsteht mit dem Christentum parallel zur stoischen eine religiöse, ebenfalls normative, aber *nicht ichzentrierte* Seelsorge, die Gott sorgen lassen und jede eigene Sorge aufgeben will. Das christliche Selbst ist von allem *Selbstischen* zu reinigen, um es für Gott bereitzumachen und schließlich ihm ganz anzuvertrauen. In der Bergpredigt (*Matthäus-Evangelium*, 6, 25) weist Jesus aus diesem Grund die ängstliche Sorge (griechisch *merimna*) ausdrücklich ab: »Sorgt euch nicht ängstlich um eure Seele.« Auch hier ist von dem Einen, das auszuwählen ist, die Rede: Als Jesus in einem Dorf Martha und Maria begegnet, nimmt Martha ihn auf und umsorgt ihn, Maria aber, ihre Schwester, setzt sich zu seinen Füßen und hört seinen Worten zu. Jesus erkennt die Mühe an, die Martha sich gibt, Maria aber habe »das gute Teil erwählt«, da sie dem Wort Gottes, das ihr gepredigt werde, zuhöre: Das ist nun »das Eine, das nottut« (*henos de estin chreia, Lukas-Evangelium*, 10, 42). Wenn in diesem Kontext noch von Sorge gesprochen wird, dann von der Sorge um ein Jenseits, in dem das Eine zu finden ist, das allem Anderen vorzuziehen ist.

Der erste Kirchenvater Clemens von Alexandrien bezieht im 2./3. Jahrhundert n. Chr. die theologische Seelsorge noch auf ihren ursprünglichen philosophischen Impuls zurück: Die »Sorge um die Seele« (*epimeleia tes psyches*) ist in seinen Schriften wiederzufinden, neu ausgerichtet jedoch auf die unaufhörliche Liebe zu Gott. Nur diese Seelsorge ist wahrer *Gottesdienst*, zu unterscheiden vom *Menschendienst*, der auf die Erziehung und Besserung des Einzelnen abzielt, damit er Gott zu dienen lernt und vor der Abkehr von ihm bewahrt werden kann. Clemens versucht, mit seinem über Jahrhunderte vielgelesenen Buch *Paidagogos* Menschen dazu anzuleiten, sich selbst zu führen und sich dabei von Christus, dem Pädagogen, führen zu lassen. Die christliche Selbstführung und die Bereitschaft, sich führen zu lassen, beschreibt er mit großer Liebe zum kleinsten Detail etwa des Essens, Trinkens und der sexuellen Lüste. Um der Seele willen sollen auch Christen zur Sorge für den Körper bereit sein, denn nur mit seiner Hilfe ist es möglich zu leben, im christlichen Sinne richtig zu leben und die Wahrheit zu verkünden: Ein Argument gegen die Asketen des frühen Christentums, die willentlich den Körper vernachlässigen und sich sogar in den Tod stürzen.

Im 4. Jahrhundert n. Chr. betont ein weiterer Kirchenvater, Johannes Chrysostomos, in seiner Interpretation des *Matthäus-Evangeliums*, dass Christus der Seelsorger sei, der Menschen zur Sorge um die eigene Seele bewege, die wiederum mit einer Therapie der Körper einhergehe. Auf diese Weise führe Christus die Menschen zur Philosophie und bringe sie auf den rechten Weg – »so gab er uns auch hier die Lehre, dass man sich um die Seele sorgen muss« (*tes psyches epimeleisthai chre*). Alle Sorge gilt der Reinigung der Seele, um Vortrefflichkeit (*arete*) zu erlangen. Die Anfänge der Sorge werden in der Philosophie gesehen, die nur ein anderes Wort für Seelsorge sei, »lernen wir also zu philosophieren«. Die meisten Menschen seien bedauerlicherweise unbesorgt um ihre Seele, wo es doch darauf ankomme, diese von allen Übeln zu befreien und zu heilen. Das probate Mittel zu ihrer Heilung, zur Erlangung des Heils, sei die Abwendung von allem Äußeren, Irdischen, und die Hinwendung zum Inneren, Seelischen: »Richte deine ganze Sorge auf die Seele«, auf dass in ihr die Sehnsucht nach dem Göttlichen entzündet werde. Damit das zuverlässig geschieht, soll die Sorge um die Seelen (*psychon epimeleia*) zur Aufgabe der Kirchenvorsteher werden. Das ist die Geburtsstunde der Seelsorge, die für die Geschichte des Christentums prägend wird: Nur mit der Führung durch einen Sorgenden wird die wankelmütige Seele des Einzelnen an den Versuchungen des Fleisches und der Trägheit des Geistes vorbei zum ewigen Heil geleitet.

Es dauert sehr lange, bis im Zuge der Wiederbelebung der Antike in der Renaissance auch die *philosophische* Seelsorge wiederentdeckt wird. Der französische Philosoph Michel de Montaigne spricht im 16. Jahrhundert in seinen *Essais* (II, 17) davon, dass viele Menschen »wenig Sorge auf die Kultur der Seele« wenden, mehr um ihre Reichtümer und ihr Renommee besorgt sind. Montaigne verändert den Charakter der Seelsorge erneut, sodass sie nun zu einer *essayistischen*, versuchenden wird. Als solche praktiziert er sie auch selbst, stellt Versuche mit sich und seinem Leben an und unternimmt Experimente, um seinen Weg zu finden. Dem Leser offeriert er seine Gedanken als Anregung zu einer eigenen essayistischen Seelsorge. Ein definitives Wissen, wie das Leben zu verstehen sei, hält Montaigne nicht für möglich; gegen jede Wahrheit, die als alleinige behauptet wird, macht er Skepsis geltend. Jeden Satz in seinen *Essais* unterwirft er einem Realitätstest: Da er den Schreibtischstuhl zur Prüfung für untauglich hält, reitet er mit dem Satz im Kopf auf seinem Pferd über Stock und Stein, setzt ihn also der Erfahrung aus und prüft, ob er sich im Sattel halten kann. Kein Wunder, dass Montaigne große Mühe damit hat, die Sorge für sich wahrzunehmen, freimütig gesteht er, dass er sich liebend gerne einem fürsorglichen Anderen überlassen würde, wenn er nur wüsste, wem.

In die christliche Praxis der Seelsorge findet diese Essayistik, die auf jede Normativität verzichtet, keinen Eingang. In der Philosophie aber wird sie im ausgehenden 20. Jahrhundert wieder aufgegriffen, als ein weiterer französischer Philosoph, Michel Foucault, die Geschichte der Seelsorge bis zur vorchristlichen Antike zurückverfolgt. In seinen 1984 veröffentlichten Büchern *Der Gebrauch der Lüste* und *Die Sorge um sich* schildert er das Konzept zunächst beschreibend, *deskriptiv*, weit davon entfernt, normativ und proskriptiv zu verfahren. Sein Interesse gilt auch nicht einer poristischen, beratenden Sorge, vielmehr nimmt er die von Montaigne begründete *essayistische* wieder auf, wie aus den Interviews hervorgeht, die seine gesamte Arbeit begleiten. Seine eigene existenzielle Essayistik versteht er als »Suche nach einer Ästhetik der Existenz«, die auf das Fehlen einer Moral, der zu gehorchen wäre, antworten können soll (so Foucault 1984 in einem Gespräch mit Alessandro Fontana, deutsch im Band *Von der Freundschaft als Lebensweise*, 1986). Die Sorge um sich gewinnt eine persönliche Bedeutung für ihn selbst: Eine schwere Krankheit verändert seine Sicht auf sich, seine Arbeit und sein Leben, in der Konfrontation mit der Endlichkeit stellt sich für ihn die Frage nach der Schönheit des Lebens. 1984 stirbt er an Aids.

Meine Beschäftigung mit Foucault stellt den Hintergrund für meine Arbeit als philosophischer Seelsorger dar. Auch diese Arbeit ist ein Experiment, erst bei der Realisierung tritt deutlicher hervor, welche Möglichkeiten im Ganzen und im Detail sie in sich birgt. Zum Teil bin ich, nüchtern gesehen, in einem Unternehmen namens Krankenhaus für die *Kundenbetreuung* zuständig, mit einem Zusatznutzen für die Patienten, der die Kundenbindung erhöht, etwas salopp nach dem Motto: Vertrauen Sie uns Ihre Entzündung an und nehmen Sie als Bonus eine neue Lebensorientierung mit. Die Arbeit weist ebenso Merkmale eines *Human Ressource Managements* auf: Ich frage die Menschen, wie es ihnen geht, und spreche mit ihnen, das tut ihnen gut und trägt dazu bei, dass sie nicht in einer ungesunden Anonymität verschwinden. Manchmal erinnert die Arbeit auch an ein *Coaching*, ein Befragen und Begleiten der Mitarbeitenden und Ärzte, die die Sorge für Andere wahrnehmen, selbst aber ebenfalls von Fragen umgetrieben werden. Für eine *Supervision* hingegen, um die ich manchmal gebeten werde, fühle ich mich nicht gut gerüstet, zumindest soweit es um die Beurteilung des fachlich und methodisch Richtigen im jeweiligen Bereich gehen würde.

Allenfalls eine *Exovision*, den Blick eines Fachfremden kann ich beisteuern, der in vielen Bereichen, Disziplinen und Unternehmen sinnvoll wäre, um eine drohende »Betriebsblindheit« aufzufangen. Ein Philosoph ist dazu geeignet, da er im Wortsinne ein *Exot* ist: Von außen her (*exothen* im Griechischen) blickt er beinahe wie ein Astronaut auf das Treiben auf dem Planeten, auf die Geschichten, Beziehungen und Organisationsformen der Menschen. Wie jeder, der von außen kommt, sieht er etwas Anderes als die, die in ihrem Leben »drinstecken« oder einen Betrieb bis zum Überdruss von innen her (*endogen* im Griechischen) kennen. Insofern ist seine Tätigkeit im Krankenhaus exotischer als die eines Arztes, Therapeuten oder Theologen, die ihrerseits jedoch Exoten wären, würden sie im Bereich der Philosophie hospitieren (was wünschenswert wäre, um deren Denkblockaden aufzubrechen). Die Anwesenheit des Anderen, der eigentlich nicht dazugehört, aber toleriert wird, fordert dazu heraus, über sich nachzudenken. Sein Blick von außen regt zur Reflexion und Selbstreflexion an, das hilft dem Einzelnen, sein Leben mit bewusster Lebensführung zu einem *Lernprojekt* zu machen, und es hilft der Gruppe oder dem ganzen Haus, mit der gemeinsamen Reflexion vieler zu einer *lernenden Organisation* zu werden.

Der Blick von außen ist immer ein der Normalität entrückter, manchmal ein *verrückter Blick*, der neue Einsichten vermittelt, auch wenn nicht alle davon brauchbar sind. Vielleicht ist der Philosoph im Haus auch nur eine Variation dessen, was im Mittelalter der *Hofnarr* war, aber selbst das könnte anregend sein, denn im Freiraum, den das Närrische eröffnet, kann sich die Nachdenklichkeit entfalten: Wo stehe ich? Woher komme ich? Wohin bewege ich mich? Was geschieht hier eigentlich? Woher stammt das? Wohin driftet das? In welche größeren Zusammenhänge des Lebens, der Gesellschaft, der Welt ist das eingebettet? Was ist meine Rolle in diesem größeren Rahmen? Das sind auch die Fragen, die ich mir selbst stelle, für den entsprechenden Blick von außen auf mich bin ich meinerseits auf Gesprächspartner angewiesen. Mit ihnen zu reden erleichtert mir die Einordnung meiner Arbeit.

Zuweilen hat die Arbeit außerdem mit *Moderation* und *Mediation* zu tun, um zwischen Menschen mit unterschiedlichen Ansichten zu vermitteln. Aber da bewähre ich mich nicht sonderlich gut, es fällt mir schwer, neutral zu bleiben. Lieber bin ich der Begleiter einer *Selbstmoderation* und *Selbstmediation*, bei der ein Mensch Unterschiede und Gegensätze in sich selbst ausfindig zu machen und auszutarieren sucht, um innere Konflikte nicht länger nach außen wenden zu müssen. Sich darum zu kümmern, ist wichtig in einem Haus, in dem große Unterschiede ein großes Konfliktpotenzial bergen. Unterschiedlichkeit (*Diversity*) ist im Grunde ein Vorteil: An den Kreuzungspunkten der Divergenzen entsteht Neues, da alte Muster nicht mehr haltbar sind. Überbrückungen zwischen den Sichtweisen werden nötig und fördern die Experimentierfreude. In vielen Unternehmen und Institutionen wird dies als Basis für eine reiche Weltsicht und Quelle der Kreativität erkannt und genutzt. Aber *Diversity* ist auch ein Grund für Auseinandersetzungen, die zu schlichten sind, wenn die Zusammenarbeit davon nicht mehr angespornt, sondern lahmgelegt wird. Das wichtigste Medium für diese wie für die sonstige philosophische Arbeit sind Gespräche.

Die Haupttätigkeit des Philosophen im Krankenhaus ist, Gespräche zu führen, und dies nicht etwa nur mit Patienten, sondern mit allen, die im Haus arbeiten, auf jeder Ebene und in jedem Bereich. Wenn Philosophie ein Innehalten und Nachdenken ist, dann ist das Gespräch ein gemeinsames Innehalten und Nachdenken, um das Leben besser zu verstehen, keineswegs nur im Falle von Krise und Krankheit, sondern auch bei allen sich stellenden Lebensfragen. Viele Menschen haben ein Bedürfnis danach, alte Anschauungen zu überprüfen und neue Anregungen aufzunehmen, eigene Gedanken zu formulieren und sie, in Anlehnung an einen Ausdruck Heinrich von Kleists, beim Reden vielleicht erst allmählich zu verfertigen, die Gespräche sind wie eine Relaisstation dafür. Sie werden nicht nur von mir, sondern auch von meinem Gegenüber und von der Situation des Gesprächs selbst geführt. Nicht nur ich stelle dem Anderen Fragen, sondern er oder sie auch mir. Nicht nur der Andere erzählt von sich, sondern ich gelegentlich auch von mir, um selbst als Person erkennbar zu werden, wenngleich mit der gebotenen Zurückhaltung, um das Gespräch nicht zu beeinträchtigen.

Ein ums andere Mal gelingt es, ins Gespräch zu kommen, indem ich mein Gegenüber dazu ermuntere, seine *Geschichte* zu erzählen, jede und jeder macht das gerne. Der Grund dafür liegt auf der Hand: Es ist von existenzieller Bedeutung. Ein Mensch wird durch seine Geschichte erkennbar und unverwechselbar: »Das bin ich, das ist meine Geschichte.« In der Erzählung von sich sucht und findet er sich selbst, memoriert und konstruiert die Zusammenhänge, die den Sinn seines Lebens ausmachen, und wird sich bewusster, was den Kern seines Selbst darstellt und was eher an der Peripherie bleibt. Die dafür erforderliche Selbstbesinnung wird durch Fragen angestoßen und findet Anregung im Fortgang des Gesprächs. Indem die Selbstreflexion in Gang kommt, stellt ein Mensch die Beziehung zu sich her, die er womöglich verloren oder noch nie so recht gefunden hat, und leistet damit die entscheidende Arbeit an sich selbst. Im Spiel von Frage und Antwort wird er sich klarer über seine Bedingungen und Möglichkeiten, sein Selbstverständnis und seine innere Zusammensetzung. Er kann seine Auffassungen vom Leben zur Sprache bringen und sich selbst fragen: Was verstehe ich unter Leben? Lebe ich so, wie ich es mir vorstelle? Was steht dem entgegen? Kann ich etwas daran ändern? Was wäre dafür erforderlich?

Offenbar genügt es nicht, sich die Geschichte seiner selbst im stillen Kämmerlein zu erzählen. Lebendig, interessant und spannend wird sie erst, wenn der Mensch, der erzählen will, nicht mehr allein ist mit seiner Geschichte, da ein Anderer zuhört, in dessen Augen sie an Realität gewinnt. Dass beide Gesprächspartner sich öffnen, redend und zuhörend, macht es möglich, Energien auszutauschen. Was zunächst meine Verlegenheit war, keinen Plan für die Gesprächsführung zu haben, erwies sich als Vorteil: Mit umso mehr Energie hörte ich zu und war aufmerksam auf mein Gegenüber. Das ist die beste Grundlage dafür, ins Gespräch zu kommen: Zuhören zu können, den Anderen achtsam wahrzunehmen, ihn zur Freimütigkeit zu ermuntern, nicht so sehr durch verbale Aufforderungen, sondern durch die Atmosphäre des Gesprächs, auch auf scheinbare Nebensächlichkeiten zu achten, die sich als Knotenpunkte einer Situation, eines Lebens und Zusammenlebens erweisen können.

Unerheblich ist hingegen, ob Probleme zügig zur Sprache kommen, und völlig entbehrlich ist eine allzu vordergründige, zielführende Richtung. Ein gutes Gespräch verträgt keine Gängelung, die drohen könnte, wenn es mit gezielten Fragen in die Richtung einer vermuteten, erhofften oder erwünschten Antwort gedrängt würde. Auch so kann eine *implizite Normativität* zustande kommen, die nicht nur ein therapeutisches Problem ist. Der Fragende kann mit seiner Aufmerksamkeit die Energien lenken. Jeder Begriff aber, den er hervorhebt, ermuntert den Anderen dazu, passende und unpassende Erfahrungen und Überlegungen in ihn »hineinzupacken«. In jedem einzelnen Aspekt, den er herausgreift, verdichten sich prompt sämtliche Verhängnisse. Anderes bleibt dafür unbeachtet und könnte doch von Bedeutung sein, um eine Situation besser zu verstehen. Ich selbst unterliege der Gefahr einer impliziten Normativität, wenn ich aufgrund allzu weniger Anhaltspunkte vorschnell zu wissen glaube, worum es geht. Der Gefahr ist nie gänzlich zu entkommen, misslich ist nur, sie nicht als solche zu erkennen und dennoch weitreichende Schlüsse aus den gesprächsweise gewonnenen Informationen und Erkenntnissen zu ziehen. Umgekehrt gilt freilich auch: Ohne jede Eingrenzung einer Fragestellung und Einbringung von Begriffen zerstreut sich das Gespräch ins Uferlose – es sei denn, dass genau das im Sinne der Gesprächspartner ist, weil es Freude macht oder weil es ermöglicht, sich selbst zu vergessen, wie bei einem Rausch.

Am besten bewährt es sich, so finde ich für mich heraus, erst einmal das Gespräch sich frei entfalten zu lassen, dann aber wichtig erscheinende Aspekte zu vertiefen, vorausgesetzt, der Andere ist dazu bereit. Will er oder sie sich bedeckt halten, ist das zu respektieren, das erfordert die Ethik der Sorge für

Andere. Will mein Gegenüber etwas verschweigen, bleibt es verschwiegen, denn es gibt keine Norm, alles sagen zu müssen. Schweigen ist ein legitimes Mittel des Umgangs mit Lebensfragen. Was viele jedoch suchen, ist das Gespräch über das Leben, das *Lebensgespräch*, bei dem Themen auftauchen, die ich von meiner akademischen Ausbildung her kaum kenne und die doch zu den großen Themen der Philosophie gehören: Die Beziehung zu sich selbst (schon Aristoteles und Seneca verwiesen auf die Bedeutung der Selbstfreundschaft), die Beziehungen zu Anderen und zur Welt (die Montaigne mit größter Aufgeschlossenheit und Unvoreingenommenheit wahrzunehmen bereit war), die Frage nach Glück und Sinn (mit der die Philosophen zu allen Zeiten befasst waren), die Frage nach dem Umgang mit Schmerz, Leid und Tod (das Vorwegbedenken des Üblen und des Todes war eine philosophische Übung insbesondere der Stoiker) und letztlich die ewige Frage, die Philosophen so wenig wie Andere endgültig zu beantworten vermögen: Was kommt danach?

Das erweist sich als wesentliche Aufgabe: Gesprächspartner zu sein für die Klärung einer Lebens-, Arbeits- und Beziehungssituation und der *möglichen* Antworten darauf. Geht es dabei um einen Rat oder eine Beratung? Beratung ist der Prozess, Rat ist das Resultat, *Beratung* im Sinne eines Beschaffens und wechselseitigen Austauschs von Informationen sowie einer Abwägung der Alternativen und Argumente, wenn es um ein Verstehen und eventuell eine Entscheidung geht, *Rat* im Sinne einer subjektiven Gewissheit des Ratgebenden, letzten Endes aber des Ratsuchenden, was zutreffend, sinnvoll und klug sein könnte und gegebenenfalls zu tun und zu lassen ist. Im Gespräch ist es möglich, Rat zu finden, aber auch Rat zu geben, nicht in Form einer Weisung, nur als Hinweis: »Ich würde in dieser Situation dies tun und jenes lassen, aus diesen und jenen Gründen.«

Es ist mir im Laufe der Arbeit klar geworden, dass die Funktion des Philosophen nicht mehr, wie einst in der antiken Stoa, die eines »Seelenarztes« sein kann, der normative Gewissheit darüber hat, wie das Leben zu leben ist. Aber ein unverbindlicher Ratschlag aus der Sicht des Philosophen kann dazu dienen, dem Gesprächspartner in der Auseinandersetzung damit das Finden der eigenen Position zu erleichtern. Nicht immer, aber häufig steht das in Frage. Insofern kann der Philosoph ein *Ratgeber* sein, aber kein Gesetzgeber, der Menschen zu sagen hätte, was zu tun oder zu lassen ist. Das gemeinsame Innehalten und Nachdenken hat keine normative, sondern eine *optative* Funktion: Optionen zu eröffnen und ihr Für und Wider zu erörtern. Welchem Rat zu folgen ist, beurteilt allein der, der zu entscheiden hat.

In die Gesprächssituation fließen meinerseits so wenig Vorgaben wie möglich ein, und ich unterliege auch nicht wie ein Arzt der Pflicht, helfen zu müssen. Helfen kann die Philosophie ohnehin wohl kaum in einem direkten Sinne, sie ist keine Form von Therapie. Wer nach dem Sinn des Lebens, Zusammenlebens und Arbeitens fragt, ist meist nicht therapiebedürftig, sondern auf dem besten Weg zu einer Selbstvergewisserung, bei der der Philosoph als Gesprächspartner behilflich sein kann. Als solcher kann ich mögliche Interpretationen anbieten, um eine Situation, eine Beziehung, das Leben überhaupt besser zu verstehen. Auf offenkundige oder verborgene Zusammenhänge, Strukturen, Bedingungen, Begriffe, die das Leben beeinflussen, kann ich aufmerksam machen, und ich kann Möglichkeiten sehen, die noch nicht bedacht worden sind. Zuweilen habe ich Ideen, wie einem Engpass des Denkens und Handelns in einer schwierigen Lebenssituation zu entkommen sein könnte.

Was sind das für Gespräche, die ich führe? Das frage ich mich selbst, bis ich bemerke: Es sind *sokratische Gespräche*. Lebenshilfe bieten sie auf indirektem Weg, nämlich im Sinne sokratischer Geburtshilfe: Die Gedanken ans Licht zu bringen, die in einem Menschen schlummern. Seit Sokrates ist das philosophische Gespräch ein *maieutisches* Verfahren, von griechisch *maieutike*, Geburtshilfe, wie die Mutter des Sokrates sie geleistet haben soll. Ihr Sohn wollte es ihr gleichtun und Anderen wenigstens beim Gebären von Gedanken helfen. So wurde es zur Aufgabe der Philosophie seit ihren Anfängen, Geburtshelferin von Gedanken zu sein, die Reflexion und Selbstreflexion anzuregen und das Gedachte zur Sprache zu bringen, das Implizite also explizit zu machen. Gelingt das, heißt es: »Das habe ich mir selbst schon so gedacht, ich konnte es nur nicht so gut formulieren.« Es sind alte oder neue Gedanken zu Zusammenhängen, Regel- und Unregelmäßigkeiten des Lebens, um ein gedachtes oder tatsächliches Problem zu lösen oder aber akzeptieren zu können, dass es unlösbar ist, in einem weiteren Schritt vielleicht sogar ein problemloses Leben als unmöglich, ja, nicht einmal als wünschbar zu erkennen. Nur selbst gedachte Gedanken erkennt ein Mensch als verbindlich für sich an, nur ihnen wird er, wenn überhaupt welchen, auch folgen: Darauf beruht die Lebenskunst, die immer neue Orientierung des Lebens im Denken.

Die Sorge für Andere, die eine Lebenskunst im Sinne bewusster Lebensführung ermöglichen soll, verstehe ich wie einst Sokrates *poristisch*, beratend. Die ursprüngliche Bedeutung der Seelsorge findet so wieder Eingang in die philosophische Praxis, nicht etwa nur hier, sondern überall dort, wo mit praktischen Formen der Philosophie experimentiert wird. Zugleich weist der tastende, versuchende, *essayistische* Charakter der Gespräche über die sokratische Seelsorge hinaus, denn kein gefundener oder gegebener Rat zielt auf eine letzte Wahrheit. Es geht darum, Andere (und sich selbst) dazu zu befähigen, auf der Basis einer *provisorischen* Wahrheit für sich und die Seele Sorge zu tragen, *Seele* im Sinne des Wesentlichen, das einem Menschen eigen ist, sein Quantum an Energie, sein Potenzial, aus dem er immer neue Kraft schöpfen kann. In ausreichendem Maße für sich da zu sein und sich darauf zu besinnen, um wieder für Andere da sein zu können, ist eine Möglichkeit, dem Leben Sinn zu geben.

Der Philosoph kann in den Gesprächen für vieles Verständnis haben und stellt vielleicht die Frage nach dem *Grund*, warum etwas so gekommen ist, auch nach dem möglichen *Zweck*, wozu etwas gut sein könnte, nicht aber nach der *Schuld*, mit der viele sich herumquälen und die doch nur auf der Basis einer letzten Wahrheit zu beantworten wäre. Zweifellos gibt es Schuldgefühle, aber gibt es auch Schuld? Schuldgefühle zerfressen das Leben und beruhen doch nur auf der ungewissen Annahme, dass es eine genaue Zurechenbarkeit des Handelns und Nichthandelns gibt. Gibt es die wirklich? Ist ein Geschehen in all seinen Verästelungen zweifelsfrei auf einen Urheber zurückzuführen? Sinnvoller könnte sein, an die Stelle defensiver Schuldgefühle die offensive Übernahme von *Verantwortung* zu setzen, unabhängig von Fragen der Schuld, um sagen zu können: »Ja, ich habe etwas damit zu tun und trage jetzt die Verantwortung dafür. Es ist eine Herausforderung, die ich annehme und auf die ich antworte.«

Was vielen am philosophischen Gespräch gefällt: Dass es um das Leben im Ganzen und in allen Details gehen darf. Dass keine Störung oder Krankheit vermutet wird, der auf die Spur zu kommen ist (und die es gleichwohl geben kann, daher sollte der ständige Austausch mit Therapeuten und Ärzten möglich sein). Dass Urteile zurückgehalten werden, sodass freimütig über problematisch erscheinende Punkte im Leben gesprochen werden kann. Dass der Blick sich weitet, wenn Erfahrungen nicht von vornherein als gut oder schlecht bewertet werden. Dass das Gespräch eine Atmosphäre des Innehaltens erzeugt, in der einiges im Leben überdacht werden kann, statt gedankenlos weiterzuleben. Dass sich im Reich des Gedachten und Denkbaren andere Perspektiven über die eigene, allzu vertraute Sicht hinaus auftun können. Dass Begriffe angeboten werden, die zum Ausdruck bringen können, was einem Menschen wichtig ist, und mit deren Hilfe es möglich wird, etwas »griffig«, greifbar und somit handhabbar zu machen. Dass Begriffe auseinandergenommen werden können, um klarer zu sehen, was sie beinhalten, und dass sie auf dieselbe oder andere Weise wieder zusammengesetzt werden können, um sie für die Lebenspraxis brauchbar zu machen.

Die Fragen der Philosophie: Was die Gespräche antreibt

Es kommt darauf an, die richtigen Fragen zu stellen: Fragen können öffnen, zu Antworten anregen, sie hervorlocken und herausfordern. Wie entscheidend die *Art* des Fragens ist, bemerke ich erst, als mir selbst in Interviews Fragen gestellt werden und ich dabei eine Beobachtung mache, die von Anderen in vergleichbarer Situation bestätigt wird: Es fällt leicht, auf eine präzise Frage präzise, auf eine interessante Frage interessant zu antworten. Gute Fragen erbringen gute Antworten, *gut* im Sinne von: Gut zu fassen, konzentriert, inspiriert, spannend. Schlechte Fragen erbringen schlechte Antworten, *schlecht* im Sinne von: Nicht so recht zu fassen, unkonzentriert, uninspiriert, uninteressant. Wer fahrige, zerstreute Fragen stellt, erhält ebensolche Antworten. Taugen die Fragen nichts, können die Antworten nicht besser sein. Provokante Fragen aber locken den Befragten aus der Reserve, und sehr gute Erfahrungen sind mit der *paradoxen Intervention* zu machen, die den Therapeuten entlehnt ist: Verblüffende, überraschende, naive, auch idiotische Fragen lassen den Befragten tief Luft holen, bevor ein Wortschwall aus ihm hervorbricht. Fragen treiben die Gespräche an, bei der philosophischen Seelsorge drehen sie sich vor allem um diese sieben Punkte:

1. Fragen der *Phänomenologie*, um zu erfassen, was der Fall ist: Um was geht es? Wie ist es beschaffen? Was ist geschehen? Wie ist es dazu gekommen? Diese Fragen dienen der Bestandsaufnahme eines Phänomens und der Beschreibung einer Situation, sozusagen der philosophischen Anamnese, abhängig von der Bereitschaft, so genau wie möglich hinzusehen und das, was *ist*, also das fragliche Phänomen, die Erfahrungen und Ereignisse detaillierter wahrzunehmen. Die äußeren, oberflächlichen Aspekte, die täuschend eindeutig sein können, führen zu den inneren, strukturellen Aspekten, die meist schwerer zu erfassen sind. Was der sichtbaren Oberfläche zugrunde liegt, ist das, was *eigentlich* ist. Es sind die Bedingungen der Phänomene, die Ursachen der Symptome, die nicht offen zutage liegen, denen aber durch beharrliches Nachfragen auf die Spur zu kommen ist: Ist es gewiss, dass es so ist, wie es zu sein scheint? Wäre es sinnvoll, noch andere Meinungen dazu einzuholen? Was könnten die Bedingungen sein, mit denen dieser Mensch, vielleicht jeder Mensch in der gegebenen Situa-

tion zu tun hat? Welche sind veränderbar, unter welchen Bedingungen, welche nicht? Wie lässt sich leben mit dem, was nicht veränderbar ist? Mangels Eindeutigkeit bedürfen die Phänomene, ihre Bedingungen und der Umgang damit der Deutung und Interpretation.

2. Fragen der *Hermeneutik*, der Kunst der Deutung: Wie könnte es sich verhalten? Wie ist das zu verstehen? Aufgrund welcher Indizien? Was steckt dahinter? Was lässt sich daraus machen? Ein Ergebnis könnte sein, dort tätig zu werden, wo etwas zu ändern ist, und sich in das zu fügen, was nicht zu ändern ist. Gespräche sind hilfreich, um die Deutung zu finden, die das, was ist und eigentlich ist, am besten beschreibt und eine sinnvolle Haltung dazu ermöglicht, vorausgesetzt, ein Mensch will sich auf den Weg dazu begeben. Alles, was ist, kann noch anders gedeutet werden. Ein Nachteil kann zum Vorteil umgedeutet werden. Statt sich endlos zu grämen, ist es möglich, sich zu sagen: *Ich kann die Situation nicht ändern, ihre Deutung aber sehr wohl.* Wenn im Zustand von Krise und Krankheit nicht mehr alles verfügbar ist, was wünschbar ist, so doch noch die *Haltung,* mit der das Leben mit dem Bruch im Leben auf unterschiedliche Weise gestaltet werden kann. Dazu dient es, Situationen und Erfahrungen zum Gegenstand der Deutung zu machen und nach dem *Sinn* zu fragen, den ein Geschehen in sich bergen könnte oder der darin gesehen werden kann. Wenn Menschen Fragen haben, eine Lebenskrise durchleiden, zutiefst irritiert sind von der Konfrontation mit Schmerz, Krankheit und Tod, scheint der Gewinn des philosophischen Gesprächs darin zu liegen, Zusammenhänge und damit Sinn zu finden, statt nur noch lose Fragmente zu sehen und sich der Sinnlosigkeit preisgegeben zu fühlen. Mancher Sinn wird vorgefunden, ein anderer im Gespräch erst herge-

stellt. Auch die damit verbundene Erweiterung des Blicks führt weiter.

3. Fragen der *Panoptik*, mit einem Blick fürs Ganze: In welche größeren Zusammenhänge ist das individuelle Geschehen eingebettet? Was ist darum herum und darüber hinaus? Was ist der biographische, kulturelle, gesellschaftliche, politische und geschichtliche Kontext? Im Gespräch können die Zusammenhänge erörtert werden, die den gegenwärtigen Moment als Teil eines Lebens und einer Welt weit über das Hier und Jetzt hinaus begreifbar machen. Die Erweiterung der Wahrnehmung bringt Zusammenhänge in den Blick, die dem Leben Sinn geben, während eine eingeschränkte Wahrnehmung das Gefühl vermittelt, mit einer sinnlosen Erfahrung in dieser Welt allein zu sein. Nur noch Krise und Krankheit wahrzunehmen, weist der Situation eine Bedeutung zu, die sie nicht in allen Fällen hat. Sich als Leben inmitten von Leben in seinem ganzen Reichtum sehen zu können, eröffnet jedoch die Möglichkeit, auch eine Krise und Krankheit noch als Bestandteil des Lebens zu verstehen, zu dessen Polarität diese Phänomene gehören. Von einem Punkt weit außerhalb auf das eigene Leben zu blicken, ist ein Kunstgriff, um sich und vieles Andere zu relativieren. Der Trost der Philosophie besteht schon immer in dieser Erweiterung des Horizonts, die als Methode in der antiken und spätantiken Philosophie etwa bei Seneca und Boethius zu finden war.

4. Fragen der *Terminologie* dienen dazu, Worte und ihre Bedeutungen, also *Begriffe* mit ihrer jeweiligen Bestimmung und Begrenzung (*terminus* im Lateinischen) zu erschließen und wieder in Frage zu stellen: Wie kann ich am besten sprechen? Welche Worte bringen zum Ausdruck, was ich sagen will? Was bedeuten sie für Andere und allgemein in der bestehenden Kul-

tur? Gibt es andere, trefflichere Worte? Die Klärung von Begriffen ist die genuine Aufgabe der Philosophie, die zur Neuorientierung des Lebens im Denken verhilft, etwa mit einer Klärung des Begriffs *Glück*, diesem Thema vieler Gespräche: Geht es im Leben um Glück? Was ist darunter zu verstehen? Kann es wirklich das unentwegt tolle, großartige Leben sein, an das viele glauben, um dann darunter zu leiden, dass es ihnen versagt bleibt? Manchen scheint es zuteilzuwerden, aber vielleicht wollen sie auch nur Andere mit ihrem *Protzglück* auf die Plätze verweisen, nach dem Motto: »Schaut her, wie toll es bei mir läuft! Davon könnt Ihr nur träumen – und dass Ihr glaubt, bei mir sei es anders, ist mein eigentliches Glück!« In Wahrheit gibt es nur *Teilzeitglückliche*, ohne Unterlass *vollzeitglücklich* ist niemand. Im Gespräch können Menschen dazu angeregt werden, mit einer Veränderung des Glücksbegriffs den Blick auf das eigene Leben so zu justieren, dass bei unveränderter Lebenssituation mehr Glück für sie wahrnehmbar wird. Die große Rolle des *Zufallsglücks* kann erörtert werden, um einen Begriff für das zu gewinnen, was im Leben nicht beliebig zu beeinflussen ist und womöglich grundlos so oder anders ausfällt. Der Begriff eines *Glücks der Fülle* kann ins Spiel gebracht werden, das darauf beruht, die Polarität des Lebens anzuerkennen, die sich zwischen positiven und negativen Erfahrungen spannt, auch zwischen einem Glücklich- und Unglücklichsein.

5. Fragen der *Optionalität* eignen sich dazu, herauszufinden, ob und wie das Leben zu verändern ist, wenn dies wünschenswert erscheint, zuerst im Denken, dann im Handeln: Was ist möglich? Welche Wahl zwischen welchen Alternativen steht offen oder lässt sich eröffnen? Worauf richtet sich die Sehnsucht? Was erscheint schön? Steckt ein Mensch in einer Sack-

gasse seiner Wirklichkeit fest, lassen sich im Gespräch mit ihm die Wege suchen, die ihn aus dieser Situation herausführen können. Die Kraftquellen Schönes, Liebe, Faszination, Berufung, Hoffnung, Sehnsucht, Sinn sind ausfindig zu machen, die den Kern eines erdachten, erträumten Anderen bilden und so ergiebig sein können, dass mit ihnen mühelos auch große Schwierigkeiten zu überwinden sind. Unbewusste, unklare, auch gewagte Ideen können im Gespräch bewusstgemacht werden. Ideen setzen Energien frei, insofern können Kranke nicht etwa nur mithilfe von Medikamenten, sondern auch mithilfe von Ideen genesen: Welche Idee zieht Interesse auf sich oder setzt Begeisterung frei und was wäre zu ihrer Verwirklichung zu tun?

Ein Reflexionsmedium für das mögliche Andere ist die *virtuelle Biographie*, also die Überlegung, wie das Leben aussehen würde, wenn dies und jenes gar nicht oder auf andere Weise geschehen wäre. Das schärft den Blick für den gegenwärtigen Moment, in dem eine spektakuläre oder auch unscheinbare Wahl zu treffen ist, mit unabsehbaren Folgen, auch bei einer Nichtwahl. Über die momentane Wirklichkeit hinaus ist im gemeinsamen Nachdenken der Raum der Möglichkeiten und Unmöglichkeiten des Lebens aufzuspüren. Und wenn schon keine andere Wirklichkeit mehr möglich zu sein scheint, dann wenigstens ein Traum, eine Illusion von Möglichkeiten. Das Leben braucht Möglichkeiten, eine Wirklichkeit ist zu wenig für einen Menschen. Es ist die Eigenart des menschlichen Seins, für Möglichkeiten offen zu sein, aber auch das Unwahrscheinliche, mit dem kaum zu rechnen ist, und sogar das unwahrscheinliche Unglück erweitern noch das Spektrum der Möglichkeiten des gesamten Seins, wenngleich sich kaum jemand in diesem Sinne als Teil des Seins begreifen mag.

6. Fragen der *Ethik*, der Haltung und Entscheidung: Was könnte, was sollte ich tun? Was ist richtig, was falsch? Anhand welcher Werte? Was hat Vorrang, wenn sich die Werte widersprechen? Was ist mir wichtig? Wofür lebe ich? Was bedeutet mir die Sorge für Andere und mich selbst? Wie kann ich sie am besten wahrnehmen, in welcher Reihenfolge? Nicht zu entkommen ist der Frage, an welchem *Kriterium* eine Entscheidung orientiert werden kann. Ein *rudimentäres* Kriterium könnte der *Modus vivendi* sein, der erreicht werden soll, die Art und Weise des Lebens, die ein Weiterleben ermöglicht. Ein *anspruchsvolles* Kriterium könnte das *bejahenswerte Leben* sein, das realisiert werden soll, nicht zu verwechseln mit einem allein auf der Seite des Positiven angesiedelten Leben, das unmöglich ist. Bezogen auf eine anstehende Entscheidung kann die Vorgehensweise besprochen werden, die Vorbereitung durch Sensibilisierung, das Einholen von Informationen, die Suche nach Alternativen, die Beratung mit sich und Anderen, um Gründe und Argumente zu finden und abzuwägen, ohne den Prozess mit vorschnellen Wertungen abzukürzen.

7. Fragen der *Asketik*, um die nötigen Schritte zur Umsetzung einer Entscheidung zu gehen und damit das Problem des Übergangs von der theoretischen Einsicht zum praktischen Leben zu lösen (*Theorie-Praxis-Problem*), erst recht das Problem des Festhaltens an einer Einsicht und einer Entscheidung über den Tag hinaus (*Kontinuitätsproblem*). Welche Schritte führen zur Verwirklichung einer Möglichkeit? Welche Anstrengungen erfordert das von wem, welche Organisationsarbeit ist zu leisten, welche Gespräche sollte wer mit wem führen? Mit welchen Übungen bewerkstellige ich den Übergang vom Leben, wie es ist, zum Leben, wie es sein soll? Denn das ist das Problem jeder Einsicht, jeder Entscheidung, jeder

Vorstellung vom Künftigen: Eine eigene Umsetzung ist erforderlich, und dies nicht nur über Stunden, Tage und Wochen, sondern auch über Monate und Jahre hinweg.

Seit Menschengedenken ist der Übergang schwierig, daher erfanden bereits die altgriechischen Philosophen die Übung (*askesis*), um die Kluft zwischen Denken und Tun zu schließen. Askese hilft beim Übergang vom gegenwärtig wirklichen zum künftig möglichen Leben, das den subjektiven Vorstellungen und Sehnsüchten von einem schönen Leben eher entspricht. Die *asketische Brücke* ist das Einüben eines anderen Denkens und Verhaltens, die Schaffung veränderter Gewohnheiten, die geduldige, unverdrossene Anstrengung von Tag zu Tag auf der Basis einer getroffenen Wahl, bis das Eingeübte zur »zweiten Natur« wird. Asketik ist die Formel des Erfolgs, dessen Geheimnis darin liegt, dass er nicht vom Himmel fällt. Jede Verwirklichung bedarf einer Gründung in der Zeit, jeder Schritt an jedem Tag hier und jetzt wird zum Instrument der Arbeit an einem künftigen Leben dort und morgen. Ansonsten bleibt es bei der *asketischen Lücke*, die jede Verwirklichung verhindert.

Was der jeweilige Tag an Tätigkeit zulässt, ist begrenzt und in seiner Begrenztheit oftmals ärgerlich, aber die Abfolge der Tage kann zu einer Ansammlung von Tätigkeiten genutzt werden, deren Summe zum Werk wird. Das taktische Klein-Klein des Alltags mag für sich genommen unbedeutend und ziellos erscheinen, aber es trägt zur strategischen Ausrichtung des Lebens bei. In der Gewissheit, mit der alltäglichen Lebensführung etwas für ein anderes Leben und künftiges Werk zu tun, lässt es sich dann besser in den Tag hineinleben. Allerdings gestaltet nicht nur der Mensch, indem er Schritte von einer Möglichkeit zur Wirklichkeit hin entwirft und wirklich geht, mehr oder weniger bewusst und planvoll. Auch das Leben gestaltet, indem es Möglichkeiten eröffnet, vermutlich unbewusst und planlos. Manche Möglichkeiten können ergriffen und verwirklicht werden, beispielsweise Chancen, andere werden verwirklicht, ohne ergriffen zu werden, beispielsweise Krisen und Krankheiten, mit denen ein Mensch trotz aller Widrigkeiten Schritt für Schritt leben lernen kann.

An diesem Punkt wird die leichthin beanspruchte Selbstbestimmung zur schwierigeren *Selbstgesetzgebung*, zur wirklichen *Autonomie* gemäß der griechischen Wortbildung aus *autos* (Selbst) und *nomos* (Gesetz), zu realisieren mit Asketik, Einübung, Gewöhnung, Geduld und Durchhaltevermögen. Niemand kann dies einem Menschen abnehmen. Ärzte, Pflegende und Therapeuten können ein Stück des Wegs mitgehen, aber wenn Patienten entlassen werden, ist es an ihnen, die Regeln, die *heteronom* im Krankenhaus für sie aufgestellt und überwacht wurden, *autonom* in ihr Leben und die Gewohnheiten ihres Alltags einzufügen. Wird diese Arbeit der Selbstsorge nicht geleistet, klagen diejenigen, denen die Fürsorge anvertraut worden ist, über *Non-Compliance*, Nichtmitarbeit, fehlende Therapietreue: Verschriebene Medikamente werden nicht eingenommen, Aufträge nicht ausgeführt, ein dringender Rat in den Wind geschlagen. Das kann eine lange und mühevolle Arbeit zunichtemachen.

Es ist aber nicht immer Unwilligkeit, oft eher Unfähigkeit: Die Asketik ist nie erlernt worden, es gibt schließlich keine Ausbildung dafür. Autonomie ist Selbstgesetzgebung, aber wer versteht sich schon darauf, sich selbst das Gesetz zu geben? Wer bringt die Disziplin dafür auf, woher kommt die Kraft, vorgegebene oder selbstgegebene Gesetze und Regeln auch dann noch einzuhalten, wenn kein fremdes Auge mehr darüber wacht? Wie weit reicht der Wille eines Menschen und ist er immer bewusst steuerbar?

Die Frage der Autonomie: Was bedeutet Selbstbestimmung?

Was mich Gespräch für Gespräch begeistert: Wie viele Gedanken sich Menschen selbst über das Leben machen, zu welchen Schlüssen sie kommen, wie sehr sie sich um eine eigene, bewusste Lebensführung bemühen, wie sehr sie daran gerade in der Konfrontation mit Krise und Krankheit interessiert sind. Aber ist das bei allen so? Kaum zu beantworten, es kommen nur diejenigen zum Gespräch, die ihr Leben reflektieren wollen, um es besser zu verstehen und selbst in die Hand zu nehmen. Anderen ist das vielleicht nicht so wichtig oder sie bevorzugen klare Vorgaben, anhand derer sie ihr Leben einrichten können. Auch das ist noch Autonomie: Die *autonome Negation der Autonomie*. Nur der jeweilige Mensch selbst ist dazu befugt, selbstbestimmt nicht selbstbestimmt, autonom nicht autonom sein zu wollen, dies zumindest zu signalisieren, wenn schon nicht ausdrücklich zu formulieren.

Jedes Gespräch ist zumindest auf ein *Fünkchen Autonomie* angewiesen, das der Gesprächspartner *nicht* zur Negation nutzen will. Erst recht bedarf die philosophische Seelsorge des Entgegenkommens des Anderen. Ohne dessen Interesse an Reflexion und Selbstreflexion, ohne Selbstsorge in diesem Sinne, ist kein Gespräch möglich. Fehlt dieser Ansatzpunkt, entfällt alles weitere, denn worauf sollte sich das Angebot zum gemeinsamen Nachdenken dann beziehen, an wen sich adressieren? Es wäre eine *heteronome Negation der Autonomie*, demjenigen, der nicht autonom sein will, ein autonomes Verhalten abzuverlangen. Niemand kann gegen den eigenen Willen von Anderen für autonom erklärt werden, wenn auch noch so gut begründet und sicherlich auch gut gemeint. Die autonome Lebensführung kann keine heteronom verordnete Norm sein, insbesondere nicht im Freiraum der Philosophie, in dem lediglich *Angebote* zur Reflexion und Selbstreflexion gemacht werden können. Nur dort kann die Philosophie die Stärkung der Autonomie im Sinn haben, wo sie auf Resonanz dafür trifft. Sie ist am Ende, wenn der Andere nicht reflektieren kann oder will.

Ein einziges Mal begegnet mir auch dies. Eine junge Frau klagt über unerträgliche Kopfschmerzen, für die die Ärzte keinen Grund finden können, kein Medikament hilft. Ich soll versuchen, mit ihr ins Gespräch zu kommen, aber sie will nicht sprechen, nicht über sich und ihre Geschichte, nicht über sonst etwas, nicht mit mir und nicht mit Therapeuten. Alle bleiben ratlos zurück, als sie wieder geht. Ist sie autonom? Autonomie setzt ein Bewusstsein seiner selbst voraus, eine willentliche Steuerung des Selbst, ein Vermögen zur Zielsetzung, eine eigene Urteilskraft, um Wesentliches von Unwesentlichem zu unterscheiden und eine begründete Haltung in der jeweiligen Lebenssituation zu finden. Aber ist es realistisch, die Fähigkeit dazu für alle Menschen anzunehmen? Was ist, wenn die Autonomie eingeschränkt ist, weitgehend oder ganz fehlt, vorübergehend oder anhaltend, willentlich oder unwillentlich? Nur selten handelt es sich dabei um eine gerichtlich feststellbare Unmündigkeit.

Sich über die Autonomie Gedanken zu machen, ist eine Aufgabe für Philosophen, denn sie selbst, namentlich Immanuel Kant, haben diese Idee im Zuge der Aufklärung in die Welt gesetzt. In Frage steht weniger die Idee, mehr ihre Realisierung. Eine Autonomie, die nur ideell behauptet wird, ist von begrenzter Bedeutung, entscheidend ist ihre tatsächliche Realisierbarkeit, die auf einige Schwierigkeiten stößt, für die Lösungen gefunden werden sollten. Aber abgesehen von dem Problem, dass nicht alle Menschen immer autonom sein *wollen*, besteht ein noch größeres darin, dass nicht alle überhaupt über einen *Willen* verfügen, und wenn doch, dann nicht immer über einen ausgeprägten. Alles Können kommt vom Wollen, aber was ist mit denen, die nicht wollen können? Nicht jeder ist jederzeit willensbestimmt. Das ist nichts, was mit einem Schalter betätigt werden könnte. Und dann?

Würde die willensabhängige Autonomie mit *Menschsein* gleichgesetzt, müsste einem Menschen bei ihrem Fehlen das Menschsein abgesprochen werden. Das aber hätte fatale Konsequenzen für die betroffenen Menschen, insbesondere für Ungeborene, Neugeborene, geistig Schwerstbehinderte, Demente, Schwerkranke, Sterbende. Bei ihnen ist die Autonomie, frei darüber zu entscheiden, in welcher Weise sie von ihrer persönlichen Freiheit Gebrauch machen wollen, eingeschränkt, aufgehoben, nicht, noch nicht oder nicht mehr vorhanden. Willenlos und dennoch Menschen sind außerdem Patienten im Koma, gleich welcher Art.

Da ist beispielsweise Bruno, wie ihn alle nennen, der allein in einem kleinen Zimmer liegt und bei dem ich gerne zwischendurch vorbeischaue. Wie ich erfahre, war er Gastwirt, bei dem es viele Jahre nach einer Schussverletzung (er wollte sich selbst töten) zu einer Gehirnblutung kam. Seit fünf Jahren liegt er im so genannten Wachkoma, jetzt ist er 43 Jahre alt. Seine Augenlider sind mal offen, mal geschlossen, immer zittern sie ein wenig. Im Hintergrund läuft Popmusik. Auf Wunsch seiner Frau wird er mit Vornamen angesprochen und reagiert auch darauf, sei es mit einem Zucken des Arms, der Augenlider oder mit unbestimmbaren Lauten. Wenn ich seinen Arm streichle, können sich die Mundwinkel zu einem Lächeln verziehen. Neben seinem Bett sind Fotos seiner Frau und seiner Kinder zu sehen, die oft zu Besuch kommen und ihn manchmal im Rollstuhl mit nachhause nehmen. Es ist unwahrscheinlich, dass er jemals wieder ein auch nur halbwegs bewusstes Leben führen wird, aber wer hätte das Recht, dieses Leben zu beenden? Wer könnte genau sagen, ob und wie er sein jetziges Leben wahrnimmt und was er selbst sich wünscht? Schläft er nur oder leidet er? Ist er glücklich oder unglücklich?

Auch bei der alltäglichen Sorge für Andere im Krankenhaus kann ein autonomes Individuum nicht immer vorausgesetzt werden, oft muss die Arbeit beim *Verlust von Autonomie* ansetzen. Wie autonom kann ein Mensch sein, der leidet? Wird nicht das Leiden für ihn zum Gesetz, sodass er in diesem Sinne einer Heteronomie, einer Fremdgesetzgebung unterliegt und von einer Selbstgesetzgebung nicht mehr die Rede sein kann? Die Herrschaft, die sein Leiden über ihn ausübt, kann je nach dessen Art ziemlich autoritär oder gnadenlos diktatorisch, eher selten demokratisch sein. Menschen, die unter starken Schmerzen leiden, können oft keinen klaren Gedanken mehr fassen. Die Schwächung eines Kranken kann so weit gehen, dass es einen zu großen Kraftaufwand für ihn bedeutet, ein Wort zu sagen, erst recht eine Entscheidung zu treffen. Und gänzlich ausgeliefert sind Menschen unter Vollnarkose: Selbst wenn alle Situationen, die während einer Operation entstehen könnten, vorweg besprochen werden, ist dennoch nicht restlos alles vorhersehbar, was kurzfristig zu entscheiden ist.

Im Zustand von Krise und Krankheit, wie eng oder weit die Begriffe gefasst sein mögen, sind Menschen zu irgendwelcher

Autonomie nur eingeschränkt oder gar nicht mehr in der Lage. Werden sie sich dessen bewusst, sind sie womöglich zum ersten Mal in ihrem Leben damit konfrontiert, dass nicht alles beliebig verfügbar ist, dass eine Situation ihnen Grenzen setzen kann, die sie nicht ohne Weiteres aufheben können, schmerzlich erfahrbar bereits bei einem vergleichsweise harmlosen Knochenbruch, der die Mobilität einschränkt. Fragen werden aufgeworfen, Ängste freigesetzt, Menschen erfahren sich als Opfer und sind doch vor allem das Opfer der modernen Idee von Autonomie, die ihnen eine unbegrenzte Souveränität über ihr Leben suggeriert, die jetzt zerbricht. Dann wächst die Bereitschaft, sich Anderen anzuvertrauen, Ärzten, Pflegenden, Therapeuten, Experten oder Ratgebern für was auch immer, in der begründeten oder lediglich vagen Hoffnung, dass sie helfen können.

Nicht jedem fällt es leicht, die Führung seiner selbst in andere Hände zu legen, aber die schiere Notwendigkeit treibt dazu an, die Selbstsorge jetzt dazu einzusetzen, sich der Sorge Anderer zu überlassen. Überlebenswichtig oder auch nur wohltuend kann es sein, auf die Autonomie zu verzichten, die bis auf Weiteres zu viel Kraft kostet. Der Idee nach sollten moderne Menschen mündig sein, aber in Krise und Krankheit *können* viele es nicht. Und sollten sie es noch wollen können, wäre es besser für sie, es wenigstens vorübergehend nicht zu wollen. Die Autonomie in diesem Zustand zu vergessen, ist ein Teil der Heilung, die alle Kräfte beansprucht, sodass für die Mühen der Mündigkeit nichts mehr übrig bleibt. Es wäre inhuman, in dieser Situation Selbstsorge und Autonomie einzufordern. Kein Weg führt daran vorbei, dass Ärzte, Pflegende und Therapeuten in sorgfältiger Arbeitsteilung die Führung des Patienten übernehmen, der nicht autonom sein kann oder will. Ethik der Sorge für Andere heißt jetzt, ein Gespür dafür zu entwickeln, wann und wie lange welches Maß an Führung nötig ist. Von der ärztlichen, pflegerischen und therapeutischen Selbstgesetzgebung und Selbstmächtigkeit hängt es ab, die Situation der Macht über Andere nicht zu missbrauchen.

Eine Voraussetzung für die Wahrnehmung von Autonomie ist *Informiertheit*, im privaten Leben ebenso wie bei pflegerischen, medizinischen und therapeutischen Fragen. Die Idee des mündigen Patienten, mit der das moderne Gesundheitswesen dem Autonomiestreben des Individuums Rechnung trägt, basiert darauf. Erst wenn der, der selbst bestimmen will, über alle erforderlichen Informationen verfügt, greift das Prinzip der informierten Zustimmung (*informed consent*) in Bezug auf ein geplantes Vorgehen. Allerdings klagen Pflegende, Ärzte, Therapeuten manchmal über allzu informierte Patienten, die sich im Internet »schon mal kundig gemacht haben« und nun alles besser zu wissen scheinen als die, die ihnen helfen sollen. Patienten wiederum klagen darüber, die Fachsprache nicht zu verstehen und nicht wirklich zu wissen, womit sie sich einverstanden erklären sollen, zumal bei zwei Ärzten mindestens drei Meinungen im Widerstreit miteinander sind. Noch komplizierter wird die Lage dadurch, dass die Autonomie nicht etwa nur ein Recht auf *Wissen*, sondern auch eines auf *Nichtwissen* umfasst, und beide Optionen zu respektieren sind: Dass ein Mensch *alles* über sich und seine Situation wissen oder aber bewusst *nichts* wissen will.

Ist Autonomie sowieso nur eine Illusion? Das ist gut möglich, lässt sich aber nicht letztgültig klären, nicht jetzt und vielleicht niemals, denn es bedürfte dafür eines vollständigen, zweifelsfreien, somit kaum menschenmöglichen Wissens über genetische, physiologische, psychologische, neurobiologische, soziologische, ökonomische, ökologische, meteorologische, politische und mediale Faktoren, die einen Menschen beeinflussen. Wo ist da noch Platz für den *freien Willen*, auf den die Autonomie angewiesen ist? Neurobiologen bestreiten seine Existenz, aber kann das ein endgültiges Wissen sein? Selbst wenn es sich so verhalten sollte, dass jeder scheinbar freie Willensakt durch zahllose Einflüsse gegängelt wird – würde er nicht mehr als frei *gelten*, könnte *Willkür* die Folge sein, mit einer Berufung des betreffenden Menschen auf seinen unfreien Willen und mit schlimmen Folgen für Andere, denn es gäbe keine Zurechenbarkeit von Taten und Untaten mehr. Gute Gründe sprechen für die Skepsis gegenüber einer *absolut* gesetzten Autonomie, selbst eine *relative* kann noch illusionär sein. Aber Illusion kann auch der Glaube sein, nie autonom sein zu können, immer nur heteronomen Mächten folgen zu müssen. Eine *aufgeklärte Autonomie* weiß um ihre Grenzen und lässt sich auf pragmatische Formen des Umgangs damit ein. Letztlich bleibt in einer fraglichen Situation nur ein Durchlavieren, das Leben geht weiter.

Dass das autonom-heteronome Spannungsfeld nicht mit einem Zauberspruch auflösbar ist, wissen Ärzte, Pflegende und Therapeuten, die immer wieder vor der Frage stehen: Sollen sie kaltherzige *Dienstleister* sein, die lediglich Aufträge des autonomen Patienten abzuarbeiten haben – oder aber warmherzige *Helfer*, die im Zweifelsfall besser wissen, was gut für ihn ist? Ihre Hilfe kann eine Fremdbestimmung für den Patienten sein, dem sie sagen, was zu tun ist, während er im Bett liegt und nicht weglaufen kann. Nicht in jedem Augenblick kann er sich über jedes Detail der Behandlung im Klaren sein, im äußersten Fall muss in einer Situation, in der er nicht gefragt werden kann, über ihn verfügt werden. Aber die Seiten können sich auch verkehren, wenn ein *Patient* seine Autonomie missbraucht und Macht über diejenigen ausübt, die zur Sorge für ihn verpflichtet sind. Auch aus dem Bett heraus vermag er seine Selbstbestimmung wirksam durchzusetzen, etwa mit einer Verweigerungshaltung oder einem Pochen auf Rechtsansprüche, deren juristische Klärung nicht sofort erfolgen kann. Bedroht ist nun die Autonomie der Helfenden durch die Heteronomie des Patienten, der ansagt, was zu tun ist, und die Helfer »springen lässt«.

Eine weitere Art, wie Selbst- und Fremdbestimmung aufeinanderprallen können, erlebe ich, als ein Arzt eine Patientin mit aller Macht davon überzeugen will, dass die von ihr angestrebte Behandlung in einem anderen Krankenhaus unnütz sei. Sie war zu einer Krisenintervention ins Haus gekommen und ich führte einige Gespräche mit ihr, jetzt aber spricht Dr. Guttnich* mit der Patientin, als handle es sich um seine unreife Tochter. Er beruft sich auf seinen *Auftrag*, der allerdings kein pädagogischer, sondern ein medizinischer ist und selbst als solcher prinzipiell die Autonomie des Patienten zu achten hat. Auch seine Ethik als Arzt führt Dr. Guttnich ins Feld, aber die Heftigkeit, mit der er dies tut, erweckt den unguten Eindruck, dass die Ethik hier eher seinen Machtanspruch unterstreichen und die Eigenmächtigkeit seines Gegenübers aushebeln soll. Darauf, dass ihm ein solches Machtbewusstsein eigen ist, wiesen mich Andere im Haus schon länger hin, jetzt erlebe ich selbst, wie das vonstattengeht. Er steigert sich in eine Wortwahl hinein, die die Patientin zu Recht als verletzend empfindet, sodass sie Gebrauch von ihrer Autonomie macht. Sie geht aus dem Zimmer, packt ihre Koffer und verlässt das Haus. Ein empörter Arzt bleibt zurück.

Muss ich ihm in diesem Fall zur Seite springen, wie er es mir abverlangen will? Aber meine Sorge für Andere, bin ich überzeugt, gilt im Zweifelsfall der Autonomie des Patienten. Habe ich, wie Dr. Guttnich einwendet, meinerseits einen *Auftrag* zu erfüllen, der mir auferlegt wurde? Das würde eine Weisungsgebundenheit voraussetzen, die das Gegenteil der freien Philosophie wäre, um die ich mich seit langem bemühe. Ich beharre darauf, eine *Aufgabe* übernommen zu haben, nämlich die Philosophie der Lebenskunst in der Praxis zu erproben, und dies auf eine Weise, die ich selbst verantworten kann. Der Philosoph *muss* nichts, er hat keine Pflichten, er erfüllt keine klar definierte Funktion. Das ist mir so wichtig, dass ich im Konfliktfall mein Engagement abbrechen würde, denn hier geht es um die Grundlagen der philosophischen Arbeit. Die Unabhängigkeit macht den Philosophen zum glaubwürdigen Gesprächspartner. Sie ist die Basis für das Vertrauen, das Menschen ihm entgegenbringen, für ihr Zutrauen, dass er zu verstehen sucht, was ihm anvertraut wird, und dass er sich ernsthaft für ihr Anliegen interessiert, mit seinem ganzen denkerischen und menschlichen Vermögen, das ihm eigen ist, da er sich mit vielem beschäftigt, vieles durchdacht, vieles erfahren hat.

Die Lebenshilfe der Philosophie: Worin besteht der Gewinn der Gespräche?

Dem äußeren Anschein nach geschieht in den Gesprächen nichts Spektakuläres. Es ist nur ein Plaudern, zwar nicht mit der Beiläufigkeit wie unter Freunden, aber auch nicht mit der Angespanntheit wie bei einem Arztgespräch, bei dem jedem Wort schicksalhafte Bedeutung zukommen kann, oder wie bei einem Personalgespräch, bei dem womöglich die Karriere auf dem Spiel steht. Verglichen mit diesen anderen Arten von Gespräch, ist es eine »Begegnung der dritten Art« (Thomas Stölzel, *Staunen, Humor, Mut und Skepsis*, 2012). Beinahe ist es egal, was der *Inhalt* des Gesprächs ist, das bloße *Faktum* des Miteinanderredens scheint wichtiger zu sein. Der Gewinn besteht für beide Seiten darin, selbst Impulse zu empfangen, während dem Anderen welche gegeben werden. Das Gespräch befreit, entlastet, ermuntert, regt an und trägt dazu bei, dass sich die Gesprächspartner über das, was in Frage steht, klarer werden. Was entsteht, ist eine *Gesprächsbeziehung*, die den Beteiligten Sinn vermittelt, da sie aus der Gleichgültigkeit der Anonymität und Funktionalität hervortreten und sich als Personen wahrnehmen. Mit dem Gespräch durchbricht ein Mensch die Umgrenzung, in der er gewöhnlich lebt. Das Bedürfnis danach, aus der Enge seiner selbst herauszukommen und das eigene Selbst zu erweitern, scheint von existenzieller Bedeutung zu sein.

Wie die Erfahrung zeigt, kann das bloße Gespräch schon Wunder bewirken. Und das hat Gründe, denn endlich erfährt ein Mensch die Aufmerksamkeit, die ihm fehlte, die Zuwendung, die er entbehrte. Das ist der große Gewinn der Gespräche: Die *Macht der Aufmerksamkeit* wird erfahrbar, und dies wechselseitig. Die Aufmerksamkeit des jeweils Anderen wird für jeden Beteiligten zum Anlass für mehr *Selbstaufmerksamkeit*. Dass das Bedürfnis nach Aufmerksamkeit so verbreitet ist, legt den Schluss nahe, dass darin eine Quelle des Lebens verborgen ist. Kenntlich wird dies daran, dass der aufmerksame Blick, die merkliche Zuwendung, Menschen wie Blüten im Sonnenlicht aufgehen lässt, Abwendung sie jedoch dem Verwelken preisgibt. Die Entschiedenheit, mit der Menschen nach Aufmerksamkeit verlangen, ist vor diesem Hintergrund gut zu verstehen: *Es geht um ihr Leben.* Aufmerksamkeit ist Lebenshilfe par excellence, denn sie stellt einem Menschen die Energie zur Verfügung, derer er bedarf. Daher ist es entscheidend, aufmerksam zuzuhören – und vielleicht können Menschen, die berufsmäßig zuhören, noch mehr Aufmerksamkeit aufbieten als Freunde, die früher oder später wieder selbst reden und Gehör finden wollen.

Die Kunst der Gesprächsführung liegt darin, Aufmerksamkeit zu offerieren und mit ihr die des Anderen zu aktivieren, sie sanft zu lenken, etwa auf Aspekte, die noch nicht oder nicht ausreichend bedacht worden sind, auf scheinbare Nebensächlichkeiten, in denen etwas Wesentliches zum Vorschein kommen kann, auf Möglichkeiten, die bisher außerhalb des Horizonts lagen. Mit dem Herausspringen aus der unmittelbaren Situation findet der Übergang auf eine *Metaebene* statt, die es erlaubt, den eigenen Ort wie beim Blick auf eine Landkarte neu zu bestimmen. Das ist bedeutsam vor allem in schwieriger Zeit, in der die Orientierung verlorengegangen ist. Die Anregung durch andere als die bisher gedachten Gedanken macht es leichter, Zusammenhänge zu sehen und einen vielleicht überraschenden Sinn des Geschehens zu entdecken. Es wird möglich, neue Gewissheiten für sich zu gewinnen, sich aber nicht in ihnen einzuschließen, sondern immer noch etwas Anderes für denkbar zu halten. Mithilfe der Philosophie gelingt es, Antworten zu finden, mit denen das Leben wieder sinnvoll erscheint, aber auch in Betracht zu ziehen, dass auf viele Fragen noch kaum je endgültige Antworten gefunden worden sind.

Der eigentliche Gewinn der philosophischen Gespräche ist *Sinn.* Philosophieren heißt, die Frage nach Sinn ernst zu nehmen und die möglichen Antworten darauf zu erörtern. Durch das gemeinsame Innehalten und Nachdenken über Sinn, durch

Besinnung in jedem Sinne, werden bestehende Zusammenhänge klarer und sind neue zu erschließen. In Frage steht zunächst der Sinn im Leben, beginnend beim sinnlichen Sinn, der allen Sinnen abzugewinnen ist: Sind sie verschüttet, können im Gespräch Anregungen gegeben werden, wie sie wieder freizulegen sind und die Sinnlichkeit zu stärken ist. *Beziehungen* lassen sich identifizieren, durch die dieser Mensch im Leben Sinn finden kann, aufgrund der gefühlten Zusammenhänge mit Anderen, die aber der Pflege durch Gespräche, gemeinsame Unternehmungen und seelischen Beistand bedürfen. Und *Gedanken* sind zur Sprache zu bringen, die ein Mensch sich zu den Zusammenhängen des Lebens und der Welt bis hin zu einem Darüberhinaus macht, denn auf diese Weise vermag er aus subjektiver Sicht den Sinn ausfindig zu machen, der sein Leben tragen kann. Zu thematisieren ist aber auch, dass nicht alles sinnvoll sein muss: *Unsinn* zu denken, zu reden und zu machen, dient dazu, sich von zu viel Sinn zu erholen.

Die philosophische Arbeit am Sinn beruht auf dem immer neuen Nachdenken darüber, was mit Sinn gemeint sein könnte und wie er, falls er fehlen sollte, herzustellen wäre. Sie zielt darauf, diejenigen Zusammenhänge zu sehen und neu zu begründen, mit denen sich bis auf Weiteres leben lässt oder denen Menschen dauerhaft ihr Leben anvertrauen können: *Konstruktion und Rekonstruktion* des Sinns also, anstatt sich, wie in der Moderne üblich, endlos an dessen Destruktion und Dekonstruktion zu delektieren. Eine *andere Moderne* bedarf einer neuen Arbeit am Sinn, zu leisten von den Individuen selbst, die nicht mehr auf ein überkommenes Sinnsystem zurückgreifen können oder wollen. Sie versuchen dabei zum Teil, den Sinn offenzulegen, der Dingen und Geschehnissen innewohnt, zum Teil jedoch auch, sich einen Sinn auszudenken, angetrieben von immer neuen Rückfragen an sich selbst: Worauf sollte ich besser achten? Was habe ich übersehen? Was lasse ich zu sehr brachliegen?

Eigentlich ist Sinn nicht nur ein Thema fürs Philosophieren im Krankenhaus. Meist nehmen Menschen sich jedoch erst dann Zeit dafür, wenn es existenziell ernst wird. Bei Kranken bezieht sich die Frage nach Sinn naturgemäß auf die Krankheit: Warum ich? Warum dies? Warum jetzt? Was soll nun werden? Wozu soll das gut sein? Hat die Krankheit irgendwelchen Sinn? Ist sie Ausdruck eines Schicksals, das eine Prüfung für mich vorsieht? Aber wer oder was schickt so etwas? Die Frage, ob das Geschehen einen Sinn *hat*, kann nicht zweifelsfrei beantwortet werden. Es ist möglich, dass die Krankheit ein simpler Zufall ohne jede Bedeutung ist. Alle persönliche Vorsorge, alle staatliche Fürsorge kann eine ungute Entwicklung, einen unglücklichen Zufall, einen Unfall nicht ausschließen. Aber auch bei scheinbarer oder wirklicher Sinnlosigkeit kann allem, was geschieht und geschehen ist, ein Sinn *gegeben* werden. Selbst das, was im Augenblick grundlos erscheint oder es tatsächlich ist, kann zumindest im Rückblick noch Sinn gewinnen. Für den Umgang mit Krankheit eröffnet dies die Möglichkeit, sie zu akzeptieren, statt sie vergeblich zu attackieren, sie zu nutzen, statt nur an ihr zu leiden. Sie kann einen noch unbekannten Grund in sich bergen. Auch unabhängig davon kann ihr in jedem Fall ein individueller Sinn zugesprochen werden.

Im Gespräch lassen sich Überlegungen dazu anstellen, ausgehend davon, dass es keine *Norm* ist, Sinn finden zu müssen, nur eine *Option*, danach suchen zu können. Vorrang hat die unmittelbare Hilfe, die Behandlung, das Mitgefühl, dann erst wird die Besinnung möglich, das Innehalten und Nachdenken über Sinn, sofern es erwünscht ist. Nur durch *Interpretation* ist die Bedeutung zu erschließen, die auch eine Krankheit haben kann, insofern sie, wie alles, was ist, kein isoliertes Faktum darstellt, sondern in vielfache Zusammenhänge eingebettet ist. Die Interpretation beeinflusst die Haltung zur Krankheit und den Umgang mit ihr. Sie erlaubt beispielsweise, eine Krankheit ins Leben zu integrieren, weil grundlegende Einsichten, wertvolle Erfahrungen, wichtige Beziehungen, neue Lebensziele, die ansonsten unbekannt geblieben wären, aus ihr hervorgehen können.

Ein Mensch kann sich sagen: Die Krankheit nimmt mir etwas, aber sie gibt mir vielleicht auch etwas, nichts ist für nichts. Womöglich stellt sie mir eine Aufgabe und ich kann etwas daraus lernen. Sie katapultiert mich in ein anderes Leben und hilft mir, eine andere Sichtweise zu gewinnen, eine bisher unbekannte Perspektive des Lebens kennenzulernen. Sie ermöglicht mir, intensiver zu erfahren, was Leben ist, das bisher immer als pure Selbstverständlichkeit erschien, auch mir darüber klarer zu werden, was mir im Leben wichtig ist und dass es etwas Schönes für mich gibt, eine Freundschaft, eine Liebe, eine Familie oder das Leben selbst. »Krankheit«, sagt eine Patientin, »habe ich auch nicht als solche verstanden, sondern eher als einen Wink des Schicksals, der mir zu verstehen gab, etwas in meinem Leben zu ändern. Ich habe die großartige Erfahrung gemacht, dass ich die Diagnose Nierenkrebs mit Gleichmut hinnehmen konnte. Es spielte plötzlich keine Rolle mehr, ob ich lebe oder sterbe. In mir bildete sich eine große Kraft, die alles schluckte. Dieser Prozess hat sich schon vorher bemerkbar gemacht und ich bin froh, dass ich im Nachhinein die Zeichen deuten kann.«

Eine *andere Option* ist, in der Sinnlosigkeit zu verharren, die wirklich oder nur scheinbar eine solche ist. Ist alles sinnlos, zumindest aber dieses Geschehen, das mein Leben in Frage stellt? Das auf neutrale, objektive Weise entscheiden zu können, bedürfte einer Gottesposition, eines absoluten, universellen Überblicks. Der aber ist Menschen nicht zugänglich, also ist diese Frage nicht zu beantworten. Zu respektieren ist gleichwohl, wie Menschen sich selbst sehen und ihre Situation erfahren. Nicht wenige sprechen gerade einer Krebserkrankung den Sinn zu, das Leben intensiver wahrzunehmen. Ebenso ist die gegenteilige Sicht möglich, wie eine Patientin sie äußert: »Meine noch verbleibende Lebenszeit empfinde ich nicht als intensiver, voller, erfüllter, reicher, im Gegenteil, sie rinnt mir durch die Finger mit dem Tempo des letzten Sandes in einer Sanduhr. Oft höre ich von Freunden, ob ich jetzt nicht ganz anders lebe als vorher, eben ›intensiver‹ – ich kann dieses Geschwätz schon fast nicht mehr hören. ›Man‹ meint, es müsse so sein … Tatsache ist, dass man in einem Wartesaal lebt. Sie haben doch auch schon Freunde zum Zug oder zum Flughafen begleitet und erfahren, wie blöd man da herumsteht, mit Verlegenheitsgeplapper. Es ist gut, wenn der Zug bald einfährt …«

Das Gespräch hat nicht zum Ziel, eine Option als die einzig richtige auszuweisen, sondern einem Menschen dabei zu helfen, diejenige zu finden, die ihm nach eigener Auffassung am besten entspricht. Mit dem gedanklichen Austausch eröffnet sich ein *geistiger Raum*, in dem sich das Nachdenken über das Leben entfalten kann und die Klärung von Werten in Gang kommt, derer ein Mensch bedarf, um sich zu orientieren. Das Gespräch wird genau dann zum Ereignis, wenn er auf dieser Basis seine Lebenshaltung findet. Im Grunde ist das bereits im Gespräch mit sich selbst möglich, mehr aber noch mit einem Anderen, der Fragen stellt, die das Nachdenken anstoßen und die Besinnung anregen. Es ist die Präsenz des Anderen im Gespräch, die zur Selbstklärung auffordert, mit der die Selbstgewissheit wachsen kann. Sinn ist der Gewinn des philosophischen Gesprächs, wenn ein Mensch sich darüber klarer wird, was seine wichtigsten Beziehungen, Erfahrungen, Ideen, Gewohnheiten, Werte, Verletztheiten, aber auch Schönheiten sind. Mitunter mache ich allerdings die Erfahrung, dass ich selbst bei meiner Tätigkeit an mir und am Sinn des Ganzen zweifeln kann.

Meine eigene Frage nach dem Sinn: Wozu das alles?

Das kommt umso überraschender, als ich nach anfänglicher Skepsis den Eindruck gewonnen habe, dass die Arbeit als philosophischer Seelsorger ja doch »Sinn macht«. Nicht nur für Andere, auch für mich ist Sinn die Ressource, die Energie spendet. Auch ich will spüren und wissen, wozu meine Sorge für Andere gut ist, ob und wie sie hilfreich sein kann und was sie für mich selbst bedeutet. Meist ist es mir möglich, die entsprechenden Zusammenhänge zu sehen oder sie herzustellen, aber dabei bleibt es nicht. Das ist im Grunde nicht verwunderlich, denn wenn sich das Leben zwischen Gegensätzen bewegt, muss es eben auch ein Hin und Her zwischen den Gefühlen großer Sinnfülle und völliger Sinnlosigkeit geben können. Dem entspricht die Erfahrung, dass ich, wenn mir alles sinnvoll erscheint, kraftvoll leben kann, mich aber, wenn mir alles sinnlos vorkommt, völlig kraftlos fühle. Oder ist es umgekehrt so, dass alles sinnlos wird, *weil* ich kraftlos bin? Dass der Sinn, dessen ich mir sicher war, über Nacht zusammenbricht, habe ich schon oft erlebt. Es erwies sich stets als eine vorübergehende

Erscheinung, und dies am ehesten dann, wenn ich den Zusammenbruch einfach hinnahm. Warum kann mich die Erfahrung des *atmenden Sinns* jetzt so sehr irritieren? Jedenfalls erscheint mir, was gestern noch sinnvoll war, heute sinnlos. Wo gestern der Glanz des Gelingens erstrahlte, tut sich heute das Schwarze Loch des Misslingens auf. Mir zu sagen, dass eine veränderte Perspektive die Ursache dafür ist, hilft mir nichts: Die jetzige Perspektive beansprucht alle Wahrheit für sich, nie mehr wird es anders sein.

Ein *kleineres Ausatmen* des Sinns hat mich hier bisher immer nach einer Arbeitswoche überkommen. Das konnte ich problemlos akzeptieren, schwierig war nur, dass ich an diesen ein, zwei Tagen weiter, wie auch Andere, funktionieren musste. Erleide ich zuhause eine Sinndelle, kann ich im vertrauten Alltag damit allein bleiben. Auf ein *größeres Ausatmen* war ich bei der Arbeit im Krankenhaus im ersten oder zweiten Jahr gefasst, aber es stellt sich, merkwürdig genug, im siebten ein. Eine *Desillusionierung* hebt mich aus den Angeln und konfrontiert mich sehr heftig mit der Empfindung von Sinnlosigkeit. Wo gerade eben noch alles so sinnvoll war, brechen nun Kaskaden von Fragen über mich herein: Wozu soll es gut sein, abstrakte Überlegungen über alles Mögliche anzustellen, wo es doch auf konkrete Hilfe für Menschen in Not ankommt? Was nützen all die theoretischen Einsichten, die ich meinen Gesprächspartnern vermitteln kann, wenn es ihnen an der praktischen Einübung in ein verändertes Leben fehlt? Was weiß ich von den mittel- und langfristigen Folgen meiner Tätigkeit, wenn die Menschen nach ein paar Gesprächen wieder in ihr Leben zurückkehren? Was für einen Sinn hat die Sorge überhaupt? Geht das Leben nicht ohnehin seinen Gang? Was kann die Philosophie, außer Begriffe zu klären und größere Zusammenhänge in den Blick zu fassen, was in der Unmittelbarkeit einer problematischen Lebenssituation jedoch kaum jemandem weiterhilft?

Als ich einem leitenden Mitarbeiter des Hauses, der unter Überlastung leidet, ein Gespräch anbiete, bringt er es unverblümt auf den Punkt: Das kenne er schon, jetzt brauche er aber wirkliche Hilfe, nämlich ein praktisches, ökonomisches, technisches, organisatorisches Wissen, wie dieses und jenes Problem zu lösen sei. Damit kann ich nicht dienen, ich bin mit der Frage beschäftigt, wie bedeutend Ideen für ein solches Haus sind. Wer würde die vielen Schwierigkeiten am Arbeitsplatz auf sich nehmen, wenn er oder sie die grundlegende Idee nicht gut fände? Oder hat die individuelle Einsatzbereitschaft hauptsächlich damit zu tun, wie mein leitender Nichtgesprächspartner vermutet, dass der Arbeitsplatz auf dem Spiel steht? Abgesehen davon, dass es keine verlässliche Antwort darauf gibt: Ist es von Interesse, darüber oder über sonst etwas nachzudenken? Alle sind mit ihrer Arbeit, ihrem Leben, ihrer Krankheit und ihren momentanen Problemen gut ausgelastet. Niemand braucht dieses ewige Nachdenken. Die philosophische Reflexion ist allenfalls etwas für den Zeitvertreib, unterhaltsam, aber belanglos, wie Fernsehshows und Videospiele, nur langweiliger.

Dass das wahr sein könnte, verstärkt noch mein Problem: Ich brauche Sinn. Wie gewinne ich ihn zurück, wenn ich ihn verloren habe? Dass die Arbeit am Sinn damit einsetzt, die Lebenskräfte wieder zu stärken, habe ich hier gelernt, ich muss die Einsicht also nur auf mich selbst anwenden und mich erst um sinnlichen, dann seelischen und geistigen Sinn kümmern. Die Ethik der Sorge für Andere verlangt mir jetzt ab, einige Sorge *mir selbst* zuteilwerden zu lassen, sonst kann ich mich nicht mehr um Andere sorgen – das aber kann nicht der Sinn der Sorge sein. Lebenskunst heißt, zwischendurch auch wieder aus einer Situation, einer Konzentration, einer Verwicklung herauszuspringen und das Nächstliegende zu tun, essen gehen zum Beispiel, und mich einem Freund, einer Freundin anzuvertrauen. Ich rufe Kathrin Grunder an, mit der ich mich seit der gemeinsam durchgestandenen Operation angefreundet habe. Sie schlägt einen Ausflug zum *Nachtessen* am nahe gelegenen Zuger See vor.

Schon die Sinnlichkeit des Ortes in Immensee direkt am ruhig vor sich hinplätschernden Wasser ist wohltuend, das Gefühl der Vertrautheit miteinander tut ein Übriges. Im Austausch der Gedanken kommt alle Unruhe zur Sprache, die erhofften Antworten auf die Sinnfrage ergeben sich allmählich von selbst, bis hin zum *gedachten Sinn*, der mit Zielen und Zwecken zu tun hat: Wohin will ich? Was bezwecke ich mit meiner Arbeit? Geht es mir nicht darum, die Möglichkeiten einer Philosophie der Lebenskunst in der Praxis auszuloten, und zwar gerade dort, wo das Leben schwierig wird? Ist es mir nicht ein Anliegen, mich selbst auszuprobieren und mit dem Leben zu experimentieren, eigene Engstirnigkeiten zu durchbrechen und neue Erfahrungen zu machen, meinen Horizont zu erweitern und einen anderen Blick auf das Leben und die Welt zu gewinnen? Ich mache das doch, um mich zu üben, und das verlangt mir ab, auch ungewöhnliche Situationen zu bewältigen. Ich habe die Chance, Menschen kennenzulernen und mit ihnen Gespräche zu führen, die mir einen tiefen Einblick in die Bedingungen und Möglichkeiten ihres Lebens gewähren. Wann sonst wäre es möglich, so vielen Menschen so nahezukommen? Aber wie kann ich ihnen behilflich sein?

»Vielleicht sollten die Ziele nicht zu hoch gesteckt sein«,

mahnt Kathrin. »Es genügt doch, wenn ein Philosoph ein wenig Abwechslung in den Alltag bringt, der gewöhnlich durch Routine gekennzeichnet ist. Ein Effekt des Wiederwachwerdens ist damit verbunden. Die eigene Rolle im Getriebe kann wieder überdacht und neu definiert werden, sei es in der Besinnung mit dem Philosophen oder in der folgenden Selbstbesinnung. Es ist doch wirklich etwas dran an der vielfach gerühmten geistigen Nahrung. Philosophische Überlegungen liefern Anregungen zur Reflexion und Anlässe für die Neuorientierung im Denken, ist das etwa nichts?« Sie liest mir förmlich die Leviten: »Philosophie kann *den Sinn* nicht liefern, na und? Entscheidend ist, dass sie Menschen dabei unterstützt, mehr Klarheit für sich zu gewinnen, die nicht mit dem übereinstimmen muss, was der Philosoph vertritt. Der Philosoph kann keine endgültigen Wahrheiten verkünden, selbstverständlich, er kann nur ein Stück weiterhelfen auf dem Weg, eine Wahrheit für sich selbst zu finden. Mir hast du dabei auch geholfen. Aber ist das für die Lebensbewältigung nicht völlig ausreichend? Wenn es mit philosophischer Hilfe gelingt, diese Wahrheit so gut wie möglich zu begründen, damit sie länger Bestand hat, ist viel erreicht. Mit einer nachhaltigen, durchdachten Wahrheit lässt sich immer besser leben als mit einer kurzzeitigen, spontanen.«

Kathrin hält mir den Spiegel vor, all das vertrete ich zu anderen Zeiten selbst, ich habe es nur für einen Moment vergessen. Hat die Erfahrung der Sinnlosigkeit tatsächlich etwas damit zu tun, dass die Sinnansprüche überhöht werden? Dass immer dann, wenn alles voller Sinn sein soll, nichts mehr sinnvoll erscheint? Jetzt fällt mir wieder ein, dass ich selbst im Zuge des Nachdenkens über Sinnfragen zu der Auffassung gekommen bin, dass jeder Sinn auch wieder in Frage gestellt werden sollte, um sich keines Sinns allzu sicher zu sein. Auch Sinn kann gefährlich werden, wenn jemand eine letzte Wahrheit in ihm sieht, etwas, das für immer bleibt und von Anderen nur noch nicht erkannt worden ist, ihnen jedoch unbedingt »beigebogen« werden muss. Endgültige Erkenntnisse über den Sinn kann niemand haben, auch nicht über die Sinnlosigkeit. Gerade dann jedoch, wenn ein Sinn zusammenbricht, zeigt sich in der Leere, die er hinterlässt, ob er gehaltvoll war oder ob es sich um eine Chimäre handelte. Wird etwas vermisst, lässt sich der Sinn wiederentdecken und wiederherstellen.

Aber was pflege ich hier meine Probleme? Kathrin hat mit einer ganz anderen Art von Hochs und Tiefs zu kämpfen, immer in Abhängigkeit von ihren aktuellen Blutwerten, erfüllt von Sinn in Zeiten der Hoffnung, in die Leere völliger Sinnlosigkeit geworfen in Zeiten der Enttäuschung. Es ist erst ein paar Monate her, dass sie mich in einer E-Mail um Nachsicht für die vielen Schreibfehler bat, »denn meine Augen sind tränenblind«. »Kannst du dich noch erinnern«, fragt sie mich, »als ich seinerzeit von der Ouvertüre zur Oper *Abschied* gesprochen habe? Hin und wieder taucht der Gedanke oder die Frage bei mir auf, in welchem der vier Akte ich eigentlich bin. Manchmal kommt es mir so vor, als ob meine Etappenziele kürzer, dafür umso steiler würden.«

Ihre existenziellen Sorgen relativieren meine eigenen. Was bei mir nur ein Moment im Leben ist, der mir zu schaffen macht, ist bei ihr das drohende Lebensende. Sie trägt, wie sie sagt, ihre Krankheit »wie mit einem Koffer« mit sich herum und legt Wert darauf, dass sie diese nicht *in* sich trägt. Sie will um jeden Preis kämpfen und alles versuchen, denn »das Leben ist so schön«. Die potenziell tödliche Krankheit sei trotz allem eine »Bereicherung« ihres Lebens, sie habe eine Intensivierung ihrer Existenz mit sich gebracht und sie aus der Normalität und stumpfen Alltäglichkeit herauskatapultiert. Wenn sie morgens auf dem Weg zur Arbeit in der S-Bahn all die Menschen sehe, die ohne Blick für das Leben in Zeitungen vertieft seien, deren Neuigkeiten bereits von gestern sind! Da schaue sie lieber aus dem Fenster, sehe die Sonne aufgehen, habe ein Auge für die Tautropfen an den Gräsern und nehme jede Regung des Lebens sehr bewusst wahr. Daher wolle sie auch mit niemandem tauschen.

Wir sprechen über ihren Glauben, den sie nicht genau definieren will. Es genügt ihr völlig, dass sie Halt und Geborgenheit darin findet. Hat das etwas mit ihrem eigentümlichen Gefühl zu tun, von dem sie schon einige Male erzählte, dass all das, was mit ihr geschehe, gar nicht sie selbst angehe, sondern nur »Frau Grunder« betreffe? Sie selbst sei irgendwo anders und nehme Frau Grunder bei der Hand, um das alles mit ihr durchzustehen. Ist das nicht eine bedenkliche *Dissoziation*, wie Therapeuten sagen würden? Oder gibt es tatsächlich ein eigentliches Selbst, das nicht mit der Person in diesem Leben identisch ist und daher auch nicht mit ihr endet? Ein Selbst, das an jenem X teilhat, jener unbekannten Dimension der Unendlichkeit, die mutmaßlich über die Endlichkeit des Menschen weit hinausreicht? Ist die Beziehung zu diesem X schon Religiosität? – Wir können das jetzt nicht klären, Schluss mit Grübeln, Zeit für den Nachtisch. Heute ein Stück Zuger Kirschtorte. Die wird nicht etwa mit rotfleischigen Kirschen, sondern mit hochprozentigem Kirschwasser gemacht, ein Stück genügt, um die Lebensgeister wieder zu wecken. Das ist der Sinn der Sinnlichkeit.

Was mich angeht, bleibt der Sinnverlust eine Episode, auch wenn sich die volle Rückkehr des Sinns noch eine Weile hinzieht. Wie zur Bestärkung meldet sich in dieser Zeit Herr Schütz* wieder bei mir, ein ehemaliger Patient, der vor Jahren zu Gesprächen kam. In seinem früheren Leben war er als Gefahrenguttransporteur tätig, fuhr Nitroglyzerin und vieles Andere aus der Chemischen Industrie, giftig und hochexplosiv, von hier nach dort. Er fand das spannend, und so traf es ihn überaus hart, als er plötzlich nicht mehr arbeiten konnte. Im Alter von 45 Jahren erhielt er eine Karzinomdiagnose und unterzog sich einer Ganzhirnbestrahlung, bis sich schließlich Phänomene einer Querschnittslähmung zeigten und er damit fertigwerden musste, künftig ein Leben im Rollstuhl zu führen. Ein Satz aus den Gesprächen von damals, meint er, habe ihm zu einem neuen Anfang verholfen, als er am Ende war: *Dass er, wenn er sich im Abgrund befinde, nicht mehr weiter fallen könne, dass es dann vielmehr nach allen Seiten nur noch aufwärtsgehe.* Das habe ihm eine neue Orientierung, neuen Lebensmut, neuen Sinn fürs Leben gegeben. Er fand zu einer robusten Lebenseinstellung, nämlich sich das Erfreulichste am Leben im Rollstuhl herauszupicken und so den Kopf frei zu bekommen für das, was zu bewältigen sei. Alles Neue sei auch faszinierend, und wenn es hart auf hart komme: Sterben müsse jeder, das müsse man vorher aber gar nicht so genau wissen.

Er gibt mir zurück, was ich ihm gesagt habe und mir jetzt selbst sagen kann: Dass ein Sinn der Erfahrung von Sinnlosigkeit darin besteht, Bekanntschaft mit der Abgründigkeit des Lebens zu machen und von dort aus ins Leben zurückzufinden. Meine Irritation war eine vergleichsweise kleine, während er es schaffte, einen tiefen Einschnitt im Leben zum Ausgangspunkt einer bewussteren Existenz zu nehmen, die die abgründige Tiefe des Lebens nicht mehr leugnet. Nun führt er mir vor, dass es wirklich möglich ist, ausgerechnet dort Wurzeln zu schlagen, wo der Boden des Abgrunds erreicht ist. Auch im Abgrund kann es Heimat geben, auch dort lässt es sich wohnen, sogar ohne befürchten zu müssen, diese Wohnung jemals wieder zu verlieren, denn niemand sonst will sie haben. Es ist der einzige Platz, der selbst nicht mehr in Frage steht, insofern ist da nichts mehr, was einem genommen werden kann. Die Krankheit habe sein Leben durchgerüttelt, sagt Herr Schütz. Aber sie habe ihm letztlich ein neues Leben gegeben, wie lange auch immer es noch währen mag.

Fundamentale Fragen: Was ist Krankheit?

Nicht nur Patienten fragen danach, wie sie mit der Krankheit umgehen können, die in ihr Leben hereingebrochen ist, auch Ärzte werden von der Frage umgetrieben, wenngleich auf ganz andere Weise. »Was ist eigentlich Krankheit?«, fragt Dr. Neumann*, Internist. Darüber will er nachdenken, denn das kommt seiner Meinung nach in der alltäglichen Arbeit zu kurz. Dabei sind grundsätzlichere Fragen die Voraussetzung dafür, sich nicht mit den gewohnten Sichtweisen zufriedenzugeben, sondern immer mal wieder andere zu erproben. Daher nun also ein philosophisches Gespräch zu den Fragen: Was heißt es, eine Krankheit zu erkennen? Woran ist eine richtige Erkenntnis zu erkennen? Wie zuverlässig ist das Wissen der Wissenschaft? Fragen der Erkenntnis (*episteme* im Griechischen) sind in der *Epistemologie*, der Erkenntnistheorie beheimatet, Teilgebiet der Philosophie von alters her. Erkenntnistheoretisch ist mein Gegenüber besorgt über den »zunehmenden Reduktionismus« in der Medizin, also die Rückführung auf das allzu

Einfache, in diesem Fall das Messbare. *Evidenzbasierung* ist das Stichwort der Stunde dafür. Eine Unruhe aber bleibt: Ist alles, was wichtig ist, auch messbar? Was bedeutet es, wenn das angeblich objektiv Messbare sich mit jeder neuen Studie ändert?

Immer müsse man auf dem neuesten Stand des Wissens sein, der aber schnell veralte, klagt Dr. Neumann. Das Problem ist, werfe ich ein, dass es kaum eine Alternative zum Wissen gibt, das die mutmaßliche Wirklichkeit richtig und vollständig zu erfassen sucht. Es genüge, etwas Skepsis gegen das *gegenwärtige* Wissen zu hegen und es nie mit endgültigem Wissen zu verwechseln. Dass jedem Wissen ein gleiches Wissen entgegengesetzt ist (*panti logo logon ison antikeisthai*), lehrte Sextus Empiricus, der der antiken medizinischen Schule der Empiriker zugehörte, in der Schrift *Grundzüge der pyrrhonischen Skepsis* schon im 2./3. Jahrhundert n. Chr. Das soll keineswegs auf eine Missachtung des Wissens hinauslaufen, aber verhindern, zum Sklaven des momentan herrschenden Wissensstandes zu werden. Dass die Wirklichkeit immer umfassender als jedes aktuelle Wissen von ihr ist, zeigt die Wissenschaftsgeschichte zur Genüge. Und wer könnte jemals wissen, wie viel Wirklichkeit das menschliche Wissen überhaupt erfasst? Den angehäuften Wissensbergen könnten ganze Universen des Unwissens gegenüberstehen, die stolze menschliche Wissenswelt könnte von einem Kosmos des Nichtwissens umfangen sein, von dem sie nichts wüsste. Ist das beunruhigend? Es lässt immerhin viel Wissensarbeit für viele Jahrhunderte übrig.

Wir diskutieren über die Geschichte des *Placebo-Effekts*, den immer neue Studien belegen. Medikamente ohne Wirkstoffe sind bei einer beträchtlichen Anzahl von Patienten dennoch wirksam, zu erklären nur mit einer Wirkung der Psyche auf die Physis, während es doch lange Zeit als gesichertes Wissen galt, dass diese Wirkung lediglich eine eingebildete sei und allenfalls Linderung, keinesfalls Heilung bewirken könne. Forscher der Universität von British Columbia in Vancouver konnten sogar zeigen (*Science*, 2001), dass Placebos auch bei Parkinson-Patienten wirken, deren Hirnzellen degenerieren und mangelhaft kommunizieren. Dopamingaben lindern die Symptome der Krankheit, indem sie die Kommunikation der Hirnzellen anregen – einen Anstieg des Dopaminlevels bewirken aber auch Placebos. Ebenso eindrucksvoll fallen Experimente mit Kniespiegelungen aus, die nur zum Schein durchgeführt werden. Die anschließende Bewertung der Funktionalität des Knies durch die Patienten unterscheidet sich nicht wesentlich von der Vergleichsgruppe mit Operation. Wirft das ein Licht auf lange belächelte Scheinhandlungen, Scheinmedikamente, Scheinoperationen, die in der Medizingeschichte immer wieder zur Anwendung kamen? Aderlass, Abführmittel, Wunderheilung, Pillen ohne Ingredienzien konnten offenkundig immer schon die Psyche von Patienten, die Kräfte ihres Glaubens und ihrer Überzeugung aktivieren, mussten aber aus Sicht der »evidenzbasierten« modernen Schulmedizin als Schein abgetan werden.

»Wie auch immer, für den Arzt am Krankenbett bleibt die Aufgabe stets dieselbe«, beharrt Dr. Neumann: »Zutreffend zu diagnostizieren, um bestmöglich therapieren zu können.« Traditionell stehe ihm dafür das *kausale Denken* zur Verfügung, das von einer eindeutigen Ursache-Wirkung-Kette ausgeht und auf der Suche nach der *causa efficiens* ist, nach dem *Woher*, nach dem einen Grund, der die Krankheit verursacht hat. Allerdings könnten außer physiologischen auch psychologische, biographische, soziale, ökonomische, ökologische Faktoren im Spiel sein, kaum je seien alle Faktoren zu erfassen. Kann eine Krankheit sogar eine letzte Möglichkeit der Sinngebung darstellen, die von manchen in sinnentleerter Zeit und sinnlos erscheinender eigener Tätigkeit wie ein rettender Strohhalm ergriffen wird?

»Wäre es möglich«, kommt mir jetzt in den Sinn, »geradezu einen *Satz vom verborgenen Grund* zu formulieren? *Irgendein Grund bleibt immer unbekannt,* sei es im Moment oder auf Dauer.« Ein solches Krankheitsverständnis hätte eine veränderte Haltung zum Kranken und zu seiner Krankheit zur Folge. Die Krankheit wäre keine isolierte und isolierbare Angelegenheit mehr, vielmehr käme es darauf an, sie in ihrem Wurzelgeflecht besser zu erfassen und *kontextsensitiv* vorzugehen, um die möglichen Verflechtungen aufzuspüren. Ein *multifaktorielles* Verständnis von Krankheit bestünde darin, viele Faktoren zu vermuten und bei der Behandlung zu beachten, schulmedizinisch, immunologisch, alternativmedizinisch, ernährungsphysiologisch, physiotherapeutisch, psychotherapeutisch, sozial, ohne letzten Endes wissen zu können, was den Ausschlag beim Heilungsprozess geben wird.

Dr. Neumann stimmt zu, »aber wie kann der Arzt dem Rechnung tragen?«

»Mit einem *hermeneutischen Denken,* das das kausale ergänzt«, schlage ich vor. Mit Hermeneutik, der Kunst der Deutung, wäre es auch möglich, sich mit dem Patienten auf die Suche nach einem sinnvollen Umgang mit der Krankheit zu begeben und ihn nicht nur in seiner jetzigen Situation zu sehen. Die Deutung einer möglichen *causa finalis* brächte über das Woher hinaus ein *Wohin* in den Blick: Wohin kann die Krankheit ihn führen, zu welcher Einsicht und Neuorientierung, Reifung und Weiterentwicklung? Auch wenn ein Sinn der Krankheit nicht objektiv feststellbar, nur subjektiv deutbar ist, könnte er die heilenden Kräfte eines Menschen freisetzen. Im Moment befindet sich der Patient in dieser Situation, aber er ist nicht nur der, der er jetzt ist, sondern auch der, der er künftig sein kann. Er ist dabei zu *werden*, er befindet sich auf einem Weg, auf dem die Krankheit möglicherweise eine wichtige Station ist, und in Gesprächen kann er auf diesem Weg begleitet werden. Ihm über seine momentane Wirklichkeit hinaus Möglichkeiten aufzuzeigen, bringt eine Erweiterung seines Horizonts mit sich, die die Verengung seiner aktuellen Situation durchbricht.

Dr. Neumann steuert eine Einsicht aus dem Fundus seiner Erfahrungen bei: »Selbst bei Krankheiten, die sicher somatisch bedingt sind, ist nicht immer klar, ob sie auch somatisch bewältigt werden können oder ob dafür andere, seelische, geistige Stimulanzien erforderlich sind.« Durch Gefühle und Gedanken könnten Heilkräfte anzuregen und hervorzulocken sein. Es sei deutlich, dass vor allem die *Gedanken* eines Menschen Einfluss darauf nähmen, ob und wie seine Energien fließen, die wiederum die Verfassung des Körpers beeinflussen könnten, konstruktiv oder destruktiv, und zwar so weitgehend, dass ein guter Fluss der Energien heilsam sei, ein Stocken aber krankmachen und sogar töten könne, wie es beim so genannten Heimwehtod zu vermuten sei, den man meist nicht medizinisch erklären könne.

»Wenn der geistige Aspekt eine solche Rolle spielt, stellt sich doch die Frage, wie er stärker berücksichtigt werden kann«, sage ich.

»Ja, aber beim Rückzug der Medizin auf den Körper, auf die *Somatik*, ist der Sinn für alles Andere verlorengegangen. Das entstehende Vakuum haben im 20. Jahrhundert die Psychodisziplinen gefüllt. Die *Psychosomatik* war der Versuch, die Abtrennung der Psyche von Soma rückgängig zu machen, neben somatischen auch psychische Ursachen in ein Krankheitsbild einfließen zu lassen, wie sie etwa bei Asthma bronchiale, Neurodermitis oder rheumatoider Arthritis eine Rolle spielen.« Bekannt sei auch, dass Menschen »somatisieren«. Weil psychisches Leid oft weniger fassbar sei als körperliches, brächten sie körperliche Symptome hervor, die für sie selbst und Andere fassbarer sind. Deren Behandlung falle in den Zuständigkeitsbereich von Medizinern, die aber gut beraten wären, Psychotherapeuten hinzuzuziehen oder selbst eine entsprechende Zusatzausbildung zu absolvieren.

»Zur Vervollständigung bedürfte es«, überlege ich, »einer *Logopsychosomatik*, die die Rolle des Denkens, des Geistes, griechisch *logos* oder auch *nous*, berücksichtigt.« Werde der Mensch als körperlich-seelisch-geistige Integrität verstanden, komme es darauf an, über Soma und Psyche hinaus auch auf dieser Ebene mit ihm zu arbeiten. Eine Logopsychosomatik könnte an die Logotherapie Viktor Frankls anschließen, der von *noogenen* Krankheiten »aus dem Geist« sprach: »Neurosen müssen nicht im psychischen Bereich wurzeln – sie können auch in einem Bereich, der wesentlich über den psychischen hinaus liegt: im noetischen Bereich, im Bereich des Geistigen begründet sein« (*Logotherapie und Existenzanalyse*, Aufsatzsammlung, 1994, 147). Finde ein Mensch dann jedoch mithilfe des Denkens einen Daseinssinn für sich, rufe dies die Kräfte in ihm wach, mit denen Seele und Körper gesunden könnten.

»Und wie wäre das in die medizinische Praxis einzubauen?«, interessiert sich Dr. Neumann.

»Anders als bei Frankl, der als Arzt und Psychotherapeut mit ausgeprägten philosophischen Interessen alle Ebenen in seiner Person vereinen konnte, müsste eine Logopsychosomatik diese Integration durch die Kooperation verschiedener Berufsgruppen bewerkstelligen«, überlege ich. Mehr als in der aktuellen Medizin könnte ein wichtiges Medium der Arbeit, wie schon bei der Logotherapie, das Wort, das Gespräch sein, um nach Sinn, Bedeutung und Zusammenhängen zu suchen. Im Gespräch wären die Gedanken und Begriffe ausfindig zu machen, die die Energien eines Menschen freisetzen und in andere, erfüllendere Bahnen lenken könnten. Der Philosoph Epiktet gelangte bereits zur Zeit des Sextus Empiricus in seinem *Handbüchlein der Moral* zur Auffassung, dass die gedankliche Einstellung eines Menschen entscheidend für sein Leben sei, denn nicht die Dinge beunruhigten ihn, sondern die Gedanken über die Dinge. Die Gedanken wiederum sind in *Begriffen* konzentriert, auf die die Philosophen aufmerksam sind, aber ein Sinn für Begriffe wäre auch für Ärzte wünschenswert, denn Menschen können an Begriffen erkranken und mit anderen Begriffen gesunden. Das ergibt sich für mich aus den Erfahrungen in den Gesprächen mit den Patienten: »Man könnte geradezu von *pathogenerativen Begriffen* sprechen, etwa von den oft unüberlegten Begriffen des Glücks, des Lebens, der Liebe, der Gesundheit, denen ein Mensch nachlebt, da er die gegebene Bedeutung für die einzig mögliche hält. Geht er damit in die Irre, lastet er dies Anderen und aller Welt an, kaum je seinem Begriff. Mit einem Wissen von Begriffen wäre es möglich, einem Menschen bestehende und alternative Inhalte aufzuzeigen.«

»Wäre es nicht besser«, fragt Dr. Neumann, »ganz auf Begriffe zu verzichten? Mit dieser Radikalkur wäre man das Grundproblem los, dass sie die Wirklichkeit des Lebens und der Welt nicht im Verhältnis eins zu eins abbilden, sondern nur interpretieren.«

»Aber was wäre die Alternative?«, frage ich zurück. »Alle Gedanken müssen in Begriffe gekleidet werden, um kommunizierbar zu sein. Dass Begriffe die Phänomene, die Daten und Fakten über sie mit Interpretationen einfärben, rührt nicht nur davon her, dass subjektive Auffassungen und Empfindungen in sie eingehen, sondern auch davon, dass es schwierig ist, die Dinge in reiner Objektivität zu betrachten. Sie bedürfen nun mal der Deutung und Interpretation, die ohne Begriffe nicht auskommt. Computer sind nüchterner? Aber auch sie sind nur menschengemachte Maschinen, ihre Programmierung erfolgt nach menschlichen Maßstäben, ihre Objektivität ist nur eine scheinbare. Menschen definieren, welche Daten und Fakten beispielsweise mit den Begriffen Krankheit und Gesundheit korrelieren.«

»Die Weltgesundheitsorganisation WHO hat Gesundheit als vollkommenes körperliches, seelisches und soziales Wohlbefinden definiert«, macht Dr. Neumann mich aufmerksam.

»Aber gerade daran zeigt sich«, fahre ich fort, »wie fragwürdig Begriffe sein können. In Wirklichkeit kann es gesund sein, auch mal krank zu sein.« Die junge Frau, die sich als Alleinerziehende um Arbeit, Haushalt und Kind zugleich bemühe und all dies möglichst perfekt handhaben wolle, werde vom schmerzenden Rücken daran erinnert, dass sie sich um ein pflegliches Selbstverhältnis bemühen sollte, das den inneren Zusammenhalt stärkt, der wiederum den äußeren Rücken trägt. In der Muße, die die Krankheit erzwingt, werde es möglich, zu der Besinnung zu kommen, die erforderlich sei, um sich von Neuem an die Zusammenhänge und Beziehungen zu erinnern, die für das Leben wichtig sind.

»Das würde heißen, es gibt keine Gegensatzbeziehung zwischen Krankheit und Gesundheit«, konstatiert Dr. Neumann.

»Genau das habe ich hier gelernt«, bestätige ich: »Krankheit ist *nicht immer* der Gegensatz zur Gesundheit, sondern manchmal ein gesunder Ansporn zur Sorge um sich. Gesundheit wiederum ist *nicht immer* der Gegensatz zur Krankheit, sondern manchmal eine ungesunde Sorglosigkeit in Bezug auf das eigene Leben. Es kann sogar krank sein, immer nur gesund sein zu wollen.« Der Mitarbeitende, der tapfer jede Erkältung niederkämpfe, um seinem Arbeitsplatz keinen Tag fernzubleiben, laufe Gefahr, irgendwann von einer schlimmeren Krankheit heimgesucht zu werden, gegen die das geschwächte Immunsystem nichts mehr ausrichten kann. Werde die *kleine* Symptomatik ignoriert, stehe bei Gelegenheit, und sei es nach längerer Zeit, die *große* Herausforderung an, die mühsamer zu bewältigen sei.

»Dieser Deutung nach wäre Krankheit eine Herausforderung, die immer mal wieder ansteht, um sich in der Bewältigung schwieriger Situationen zu üben. Meinen Sie das?«, fragt Dr. Neumann.

»Das meinte Friedrich Nietzsche vermutlich, als er in seinem Buch *Die fröhliche Wissenschaft* den Begriff der ›großen Gesundheit‹ erfand. Gesund sind Menschen demnach nicht so sehr, wenn sie gesund sind, sondern wenn sie gesund *und* krank sein können und gut mit Krankheit und Beeinträchtigung zurechtkommen. Gelänge es jemals, Krankheiten zu eliminieren, wäre daher keineswegs reine Gesundheit die Folge.« Wie hartnäckig das Leben Krankheiten als Herausforderung behaupte, ergänze ich, lasse sich daran ablesen, dass alle Anstrengungen zu ihrer Ausrottung in moderner Zeit immer wieder davon konterkariert werden, dass neue, bisher unbekannte Krankheiten zum Vorschein kommen. Die Konsequenz daraus sollte nicht sein, die Bekämpfung von Krankheiten aufzugeben, aber vielleicht von der Illusion eines möglichen »Endsieges« abzulassen.

»Es stimmt, dass es nicht gleichgültig ist, welche Auffassung von Krankheit jemand hat, das sehe ich in meiner ärztlichen Praxis«, bestätigt Dr. Neumann. »Gilt Krankheit einem Menschen als Dysfunktion, geht es um die Wiederherstellung des Funktionierens, die Reparatur der Maschine, als die er seinen Körper betrachtet. Nimmt er die Krankheit als Störung wahr, steht die Wiederherstellung der Ordnung an.«

»Es ist eine *Option*«, meine ich, »eine Dysfunktion oder Störung in der Krankheit zu sehen, das kann sogar kurzfristig heilsam sein. Eine *andere Option* ist jedoch, einen Anlass zur Besinnung in ihr zu sehen, das könnte langfristig heilsamer sein.« In jedem Fall sei die Krankheit eine Erfahrung, die ein Mensch mit sich mache und die etwas mit ihm mache. Werde die Erfahrung als eine rein äußerliche betrachtet, die mit dem Selbst nichts zu tun habe, sei eine intensivere Beschäftigung damit kaum möglich. Sage jemand von sich, er leide nicht an seiner Krankheit, er »habe« sie nur, könne sie ihn umso mehr treffen, je weniger er bereit sei, sie als Teil seines Lebens zu begreifen. Da die Krankheit dennoch eine existenzielle Tatsache sei, die Auswirkungen auf ihn habe, unterlaufe er damit letzten Endes die Beziehung zu sich selbst.

»Aus ärztlicher Sicht bleibt die wichtigste Aufgabe die Heilung«, beharrt Dr. Neumann.

»Die aber hängt nicht nur vom Arzt ab«, halte ich ihm entgegen. »Eine alte Einsicht besagt vielmehr: *Medicus curat, natura sanat* – der Arzt sorgt, die Natur heilt. Ärzte können vieles, aber sie können nicht heilen.«

»Das ist etwas übertrieben«, wendet mein Gesprächspartner ein, »aber vielleicht kann man es so sehen: Ärzte arbeiten an den Bedingungen, die einer Heilung förderlich sind. Mit Wissen und Können und allerlei Hilfsmitteln leiten sie den Heilungsprozess ein und unterstützen ihn. Auch andere Disziplinen und Hilfsmittel im weiteren Sinne werden gebraucht: Pflegende und Therapeuten, Angehörige und Freunde, Räume und ihre Atmosphäre, das gesamte Ambiente.«

»Und Sinn«, bringe ich mein Lieblingsthema ins Spiel. »Ein Mensch, der sich in Sinn eingebettet fühlt und Sinn darin sieht, wieder heil zu werden, kann auch geheilt werden. Was heilt, sind die Kräfte seiner Sinnlichkeit, seines Fühlens und Denkens.«

»Daher ist auch aus meiner Sicht die *Selbstsorge* des Patienten entscheidend«, sagt der Arzt, »nur zusätzlich oder ersatzweise die *Fürsorge* des Arztes und aller, die mit dem Patienten befasst sind. Anregungen von außen können allenfalls die Energien stimulieren, die ein Mensch für seine Heilung braucht, bis er sie wieder selbst aktivieren kann. Wissentlich oder unwissentlich kann er diesen Prozess aber auch aushebeln, wenn er die Anregungen ins Leere laufen lässt oder ganz und gar abweist.«

»Es ist ziemlich viel«, schließe ich, »was sich an diesem Ort abspielt, der für den Umgang mit kranken Menschen gemacht worden ist. Interessant wäre, mehr darüber zu wissen, woher dieser Ort stammt, nicht nur dieser hier, sondern das Krankenhaus als Institution überhaupt. Das könnte das Nachdenken intensivieren, wie es seine Aufgaben am besten erfüllen kann.«

Ein Ort für die Krankheit: Seit wann gibt es Krankenhäuser?

Krankenhaus, das war für mich selbst, von gelegentlichen Besuchen und Kurzaufenthalten abgesehen, lange eine rein theoretische Angelegenheit, ein Gegenstand von geschichtlichem Interesse. Der französische Philosoph Michel Foucault, mit dem ich mich näher befasste und der die Geschichte der Selbstsorge wiederentdeckte, publizierte bereits 1963 das Buch *Die Geburt der Klinik – Eine Archäologie des ärztlichen Blicks*. Er untersuchte darin, wie die Gewissheiten einer ganzen Epoche entstehen und auf solche Weise begründet werden, dass sie für eine historische Weile nicht mehr in Frage zu stellen sind, so fragwürdig sie im Grunde auch sein mögen. Als Sohn eines Chirurgen und Professors für Anatomie interessierte er sich für den Prozess, der zur modernen Medizin führte, und für die Institution, in der diese Medizin ihre Heimstatt fand. Dabei verstand er die Philosophie nie nur als theoretische Tätigkeit, immer auch als praktischen Lebensvollzug, den er selbst mit einem großen Engagement für gesellschaftliche Veränderungen verband. In jungen Jahren arbeitete er zeitweilig in einem psychiatrischen Krankenhaus, dem Hôpital Sainte-Anne in Paris. Die Erfahrungen, die er dort machte, gingen in ein Buch über die Entstehung der modernen Psychiatrie ein: *Wahnsinn und Gesellschaft* (*Histoire de la folie*, 1961).

Eine umfangreiche Geschichtsschreibung zur Entwicklung des modernen Gesundheitswesens ist teils von Foucault inspiriert (Robert Jütte, *Ärzte, Heiler und Patienten. Medizinischer Alltag in der frühen Neuzeit*, 1991; Eduard Seidler, *Geschichte der Medizin und der Krankenpflege*, 1993; Roy Porter, *Die Kunst des Heilens. Eine medizinische Geschichte der Menschheit von der Antike bis heute*, 1997; Calixte Hudemann-Simon, *Die Eroberung der Ge-*

sundheit 1750-1900, 2000). Krankenhäuser, Kliniken, Spitäler, Hospitäler gingen demzufolge im europäischen Kulturraum aus christlichen Einrichtungen für Pilger, Arme und Kranke hervor, die seit dem 9. Jahrhundert von Klöstern und Stiften für Bedürftige aller Art errichtet wurden, um der *Caritas*, der Nächstenliebe, Genüge zu tun. Ein frühes Vorbild dafür war eine bereits um das Jahr 370 n. Chr. gegründete Institution des Kirchenvaters Basilius des Großen. Aufgrund von Beschlüssen des Konzils von Lyon 583 entstanden *Siechenhäuser* nebst Kapellen, separate Orte für Kranke und Aussätzige mit ansteckenden Krankheiten wie Lepra. Jahrhunderte später begannen die Mönche des Klosters von Cluny damit, die Krankenpflege Laien anzuvertrauen, die auf diese Weise für ihr eigenes Seelenheil sorgen konnten. Die moderne Geschichte der Klinik setzte erst gegen Ende des 18. Jahrhunderts ein, als in Wien Kaiser Joseph II., der der Aufklärung anhing, 1784 das Allgemeine Krankenhaus mit insgesamt 2000 Betten in geräumigen Zimmern mit damals vorbildlichen hygienischen Verhältnissen eröffnete.

Zeitgleich mit der Geburt der Moderne aus dem Geist der Aufklärung fand die moderne Medizin ihren Ursprung im *Empirismus*, also im Vertrauen auf das Lernen aus Erfahrung (*empeiria* im Griechischen), um sich nicht länger auf Mythen, Märchen und Überlieferungen zu verlassen. Krankheitssymptome waren fortan wachsam wahrzunehmen, um auf Ursachen zu schließen und dabei eine Objektivität zu erlangen, die sich nicht mehr von der Subjektivität des medizinisch betrachteten wie auch des betrachtenden Individuums täuschen ließ. Mit immer genaueren Kenntnissen vom Funktionieren des Organismus wurde die klinische Medizin zur strengen Naturwissenschaft. *Klinisch* ist sie, weil Ärzte am Bett (griechisch *kline*) des Kranken ihre Beobachtungen machen. Dass die Kranken in der *Klinik* liegen, dieser Ansammlung von Betten, ermöglicht eine Systematisierung der Beobachtungen. In Kliniken sind Krankheiten zu isolieren, im zweifachen Sinne: Zu isolieren von der Gesamtheit der gesunden Menschen, zu isolieren aber auch vom betroffenen Menschen selbst.

So stellt sich die Entwicklung der Medizin im 19. und 20. Jahrhundert für Michel Foucault dar. Im selben Jahr 1963, in dem sein Buch erscheint, kommt Georges Simenon in seinem Roman *Die Glocken von Bicêtre* ebenfalls zur Auffassung, dass der Traum für so manchen Mediziner wohl die Krankheit ohne den Kranken sei. Die Isolierung der Krankheit aber stürze den Kranken in die Einsamkeit seiner Erfahrung: »Man ist ein Kranker geworden, der das Leben niemals wieder im selben Licht sehen wird.« Der Kranke sei ausgeschlossen aus der Gemeinschaft derer, die sich wechselseitig in ihrer Normalität bestärken, entrückt in eine andere Wirklichkeit, die alles sein kann, nur nicht normal. Er werde dem gesunden Leben so fremd, wie er selbst zum Fremden für Gesunde werde.

Ist er ein Wesen von einem anderen Stern? So sieht Virginia Woolf ihn bereits 1926 in ihrem Essay *Über das Kranksein* (*Der Augenblick*, Essaysammlung, 1996). Der Kranke selbst erscheine sich als ein Anderer, die befremdliche Erfahrung erzwinge seine Selbstreflexion: »Krankheit ist der große Beichtstuhl«, was sonst bleibe übrig in der Einsamkeit, in der jemand mit seiner Krankheit allein sei, reduziert auf seine Krankengeschichte? Um aus der Enge herauszukommen und eine andere Perspektive zu gewinnen, statt nur über sich und seine Krankheit nachzudenken, bedürfte er des Gesprächs mit Anderen und ihres Blicks von außen. Die aber sind jetzt fern.

Waren die Menschen zu allen Zeiten meist zuhause krank, wird im Laufe der Moderne immer mehr die Klinik zum Ort der Krankheit, und das in ihr empirisch erworbene Wissen verändert die Auffassung davon, was eine Krankheit ist. Die Medizin trägt ihren Teil zur stürmischen Entwicklung moderner Wissenschaft und Technik bei, *Fortschritt* genannt, der gemäß dem Anliegen der Aufklärung in stets wachsendem Maße die Lebensverhältnisse verbessern soll.

Der Fortschritt macht *Geschichte* und führt quasi-naturgesetzlich zum »größten Glück der größten Zahl«, verstanden als Maximierung von Lust und Eliminierung von Schmerz (John Locke, Jeremy Bentham). Dieser Begriff des Glücks verbreitet sich wie ein Lauffeuer und begründet den Traum von einer Zeit, in der alles Negative wie Hunger, Armut, Elend, Not, Krankheit und Leid verschwindet. Konsequenterweise muss auch die Inkarnation des Negativen in den Augen vieler, das Altern, überwunden werden (kein Problem bei einer frühzeitigen Behandlung mit dem Diabetesmittel Metformin, meinte beispielsweise der am New Yorker Albert Einstein College of Medicine arbeitende Nir Barzilai 2015). Was dann noch zu heilen bleibt, ist lediglich die große Krankheit zum Tode, auch Leben genannt.

Das Leitbild völliger Leidfreiheit, das zum Maßstab für das moderne Leben wird, generiert kurioserweise viel Leid, denn selbst kleinere körperliche und seelische Gebrechen werden von nun an als etwas erfahren, das unter keinen Umständen zu akzeptieren ist, die kleinste Beeinträchtigung muss mit größtem Aufwand beseitigt werden. Vielleicht darf die Moderne aus dieser Sicht als *pathogenerative Kultur* bezeichnet werden. Das anspruchsvolle Ideal der Gesundheit, das sie proklamiert, bringt eine Reihe von »Krankheiten« erst hervor, ein Grund für die Probleme des modernen Gesundheitswesens dürfte darin zu finden sein. Dabei werden Krankheiten doch wertfrei nach Maßstäben empirischer Objektivität erforscht ...

Wird aber das Glück zum Maßstab, explodiert die Zahl unglücklicher Störungen, die zu beheben sind, etwa die Aufmerksamkeits-Defizit-Hyperaktivitäts-Störung (ADHS), die auch damit zu tun haben könnte, dass die soziale Umgebung sich ungern in ihrem Wohlfühlglück stören lassen will. Über die individuelle Erfahrung hinaus kann eine Störung oder Krankheit auch die Konsequenz allgemeiner Überzeugungen sein, wie ein Mensch zu sein hat, jede Abweichung gilt folglich als fehlerhaft. Die Absolutheit des Anspruchs führt zu einer Gnadenlosigkeit gegen das Leben und das eigene Selbst, die ihr historisches Vorbild in religiösen Versuchen zur moralischen Perfektionierung des Menschen hat. Verweltlicht und von jedweder Moral befreit, richtet sich das Streben nach Perfektionierung nun auf das Selbst und sein Leben.

Für Foucault aber war die Klinik nie nur reine Empirie, immer auch ein *Diskurs* über die Empirie, ein Netzwerk des Denkens und Sagens unterhalb der Ebene der Daten und Fakten. Der Diskurs ist die Bedingung der Möglichkeit dessen, was gedacht, gesagt und gesehen werden kann, ein *Apriori*, insofern er von vornherein da ist, nicht individuell, sondern *kulturell* bestimmt, und nicht außerhalb der Geschichte liegend, sondern *historisch* bestimmt. Unausgesprochene Regeln, was zur Sprache gebracht werden kann und was nicht, bilden den Diskurs. Er folgt einer eigenen Logik, eigenen Gesetzmäßigkeiten, durch die Individuen dazu veranlasst werden, das zu sehen, worauf den Vorgaben gemäß der Blick zu richten ist, und so darüber zu sprechen, wie es in die Systematik passt. Die Worte lenken die Blicke, sodass nur das, was *sagbar* ist, auch *sichtbar* wird. Zwar sollen die Worte die wirklich beobachteten Dinge zum Ausdruck bringen, aber Menschen können nie völlig aus den Vorgaben der Sprache herausspringen, um das Verhältnis zwischen Wörtern und Dingen objektiv zu beurteilen: Ist es eines der Entsprechung, der Ähnlichkeit, der Deckungsgleichheit?

Frühere Kulturen sprachen auf ihre Weise von Krankheit, viele sahen ein göttliches Zeichen in ihr. Auch im christlichen Glauben lebte diese Sichtweise noch für Jahrhunderte fort: Krankheit konnte eine Strafe Gottes sein und in einem Zusammenhang mit Schuld und Sühne stehen. Weltliche Deutungen meinten schon in antiker Zeit *kosmologische* Zusammenhänge erkennen zu können: Krankheit als Fügung der Sterne und eines unbekannten Schicksals. Erst in moderner Zeit wird sie als Objekt benannt und gesehen: Krankheit als Störung oder gar Defekt des Organismus, der eine Art von Maschine ist, die der Arzt als Ingenieur des Körpers wieder in Schwung zu bringen hat. Eine Verschiebung der Aufmerksamkeit findet damit statt: Nicht mehr der kranke *Mensch* steht im Mittelpunkt, um in Gesprächen seine Probleme, deren Einordnung und Lösung ausfindig zu machen, sondern seine *Krankheit*, die zweifelsfrei zu diagnostizieren und nach empirisch begründeten Regeln der Kunst zu heilen ist.

Im Diskurs der modernen Medizin ist wenig vom Kranken, viel von seinem Körper die Rede, in dem die Krankheit angesiedelt ist. Dass Ärzte aber etwas am kranken Körper sehen und benennen können, ist noch kein Indiz dafür, dass der Prozess des Sehens und Benennens nun als abgeschlossen zu betrachten wäre. Es könnte etwas übersehen werden, wofür noch keine Benennung existiert, umgekehrt könnte eine Benennung solche Suggestivkraft entwickeln, dass etwas gesehen wird, was gar nicht existiert. Erfasst werden Funktionsstörungen im Zusammenspiel von anatomisch fassbaren Körperteilen, aber nicht im sozialen System des Menschen und seiner ökologische Umgebung. Das Augenmerk gilt der Krankheit, weniger der Welt des Kranken und den Besonderheiten seiner Lebensgeschichte. Mit Fug und Recht lässt sich sagen: Der Diskurs des Empirismus erfasst einen guten Teil der Empirie nicht. Die evidenzbasierte Medizin ist für einige Evidenzen blind.

Im 21. Jahrhundert bricht der moderne Diskurs nicht etwa ab, vielmehr bricht die neue Zeit einer Medizin an, die mit *Big Data* operiert, sehr großen Datenmengen, die empirisch erhoben werden, um durch intelligente Verarbeitung zu *Smart Data* zu werden, die für eine *personalisierte Medizin* zu nutzen sind. Alle verfügbaren Daten eines Menschen lassen sich in Bezug zu sämtlichen Daten aller jemals vermessenen Menschen setzen, um auf dieser Basis eine individuelle Behandlung zu projektieren, zielgenau, letztlich *molekülgenau*. Keine Frage, dass das für den Einzelnen sehr vorteilhaft sein kann, Probleme des Datenschutzes beiseitegelassen.

Fraglich bleibt jedoch, ob eine Behandlung ausschließlich auf Daten basieren kann, ob das beobachtende medizinische Subjekt, der Arzt, gänzlich von sich absehen kann, ob das beobachtete Objekt, der Kranke und seine Krankheit, rein objektiv zu betrachten ist. Daten können sicherlich eine Grundlage sein, sinnvoll erscheint darüber hinaus jedoch die Aufmerksamkeit auf die seelisch-geistigen Besonderheiten des betroffenen Menschen und seines sozialen und ökologischen Umfelds, zu erfassen im Gespräch mit dem Betroffenen selbst und durch das Gespür des Arztes, das mit Erfahrung und Besinnung wächst. Es ist letztlich der Betroffene, der entscheidet, wenn sich die Sichtweisen von Arzt und Patient widersprechen.

Und wie kann ein herrschender Diskurs verändert werden? Mit dieser Frage sah Foucault sich bereits konfrontiert. Er beantwortete sie lange nur vage mit dem Wirken anonymer Mächte, bevor er den Einfluss der Individuen selbst entdeckte, wenngleich diese sich ihrer Macht nicht immer bewusst sind. Es ist erneut die *Selbstsorge*, nun aber im erweiterten Sinne, mit der Individuen in der Lage sind, bei sich und ihrem Leben anzusetzen, um dann darüber hinauszugehen und sich für die Strukturen zu interessieren, in denen sie leben. Die individuelle Sorge umfasst auch die Sorge für Andere und alle Verhältnisse im engeren und weiteren Umfeld, die für das Individuum von Bedeutung sind, da sie letztlich auf sein Leben zurückwirken. Es ist ebenfalls das Individuum, das mit seinem Eigensinn Dinge und Phänomene anders sehen und benennen kann, als dies in seiner Zeit üblich ist. Sollte eine wachsende Zahl von Menschen zur Auffassung kommen, dass damit etwas richtig gesehen und benannt wird, verändert sich das allgemeine Sehen und Sagen.

Mit ihrer Selbstsorge können Individuen eine *andersmoderne Kultur* herbeiführen, in der beispielsweise die Erfahrung von Krankheit als Element der Lebenskunst begriffen wird. Frühe Abweichler der Moderne übten sich schon in einer solchen Sichtweise, etwa der in seinem kurzen Leben selbst oft kranke Romantiker Novalis: »Kranckheiten sind gewiß ein *höchst wichtiger Gegenstand der Menschheit*, da ihrer so unzählig (viele) sind und jeder Mensch so viel mit ihnen zu kämpfen hat. Noch kennen wir nur sehr unvollkommen die Kunst sie zu benutzen«, heißt es in seinen nachgelassenen Fragmenten und Studien aus den Jahren 1799-1800. Er selbst wollte ein Prophet dieser Kunst werden: »Kranckheiten bes(onders) langwierige, sind Lehrjahre der Lebenskunst und der Gemüthsbildung.

Man muß sie durch tägliche Bemerkungen zu benützen suchen« (*sic!*, *Schriften*, III, 667 und 686).

Der ebenso reichlich krankheitsgeprüfte Friedrich Nietzsche regte an, Krankheit sogar als »Stimulans des Lebens« zu begreifen (*Der Fall Wagner*, 5), da sie einem Menschen Grenzerfahrungen verschaffen könne, die zu seiner Weiterentwicklung und Reifung beitragen würden. Vor diesem Hintergrund konnte Michel Foucault in der Vorrede zur *Geburt der Klinik* vermuten, dass »eine neue Erfahrung der Krankheit im Entstehen ist«. Sollte das zutreffen, ist die klinische Erfahrung der Krankheit nur noch ein Moment in der Geschichte. Im 21. Jahrhundert könnte die Zeit dafür gekommen sein, mit einem umfassenderen Bild des Menschen in einer Krankheit mehr zu sehen als nur einen empirischen Tatbestand. Versuche zu einem solchermaßen erweiterten Verständnis werden seit längerem an verschiedenen Orten unternommen, in Deutschland etwa am Klinikum der Universität Witten/Herdecke oder am Institut für Medizinische Psychologie der Universität Heidelberg (Rolf Verres, *Was uns gesund macht – Ganzheitliche Heilkunde statt seelenloser Medizin*, 2005). In der Schweiz ist es das Spital Affoltern am Albis, an dem sich viele für diese Idee einsetzen.

Integrative Idee:
Arbeit an einer etwas anderen Art von Krankenhaus

Morgens auf der Anhöhe sehe ich, wie Nebel über der Landschaft liegt und die Spinnennetze in den Brombeersträuchern mit Tau benetzt sind. Zaunkönige, Meisen, Amseln fliegen geschäftig umher, höher am Himmel ist deutlich hörbar die

Schweizer Bundesluftwaffe auf Übungsflug. Von meiner Bank unter einer Eiche am Waldrand aus sehe ich zwei neue Häuser am Hang, die nach der Sonne ausgerichtet worden sind, die Dächer mit Solaranlagen bestückt, am Anfang des 21. Jahrhunderts noch eine Neuheit. Ein einsamer Spaziergänger lässt seinen Hund herumtollen. Gleißend erstrahlen im frühen Sonnenlicht die schneebedeckten Höhen der Zentralschweizer Alpen im Süden. Mit größter Selbstverständlichkeit eingebettet in diese Landschaft im Raum, in die Geschichte der Klinik in der Zeit, erstrecken sich am Hang die Gebäude des Spitals. Wie kommt es, dass ausgerechnet in diesem kleinen Haus abseits der großen Zentren innovative Ideen entwickelt werden? Hat das etwas mit dem Umfeld zu tun?

Von außen gesehen ist es eine gewöhnliche Institution der Medizin, im Inneren gibt es einige Besonderheiten. Der Impuls zur Gründung kam aus der Bürgerschaft, daher deren dauerhaft starke Verbundenheit mit dem Haus. Am Beginn stand der einfache Wunsch nach einer guten medizinischen Versorgung vor Ort. 1893 fasste die Gemeinnützige Gesellschaft Affoltern (GGA) auf einer Generalversammlung den Beschluss, ein Spital zu gründen, 1902 wurde es eröffnet. Eine wichtige Rolle spielte in den 1970er Jahren das Engagement eines Chefarztes namens Peider Mohr, der mit der Idee einer Medizin, die mehr als nur Technik und Somatik ist, Akzente setzte, die auch überregional wahrgenommen wurden. Menschen als Menschen und nicht bloß als reparaturbedürftige Symptomträger zu sehen, war in dieser ländlichen Umgebung vermutlich naheliegend. Dr. Peider Mohr starb viel zu früh, aber sein Nachfolger, Dr. Christian Hess, blieb der Idee treu. Unter seiner Verantwortung und mit Beteiligung der Kunst- und Ausdruckstherapeutin Annina Hess-Cabalzar, seiner Ehefrau, wurde 1992 ein Konzept für ein integratives Menschenbild als Grundlage der Organisation des Spitals erarbeitet.

Als ich das Haus kennenlernte, war das entsprechende Leitbild längst in Kraft. Die Idee, alle Aspekte des Menschseins und Krankseins in einer *Menschenmedizin* zu integrieren, wurde fortan weiter ausgearbeitet (Christian Hess und Annina Hess-Cabalzar, *Menschenmedizin. Für eine kluge Heilkunst*, 2001, Taschenbuch 2006). Als im frühen 21. Jahrhundert große Umbrüche im Gesundheitssystem anstanden und Häuser vergleichbarer Größenordnung nach und nach geschlossen wurden, erwies sich die integrative Idee als Rettungsanker für Affoltern am Albis. Ihre Umsetzung erschien den politischen Entscheidungsgremien im Kanton Zürich attraktiv genug, um gerade diesem Haus eine Chance zu geben. Mutige Neuerungen wurden daraufhin angegangen, um die wirtschaftliche Tragfähigkeit zu sichern. Mithilfe großzügiger Spender und mit dem persönlichen Einsatz vieler konnte das Bezirksspital binnen weniger Jahre etwa um eine Psychiatrie, eine Palliativstation und ein Mutter-Kind-Projekt erweitert werden. Der Weg sollte gleichwohl steinig bleiben.

Um einen Eindruck davon zu bekommen, was die integrative Idee für ein Krankenhaus bedeutet, genügt es, eine einfache Frage zu stellen – es sind ja oft die kleinen Fragen, die große Selbstverständlichkeiten ins Wanken bringen können, hier also: Was ist eigentlich ein Krankenhaus? Die Antwort darauf war lange Zeit: Ein Ort der Abgeschiedenheit, der *Separation*, um kranke Menschen von der Gesellschaft fernzuhalten, zweifellos geleitet von der Absicht, an einem bestens ausgerüsteten exterritorialen Ort hervorragende Behandlungsmöglichkeiten konzentrieren und hygienische Bedingungen garantieren zu können, die eine Heilung von Krankheiten erleichtern und zugleich die Gesellschaft vor Ansteckung schützen. Weniger in den Blick kam lange Zeit, was diese Separation bei den Menschen drinnen wie auch draußen bewirkt. *Drinnen* kommt es zur sozialen Isolation, *draußen* zur Abspaltung des Krankseins vom Leben, da dieser Aspekt des Menschseins dem Krankenhaus zugewiesen wird, wo dieselbe Abspaltung vom Kranken vollzogen wird, der die Krankheit nicht mehr als Teil seines Lebens wahrzunehmen vermag.

Die integrative Idee versucht sich an einer anderen Antwort: Das Krankenhaus ist ein Ort des Lebens, der *Integration*, um Abtrennungen abzumildern, in mehrfacher Hinsicht, zunächst in Bezug auf den *Patienten*. Er soll die Krankheit in sein Leben integrieren können, um besser mit ihr zurechtzukommen. Es ist ein Ausdruck seiner Selbstsorge, mit der er sich um diese Integrität kümmert, wenn er sich darum bemüht, selbst zum Experten seines Anliegens, seiner Krankheit zu werden und auch elektronische Medien nutzt, um alle verfügbaren Informationen zusammenzutragen. Manche Ärzte sehen im allzu informierten Patienten zwar ein Ärgernis, eine Infragestellung ihrer Kompetenz, aber sie könnten die Informiertheit auch als Grundlage für ein Gespräch unter Experten betrachten, das zum Gewinn für alle Beteiligten wird. Über das Medizinische hinaus können im Gespräch dann auch andere Aspekte zur Sprache kommen, die für das Leben des jeweiligen Menschen bedeutsam sind. Letzten Endes sollte klar sein, dass er selbst, soweit er kann, über die Behandlung zu entscheiden hat, die ihm zuteilwerden soll, auch wenn Ärzten, Pflegenden und Therapeuten die professionelle Sorge für ihn obliegt. Letztlich ist es *sein* Leben, um das es geht, er selbst trägt zuallererst und zu guter Letzt die existenziellen Konsequenzen dessen, was mit ihm geschieht.

Das integrative Menschenbild ist im Grunde eine Wiederaufnahme humanistischen Gedankenguts und dessen Anwendung in der Praxis einer modernen *Institution*, die dem einzelnen Menschen mit all seinen Gegebenheiten und Möglichkeiten gerecht zu werden versucht. Es berücksichtigt seine körperlichen Eigenheiten ebenso wie seine Seele mit den ihr eigenen Gefühlen, seinen Geist mit seinen originellen Gedanken, sowie seine Einbettung in eine prägende soziale und ökologische Umwelt. Von allen Patienten wird es als wohltuende Menschlichkeit empfunden, als Subjekte mit ihren Eigenheiten gesehen zu werden, statt nur Objekte eines maschinellen Ablaufs und Träger krankhafter Symptome zu sein. In der Institution des Krankenhauses ist dies außerdem nicht nur für den Umgang mit Patienten von Bedeutung, sondern auch für den Umgang aller mit allen im Haus. Ärzte, Pflegende, Therapeuten und alle Mitarbeitenden wollen ebenfalls in ihrer Ganzheit als Menschen wahrgenommen und nicht nur auf Teile ihrer selbst reduziert werden, die als nützliche Funktionen oder sonst wie als bloße Äußerlichkeiten erscheinen. Daher die Grundidee, so einfach wie naheliegend: *Ein Mensch ist mehr als nur Symptom und Funktion.* Ebenso käme es für den Einzelnen im Umgang mit sich selbst darauf an, sich nicht auf ein Symptom oder eine Funktion zu reduzieren.

Zu integrieren sind dem Menschenbild gemäß ferner die verschiedenen Abteilungen des Hauses durch mehr *Interdisziplinarität*. Den entsprechenden Austausch fördern kann etwa ein wöchentlicher *Interdisziplinärer Rapport*, an dem Vertreter der verschiedensten Disziplinen und Dienste teilnehmen. Was die Medizin angeht, ist es im professionellen Umgang mit Fragen von Gesundheit und Krankheit unmöglich, die Auffächerung in Spezialdisziplinen rückgängig zu machen. Eher könnte es sinnvoll sein, sie weiter zu vertiefen. Um aber die immer detaillierteren Kenntnisse und umfangreicheren Datensätze wieder dem jeweiligen Menschen zugutekommen zu lassen, müssen sie in ein Gesamtbild integriert werden. Das erfordert ein Verständnis für den verstärkten Austausch von Informationen und Überlegungen über Fachgrenzen hinweg, auch wenn es weiterhin bei vorrangigen Zuständigkeiten bleiben muss. Mit mehr Interdisziplinarität ist auch die so genannte »Schnittstellenproblematik« aufzufangen, verursacht von Fehlern und Nachlässigkeiten beim Wechsel von Abteilungen, die in zwischenzeitlich publizierten Studien (Institut für Patientensicherheit der Universitätsklinik Bonn, 2015) als größtes Risiko für Klinikpatienten identifiziert werden.

Zu integrieren ist das Haus selbst schließlich in das *soziale Umfeld*. Dazu trägt beispielsweise das Café bei, das ein attraktiver öffentlicher Begegnungsort ist. Von Interesse für die Menschen im Umfeld des Spitals sind ferner Angebote zur Weiterbildung in Form von Vorträgen und Seminaren, zur Gesundheitsvorsorge und Burnoutprävention mit Meditationsübungen und vielem mehr. Informationen hierüber werden über örtliche Medien sowie eigene (elektronische) Medien verbreitet und machen das Haus als Teil des Gemeindelebens wahrnehmbar.

Wird das Krankenhaus zum Ort des Lebens, kann es an diesem Ort um die Einübung von Lebenskunst gehen und nicht mehr nur um Krankheit. Schwieriger ist die Integration der Institution in den größeren Rahmen des gesamten *Gesundheitswesens*, das wiederum in den noch größeren Rahmen des *Staates* eingegliedert ist, dieser wiederum in die umfassende Kultur der Moderne, die aus mancherlei Gründen einer veränderten, *anderen Moderne* bedarf, zu der das Haus mit der Realisierung seiner Ideen beitragen kann, auch mit der beispielhaften Integration seiner selbst in das *ökologische Umfeld.*

Und wer kümmert sich um all das? Menschen *drinnen,* die sich auch für Dinge interessieren, die über ihre Funktion hinausgehen und die Idee, auf jeden Einzelnen umfassend einzugehen, in die Tat umsetzen, gestützt auf ein herausragendes Merkmal der schweizerischen Kultur, die dem Einzelnen grundsätzlich viel Respekt entgegenbringt. Und Menschen *draußen,* die dem Spital ihre Sympathie schenken, es bei politischen Abstimmungen unterstützen – und es im Fall der Fälle bevorzugen, da sie dort als Personen mit ihren Eigenheiten geachtet werden und sich nicht als belangloses Rädchen in einem seelenlosen Getriebe fühlen müssen. In Evaluationen am Ende ihres Aufenthalts dokumentieren Patienten ihre Zufriedenheit mit der Art der Behandlung, der menschlichen Atmosphäre und der persönlichen Beziehung zu den Ärzten, Pflegenden und Therapeuten. In einer Zeit, in der mehr Marktwirtschaft in das Gesundheitswesen einzieht, ist das ein Pfund, mit dem sich wuchern lässt.

Meine Rolle in diesem Rahmen ist, einen Raum anzubieten, in dem über das Leben nachgedacht werden kann, um es besser zu verstehen. Diesen Raum eröffnen nicht nur Gespräche, sondern auch Vorträge und Seminare, mit denen es möglich wird, auf theoretischer Ebene Themen zur Sprache zu bringen, die bei der praktischen Bewältigung der Arbeit und des Lebens eine Rolle spielen, ohne dass sie im Alltag ausreichend reflektiert werden könnten. Individuelle Lebensfragen stehen dabei weiterhin im Zentrum, ergänzt jedoch um Fragen nach geschichtlichen und gesellschaftlichen Zusammenhängen, die bei diesem und jenem Phänomen erkennbar sind. So *privat* die Lebenskunst zunächst zu sein scheint, so *politisch* fällt sie letzten Endes aus, wenn es um die Bedingungen und Möglichkeiten des Lebens geht, die nicht nur vom jeweiligen Individuum abhängen.

Was ist Lebenskunst?
Themen und Diskussionen

Lebenskunst und Kürze des Lebens, Heiterkeit und Zorn

Zu den *Vorträgen*, die zweimal in der Woche stattfinden und den dritten Schwerpunkt meiner Arbeit als philosophischer Seelsorger darstellen, finden sich jeweils mittags um 13 Uhr im so genannten Mehrzweckraum etwa 100 bis 200 Zuhörer ein, Ärzte, Pflegende, Therapeuten, Mitarbeitende aus allen Bereichen, Patienten und Angehörige. Auch Hausärzte nehmen die Gelegenheit wahr, ins Spital zu kommen, interessierte Bürger aus dem Ort und der Region sind mit dabei, nicht zu vergessen der Bäckerlehrling, der vorübergehend im Wohnheim des Spitals logiert, weil dort gerade ein Platz frei ist. Der Künstler Gianni Vasari aus Biel / Bienne, dessen Gemälde und Plastiken über das ganze Haus verteilt sind, zeichnet und schreibt zu den Vortragsthemen meterlange, farbenfrohe Wandzeitungen, die danach im Lichthof des unteren Eingangsbereichs für eine Weile zum Blickfang werden.

Die Regelmäßigkeit der Vorträge verstärkt das rituelle, zyklische Element im Haus: Alles, was zuverlässig wiederkehrt und zur Gewohnheit wird, kann einen Bezugsrahmen herstellen, in den viele sich eingliedern können, auch ich mich selbst. Zu den Bedingungen des Lebens im Krankenhaus gehört der Vorrang unmittelbarer Anforderungen, die zwangsläufig den Zeithorizont auf den jeweiligen Moment verengen. Die Vorträge hingegen rücken über den Moment hinaus das Leben in seiner Gesamtheit wieder in den Blick. Manche Patienten greifen Überlegungen aus den Vorträgen auf, um sich weiter damit zu befassen und sich Gedanken zu ihrer Situation und ihrem Leben zu machen. Für Betriebsangehörige aus den verschiedensten Abteilungen und Berufsgruppen wird das Interesse am Philosophieren zu einem verbindenden Element, das das Gefühl der Zusammengehörigkeit belebt. Denn daran mangelt es zuweilen auch in diesem Haus, sei es wegen alter Vorbehalte gegeneinander, von denen keiner weiß, woher sie rühren, oder aufgrund neuer Arbeitsbelastungen, die auch hier die Atempausen für jede Art der Kommunikation, die nicht unmittelbar notwendig ist, schwinden lassen.

An den Abenden der Vortragstage versammeln sich 20, 30 oder mehr Interessierte aus allen Bereichen des Hauses noch zu Diskussionsrunden, *Seminare* genannt, um sich im kleineren Kreis über die mittags angesprochenen Themen auszutauschen. Manche tun dies sehr beredt, Andere halten sich eher zurück. In diesen Runden können die Vortragsthemen auf die Arbeitserfahrung im Haus und auch auf die eigene Lebenssituation bezogen werden, um die Arbeit und das Leben zu reflektieren, Begriffe für sich zu klären, Zusammenhänge zu entdecken und Möglichkeiten des Denkens und Handeln zu entwerfen. Unterschiedlichste Meinungen und Sichtweisen sowie überraschende Überlegungen kommen dabei zum Vorschein, ziemlich freimütig werden persönliche Fragen gestellt: Wie kann ich diese und jene Schwierigkeit in meiner Arbeit, meinem Leben besser bewältigen? Was kann ich tun, wenn ich zu nichts mehr Lust habe? Mit Kathrin, meiner vertrauten Freundin, die oft mit dabei ist, bespreche ich im Nachhinein den Verlauf des Abends, um ihn besser zu verstehen.

Das Innehalten und Nachdenken wird in diesen Stunden zur gemeinsamen Erfahrung. Dass auf diese Weise der *geistigen,* gedanklichen Ebene des Menschseins Raum gegeben wird, ist ein Beitrag zur Hauskultur, zur Art und Weise des Lebens und Arbeitens im Haus, die alle sehr schätzen. Allerdings fällt mir auf, dass die Diskussionsrunden im Laufe der Jahre an Zuspruch verlieren. Ein möglicher Grund dafür könnte der zunehmende Druck am Arbeitsplatz sein, der dazu führt, dass der Abend als Erholungszeit nicht mehr entbehrt werden kann. Wahr ist jedoch auch, dass einige das Gesprächsforum dazu nutzen, bei gegensätzlichen Meinungen dem jeweils Anderen tüchtig »heimzuleuchten«. Und immer wieder werden Themen bis ins Kleinste zerlegt, die Fragwürdigkeit aller Dinge schonungslos offengelegt, bis kein konstruktiver Ansatzpunkt mehr übrig zu sein scheint. Ich hätte früher gegensteuern, Fragestellungen stärker im Blick behalten, den Respekt vor anderen Meinungen einfordern und auf positive Ansätze pochen sollen. Aber ich war häufig zu müde dafür.

Was sich anhaltend bewährt, sind die Impulse, die von den Vortragsthemen ausgehen. Für viele werden sie zum Anlass von Gesprächen im Haus und außerhalb. Einige der Themen drängen sich von selbst auf (etwa die Schattenseiten des Lebens, die im Krankenhaus stets präsent sind), andere werden als Wunschthemen an mich herangetragen (etwa die Fragen der Macht), bei wieder anderen sehe ich selbst die Notwendigkeit einer Thematisierung zum besseren Verständnis von Situationen und Verhaltensweisen (beispielsweise in Bezug auf die Berührung). Von meiner Seite gliedern sich die Themen in das Projekt der Suche nach einer neuen Lebenskunst ein, mit dem ich seit den 1980er Jahren befasst bin, ausgehend von Foucault, der sich nach seinen Studien zur Geschichte der Machtausübung über Individuen am Beispiel von Psychiatrie, Klinik und Gefängnis der Fragestellung der Lebenskunst zuwandte: Wie können Individuen eine eigene Macht über ihr Leben gewinnen?

Dass die Versuche, das Leben zu verstehen, die in der antiken Philosophie entwickelt wurden, in moderner Zeit wieder aktuell werden, hat damit zu tun, dass die über Jahrhunderte hinweg verbindlichen Antworten auf Lebensfragen und Fragen der Lebensführung durch Religion, Tradition und Konvention an Selbstverständlichkeit verloren haben. Damit sind Menschen bei der Lebensbewältigung mehr als je zuvor auf sich selbst verwiesen. Die Lebenshilfe, die eine Philosophie der Lebenskunst in dieser Situation offerieren kann, besteht darin, neu über das Leben nachzudenken, die Bedingungen und Möglichkeiten einer bewussten Lebensführung zu reflektieren und die Resultate allen zur Verfügung zu stellen, die sich dafür interessieren. Ein Ansporn für das Interesse könnte die plötzliche Erkenntnis eines Menschen sein, dass die Grenze seines Lebens näher rückt und die Zeit für die Realisierung wichtiger Dinge ungenutzt verstreicht. Dass es eine zeitliche Grenze gibt, ist ein Anreiz dafür, das Leben so zu leben, dass ein erfülltes Leben daraus werden kann.

Im Vortrag bringe ich das anhand von Senecas Schrift *Von der Kürze des Lebens* (*De brevitate vitae*) zur Sprache. Kurz wird das Leben allein dadurch, so der Grundgedanke, dass Menschen das Vergehen der Zeit nicht wahrnehmen. Hilfreich ist daher, sich die drei Zeiten vor Augen zu führen: »Das, was war; das, was ist; das, was künftig ist.« Lang wird das Leben für den, der die *Vergangenheit* überblickt und sie sich biographisch wie historisch mit allen Erfahrungen, die er gemacht hat und die je von Menschen gemacht worden sind, vergegenwärtigt. In der *Gegenwart* lebt er im Bewusstsein, dass jetzt die Zeit für den Genuss des Lebens und auch für dessen

Veränderung ist. Möglichkeiten der *Zukunft* nimmt er in seinem Denken vorweg und bereitet sich vielleicht auch schon darauf vor. Indem das Vergangene und Künftige für ihn präsent ist, gewinnt er eine Weite der Zeit, die zugleich seine Seele weitet, kräftigt und großmütig macht. Um dieser Selbsterweiterung willen gilt: Nie nur im engen Hier und Jetzt leben! Eine wertvolle Orientierung fürs Leben ergibt sich zudem aus dem imaginierten *künftigen Blick zurück*, also aus der Vorstellung, vom Ende des eigenen Lebens auf das gelebte Leben zurückzuschauen, um unter dieser Perspektive das gegenwärtige Leben zu bejahen oder aber zu verändern. Nach der Geburt ist vor dem Tod, jetzt aber ist einer der Momente dazwischen, jetzt ist Leben, jetzt ist Veränderung möglich.

Eigentlich währt das Leben ausreichend lange, meint Seneca, um große Dinge zu realisieren, es käme nur darauf an, beizeiten daranzugehen, es auch zu tun. Das wiederum erfordert, »auf sich zurückzukommen« (*recurrere ad se*). Das eigene Leben zum Kunstwerk zu machen heißt, es so weit wie möglich so zu gestalten, dass ein schönes und bejahenswertes Leben daraus werden kann, das noch über das eigene Leben hinaus an Intensität und Ausstrahlung gewinnt. Die berühmte Sentenz des Arztes Hippokrates aus dem 5. Jahrhundert v. Chr., »kurz ist das Leben, lang die Kunst« (*vita brevis, ars longa*; *Aphorismen* 1, 1), von Seneca zitiert, könnte so zu verstehen sein: Lange währt alle Kunst, um die ein Mensch sich bemüht, da sie beständiger ist als sein Leben. Tatsächlich verhält es sich so, dass Werke von Ärzten wie Hippokrates, von Denkern wie Seneca, von Künstlern wie Michelangelo den Tod ihrer Urheber endlos lange überdauern. Und das gilt nicht nur für spektakuläre Werke, sondern für jede Art von Kunst im Sinne menschlicher Errungenschaft und menschlichen Erfindungsreichtums, auch für das Handwerk, die Ingenieurskunst, die Kunst der Pflege, die ärztliche Kunst usw. – Künste sterben nicht mit dem ausübenden Menschen, sondern werden von Anderen weiterbetrieben. Selbst das Leben kann als Kunstwerk den Tod überstehen, wenn Andere fortführen, wofür ein Mensch mit seinem Leben ein Beispiel gegeben hat. »Das ist die einzige Möglichkeit«, so Seneca, »die Grenzen deiner Sterblichkeit zu erweitern, ja, sie sogar in Unsterblichkeit zu verwandeln.«

Lebbarer, bejahenswerter wird das angeblich kurze Leben in Senecas Sinne mithilfe von Lebenskunst (*ars vitae, ars vivendi*). Sie basiert auf einem *Wissen* über das Leben, das zum Teil ein Buchwissen ist, zum größeren Teil jedoch ein Erfahrungswissen, erworben durch sehr viel eigenes Tun und Lassen und reichen Austausch mit Anderen. Daraus geht ein *Können* hervor, das aller Kunst und ebenso der Lebenskunst zugrunde liegt und durch stetige Übung weiterzuentwickeln ist, um dem Leben *Formen* zu geben, etwa Formen des Verhaltens, die nicht mehr auf unreflektierten Normen, sondern eigenen Überlegungen basieren. Immer aufs Neue wird die bewusste Lebensführung von *Fragen* angetrieben: Was ist mir wichtig? An welchen Werten will ich mich orientieren? Was steht in meiner Macht, was nicht? Um mich dann auf das zu konzentrieren, worauf ich Einfluss nehmen kann, statt meine Kräfte sinnlos im Kampf gegen etwas zu vergeuden, das nicht zu ändern ist, beispielsweise das Verhalten Anderer, vergangene Geschehnisse sowie Eigenarten des Lebens wie dessen Endlichkeit.

Als Beispiel für eine bewusste Lebensführung in moderner Zeit stelle ich Ideen zu einer *ökologischen Lebenskunst* vor, die Zusammenhängen Rechnung zu tragen versucht, die über jede Kürze des Lebens weit hinausreichen: Menschen sind existenziell angewiesen auf natürliche Lebensgrundlagen wie die Luft, die sie atmen, das Wasser, das sie trinken, die Lebensmittel, die sie zu sich nehmen, die Wälder, in denen sie sich erholen. Für eine ökologische Ausrichtung des Lebens spricht, dass andernfalls Lebensgrundlagen gefährdet würden, auf die Menschen nicht beliebig verzichten können. Ein Wissen um diese Bedeutung begründet eine *Sorge um die Natur,* mit der ein Mensch sich darum bemüht, ökologische Zusammenhänge zu schonen – aus *Sorge um sich selbst.* Eine ökologische Lebenskunst ist keine moralische Pflicht, die zu erfüllen wäre, sie liegt vielmehr im existenziellen Eigeninteresse des Menschen, dem die Zusammenhänge, in denen er lebt, nicht egal sind. Sein solchermaßen erweitertes Selbstverständnis wird zur Grundlage eines umsichtigen, vorsichtigen, rücksichtsvollen und vorausschauenden Tuns und Lassens.

Jeder kann sich entsprechende Fragen stellen: Wie wichtig ist mir Natur? Wie gehe ich mit natürlichen Ressourcen um? Woher stammt die Energie, die ich nutze? Woher und wohin fließt das Wasser, das ich gebrauche? Wie werden die Lebensmittel hergestellt, die Bestandteil meines Körpers werden? Was geschieht mit den Abfällen, die ich hinterlasse? Was steht hier in meiner Macht? Ich kann versuchen, über die unmittelbare Umgebung meiner Umwelt weit hinauszublicken und die übergreifenden Zusammenhänge meines Lebens wahrzunehmen. Aus der Aufmerksamkeit auf ihre Vielfalt und feine Abgestimmtheit ergibt sich sehr viel Genuss und Sinn des Lebens – das wiederum motiviert die Sorge, sich die Quelle dieses Genusses und Sinns zu erhalten und dies auch kommenden Generationen zu ermöglichen. Aus diesem Grund versucht ein ökologisch denkender Mensch, sich nicht der Gedankenlosigkeit zu überlassen, sondern sich die eigenen *Gewohnheiten* bewusstzumachen, denn oft ist es der automatisierte Umgang mit Dingen und Stoffen, der ökologisch relevant ist.

Neben der *ökologischen* steht in der Lebenskunst jedoch auch die *soziale* Einbettung des Menschen in Frage, für die der Einzelne selbst sehr viel tun kann. Darauf pochte beispielsweise der Aufklärer Adolph Freiherr Knigge im ausgehenden 18. Jahrhundert in seinem Buch *Vom Umgang mit Menschen*, in dem er die antike philosophische Einsicht popularisierte, dass der bewusste und pflegliche Umgang mit sich selbst die Grundlage für den bewussten und pfleglichen Umgang mit Anderen ist. Mein Vortrag über ihn soll zugleich ein wenig zur Ehrenrettung Knigges beitragen, denn mit den ihm zugeschriebenen Knicksen und anderen Anstandsregeln hatte er nichts zu schaffen. Sein Anliegen war es, in einer Zeit, in der alte Normen zerbrachen, neue Formen des Verhaltens zu begründen.

Die Aufgabe, vor die er sich am Beginn der Moderne gestellt sah, gewann im Laufe der Zeit noch an Dringlichkeit: Von Neuem am Zusammenhalt der Gesellschaft zu arbeiten, in der, wie er bereits beobachtete, »alle engern Verbindungen« sich auflösen. Als Basis für das Zustandekommen der *äußeren* Gesellschaft betrachtete er die Neubegründung der *inneren*. Das einzelne Ich selbst sollte erst zu einem Wir werden, und so befürwortete Knigge einen maßvollen Narzissmus für die Zuwendung zu sich als Voraussetzung für die Zuwendung zu Anderen. Aus guten Gründen forderte ja auch schon das christliche Liebesgebot dazu auf, Andere so zu lieben wie das eigene Ich, wenngleich diese Sichtweise Christen selbst lange fremd war.

Ein Selbst, das mit sich gut umgehen kann, neigt auch eher der *gelassenen Heiterkeit* zu, die das Leben mit sich selbst und das Leben Anderer bei deren Umgang mit dem Selbst leichter und reicher zu machen vermag. Die Lebensstimmung der Heiterkeit ergibt sich aus dem Einverständnis mit dem Leben, insbesondere aus der Fähigkeit zur Integration der Gegensätze, die oft ärgerlich, wenn nicht schmerzlich sind, deren Aufhebung aber immer vergeblich versucht wird, wie etwa bei den Gegensätzen zwischen Gesundheit und Krankheit. Das gilt auch für die Gegensätze zwischen Menschen, deren Interessen aufeinanderprallen, und für die Gegensätze im eigenen Selbst, etwa zwischen den Zuständen von Freude und Ärger, Fröhlichkeit und Traurigkeit. Zurecht wird die Lebenskunst mit Heiterkeit in Verbindung gebracht, aber sie ist nicht zu verwechseln mit der Fröhlichkeit, in der sie Ausdruck finden kann; sie kennt und anerkennt vielmehr ebenso die Traurigkeit und andere negative Erfahrungen des Lebens. Heiterkeit beruht auf dem Erfülltsein von den zahllosen und gegensätzlichen Phänomenen des Lebens, die ein Mensch immer und überall erfahren kann.

In der antiken Philosophie verfasste Plutarch im 1./2. Jahrhundert n. Chr. eine eigene kleine Schrift über die Heiterkeit, *Peri Euthymias*, in der er deren Grundlagen so beschrieb: Wenn wir tätig sind, sollten wir nicht erwarten, dass alles reibungslos vor sich geht. Werkzeuge sind grundsätzlich krumm und schief und es kommt darauf an, »sie so zu gebrauchen, wie sie nun mal beschaffen sind«. Das gilt entsprechend auch für den Umgang mit den Menschen, die so sind, wie sie sind. Bei Problemen im Umgang mit Anderen ist die Ursache eher beim eigenen Selbst zu suchen. Vielleicht ist die Selbstliebe gekränkt worden, aber das lässt sich leicht korrigieren, indem wir uns nicht betroffen fühlen. Wichtig ist, »auf sich selbst zu blicken« und sich weniger mit denen zu vergleichen, denen es besser geht, mehr mit denen, denen es schlechter geht. Es hat zudem keinen Sinn, sich immer nur das Übelste und Schlimmste im Leben vor Augen zu halten und über seine angenehmen Seiten hinwegzusehen. Wer noch dazu versteht, auch den unangenehmen Seiten etwas abzugewinnen, lebt nicht mehr in Furcht vor dem Umschlag angenehmer Dinge und Zustände in ihr Gegenteil.

In den abendlichen Seminaren taucht zusätzlich das Thema des *Zorns* auf, der im Kontrast zur Heiterkeit eine verhängnisvolle Rolle beim Umgang mit sich und Anderen spielt. Seneca unterzog ihn in seinem Buch über den Zorn, *De ira*, einer zornigen Abrechnung, die nur leider eines nicht bewirkte: Sein Verschwinden. Wie könnte stattdessen eine Kunst des Umgangs mit dem Zorn aussehen? Sie würde darauf beruhen, diesen möglichen Zustand nicht zu leugnen, sondern seine Quellen zu inspizieren, etwa die Kluft zwischen dem, was ist, und dem, was sein sollte. Sie könnte darin bestehen, mit dem Affekt leben zu lernen und ihn sogar fürs Leben zu nutzen, um nicht monoton und unmotiviert dahinzuleben. Nicht nur tolle Ideen, sondern auch Zornesausbrüche treiben Menschen aus sich heraus und über sich hinaus. Grundsätzlich akzeptiert, kann Zorn produktiv sein. Es ist eine Frage der Gesundheit, ihm freien Lauf zu lassen, sein destruktives Potenzial aber einzudämmen. Gerade dadurch, ihm Ausdruck zu verleihen, verliert er an Kraft. Sind Menschen zu so einem Kalkül in der Lage?

Freiheit und Formgebung,
Selbstbestimmung und Selbstbegrenzung

Ein zweiter Themenkreis der Vorträge und Seminare nimmt auf Wunsch der Leitung des Hauses die Kostenexplosion im Gesundheitswesen moderner Länder ins Visier, um herauszufinden, wie ihr begegnet werden könnte. Wäre mehr auf die individuelle *Einsicht* von Menschen zu setzen, dass sie nicht jede mögliche Behandlung beanspruchen müssen, oder mehr auf die staatliche *Aufsicht*, die die Behandlungsmöglichkeiten einschränken könnte? Die Hoffnung heißt: *Einsicht statt Aufsicht*. Aber was ist, wenn sie enttäuscht wird? Dabei sind es nur vordergründig die explodierenden Kosten, die Fragen aufwerfen, hintergründig sind es die Grundstrukturen der Zeit, die diese Fragen überhaupt erst entstehen lassen. Es käme darauf an, Antworten zu finden, die auf die moderne Kultur und Gesellschaft, auf die Ausrichtung staatlicher Institutionen und letztlich auf das Gesundheitswesen zurückwirken könnten.

Moderne, das bedeutet seit der Arbeit der Aufklärer im 18. Jahrhundert, die sie erdachten, Freiheit im Sinne der *Befreiung* von überkommenen Bindungen: Befreiung von religiösen, politischen, ökonomischen und natürlichen Zwängen, individuelle Befreiung von Gängelung durch Tradition, Konvention und Gemeinschaft. Für viele Menschen brachte die Freiheit neue Lebensmöglichkeiten mit sich, aber sie erfordert auch eine eigene Bestimmung von Werten zur Festlegung einer Haltung (*Ethik*) und eine individuelle bewusste Lebensführung (*Lebenskunst*). Jede Befreiung von Normen, was zu tun und zu lassen ist, zwingt Menschen dazu, die Formen ihres Verhaltens selbst zu finden. Ansonsten entsteht die berüchtigte Beliebigkeit, die in der Moderne zwangsläufig um sich greift, da nichts mehr absolut feststeht, kein Wert letztverbindlich ist, jede Bindung, jede Beziehung jederzeit aufgelöst werden kann. Da die Loslösung von sämtlichen Bindungen letztlich als Zustand des Nichts, das Leben als leer und sinnlos erfahren wird, entsteht die Notwendigkeit, Bindung und Verbindlichkeit wiederherzustellen, Beziehungen zu knüpfen und sie nach Möglichkeit aufrechtzuerhalten.

Ausschlaggebend dafür ist die Entscheidung, die ein Mensch selbst trifft, sich nicht gleichgültig gegen sein Leben zu verhalten, sondern die Sorge für sich und sein Leben zu übernehmen. Der entscheidende Grund dafür, dies auch tatsächlich zu tun, ist die Einsicht, dass es *sein Leben* ist, dass kein Anderer dieses Leben mit all seinen Eigenheiten lebt, kein Anderer es dereinst zu Ende bringen wird. Das ist das neue Schwergewicht, das dem Leben in der Moderne Bedeutung verleiht, wenn die Leichtigkeit des Befreitseins unerträglich wird: *Dass es im Leben letztlich um dieses Leben selbst geht.* Genau hierdurch verliert sich jede Beliebigkeit, darauf kann gesetzt werden, wenn die Moderne weitergedacht wird, ohne von der Rückkehr zu vormodernen Zuständen zu träumen. Es ist das Eigeninteresse, das den Einzelnen dazu führt, auch Andere im Blick zu haben und sich um sie zu sorgen sowie sich für den Zustand der Gesellschaft zu interessieren – denn wie es Anderen und der Gesellschaft geht, wirkt auf das Selbst zurück.

Die große Anstrengung, Freiheit zu gewinnen, wird von der noch größeren übertroffen, sie auch zu bewältigen. Gerade in der Situation, in der ich alles tun kann, stellt sich die Frage: Und was *will* ich tun? Die Antwort darauf könnte sein: Alles, was möglich ist. Aber nicht alles, was möglich ist, ist auch sinnvoll. Was sinnvoll ist, kann wiederum nur ich selbst ausfindig machen. Dass ich mich dafür schlecht gerüstet fühle, liegt daran, dass nie in der Geschichte Menschen sich selbst darum bemühen mussten, und ohnehin waren die Möglichkeiten stets sehr begrenzt. Sogar in der Zeit der großen Freiheit werden die neu erschlossenen Möglichkeiten als enttäuschend limitiert erfahren: Noch viel mehr müsste möglich sein. Möglichkeiten fesseln die Phantasie der Menschen weit stärker als die Notwendigkeit einer Begrenzung, die daraus resultiert, dass nicht alles, was möglich ist, wirklich werden kann, vor allem nicht im Moment.

Ausufernde Möglichkeiten und die Unfähigkeit aller Beteiligten, sie sinnvoll zu begrenzen: Das ist es, was die Kosten im Gesundheitswesen explodieren lässt. Rund um Gesundheit und Krankheit spielen sich exemplarische Auseinandersetzungen ab: Einerseits eine umfassende Versorgung, die kaum noch bezahlbar ist und womöglich das Gefühl der Eigenverantwortung schwächt. Andererseits eine gewinnorientierte Vermarktung, die dazu führt, dass sich die finanziell Stärkeren die bessere Behandlung leisten können. In Frage steht eine Begrenzung der Freiheit, aber nur frei gewählte Grenzen sind für freie Menschen akzeptabel. Mit Ethik und Lebenskunst können sie unter Bedingungen der Freiheit ihre Freiheit selbst begrenzen, *aus Freiheit*. Es handelt sich um eine Freiheit zweiten Grades, nämlich die Freiheit, *zumindest partiell* auf Freiheit zu verzichten, von Möglichkeiten keinen Gebrauch zu machen und den Schmerz auszuhalten, dass damit etwas verlorengeht. Die *freiere Freiheit* ist eine, die aus Freiheit auch auf Freiheit verzichten kann. Über die Befreiung, also das *Freisein von etwas* hinaus erfordert dies, der Freiheit Formen zu geben, also das *Freisein zu etwas*. Was einst Normen bewerkstelligten, müssen nun Formen leisten: Die Freiheit nicht schrankenlos auszuleben, sondern sie zu begrenzen, aus der Einsicht heraus, dass das schrankenlose Ausleben der Freiheit letztlich auf den zurückfallen würde, der sie auslebt, zum Beispiel über steigende Krankenkassenbeiträge, die jeder beklagt, zugleich aber jeder selbst mit verursacht.

Wie kann es zur Einsicht kommen? Durch ein Bemühen um *Klugheit*, durch Sensibilisierung und die Ausbildung eines Gespürs, das durch Erfahrung und Besinnung verfeinert wird. Dieser Prozess kann zustande bringen, was in früheren Zeiten Normen leisteten, die wenig mit Klugheit, aber viel mit der Bewahrung alter Verhältnisse zu tun hatten. Für die Klugheit geht es um das *richtige Maß*, etwa beim Abwägen zwischen subjektiven Vorstellungen, was alles wünschenswert erscheint, und objektiven Erfordernissen, die nicht abgetan werden können; auch zwischen Chancen, die sich bieten, und Risiken, die einzugehen sind. Der Maßstab dabei ist zunächst, was für das eigene Selbst, nicht schon gleich für Andere oder gar alle, richtig ist: Kann ich selbst von der Konsultation eines Arztes absehen, wenn sie mir nicht dringend geboten erscheint? Bin ich selbst bereit, den Einsatz von Antibiotika zu mäßigen? Werde ich selbst im Alter von 80 Jahren auf ein künstliches Hüftgelenk verzichten?

Somit ist Freiheit nicht mehr nur die ständige Erweiterung des Raums der Möglichkeiten, sondern auch dessen Eingrenzung, wo es angebracht erscheint. Nicht mehr nur ein Tun, sondern auch ein Lassen. Die erweiterte Klugheit besteht darin, nicht mehr nur auf das eigene Ich, sondern so oft wie möglich auch auf das engere und weitere Umfeld zu achten, in dessen Rahmen das Ich lebt. Es kommt nicht nur auf das an, was unmittelbar *für mich* gut ist, sondern auch auf das, was mittelbar *im Zusammenhang* gut ist, in dem ich letztlich selbst lebe, daher gehören Rücksicht, Umsicht, Vorsicht und Voraussicht zur Klugheit. Klug ist es, sozial, räumlich und zeitlich immer weitere Zusammenhänge in den Blick zu nehmen: Vom Ich zum Haus, zur Stadt und Region, zur Gesellschaft und Weltgesellschaft, auch von der Gegenwart zur näheren und ferneren Zukunft, auch über das eigene Leben hinaus, denn es lässt sich nicht restlos ausschließen, dass in einem künftigen Leben Anteile des gegenwärtigen wiederkehren.

Die Fähigkeit zur klugen Mäßigung bedarf der Ausbildung einer *Selbstmächtigkeit*, einer Macht über sich selbst, die die eigenen Ansprüche begrenzen kann. Mit der Lebenskunst als bewusster Lebensführung zielt ein Mensch darauf ab, eine eigene Macht zu entwickeln, mit der er so weit wie möglich gestaltend und korrigierend in sein Leben eingreifen kann. Keine schrankenlose Selbstverwirklichung ist damit gemeint, sondern die Verwirklichung von Autonomie im Wortsinne der *Selbstgesetzgebung*. Ein Gesetz ist ein Setzen von Grenzen, die hier nicht mehr durch Gott, Monarch, Natur oder Gemeinschaft, sondern durch das jeweilige Selbst gesetzt werden, um ungute Konsequenzen des eigenen Tuns und Lassens für sich wie für Andere im Maß zu halten. Grenzen sind Verfestigungen dessen, was grundsätzlich veränderlich ist. Sie stehen nicht für alle Zeiten fest, sondern bieten Festigkeit, solange sich mit ihnen gut leben lässt. Sind sie nicht mehr lebensdienlich, ist die Zeit gekommen, sie zu lockern – bis zur nächsten Verfestigung.

Einüben lässt sich die Selbstmächtigkeit beim Umgang mit *Lüsten* aller Art. Eine maßvolle, selbstgewählte Begrenzung von Lüsten ist nicht etwa lustfeindlich, sondern intensiviert deren Genuss: Der Genuss von Wein wird feiner, wenn davon weniger getrunken wird. Der Genuss von Sex wird intensiver, wenn ihm Auszeiten gewährt werden. Der Genuss des Lebens wird leichter, wenn ihm keine Perfektion abverlangt wird. Das würde auch das Gesundheitswesen entlasten: Der Versuch zur Perfektionierung des Lebens, so verführerisch er erscheinen mag, führt allem Kraft- und Kostenaufwand zum Trotz nicht zum Erfolg, ein solches Verständnis des Lebens ist im realen Leben nicht durchzuhalten. Verändern Einzelne ihr Verständnis, wirkt sich dies zugleich verändernd auf die Gesellschaft aus, denn Gesellschaft wird nie nur »von oben«, von staatlichen und gesellschaftlichen Institutionen oder Medien, immer auch »von unten«, von den Individuen, ihrem Lebensverständnis und ihrem Gebrauch von Medien gestaltet. Der Eigensinn der Einzelnen beeinflusst die Verhältnisse im Allgemeinen, auch wenn die Individuen selbst diesen Impuls für völlig unbedeutend halten mögen.

Voraussetzung für die Selbstmächtigkeit wiederum ist, dass da ein *Selbst* ist. Zu anderen Zeiten und in traditionellen Kulturen mag es gegeben sein, in der Moderne muss es seine Gestalt erst finden. Es muss dabei nicht der Norm der *Identität* folgen, die ihm abverlangt, sich selbst immer gleich zu bleiben und nicht zwischen Gegensätzen hin- und herzuwanken. Vielmehr kann es die Form einer *Integrität* annehmen, die ausreichend veränderlich ist, um die vielen Bestandteile des Selbst, seine Entwicklung und Widersprüchlichkeit integrieren zu können. Die entsprechende Selbstsorge lässt sich in Anlehnung an eine Schule der Psychologie *Gestaltbildung* nennen. Es handelt sich um einen Prozess, in dessen Verlauf das Selbst sich mit immer neuer Erfahrung und Besinnung selbst erarbeitet und zusammenfügt, das ganze Leben hindurch auch sich Umständen und Zufällen zu fügen hat, die sich zur Gestalt verfestigen. Ein Selbst ist das Ergebnis aus aktiver Gestaltung und passivem Gestaltetwerden.

Die aktive Gestaltbildung geschieht indirekt, wenn ein

Mensch auf die *Konstellation* achtet, in der er lebt und von der er beeinflusst wird: So arbeitet er an seiner *äußeren Integrität*. Eine Konstellation kann nicht nur glücklich, sondern auch unglücklich konfiguriert sein, sodass sich ein Verhängnis nach dem anderen in ihren Netzen verfängt. Arbeit daran heißt, sich die Eckpunkte der Konstellation zu vergegenwärtigen und sie gegebenenfalls zu verschieben, mit aller Vorsicht, um nicht das gesamte Gefüge zum Einsturz zu bringen und aus dem Nichts heraus alles neu aufbauen zu müssen. Mit der Gründung von Beziehungen, der besseren Pflege von Beziehungen und der Einübung anderer Verhaltensweisen entsteht eine veränderte Konstellation, in der andere Geschehnisse, Begegnungen, Erfahrungen wahrscheinlicher werden und andere Zufälle und Schicksalsmomente sich verfangen können.

Wahr ist jedoch auch, dass nicht alle Menschen in gleicher Weise zur bewussten Lebensführung in der Lage sind, die der Prozess der aktiven Gestaltbildung erfordert. Nicht alle sind dafür selbst verantwortlich, aber auch diejenigen, die es sein könnten, unterlaufen im praktischen Leben nicht selten die theoretischen Einsichten, zu denen sie gekommen sind. Zuweilen machen Andere, insbesondere Freunde sie darauf aufmerksam, nachsichtig oder auch unsanft. Sollte es darüber hinaus eine institutionalisierte Aufsicht geben, die das übernimmt, insbesondere im Gesundheitswesen? Sollte beispielsweise kontrolliert werden, ob auf die individuelle Einsicht in die Vorteile gesunder Ernährung ein wirkliches Verhalten folgt? Das erscheint absurd, aber digitale Techniken werden zu diesem Zweck angeboten und Menschen machen davon Gebrauch.

Niemand will die totale Überwachung, außer denen, die hart an ihr arbeiten und selbst jede Überwachung scheuen.

Vielleicht werden auch noch Institutionen zur Überwachung der Überwacher gebraucht, gerade im Gesundheitswesen, in dem die divergentesten Interessen miteinander ringen, oft zu Lasten derer, die das System mit ihren Krankenkassenbeiträgen finanzieren. Erneut ist es die Einsicht Einzelner, die mit ihrem persönlichen Engagement und ihrer politischen Wahl dafür sorgen könnten, dass Institutionen zur Wahrung ihrer Interessen entstehen und arbeiten, selbstverständlich auf eine Weise, die durchschaubar, befragbar und korrigierbar bleibt.

Am Beispiel des Gesundheitswesens wird deutlich, wie eine individuelle Ethik der Sorge zu einer *allgemeinen Ethik* führen kann. Wünsche und Ängste werden artikuliert, private und öffentliche Diskussionen geführt, Fachwissen wird zusammengetragen, Prinzipien werden gegeneinander abgewogen, all dies in verdichteter Form in Ethikkommissionen, bevor auf demokratischen Wegen Regeln formuliert und Gesetze verabschiedet werden. Deren Einhaltung ist auf eine institutionalisierte Aufsicht, aber auch erneut auf die Einsicht Einzelner angewiesen, denn nicht jeder kann in jeder Situation beaufsichtigt werden. Sollte die Aufsicht überborden, sind es wieder Einzelne, die mit immer mehr Mitstreitern eine Gegenbewegung für Regeln und Gesetze in Gang bringen, die das Überborden eindämmen können.

Immer hängt alles von Einzelnen ab, das ist die Grundeinsicht einer Philosophie der Lebenskunst. Das bezieht sich durchgängig auch auf Phänomene des alltäglichen Lebens und Fragen der Lebensführung, deren Bedeutung leicht übersehen wird, Thema für einen dritten Zyklus von Vorträgen und Seminaren.

Einige Beobachtungen und Erfahrungen bei meiner Arbeit im Haus haben die Idee reifen lassen, über das Phänomen der Berührung zu sprechen. Nie zuvor habe ich mich damit befasst, aber umgehend entpuppt sich die Thematisierung als ein »Stich ins Wespennest«. Die Berührung spricht Menschen in jeder Hinsicht an und es wird klar, dass einer Lebenskunst und Ethik der Sorge für sich und Andere ohne dieses Thema etwas Wesentliches fehlen würde. Nicht nur im Krankenhaus, sondern auch im individuellen Leben wirft die Berührung heikle Fragen auf: Wann, wie viel, bei wem, von wem, mit welchen Entbehrungen bei einem Zuwenig, mit welchen Belastungen bei einem Zuviel?

Die *Sehnsucht* nach Berührung ist auffällig groß, konterkariert von einer ebenso markanten *Scheu* oder gar *Abscheu* vor Berührung, und dies auf allen Ebenen: Zuallererst bei der körperlichen Berührung, die jede und jeder kennt, und sei es als fehlende, ebenso bei der seelischen Berührung in Form von Zu- oder Abwendung in Beziehungen, ferner bei der geistigen Berührung, die mit einem Gedankenaustausch gepflegt oder durch dessen Verweigerung unterlaufen werden kann, schließlich bei einer metaphysischen Berührung des endlichen Wesens Mensch durch eine Dimension der Unendlichkeit, die nicht wenige Menschen aber für eine menschliche Erfindung halten.

Sämtliche Berührungen haben im Grunde transzendenten, also überschreitenden Charakter: Sie sind mit dem Überschreiten (*transcendere* im Lateinischen) einer Schwelle verbunden, zunächst vom Ich zum Anderen. Außergewöhnliche Erfahrungen können damit einhergehen, die einem Menschen erlauben, das Eingeschlossensein in sich selbst, das ihm die Luft zu atmen raubt, zu überwinden. Die Berührung erzeugt eine *Sinnfülle* schon dadurch, dass sie die Sinnlichkeit aktiviert, die das Ich mit Anderen und aller Welt verbindet, sodass es sagen kann: »Ich berühre, also bin ich«, *tango ergo sum.* Und nicht nur sinnlich, sondern auch seelisch und geistig stellt Berührung Beziehungen und Zusammenhänge aller Art her, sodass ein Mensch sich in ein Netz eingeflochten sehen kann und nicht mehr metaphysisch einsam fühlen muss, bis hin zur Einbettung in eine Dimension, die aus subjektiver Sicht die Frage nach dem Sinn umfassend beantwortet. Wenn aber die Sinngebung durch Berührung entfällt, ausbleibt oder verweigert wird, kann eine *Sinnleere* die Folge sein, die den Menschen erschüttert, denn wenn er nicht berührt wird, wird er seiner selbst unsicher und weiß nicht mehr, wer er ist.

Am besten fassbar ist die Bedeutung der Berührung im *Körperlichen,* zu verdanken dem Sinn, der durch die Haut geht. Die Berührung mittels Tastsinn ist von klein auf und vermutlich das ganze Leben hindurch am Aufbau und an der Aufrechterhaltung des Immunsystems beteiligt, aus einem Mangel an Berührung resultiert daher wohl so manche Krankheit. Menschen kennen die beglückende, beruhigende Wirkung einer streichelnden Hand, aber auch die leidvolle Erfahrung ihres Fehlens. Jeder Mensch weiß zudem aus eigener Erfahrung, wie sehr Berührung »elektrisieren« kann, die Suche danach kann zur Triebfeder für Erotik und Sex werden und gelangt am ehesten an ihr Ziel, wenn es sich dabei nicht nur um äußerliche Verrichtungen handelt. Durch das Tupfen und Wischen auf Displays ist die Berührung Anderer und das Berührtwerden durch sie wohl kaum zu ersetzen, aber es kann eine Einübung in die Freuden der Berührung sein, ein Anreiz, es auch wieder analog damit zu versuchen.

Es ist eine Kunst, Berührung herbeizuführen, und eine andere, sie geschehen zu lassen. Beides spielt sich nicht nur körperlich, sondern auch seelisch ab, und nicht nur über den Tastsinn, sondern auch über die anderen Sinne, etwa beim Anblick eines Gesichts, beim Hören einer Stimme, beim Riechen eines Dufts, beim Schmecken einer Speise, bei der Wahrnehmung von Bewegung und der Empfindung all dessen, was im Inneren des Körpers zu spüren ist, mit einem »Bauchgefühl«, das nicht so einfach zugeordnet werden kann, dessen Existenz aber kaum zu bestreiten ist. Zauberhaft ist zweifellos, wenn die Aktivität des *Berührens* und die Passivität des *Berührtwerdens* miteinander verschmelzen, ein Verschmelzen von Selbst und Anderem, von berührendem Subjekt und berührtem Objekt etwa bei einer Umarmung, bei der sich die Körper aneinanderschmiegen. Auch Tanz ist Berührung, vor allem jener Tanz, der sozusagen programmatisch *Tango* genannt wird.

Die Berührung im *Seelischen* ist erfahrbar in den gefühlten Energien, die durch Begegnungen mit Anderen in Schwung gebracht werden. Alle Berührungen, erwünschte und unerwünschte, gewährte und verweigerte, setzen Energien frei, die mit einem großen Spektrum angenehmer und unangenehmer Gefühle einhergehen. Seelisch wird ein Mensch etwa durch den Charme, den ein Anderer ausstrahlt, angenehm berührt, oder aber von der Arroganz abgestoßen, die eine Berührung anderer Art verursacht. Nähe und Distanz zwischen Menschen werden durch solche Berührungen reguliert, die zunächst unabsichtlich und ganz sicher häufig unbewusst geschehen, aber auch absichtlich und bewusst eingesetzt werden können. Eine Berührung gewinnt weiterreichende Bedeutung, wenn der Andere sie nicht abweist, sondern geschehen lässt oder sogar nachdrücklich beantwortet. Dann kann das *Glück der Berührung* die Beteiligten durchströmen, denn das Leben wird schöner und erfüllter durch willkommene Berührungen, die Energien in einen angeregten Zustand versetzen, Gefühle stimulieren und die Sinne aktivieren. Die Möglichkeiten der Berührung zu nutzen, liegt im Eigeninteresse eines Menschen, der mehr Lebensintensität gewinnen und sein Leben mit Sinn erfüllen will.

Die Frage, die im Seminar gestellt wird, wie Gefühle in Bewegung zu bringen seien, ist vor diesem Hintergrund zu beantworten: *Die Bereitschaft zu berühren und sich berühren zu lassen ermöglicht ein reges Gefühlsleben.* Das gilt für das Leben mit dem Menschen, dessen Berührung die eigenen Gefühle zumindest gelegentlich nicht kalt lässt, ebenso jedoch für die bewusste Wahl einer Tätigkeit, die berührt und nicht nur von materiellem Interesse ist, erst recht für das Hören von Musik, die das Selbst im Innersten anrührt. Seelische und geistige Berührungen lassen sich außerdem mithilfe von *Deutungen* steuern, die Gefühle freisetzen: Was ein Mensch beispielsweise als liebevoll deutet, berührt ihn angenehm und kann Liebe in ihm wachrufen. Was er als ungerecht deutet, berührt ihn unangenehm und kann Zorn in ihm erzeugen. Mit Deutungen kann er die jeweilige Berührung auf Distanz halten, um sich zu fragen: Was ist das, das mich bewegt? Wer oder was hat das verursacht? Will ich das an mich heranlassen? Viele Menschen würden sich wünschen, nicht mehr von der Energie negativer Gefühle berührt zu werden. Vorsätzliche Ignoranz könnte dafür geeignet sein, aber vielleicht sollte auch die Berührung durch diese Art von Gefühlen Akzeptanz erfahren, um der Polarität des Lebens Rechnung zu tragen, solange sich dies nicht destruktiv auf das Selbst und Andere auswirkt.

Ergänzend zur körperlichen und seelischen Berührung brauchen Menschen ein Berühren und Berührtwerden auch im *Geistigen* durch Gedanken, Ideen, Phantasien, Traumbilder, Ahnungen. Nicht nur etwas Wirkliches kann Menschen berühren, erfassen und bewegen, sondern auch etwas Unwirkliches, etwa eine erfundene Geschichte oder eine philosophische Abhandlung, die beide nur aus Worten, nicht aus unmittelbarer Wirklichkeit bestehen. Wie vermutlich jede Berührung beruht auch die geistige auf einem Austausch von Energien, die keiner Endlichkeit unterliegen, sodass das Leben des Geistes nicht vom Tod tangiert werden kann. In diesem Fluidum ist eine Weite erfahrbar, die Menschen frei atmen lässt und in der sie die Erfahrung machen, dass sie auch von den Gedanken längst verstorbener Autoren noch berührt werden können.

Wie das geistige Berühren und Berührtwerden vor sich geht, lässt sich am Beispiel der *Lektüre* genauer betrachten, bei der der Leser Buchstaben aufsammelt, die ihm in verführerischer Klarheit vor Augen stehen. Aus der Welt der Wirklichkeit wird er von ihnen in die Welt der Möglichkeiten entführt, in der andere Wirklichkeiten und Denkbarkeiten vor seinem geistigen Auge aufscheinen. Während er sich äußerlich mit den Augen durch den Text bewegt, wird er auch innerlich von ihm bewegt. Er bleibt bei diesem Prozess nicht derselbe, der er vor der Lektüre war, mag es sich auch nur um unscheinbare Veränderungen handeln, die ihm nicht auffallen, sich aber mit vielen Unscheinbarkeiten zu einer Veränderung seines Selbst summieren. Die gedankliche Berührung regt die Energien an, mit denen er entwickeln kann, was zusammengewickelt in ihm ruht. Letzten Endes geht es dabei nicht um das Lesen eines Textes, sondern um das Lesen des eigenen Selbst und Anderer, des Lebens und der Welt, der Wirklichkeit und aller Möglichkeiten, die zeichenhaft aufgenommen und gedeutet werden. Darin besteht ein guter Teil der *Bildung*, die immer schon mit dem Lesen verknüpft war und unweigerlich mit einer sinnlichen Berührung verbunden ist, nicht nur beim Zurhandnehmen eines Textes und dem Umblättern der Seiten, sondern auch beim Tupfen und Wischen auf dem Display, auf dem ein elektronischer Text erscheint.

Eine weitere Berührung aber ist diejenige, die mit dem Überschreiten der menschlichen Endlichkeit im Fühlen und Denken einhergeht, um sich von der möglichen unendlichen Dimension einer *Transzendenz* berühren zu lassen. Davon, welche Bedeutung diese Berührung für Menschen hat, erzählt die Religionsgeschichte. Mit Religion ist aber nicht in erster Linie eine bestimmte Religionsgemeinschaft oder Kirche gemeint, sondern das religiöse Phänomen selbst, dieser Rückbezug (»ich binde mich zurück«, *religo* im Lateinischen) auf etwas, das für wesentlich gehalten wird. Wesentlich ist das, ohne das alles Andere nichts ist. Das könnte die Gesamtheit der Energie sein, ohne die kein Körper, kein einzelnes Leben, kein Leben überhaupt und keine Welt existieren kann. In der Geschichte wurde das Wesentliche meist als göttlich oder Gott bezeichnet. In der Moderne aber wollen viele davon nichts mehr wissen, weil sie auf Worte blicken statt auf Phänomene. Das Wesentliche ihrer Existenz könnte ihnen entgehen, das sie leben lässt und auch über ihr Leben hinaus Bestand hat.

Von Bedeutung ist, was die vorgestellte oder wirkliche Berührung der Transzendenz und das Berührtwerden durch sie bewirkt: Ein Mensch öffnet sich für die Energie, sodass er von ihr durchflutet werden kann. Er legt den Zugang zu dieser unerschöpflichen Kraft frei, sodass sie zur Quelle seines Lebens werden kann. Michelangelo hat bei der Ausmalung der

Sixtinischen Kapelle zu Beginn des 16. Jahrhunderts versucht, diese dynamische Bewegung in konkreten Gestalten vor Augen zu stellen, und so malte er das Berührtwerden des endlichen Menschen durch die Dimension des Unendlichen. Von Fingerspitze zu Fingerspitze scheint der Funke überzuspringen, mit der die göttliche Gestalt Adam leben macht – oder ist es Adam, der durch seine Berührung die göttliche Gestalt zum Leben erweckt? Womöglich sind die beiden Seiten nicht voneinander zu trennen. Mit jeder Berührung in Gefühlen und Gedanken vermag ein Mensch die grundlegende Energie wieder in sich zu spüren und sich als Teil eines umfassenden Ganzen wahrzunehmen. Ohne seine Offenheit dafür könnte der Lebensstress überhandnehmen, da in der materiell bestimmten und zeitlich begrenzten Wirklichkeit nicht viel Leben Platz hat. Ein energetisches Leben über die Endlichkeit hinaus anzunehmen, kann auch vor Gram bewahren, wenn das angeblich einzige, mit zu vielen Projekten überfrachtete Leben nicht nach Wunsch verläuft.

Letzten Endes ist es der Einzelne selbst, der darüber entscheidet, ob und in welcher Weise er sich für diese Aspekte interessiert. Nicht die letzte Wahrheit, die niemand kennt, ist dabei maßgebend, sondern das Verständnis, das er sich für sein Leben zurechtlegt. Manche mögen das für *eklektizistisch* halten, für »wählerisch«, womit meist gemeint ist: Beliebig herausgegriffen. Aber sie haben für sich selbst auch keine andere Lösung und kaschieren das, indem sie ihr eigenes wählerisches Verständnis zur Wahrheit erheben. Die Heftigkeit der Energien, mit der die jeweilige Wahrheit vertreten wird, zeugt von der Innigkeit der Berührung, die bei Fragen der Transzendenz im Spiel ist. In der Konfrontation mit Schattenseiten des Lebens ist es für die Einen sehr tröstlich, das Wesentliche ihres

Lebens in einem überwölbenden Ganzen geborgen zu wissen, was auch immer das sein mag. Die Anderen wollen von einem Trost nichts wissen, jedenfalls nicht von einem transzendenten.

Schattenseiten des Lebens

Berührung kann die Sonnenseite des Lebens sein, aber beim Aufenthalt und bei der Arbeit im Krankenhaus sind permanent auch Schattenseiten präsent. Einige davon werden zu Themen einer vierten Reihe von Vorträgen und Seminaren, um die möglichen Formen des Umgangs damit in den Blick zu nehmen. Vielleicht ist die Lebenskunst ohnehin erst so recht beim Leben mit den Schattenseiten erforderlich. Für das populäre Verständnis mag Lebenskunst das leichte Leben auf der Sonnenseite sein, aber es ist keine große Kunst, mit dem Leben zurechtzukommen, wenn es »gut läuft«, weit mehr Können erfordert es, wenn es schwer wird. Wie ist das Leben mit den Schattenseiten zu erlernen? Durch Erfahrung und die immer neue Bereitschaft zur Besinnung. Die philosophische Reflexion ermöglicht, die Besonderheiten beider Seiten des Lebens von vornherein in die Wahrnehmung einzubeziehen, ausgehend von der Erfahrung, dass sich das Leben immer zwischen Gegensätzen abspielt, die als positiv oder negativ erlebt werden. Nur Werbefilme propagieren ein Leben, das immerzu aus Freude, Lust, Leichtigkeit und Erfolg besteht, das Leben selbst folgt nicht immer dieser Vorlage.

Das oft schon thematisierte Phänomen der *Polarität* rückt damit in den Mittelpunkt, auf das Menschen in vergangenen Zeiten aufmerksamer waren, im 6. Jahrhundert v. Chr. bereits der griechische Philosoph Heraklit, von dem knappe Sätze über das Zusammenwirken der Gegensätze überliefert sind: »Das widereinander Strebende zusammengehend; aus dem auseinander Gehenden die schönste Fügung« – nebst der zugehörigen Beobachtung konkreter Kontraste: »Krankheit macht Gesundheit angenehm und gut, Hunger Sattheit, Mühe Ruhe« (*Fragmente der Vorsokratiker*, 8 und 111). Auch die chinesische Philosophie des Tao betonte seit dem 4. Jahrhundert v. Chr. das Ineinander gegensätzlicher Pole von *Yin und Yang*. Wenn die Polarität aber ein Organisationsprinzip des Lebens ist, drängt sich die Frage auf: Wer oder was hat das so gemacht? Mögliche Antwort: Es hat sich selbst so gemacht. Zu welchem Zweck? Damit das Leben nicht die Spannung verliert, die es erst zu Leben werden lässt. Und damit den Menschen nicht langweilig wird, denn was wäre ein Leben ohne Gegensätze?

Aus diesen Gründen gelingt es nicht, den jeweiligen *Kontrapunkt* auszuschalten. Alle wollen beispielsweise ein kurzweiliges Leben und erleben dennoch immer wieder *Langeweile*. Relativ harmlos ist dabei nur die *okkasionelle*, gelegentliche Erfahrung der Langeweile, weniger die *existenzielle*, die die gesamte Existenz eines Menschen erfasst und in Frage stellt, einhergehend mit der Trägheit, sich zu nichts mehr aufraffen zu können. Tödliche Langeweile wird zum Problem des Lebens in modernen Gesellschaften: Ausgerechnet in der Zeit, in der für alles Lebensnotwendige gesorgt ist, werden Menschen davon heimgesucht. Das Nichts gähnt dort, wo alles erreicht wird. Das ist die Rache des Lebens am Zustand der großen Zufriedenheit. Wozu überhaupt noch leben, wenn es nichts Spannendes mehr gibt? Es findet sich kein Grund mehr fürs Leben, aber auch keiner dagegen. Was bleibt, ist nur noch Gleichgültigkeit, die auch ohne wirklichen Tod tödlich ist. Schon in der Antike und im Mittelalter kannten einige diese Lebensverdrossenheit, im 17. Jahrhundert sprach Blaise Pascal vom *Ennui*, im 19. Jahrhundert kreiste Georg Büchners Theaterstück *Leonce und Lena* um die Leere der existenziellen Langeweile. Neu ist jedoch ihr epidemisches Umsichgreifen.

Damit die Langeweile dem Leben nicht jegliche Spannung raubt, käme es für die Lebenskunst darauf an, etwas aus ihr zu machen, was das Leben bereichert, *Muße* zum Beispiel, die gerne gelebte Passivität, die die manische Aktivität des modernen Lebens konterkariert. Langeweile, die zumindest hier und da zur Muße wird, schützt vor Überfülle, sie schenkt dem von Informationen und Eindrücken zugeschütteten Selbst die Zeit, die hereinbrechenden Fluten wieder bis zur Lebensverträglichkeit einzudämmen. Gerade der Verzicht darauf, etwas zu wollen und zu machen, verwandelt die Leere in eine Quelle der Inspiration und Kreativität. Dermaßen viel kann in sie einströmen, dass eine reiche Fülle aus ihr hervorquellen kann, neue Gedanken, kühne Ideen, unvermutete Begegnungen, überraschende Erfahrungen, gewagte Verknüpfungen, nie gesehene Zusammenhänge. Wichtig dafür ist nur, den leeren Raum für einen Moment auszuhalten, ihn nicht mit Angeboten der Langeweiletötungsindustrie aufzufüllen. Hilfreich ist, sich zu sagen, dass das erfüllte Leben um der Polarität willen auch der Leere bedarf, und dass die Fülle der Lust auf die Leere der Unlust angewiesen ist, um die Energien zu regenerieren, die wieder in Genüssen aller Art verschwendet werden können.

Der Polarität unterliegt auch die Fröhlichkeit, die ihren Gegenpol in der *Traurigkeit* findet. Es ist schön, fröhlich zu sein, aber die Erfahrung, zumindest gelegentlich traurig zu sein, ist niemandem unbekannt, es handelt sich um einen festen Bestandteil des Menschseins. Ein allgemeiner Begriff dafür war lange in der Kulturgeschichte die *Melancholie*, von den Einen abschätzig behandelt, von den Anderen geschätzt und gepflegt. Viele christliche Theologen sahen in ihr eine ablehnende Haltung gegen die frohe Heilserwartung. Hingegen fiel aristotelischen Philosophen schon früh auf, dass ungewöhnlich viele kreative und produktive Menschen unter den Traurigen zu finden sind. Moderne Studien bestätigen diese Einschätzung und zahllose Künstlerbiographien legen Zeugnis davon ab. Vielleicht liegt es daran, dass Melancholiker in ihrer übergroßen Sensibilität Brücken für sich bauen müssen, um leben zu können. Mit einem Kunstwerk versuchen sie die Abgründe zu überbrücken, in die sie blicken, die lebenstraurige Astrid Lindgren beispielsweise mit ihrer lebensfrohen Kunstfigur Pippi Langstrumpf, der depressive Edvard Munch mit seinem gesamten Werk.

Die Melancholie, im engeren Sinne das Traurigsein, Unglücklichsein oder die depressive Gestimmtheit, kann sich grundlos einstellen, vorübergehend oder anhaltend. Aber es kann auch Gründe für sie geben, wie etwa ein Verlassenwerden oder eine Entlassung, ein Unglück oder auch nur die Konfrontation mit dem Älterwerden und der Endlichkeit des Lebens. Eine Kunst des Umgangs damit beruht darauf, diese Seite des Menschseins anzuerkennen und ihr den Raum zu geben, den sie beansprucht. Dazu ist es erforderlich, sich nicht einreden zu lassen, ein Mensch müsse unentwegt fröhlich, freudig, gut gelaunt, positiv gestimmt sein: Kulturelle Normen wie diese begünstigen eine massenhafte Maskenbildnerei, tragen aber zur Lebensbewältigung nichts bei. Dabei ist die Zeit der Melancholie wertvoll: Es ist die Zeit des genaueren Hinsehens, der tieferen Einsichten ins Leben, der Befragung des eigenen Lebens und seiner Neuorientierung. Anstatt Melancholie und Traurigsein zu fliehen, wäre es auch möglich, sich dem Zustand bereitwillig hinzugeben, sich regelrecht in ihn hineinzusteigern, um ihn vollständig zu durchmessen und dann in den gewohnten Alltag zurückzukehren.

Der natürliche Ausdruck des Traurigseins ist das *Weinen*, das den Menschen überwältigt und seine stolze Souveränität augenblicklich zunichtemacht, kenntlich am Gesicht, dessen Mimik außer Kontrolle gerät. Anstelle des Denkens gewinnt das Fühlen die Oberhand. Die Tränen heben die Distanz auf, die ein Mensch gewöhnlich zu einem Geschehen bewahren kann und aus der heraus die Reflexion möglich ist – typischerweise können Wesen, die keine Reflexionsdistanz kennen, nicht weinen. Während jede Distanznahme einen Aufwand an Kraft erfordert, gewährt jede Distanzlosigkeit Zeit zur Erholung, bis die krampfartige Anspannung, die für das Weinen charakteristisch ist, einer seligen Entspannung weicht, die zutiefst guttut. Letztlich bringen die Tränen den Mut zum Leben zurück, nachdem sie ihn weggeschwemmt haben. Kurios erscheint lediglich, dass Menschen in größter Bedrängnis zu lachen beginnen, in größter Freude wiederum dem Weinen nahe sind, wohl unbewusst, um mit der Einbeziehung des jeweiligen Gegenpols die Polarität des Lebens wieder herzustellen.

Unendlich traurig können Menschen sein, wenn sie den Endpunkt ihrer Existenz vor Augen haben und das Leben seinen Gegenpol im *Tod* findet. Es hilft nichts zu sagen, dass der Tod selbst ein Teil des Lebens sei: Wäre es so, wäre er ein extrem kurzer Teil des Lebens, der mit dem bisher gelebten Leben nicht viel zu tun hätte, insofern eben doch einen Gegenpol dazu darstellen würde. Allenfalls punktuell wird der Tod gelebt, dann ist er schon vorbei. Tod bedeutet nicht zwangsläufig, dass das Leben in ein Nichts stürzt, aber dass es in dieser Form zu Ende ist, bevor möglicherweise ein Leben in anderer Form beginnt. Die Begegnung mit dem Tod ist im Krankenhaus nicht ungewöhnlich, umso mehr jedoch in anderen Räumen der modernen Gesellschaft, die den Tod in dieses exterritoriale Gebiet abschiebt, um sich im gewöhnlichen Leben nicht davon beunruhigen zu lassen. Und dennoch kommt niemand umhin, früher oder später eine Haltung zum Tod einzunehmen, sei es ironisierend, resignierend oder gleichgültig. Möglich wäre, ihn einfach zu akzeptieren, da es ihn nun mal gibt, weit mehr wird jedoch von der Option Gebrauch gemacht, ihn zu ignorieren, soweit möglich, und gegen ihn zu opponieren, wenngleich letzten Endes vergeblich.

Vielen gilt der Tod als Sinnlosigkeit schlechthin, dennoch kann ihm Sinn in Bezug auf das Leben zukommen, beispielsweise der, dass er eine zeitliche Grenze markiert, die das Leben erst wertvoll macht. Ein unsterbliches Leben, das möglich wäre, wenn es gelänge, den Tod zu eliminieren, wäre vermutlich sterbenslangweilig. Man kann sogar sagen, dass dem Tod das Leben zu verdanken ist, denn wenn es diese Verknappung der Jahre nicht gäbe, könnte alles im Leben und das Leben selbst gleichgültig erscheinen. Der Tod als Grenze des Lebens fordert dazu auf zu leben und auf erfüllte Weise zu leben. Im Wissen um die Begrenztheit des Lebens gründet das Bemühen um Lebenskunst. Ein möglicher Sinn des Todes könnte ganz nebenbei sein, Platz für neues Leben zu schaffen, andernfalls entstünde ein ernstes Problem der Überbevölkerung auf dem Planeten und es käme zu keiner Erneuerung mehr, da dem heranwachsenden Leben stets eine riesige Überzahl von älterem Leben im Weg stünde. Parallel zum Sex für die Fortpflanzung hat das Leben den Tod erfunden, da sich die identische Reproduktion von Pantoffeltierchen als unergiebig für die Weiterentwicklung des Lebens erwies.

Eine Haltung zum Tod zu finden, ihn akzeptieren zu können, hebt die Angst vor ihm nicht unbedingt auf, kann sie aber abmildern. Das gesamte Leben kommt von Grund auf nicht ohne *Angst* aus, die eine Standarderfahrung der Polarität im Kontrast zum Mut darstellt. Angst ist in ihren vielen Erscheinungsformen die häufigste Erfahrung der Abgründigkeit, die jede Oberflächlichkeit konterkariert. Als Antenne für Gefahren aller Art ist sie lebensnotwendig, sie warnt vor dem blinden Überqueren einer Straße, vor Sackgassen des Lebens, vor einer möglichen Verletzung, vor dem Zerbrechen einer Beziehung. Die drohende Loslösung von Anderen, von der Zugehörigkeit zur sozialen Welt, kann eine schlimmere Lebensangst erzeugen als die Angst vor Sterben und Tod. Wenn die Angst aber in einem solchen Maße überschießt, dass das Leben zu schwer wird, ist es ratsam, sie auf ein lebbares Maß zu reduzieren. Gut möglich ist das mithilfe von Therapien, unmöglich ist nur, die Angst gänzlich zu verlieren. Ein Moment des Innehaltens und Nachdenkens macht damit vertraut, dass es ein vollkommen angstfreies Leben kaum geben kann.

Angst kommt von Enge, *angustia* im Lateinischen. Das Wort verweist auf die Erfahrung, dass sich die Weite der Möglichkeiten auf eine einzige, in ihrer Enge bedrohliche Wirklichkeit reduziert, die den Menschen einschnürt und würgt. Verhält es sich wirklich so oder ist es nur eine Einbildung? Das lässt sich nicht immer zuverlässig sagen, sicher ist nur, dass es die Angst ist, die das Leben erschließt. *Weil* ein Mensch sich ängstigt, bemerkt er, dass ihm sein Leben oder eine bestimmte Beziehung nicht gleichgültig ist. Erst mit der ängstlichen, dann mit der klugen Sorge beginnt er, sich um sich, sein Leben und seine Beziehungen zu kümmern. Angst kann das Tor zum Leben sein, die Lebenskunst setzt mit ihr ein. Wird ein bestimmtes *Angst-*

quantum unterschritten, scheint das Leben unerträglich flach und spannungslos zu werden. Daher bedarf das Menschsein wahrscheinlich immer wieder der Angst, egal wovor. Das könnte ein Grund für die verbreitete Neigung zu Krimis und Gruselfilmen, zu Abenteuersport und Extremsituationen sein, denn andere Angstquellen hat das moderne Leben erfolgreich zum Verschwinden gebracht, zumindest aber den Blicken entzogen.

Macht und Ohnmacht

Die Polarität des Lebens etabliert sich als Thema, in einem fünften Zyklus beziehe ich sie auf vielfachen Wunsch auf Fragen der *Macht*, deren Schattenseite die Erfahrung von *Ohnmacht* ist. Aber heißt das, dass der, der über Macht verfügt, sich auf der Sonnenseite befindet? Rasch wird klar, dass Fragen von Macht und Ohnmacht uferlos sind und es sehr schwierig ist, die Komplexität ihrer wechselseitigen Durchdringung zu durchschauen. Dass die Beziehungen zwischen den Menschen im Krankenhaus jedoch viel damit zu tun haben, ist daran erkennbar, dass jede und jeder sich unmittelbar von diesem Thema angesprochen fühlt, wenngleich zunächst mit einseitiger Aufmerksamkeit auf die Macht, die Andere exerzieren: Die sollten das mit mehr Bewusstheit und Sensibilität tun, während es auf der eigenen Seite keine Notwendigkeit dafür gibt, da hier vermeintlich immer nur die Ohnmacht zu finden ist. Soweit mit der Thematisierung die Hoffnung verbunden war, Machtverhältnisse innerhalb des Hauses klären und Auseinandersetzungen befrieden zu können, sollte sie sich leider nicht erfüllen. Darauf wird noch zurückzukommen sein.

Um einen möglichst unverstellten Blick auf das Phänomen

zu gewinnen und die allzu schnelle Bewertung der Macht als schlecht, ja, als böse zurückzuhalten, schlage ich zunächst eine einfache Definition vor: *Macht ist die Möglichkeit, Einfluss auf etwas oder jemanden auszuüben.* Die Möglichkeit dazu genügt meist schon für die Einflussnahme. Verfestigt sich die Möglichkeit, manifestiert sie sich immer mehr in der Wirklichkeit und die Machtausübung gewinnt eine Regelmäßigkeit, für die sich von einer *Machtstruktur* sprechen lässt. Dafür, dass auch die Macht im Krankenhaus strukturiert und organisiert ist, sprechen Gründe, denn sonst könnte kaum je klar sein, wer wann was zu entscheiden hat. Unweigerlich produziert die Verteilung der Kompetenzen jedoch Mächtige und Ohnmächtige.

Die genauere Beobachtung erbringt bereits wertvolle Erkenntnisse: Die Macht wird sichtbar in Blicken, Gesten und Verhaltensweisen, hörbar an der Stimme und am Gebrauch von Worten. Manchmal ist sie nur indirekt aus Geschehnissen zu erschließen, die auf einen Urheber verweisen. Nicht immer wird sie absichtsvoll ausgeübt und kann dennoch Wirkungen hervorrufen, die dem Urheber unbekannt bleiben, da er sie nicht selbst zu spüren bekommt. Ob die Ausübung der Macht gut (hilfreich), schlecht (nicht hilfreich) oder böse (zerstörerisch) ist, liegt an der Bewertung derer, deren Interessen im Spiel sind, und an der Bewertung Betroffener, die ebenfalls Interessen haben. Eine einheitliche Bewertung ist selten.

In den Augen vieler stammt die Macht stets »von oben«, nie »von unten«. Bei genauerem Hinsehen zeigt sich jedoch, dass die wesentlichen Machtstrukturen nicht die offiziellen, *funktionalen* sind, sondern die inoffiziellen, *persönlichen*, abhängig von den beteiligten Personen und der Art und Weise, wie sie ihre jeweilige Funktion ausfüllen. Funktion und Person sind nicht gänzlich zu trennen, ansprechbarer als die abstrakte Funktion ist jedoch die konkrete Person, die Sinn für menschliche Besonderheiten hat oder nicht hat, Sympathien oder Antipathien empfindet, Vorlieben oder Abneigungen hegt, Verpflichtungen nachkommt oder sie missachtet, überlegt oder unüberlegt agiert und reagiert. Wie die Person ansprechbar ist und antwortet, hat wiederum Auswirkungen auf die Wahrnehmung der Funktion. So entsteht ein kaum durchschaubares Geflecht von Beweggründen, die weitere Dinge möglich oder unmöglich machen. Komplizierter wird alles noch dadurch, dass die Mächtigen mit der Erfahrung ihrer Möglichkeiten stärkere Ichs ausprägen, mit denen sie sich dann wechselseitig im Weg stehen, gelegentlich oder andauernd, eine schwierige Situation für das gesamte Haus.

Muss es Macht überhaupt geben? Wäre es nicht besser, sie einfach abzuschaffen? Aber wenn Macht Einflussnahme ist, müsste damit auch jede Art von Einflussnahme verschwinden. Wie sollte das zu realisieren sein? Hilfreicher als das vergebliche Träumen vom Verschwinden der Macht könnte sein, über ihren bewussteren Gebrauch nachzudenken und diesen auch einzuüben. Dazu ist es erforderlich, ihre Existenz anzuerkennen, einige Aufmerksamkeit auf sie zu wenden und die eigene Verstrickung in sie wahrzunehmen. Jede Lebenskunst bedarf einer Aufklärung von Strukturen aller Art und ebenso von Machtstrukturen. Größere Klarheit darüber ermöglicht einen bewussteren Umgang damit. Genau daran entzünden sich in den abendlichen Seminaren jedoch die Diskussionen: Soll man sich wirklich sehenden Auges auf das, wie es genannt wird, »böse Spiel der Macht« einlassen? Mündet es nicht in den Kampf aller gegen alle, wenn jeder eigene Machtinteressen geltend macht, statt um des lieben Friedens willen darauf zu verzichten? Läuft nicht alle Macht auf Willkür hinaus?

Angesichts der Möglichkeiten, dass Macht außer Kontrolle geraten kann, wird nach einem Mittel verlangt, sie zu mäßigen und zu begrenzen, beispielsweise mit einer *Ethik*, die mit Werten wie Verantwortung, Gerechtigkeit, Gleichheit ausgestattet ist. Sollte diese Ethik aber nicht ihrerseits über Macht verfügen, um eine Gegenmacht darstellen zu können? Wenn nicht, wie soll sie dann wirksam werden? Und was ist, wenn die Gegenmacht der Ethik von denen, die Macht haben, ignoriert wird? Was ist, wenn die dünne Lackschicht der Kultur mit ihrer gewonnenen oder anerzogenen Ethik abfällt und die Macht allein übrig bleibt? Dann treten die Interessen roh hervor und stoßen sich hart im Raum. Vielleicht sollte also doch besser bei den *Interessen* angesetzt werden, mit denen ohnehin fest zu rechnen ist, sodass sie nicht erst von außen an das Phänomen der Macht herangetragen werden müssen. Praktikabler wäre es, die Interessen selbst dazu zu nutzen, die Macht zu mäßigen und zu begrenzen, aus Eigeninteresse: Wer Macht hat, hat in der Regel ein Interesse daran, sie nicht zu verlieren. Dann aber sollte er sie nicht ruinös für sich und Andere, sondern möglichst klug gebrauchen, um nicht zu viel Gegenmacht zu provozieren, die ihm gefährlich werden könnte.

Das große Problem der Macht sind *asymmetrische* Verhältnisse. Hat eine Seite die Oberhand, droht die Macht sich zur Herrschaft zu verfestigen. Wünschenswert wären *symmetrische* Verhältnisse, bei denen aufgrund gleicher oder vergleichbarer Macht aller Seiten keine Herrschaft entstehen kann. Das klingt gut, aber kann es dann noch so etwas wie Führung geben? Was geschieht, wenn die Führung ausfällt? Wird sie gebraucht? Eine kluge Führung würde sich um einen Umgang mit Macht bemühen, der zumindest zeitweilig Umkehrbarkeit vorsieht. Auch dafür ist das Eigeninteresse ausschlaggebend, denn wenn die asymmetrische Macht überdehnt wird, wird sie angezweifelt und von den angeblich Ohnmächtigen irgendwann gestürzt – die dann ihrerseits vor dem Problem stehen, führen zu müssen und dies selten auf Anhieb klug tun zu können, da es ihnen an Erfahrung dafür fehlt.

Aber auch die Symmetrie kann überdehnt werden: Wenn sich die Mächte neutralisieren, kommen keine Entscheidungen mehr zustande und die Interessen löschen sich im schlimmsten Fall wechselseitig aus. Um das richtige Maß an Macht zu finden, bedarf es einer Macht von oben mit einer Macht über die Macht, einer wirklichen *Supermacht*, die aus Eigeninteresse auf Mäßigung und Teilung der Macht bedacht ist. Und es bedarf einer Macht von unten, einer *Submacht*, die die Macht von oben dazu drängt, ihre Möglichkeiten maßvoll und nicht achtlos zu gebrauchen, Grundidee der Demokratie.

Einer Ohnmacht sind Menschen allerdings nicht nur dann ausgesetzt, wenn andere Menschen Macht über sie ausüben, sondern auch dann, wenn *Schmerz und Krankheit* dies tun. Der Umgang damit wird von dem Umstand erschwert, dass moderne Menschen im Unterschied zu vormodernen weit weniger bereit sind, eine solche Ohnmacht hinzunehmen. Das entspricht der Umkehrung, die sich im Laufe der Entwicklung der Moderne im Begriff des Subjekts selbst vollzogen hat. Es will kein Unterworfenes (*subiectum* im Lateinischen) mehr sein, sondern eine eigene Souveränität gegenüber Anderen und aller Welt geltend machen: »Ich lasse mir von nichts und niemandem etwas sagen.« Bei Schmerz und Krankheit stößt diese Haltung an Grenzen, denn sie sind nicht beliebig beherrschbar. Zumindest zeitweilig würde eine kluge *Selbstmächtigkeit* erfordern, auf jeden Machtanspruch zu verzichten und sich in das zu fügen, was nottut. Die Ohnmachtserfahrung könnte sogar zur Übungszeit für ein asketisches, diszipliniertes Verhalten des Selbst im Umgang mit sich werden, mit dem es zu anderen Zeiten wieder andere und größere Vorhaben realisieren kann.

Die Selbstmächtigkeit richtet sich in erster Linie nach innen. Sie beruht auf einer Klärung innerer Machtverhältnisse, denn auch Bedürfnisse, Gefühle und Gedanken verfolgen unterschiedliche und gegensätzliche Interessen, und was dann? Eine mangelnde Klärung führt dazu, die inneren Auseinandersetzungen nach außen zu tragen und in einem äußeren Gegner den inneren zu bekämpfen. Äußere Machtstrategen mischen sich daher gerne beispielsweise mit Werbekampagnen in innere Kämpfe ein und versprechen dem einen oder anderen Impuls im Selbst den Sieg mit dem Kauf eines Produkts. Selbstmächtigkeit aber gewinnt der, der mit sich im Reinen ist. Er eignet sich intellektuelle und hermeneutische Macht an, kann also selbst denken und deuten und verliert sich weniger in unnötigen äußeren Auseinandersetzungen. Auf die vier Grundfragen der Macht findet er eigene Antworten:

1. Was ist meine *Macht über mich* und meine Ohnmacht in Bezug auf mich selbst? Soll es bei diesem Zustand bleiben oder will ich ihn verändern und wie wäre das zu bewerkstelligen?

2. Was ist meine *Macht über Andere* und demzufolge deren Ohnmacht? Wie kann ich die Macht möglichst klug, rücksichtsvoll, umsichtig, vorsichtig und vorausschauend einsetzen?

3. Was ist die *Macht Anderer über mich*, was ist angesichts dessen meine Ohnmacht? Bin ich immer nur ohnmächtig oder kann ich manchmal auch selbst Macht ausüben?

4. Wie funktionieren die *Machtstrukturen* allgemein in der be-

stehenden Gesellschaft? Kann ich mich darauf einstellen oder will ich dagegen ankämpfen, gegebenenfalls mit Anderen?

Die große Zahl derer, die anfänglich glaubten, keinerlei Macht zu haben, verkleinert sich mit fortschreitender Thematisierung. Das bewirken auch Beispiele zum Umgang mit Macht und Ohnmacht im Verhältnis zwischen zweien. Es darf in der *Liebe* niemals um Macht gehen? Die Realität sieht anders aus. Auch hier sind oft Entscheidungen zu treffen, die beide betreffen, wobei beide aber Gegensätzliches wollen. Wer setzt sich dann durch? Mit welchen Mitteln? Spiele der Macht kommen in Beziehungen nahezu pausenlos vor, nicht immer in offen erkennbarer Form, denn die eingesetzten Mittel können Charme, Umwerbung und Verführung sein. Diese *sanften* Formen der Machtausübung sind im Grunde weit wirksamer als *harte* Formen wie Drohung, Verstimmung, Erpressung und Liebesentzug, aber mit einer gewissen Regelmäßigkeit neigen Paare der zweiten Option zu. Auch die dritte Option, Machtfragen zu diskutieren und auszuhandeln, tritt hinter der Versuchung zurück, sie hart auszufechten. Die Bewahrung der Beziehung könnte aber davon abhängen, dass die Macht nicht einseitig bleibt, sondern wechselseitig ausgeübt wird, und eine Möglichkeit dafür wäre die Abwechslung: Mal entscheidet der Eine, mal der Andere. Im Übrigen können die Beteiligten das alles aus freiem Entschluss auch anders handhaben: Beziehungen der Liebe sind nicht auf symmetrische Verhältnisse verpflichtet, auch asymmetrische Verhältnisse sind möglich.

Und nicht nur die Liebe, sondern sämtliche Arten von Beziehung sind von Fragen der Macht durchzogen, außer der Beziehung zu sich selbst und zwischen zweien ebenso die Beziehungen zwischen Menschen in Gruppen und Gesellschaften. Ökonomische Verhältnisse üben Macht über Individuen aus, die wiederum mit ihrer bewussten Lebensführung, ihrer Aufmerksamkeit und ihren Entscheidungen für den Kauf und Gebrauch dieses und nicht jenes Produkts auf die Verhältnisse zurückwirken. Schlimm finden viele Menschen, dass die *Politik* Einfluss auf ihr Leben nimmt, die sie aber ihrerseits in einer Demokratie mit ihrer Wahl und auch Nichtwahl beeinflussen können, wenngleich nicht als alleinige Statthalter des Volkes, wie manche glauben (»Wir sind das Volk«), sondern als Bruchteil, aus dem mit anderen Bruchteilen mühsam eine Politik geformt werden muss, die nicht jedes Interesse eines jeden jederzeit vollständig befriedigen kann.

In Frage steht außerdem die globale Macht und Ohnmacht zwischen ganzen *Kulturen*. Das Nachdenken darüber wird vom Terrorakt in New York am 11. September 2001 angestoßen, diesem gezielten Treffer ins Herz der Moderne, der im Namen all derer unternommen wurde, die angesichts der globalen Ausbreitung der Moderne im medialen, kulturellen, ökonomischen, finanziellen, politischen, technischen und militärischen Bereich um ihre eigene Kultur fürchten. Die Kulturen können einander nicht mehr ausweichen, tun sich aber offenkundig schwer mit ihrer Begegnung, die sie nicht als dieselben belässt. Der *Kultur der Zeit*, geprägt von fluktuierenden Beziehungen, stetiger Veränderung, großer Ungeduld, steht die *Kultur des Raumes* im Wege, geprägt von festen Beziehungen, statischer Beharrung, großer Geduld. Der krachende Zusammenprall von Zeit und Raum, wie soll das weitergehen? Es bedürfte einer zweiten Bewegung der Aufklärung, die dieses Mal planetar wirksam werden würde. Wer könnte sie ins Werk setzen? Viele Einzelne rund um den Planeten mit ihrem persönlichen Engagement. Wie könnten sie miteinander kommunizieren? Mithilfe globaler Medien der Kommunikation. Offen ist jedoch, ob sie Sinn in einem solchen Engagement sehen oder alles für sinnlos halten.

Sinn und Sinnlosigkeit

Macht kann dem, der sie hat, so viel Sinn geben, dass er kaum von ihr lassen kann. Ohnmacht ist so sehr mit Sinnlosigkeit liiert, dass sie zu Verzweiflungstaten animiert. Was die Arbeit im Krankenhaus als roter Faden durchzieht, wird in der sechsten Runde selbst zum Gegenstand der Vorträge und Seminare: Sinn und Sinnlosigkeit, bezogen auf die verschiedensten Bereiche des Lebens und Arbeitens. Ist alles sinnvoll? Ist alles sinnlos? Grundsätzlich ist es möglich, dass es gar keinen Sinn gibt, nicht im Ganzen und nicht im einzelnen Leben. Aber es kommt darauf an, was unter Sinn verstanden wird: Sind lebensnotwendige Zusammenhänge damit gemeint, dürfte ein Leben ohne Sinn schwierig sein. Das betrifft nicht unbedingt *metaphysische* Zusammenhänge, aber in jedem Fall *physische, psychische* und *geistige*, ebenso *soziale*, insofern Menschen auf Beziehungen im Sinne gefühlter Zusammenhänge mit Anderen angewiesen sind, und *ökologische*, insofern kein Mensch ohne die Zusammenhänge der Natur leben kann. Nicht bei allen Zusammenhängen handelt es sich um *vorgegebene*, die der Mensch erkennen kann, um sich eventuell in sie einzufügen. Viele können auch vom Menschen *gegebene* sein, mit denen er selbst dem Leben Sinn verleiht, indem er Zusammenhänge herstellt und sich etwa um Beziehungen bemüht.

Dass sich die Frage nach dem Sinn stellt, war nicht zu allen Zeiten und nicht überall der Fall, erst im 20. Jahrhundert hat sie in den Ländern der Moderne eine bemerkenswerte Konjunktur erlebt. Offenkundig haben viele Menschen in moderner Zeit etwas verloren, das unverzichtbar ist. Das moderne Programm der Befreiung von *heteronomen*, traditionellen, konventionellen und religiösen Zusammenhängen, die als bevormundend und zwanghaft empfunden wurden, hat einen Gewinn an Freiheit, aber auch einen Verlust an Zusammenhängen, Bindungen und Beziehungen mit sich gebracht, der zum Lebensproblem für viele wird. Der Gewinn des Verlusts wiederum ist, klarer sehen zu können, was da eigentlich verlorenging, welche Bedeutung ihm zukam, wie es gegebenenfalls zu erneuern wäre und was dafür erforderlich erschiene, ohne die alten Zwänge zu restaurieren. Das läuft auf eine neue Arbeit am Sinn hinaus, die jedoch zum ersten Mal in der Geschichte *autonom*, selbstbestimmt zu leisten ist.

Alle Sinn-Ebenen, die dafür von Bedeutung sind, werden in der *Liebe* erfahrbar. Der Sinn der Liebe ist geradezu die Schaffung von Sinn, und dies bereits auf der körperlichen Ebene durch die *Sinnlichkeit*, die durch Zuwendung und Zuneigung erzeugt und bestärkt wird, ganz und gar erfüllend im jeweiligen Moment. Sinn entsteht zwischen den Liebenden, wenn sie sich sehen, hören, riechen, schmecken, berühren, gemeinsam bewegen und wechselseitig in sich spüren können – eine Aktivierung aller Sinne in ein und demselben Moment, wie sie fast nur die Liebe bieten kann. Mit dem Fortschreiten der Moderne wird dies von Neuem attraktiv, da es der Vernachlässigung der Sinne entgegenwirkt, die von modernen Techniken befördert wird – ein Prozess, der sicherlich zur explosionsartigen Ausbreitung der Frage nach Sinn beigetragen hat. Niemand wird erwarten, dass die immer ausgefeiltere *digitale* Sinnlichkeit (etwa beim Zusammenspiel von Sensoren in Geräten wie dem Mobiltelefon) eigene *analoge* Erlebnisse ersetzen kann.

Aber jede und jeder wird diese Erfahrung wohl erst selbst machen müssen, bis die Kultur einer anderen Moderne entstehen kann, die auf hohem technischem Niveau wieder zutiefst sinnlich sein wird.

Auf der seelischen Ebene geht der Sinn der Liebe aus *Gefühlen* hervor, die eine starke Form von Zusammenhang zwischen Menschen herstellen. Dass die Beteiligten fortan nicht mehr darauf verzichten wollen, liegt am maximalen Gewinn von Sinn, der damit verbunden ist. Wer liebt und geliebt wird, fragt nicht mehr nach dem *Sinn des Lebens*, denn er oder sie erfährt ihn, sicherlich am stärksten in Zeiten der Verliebtheit, die aber immer wiederkehren können, auch mit ein und demselben Menschen. In so hohem Maße ist Sinn in der Liebe erfahrbar, dass diejenigen, die Liebe erleben, absoluten Sinn im Leben sehen, diejenigen aber, die die Liebe verlieren, in eine so große Sinnlosigkeit stürzen, dass ihnen das Leben nicht mehr lebenswert erscheint. Warum ist das so? Weil dort, wo Sinn ist, Energien fließen. In der Sinnlosigkeit aber stockt jeder Energiefluss, das wird erfahrbar beim Zerbrechen der Liebe. Die Erfahrung der Liebe erfüllt die Seele mit Energie, die Entbehrung der Liebe entleert sie.

Auf der geistigen Ebene ergibt sich der Sinn der Liebe aus dem Austausch von *Gedanken*, dem Denken *miteinander*. Auch mit dem Denken *aneinander* werden Zusammenhänge geknüpft, deren Netz die Liebenden jederzeit umfängt, ergänzend zu den sinnlichen und seelischen Zusammenhängen oder auch unabhängig davon (*platonische Liebe*). Vor allem mit der Aktivierung der geistigen Ebene kann die Beziehung von Dauer sein, vorausgesetzt, die Dauerhaftigkeit erscheint erstrebenswert. Da die Liebenden in moderner Zeit meist in unterschiedlichen Arbeitswelten leben, machen sie Erfahrungen, die sie nicht teilen, von denen sie aber verändert werden, und so kommt es darauf an, im Alltag Zeit für das Erzählen von Erfahrungen und das Gespräch über alles zu finden, um auf Tuchfühlung zueinander zu bleiben. Dazu dient die Einrichtung von mehr oder weniger regelmäßigen *blauen Stunden*, Stunden der Muße etwa am Rande der Nacht, die der Gemeinsamkeit Raum geben. Einmal eingeübt, ermöglicht diese Meta-Ebene der Liebe auch, darauf ausweichen zu können, wenn Ratlosigkeit, Enttäuschung und Verzweiflung überhandnehmen. In schwierigen Situationen brauchen die Liebenden Möglichkeiten der gedanklichen Orientierung und neuerlichen Verständigung, geleitet von Fragen wie: Was geschieht mit uns? Wie ist es dazu gekommen? Wohin steuern wir? Wollen wir das wirklich? Wie kommen wir da wieder heraus?

Auf einer weiteren, ungewöhnlichen Ebene beziehen Liebende eine Fülle von Sinn aus der Erfahrung von *Transzendenz*. Das passiert nicht alle Tage, es ist vielmehr eine Überschreitung des gewöhnlichen Alltags, verbunden mit einer Überschreitung der alltäglichen Ichs. Die Erfahrung kann nicht willentlich herbeigeführt werden, sie ergibt sich, wenn die Liebenden sich dafür offenhalten. Dann wird sinnlich, seelisch, geistig ein Einssein erfahrbar, bei dem sich die Ichs für einen Moment auflösen und zu etwas Anderem, zu einem gemeinsamen Selbst in Form von reiner Energie werden, verbunden mit dem Gefühl und der Gewissheit von Ewigkeit und Unsterblichkeit. Das ist die *Religion der Liebe*, die auch ohne Religion im Sinne eines Bekenntnisses zustande kommt. Sie macht erfahrbar, was das Wesentliche des Lebens ist, wie göttlich es ist und wie viel Sinn sich daraus schöpfen lässt. Vor allem aus diesem Grund ist die Liebe die größte Sinnstifterin, wenn sie kommt, die größte Sinnzerstörerin jedoch, wenn sie geht.

Dass die Liebe für viele der eigentliche Dreh- und Angelpunkt des Lebens ist, zeigt sich in der Seminardiskussion. Das Interesse an der Verknüpfung der Liebe mit dem Thema Sinn und Sinnlosigkeit ist signifikant, viele Fragen bleiben jedoch offen: Wo bleibt der Sinn, wenn die Liebe nicht erwidert wird? Wie ist die Sinnlosigkeit zu überwinden, wenn die Liebe zerbricht? Lässt sich Liebe vorsätzlich herbeiführen? Erfordert die Sinnerfüllung durch Liebe womöglich mehr als nur eine Beziehung? Haben die Unterschiede zwischen anfänglicher Verliebtheit und alltäglich gelebter Liebe etwas mit Sinn und Sinnlosigkeit zu tun? Wie viel Sinn resultiert aus dem Verhältnis von Liebe und Verantwortung? Es ist klar, dass es weitere Vorträge und Seminare eigens zur Liebe wird geben müssen.

Und dennoch hängt nicht aller Sinn im Leben von der Liebe ab: Ein großer Bereich der Erfahrung von Sinn ist *Arbeit*. Sie vermittelt Sinn, wenn sie gerne getan wird, insbesondere dann, wenn sie zu etwas werden kann, wozu ein Mensch sich nachgerade berufen fühlt. In welchem Maße die Beziehung zur Arbeit Menschen Sinn geben kann, macht umgekehrt die Arbeitslosigkeit deutlich, die mit der Erfahrung von Sinnlosigkeit einhergehen kann. Selbst die Menschen, die einer Arbeit nachgehen, leiden an Sinnlosigkeit, wenn sie keine Beziehung zu ihrer Arbeit haben. Oder liegt es am Leistungsdruck, der zu groß wird? Ein größeres Problem könnte das Fehlen eines Sinns der Arbeit sein, denn damit schwinden die Energien, den Druck auszuhalten. Neben der Überarbeitung aus Sinnfülle ist das Fehlen eines Sinns einer der Gründe für den *Burnout*, für das energetische Ausgebranntsein, bei dem die Quellen des Lebens und Arbeitens versiegen. Wo Sinnlosigkeit ist, herrscht Kraftlosigkeit, Sinn hingegen gibt Kraft und wirkt wie ein Immunsystem gegen Gefahren aller Art. Wichtig wäre in jedem Fall, die Erfahrung von Sinn nicht allein von Erwerbsarbeit abhängig zu machen: Es gibt noch andere Arbeiten, die dem Leben Sinn zu geben vermögen.

Arbeit ist nicht etwa nur Erwerbsarbeit, sie ist auch all das, was zur Gestaltung des Selbst und seines Lebens beiträgt: Arbeit an sich, Arbeit an Freundschaft, Familienarbeit, Bürgerarbeit, Muße als Arbeit, Arbeit am Sinn, sowohl sinnlich als auch in Gefühlen und Gedanken. Durch alle diese Arbeiten entstehen Rückzugsräume, in denen ein Mensch sich regenerieren kann, um auch die Anforderungen der Erwerbsarbeit besser zu bewältigen, ohne Erwerbsarbeit aber nicht ins Nichts zu fallen. In der Erwerbsarbeit selbst ist mehr Sinn zu gewinnen durch mehr Eigenverantwortung, mehr Raum zur Umsetzung eigener Ideen, mehr innere Beteiligung an der jeweiligen Tätigkeit. Weder Aufopferung noch Übermotivation sind dafür erforderlich, auch kein ausufernder zeitlicher Umfang, eher eine reduzierte Zeit, die dem wachsenden Interesse an der Arbeit förderlich ist. Teilzeitarbeit schont die nervliche Verfassung eines Menschen und erlaubt ihm, anderen Aspekten des Lebens mehr Zeit und Raum zu geben, um es sinnvoller zu gestalten. Alle Aspekte zusammen bilden das, was als *Lebensarbeit* bezeichnet werden kann: *Arbeit ist all das, was ich in Bezug auf mich und mein Leben leiste, um ein schönes und bejahenswertes Leben führen zu können.* Soweit das unter den jeweiligen Bedingungen möglich ist. Ansonsten steht irgendwann die Arbeit an einer Veränderung an.

Bleibt noch die Frage nach Sinn und Sinnlosigkeit des *Lebens* selbst. Einige Zusammenhänge erweisen sich von Kindheit an und durch das ganze Leben hindurch als bedeutsam für die Sinnfindung und Sinngebung. Vorweg sind dies erzählte, *narrative* Zusammenhänge: Alles hat Sinn, was sich erzählen lässt, daher die große Liebe von Menschen zu Geschichten von klein auf. Sehr viel Sinn ist darüber hinaus aus gefühlten und gedachten *teleologischen* Zusammenhängen zu beziehen, Geschichten anderer Art, durch die Menschen ein Verständnis davon gewinnen, wozu etwas gut ist, welchem Zweck es dient, zu welchem Ziel es führt. Das ist nicht immer im Vorhinein klar, es kann sich auch erst im Nachhinein ergeben.

Ebenso können *ästhetische* Zusammenhänge, also all das, was subjektiv oder intersubjektiv als schön erscheint (und oft für objektiv gehalten wird), dem Leben Sinn geben. Als *schön* wird dabei meist das bezeichnet, was in einem emphatischen Sinne bejaht werden kann, weil es als lebensförderlich wahrgenommen wird und ein tiefes Atemholen erlaubt. Das kann sehr vieles sein, sinnlich Schönes, menschlich Schönes, Kunstschönes, Naturschönes, das Schöne bestimmter Verhältnisse oder Erlebnisse, sogar Negativschönes, also die Bejahung dessen, was allgemein nicht als schön gilt. Dabei braucht auch das Schöne ein *Maß*, da ein Leben, in dem es nur noch Bejahenswertes gäbe, kaum lebbar wäre. Menschen bedürfen gelegentlich einer Erholung vom Schönen, um seiner nicht überdrüssig zu werden. Auch die Abkehr vom Schönen ist eine Möglichkeit, die in der Erfahrung von Lebensmüdigkeit, Lebensüberdruss, ja, Lebensekel zur Wirklichkeit wird, meist verbunden mit der Überzeugung, alles sei sinnlos. Menschen verzweifeln, wenn es nichts Schönes mehr für sie im Leben gibt, mag der Eindruck auch noch so subjektiv und vom Moment bestimmt sein. Für schön halten sie dann allenfalls noch, mit dem Leben auch die Sinnlosigkeit zu beenden.

Es kann ein Zuwenig an Sinn geben. Auch ein Zuviel? Zweifellos. Aufgrund der erschütternden Erfahrungen des Ersten Weltkriegs, in den viele Menschen mit zu viel Sinn gezogen waren, brachten die Dadaisten die Waffen eines willentlichen Unsinns in Stellung. Auch im gewöhnlichen Leben wirkt es entlastend, zuweilen *sinnfrei* vor sich hinzuleben und herumzuwerkeln, wobei dies meist mit einem Freisein von Ziel und Zweck gleichgesetzt wird, also von einer bestimmten Art von Sinn, die gut verzichtbar ist. Unverzichtbar bleibt jedoch sinnlicher Sinn, insofern kein Mensch ganz ohne Sehen, Hören, Riechen, Schmecken und Tasten leben kann. Unverzichtbar ist auch das Leben in Beziehungen, um über Sinn im seelischen Sinne zu verfügen. Wichtig ist hingegen eine *Kritik des Sinns* in Bezug auf einen geistigen oder metaphysischen Sinn, der zu dominant wird und »den Sinn« für sich allein in Anspruch nimmt, sei es individuell oder gesellschaftlich. Sinnvoll dürfte die Vermutung sein, dass es immer noch andere Sinn-Zusammenhänge als die bisher bekannten gibt. Die Gesamtheit der Zusammenhänge ist unbekannt, insofern lässt sich keine Aussage darüber machen, welcher Anteil sich aktuell im Licht, welcher im Dunkeln befindet.

Die Überlegungen zu Sinn und Sinnlosigkeit des Lebens treiben im Seminar viele weitere Gedanken hervor: Der Sinn liege darin, das Leben überhaupt zu spüren, es mit all seinen Seiten zu lieben, es einfach zu leben, es in erfüllenden Beziehungen zu leben. Aber ist das für alle ohne Weiteres möglich? Und wenn nicht, was dann? Ist nicht das Dasein als Ganzes nichtig? Oder erscheint dies vor allem denjenigen so, die aufgrund allzu anspruchsvoller Vorstellungen von seinem Sinn an der Realität verzweifeln? Und wie verhalten sich Glück und Sinn zueinander? Aus meiner Sicht ist die im frühen 21. Jahrhundert neu aufbrechende Frage nach dem Glück eigentlich die Frage nach dem Sinn. Glück kann zwar ein Teil des Sinns sein, vergleichbar dem Dotter, der ein Teil des Spiegeleis ist.

Der Sinn im geschilderten Sinne aber ist weit umfassender als das Glück und kann auch dann noch da sein, wenn das Glück pausiert, was nicht selten vorkommt. Sinnvolle Beziehungen können unglückliche Zeiten gut überstehen, Beziehungen aber, die auf das Glück fixiert bleiben, sind dazu kaum in der Lage. Die Glücksfixiertheit könnte ein Grund für die Häufigkeit von Trennungen in moderner Zeit sein. Ziehen die Betroffenen Schlüsse daraus? Eher ungern, in der nächsten Beziehung, so glauben sie, wird alles besser. So gesehen ist Glück ein *Fluchtmotiv*, geflohen wird aber nicht nur der Andere, der den Ansprüchen auf das Glück nicht genügt, sondern auch das eigene Selbst, mit dem keine sinnvolle Beziehung zustande kommt.

Lebenskunst im Umgang mit sich selbst und Anderen

Was mir in vielen Einzelgesprächen begegnet ist, rückt in einem siebten Schritt ins Zentrum der Vorträge und Seminare: Dass erstaunlich viele mit sich selbst nicht zurechtkommen, was sich aller Erfahrung nach auch auf den Umgang mit Anderen auswirkt. Der Ansatzpunkt für Veränderungen im Verhältnis zu Anderen aber ist das eigene Ich: Nur über sich, nicht über Andere kann es halbwegs verfügen. Die Veränderung fällt schwer? Das ist ja der Grund dafür, Anderen eine Veränderung zumuten zu wollen.

Und warum ist die Selbstbeziehung, die zur Grundlage für die Beziehungen zu Anderen werden kann, nicht einfach schon gegeben? Weil erst die moderne Kultur dieses Selbst freigesetzt hat, das nun mangels Selbsterfahrung Schwierigkeiten hat, seine eigene Form zu finden. *Selbstverlust* ist die Folge bei den

Einen: Sie kommen mit sich selbst nicht klar, sind innerlich zerrissen und verlieren sich. Andere stürzen sich in ihrer Ratlosigkeit in einen *Selbstkult* und reduzieren das Selbst auf ein *Ego*, das seine Kreise immer enger zieht, bis es zum Punkt wird, der in sich verschlossen ist und in Anderen nur noch Dienstleister des eigenen Ich zu sehen vermag.

Der Ausweg aus Selbstverlust und Selbstkult ist die Arbeit an einer *Selbstkultur*, sodass aus dem Ego ein Selbst werden kann, das seine Kreise immer weiter zieht und sich für Andere und alle Welt offenhält. Die Grundlage dafür ist *Selbstaufmerksamkeit*, denn das Selbst kann sich nicht etwa nur von Anderen missachtet fühlen, von denen es zu wenig Aufmerksamkeit erfährt, sondern auch von sich selbst. Hört es in sich hinein, wird es auf die vielen Stimmen aufmerksam, in denen sich Gedanken, Gefühle, Organe und ihre Bedürfnisse artikulieren. Der Singular *Ich* ist trügerisch. Eher ist das Ich aus einer Pluralität von Ichs zusammengesetzt, die zum Teil miteinander streiten. Eine Beziehung des Ich zu sich, ein inneres *Wir* und in diesem Sinne ein Selbst kommt zustande, wenn es gelingt, die widerstreitenden Teile in ein gedeihliches Verhältnis zueinander zu setzen, sodass eine spannungsvolle Harmonie daraus werden kann. Die Arbeit daran ist nicht ein für allemal, sondern immer wieder mal zu leisten. Die innere Klärung und Stärkung verleiht dem Selbst die Kraft, auch für Andere da sein zu können. In diesem Sinne ist das innere Wir die Voraussetzung für die Entstehung des äußeren, das wiederum dem Selbst guttut. Daher beruht eine Ethik der Sorge auf der Sorge für sich selbst: Weil sie die Basis der Sorge für Andere ist.

Mit der Selbstaufmerksamkeit ermöglicht die Selbstkultur mehr *Gerechtigkeit* im Umgang mit sich, aus der sich sehr viel für die Gerechtigkeit im Umgang mit Anderen lernen lässt.

Mit der Sorge um die *innere* Gerechtigkeit gewinnt ein Mensch Aufschluss darüber, wie schwierig es ist, *äußere* Gerechtigkeit zu realisieren, verbindliche Maßstäbe für sie zu finden und umzusetzen. Lange ist die *intrasubjektive* Gerechtigkeit gegenüber der *intersubjektiven* vernachlässigt worden. Dabei war der Zusammenhang zwischen beiden Bereichen bereits den antiken Philosophen vertraut: Die äußere Gerechtigkeit sei ein Abbild der inneren, zeigte sich Platon in seinem Buch über den Staat (*Politeia*, 443 c-e) überzeugt; ein gerechter Mensch, der sich selbst Freund geworden sei, verhalte sich auch Anderen gegenüber gerecht. Aristoteles benutzte denselben Begriff der Selbstfreundschaft, *philautia*, in seinem ethischen Hauptwerk *Nikomachische Ethik* (Kapitel 9) für die freundliche Selbstbeziehung, die die wichtigste Voraussetzung für freundliche Beziehungen zu Anderen sei.

Und worin besteht die Gerechtigkeit im Umgang mit sich selbst? Vor allem darin, Körper, Seele und Geist gleichermaßen *fair* zu behandeln. Sich um Aufmerksamkeit für sich und Freundschaft mit sich zu bemühen und sich selbst auf diese Weise gerecht zu werden heißt, dem eigenen *Körper* und all seinen Teilen Rechte zuzugestehen: Etwa das Recht auf Aufmerksamkeit, auf Pflege, auf Herausforderung, aber ebenso auf Schonung, denn auch der Körper will bisweilen seine Ruhe haben, um sich erholen zu können. Eine jahrhundertelange Geringschätzung des Körpers, ja, Körperfeindlichkeit in einer christlich geprägten Kultur ist auf diese Weise wiedergutzumachen. Dass sie den Körper als äußerliches Objekt bewertete, wirkt im modernen *Körperkult* noch nach. Nur durch die Befreundung mit dem Körper, die ihn als integralen Teil des Selbst anerkennt, entsteht eine *Körperkultur*. Auf dieser Basis können, wie bei einer Freundschaft üblich, nicht nur positive Erfahrungen von Freuden und Lüsten, sondern auch negative von Unwohlsein, Ängsten, Schmerzen, Verletzungen und Krankheiten gemeinsam getragen werden. Ein Hin und Her von Nähe und Distanz zwischen dem Selbst und seinem Körper kann den Umgang mit einer Krankheit erleichtern, um sie zu integrieren, sich phasenweise aber wieder von ihr zu distanzieren und Atem zu schöpfen.

Nicht nur für den Körperkult, sondern auch für die Körperkultur ist *Schönheit* ein Maßstab, nicht jedoch im Sinne einer Norm, der zu folgen wäre, sondern einer Form, die gefunden wird und bejahenswert erscheint. Die Frage »Bin ich schön?« ist in diesem Fall nicht so sehr von Eitelkeit getrieben, sondern von der Bedeutung der Antwort für die Beziehung zu sich selbst, um sich aus eigener Sicht bejahen zu können. Welche Pflege, welche Gestaltung und Veränderung des Körpers mit Kleidung, Schmuck und Accessoires, mit Körperkunst und weitergehenden Eingriffen wäre gegebenenfalls nötig, um eine Bejahung zu ermöglichen und zugleich Sorge dafür zu tragen, dass aus der Gestaltung nicht noch eine *Verunstaltung* wird?

Erst in zweiter Linie ist die Sorge um Schönheit von Bedeutung für die Beziehung zu Anderen: Es ist das Äußere des Körpers, das augenfällig für sie wird, noch bevor sie Interesse an einer Kommunikation gewinnen – oder schon gleich wieder verlieren. Insofern handelt es sich beim tagtäglich aufgeführten Körpertheater der Verhüllung und Enthüllung des Inneren im Äußeren um ein Spiel nicht nur mit dem eigenen Blick, sondern auch mit den Blicken Anderer: Wie lassen sich Nähe und Distanz zu Anderen mit einem gepflegten oder ungepflegten Äußeren, mit Kleidung und anderen Äußerlichkeiten regulieren? Wie kann ich deren Aufmerksamkeit und womöglich Zuneigung gewinnen, Zudringlichkeit aber abweisen?

Sodann steht in Frage, ob das Selbst seiner *Seele* und ihren Ausdrucksformen in den unterschiedlichsten Gefühlen Gerechtigkeit widerfahren lassen kann. Schönheit spielt auch hier eine Rolle, nur nicht mehr die äußere, die mit der Zeit verblüht, sondern die innere, die im Laufe der Zeit erst aufblüht, nach außen hin ausstrahlt und die Brücke zu Anderen schlägt. Das Strahlen von innen heraus kündet von der seelischen Schönheit, deren Voraussetzung ein reiches Gefühlsleben ist, sowie eine Ausgeglichenheit bei aller Gegensätzlichkeit der Gefühle, eine Offenheit, die nicht überbordet, eine Gelassenheit, die auch mal verlorengehen kann, ein Eingebettetsein in vertrauensvolle Beziehungen, auf die auch bei gelegentlichem Ärger Verlass ist. Bei manchen mag die Disposition dazu angeboren sein, aber jede und jeder kann seelische Schönheit gewinnen, wenn sie oder er Gefühlen ein Recht auf Ausdruck zugesteht, ihnen ausreichend Raum gibt, das Leben mit Gegensätzen erlernt, die Fähigkeit des Lassens stärkt, Offenheit übt und sich um vertrauensvolle Beziehungen bemüht.

Zu einem großen Teil ist der Umgang mit sich und Anderen von Gefühlen bestimmt. Es liegt am jeweiligen Menschen selbst, ihnen Raum zu geben oder sie zurückzuhalten. Lange Zeit in der Kulturgeschichte waren Gefühle zu unterdrücken, ohne Rücksicht auf die Beschädigung des eigenen Selbst. In der Moderne herrscht hingegen die psychologische Norm vor, den Gefühlen zu folgen, ohne Rücksicht auf den Umgang mit sich und Anderen. In einer anderen Moderne kommt es darauf an, über die Befreiung der Gefühle hinaus der neu gewonnenen Freiheit mithilfe bewusster Lebensführung Formen zu geben. Eine *Kunst der Gefühle* ist neu zu begründen, die weder die Bedeutung von Gefühlen leugnet noch ihnen blind Folge leistet. Auch dann, wenn leidenschaftliche Gefühle unwiderstehlich sein sollten, kann das Selbst ihnen bewusst nachgeben oder eben nicht. Ihnen zu willfahren, ist eine Option, es nicht zu tun, eine andere. Die Kunst besteht darin, Gefühle zu entwickeln, sie zu wecken und hervorzulocken, sie aufleben zu lassen und auszuleben, aber auch sie zu mäßigen und zu begrenzen. Zu wecken sind Gefühle der Freundschaft und Liebe durch die äußerliche Zuwendung von Aufmerksamkeit, durch die eine innerliche Zuneigung entstehen kann, zu begrenzen wiederum durch die zeitweilige oder anhaltende Abwendung von Aufmerksamkeit.

Letztlich aber geht es darum, außer dem Körper und der Seele auch dem eigenen *Geist* und all den Gedanken, die seine Ausdrucksformen sind, gerecht zu werden. Geistige Schönheit liegt im Reichtum der Gedanken, die den Austausch mit Anderen befördern und sogar weit über die Lebenszeit des Einzelnen hinaus Bestand haben können. Katalysatoren der Gedanken sind *Begriffe*, die gebildet werden, um Vorstellungen und Erfahrungen zusammenzufassen, sie fassbarer, eben »greifbarer« zu machen. Begriffe sind mehr als nur Worte, nämlich Worte plus gefühlte und gedachte Inhalte. Im Begriff des *Lebens* beispielsweise versammeln Menschen alles, was sie sich unter Leben vorstellen und real erfahren haben. Der entstandene Begriff wiederum weckt Erwartungen, die auf die Erfahrungen zurückwirken: Wird vom Leben Leidfreiheit erwartet, gerät das kleinste Leid schon zur schlimmen Erfahrung. Wird vom Leben größte Intensität erwartet, fällt die kleinste Langeweile bereits zur Last. Leben heißt, glücklich zu sein? Das ändert nichts daran, dass jeder Mensch auch unglücklich sein kann.

Menschen ist oft nicht bewusst, wie bedeutsam die Definition eines Begriffes ist, die aber nicht nur kulturell vorgegeben ist, sondern auch individuell vorgenommen werden kann, möglichst nicht beliebig, sondern an Plausibilität orientiert. Die bewusste Lebensführung besteht darin, aus unreflektierten Begriffen *reflektierte* zu machen und nicht in Begriffen mit angeblich zweifelsfreien Bedeutungen gefangen zu bleiben. Es bedarf dafür einer Aufmerksamkeit auf die *innere Logik* von Begriffen, um sie dann, wenn sie zum Problem wird, korrigieren zu können. Begriffe sind nicht so harmlos, wie sie zu sein scheinen, sie geben keineswegs nur eine Realität wieder, sondern können eine solche auch vortäuschen. Sie können irritieren und krank machen, aber auch klarsehen und gesunden lassen, je nach ihrer Definition. Die Kommunikation mit Anderen wird schwieriger, wenn vorausgesetzt wird, dass diese die gleichen Begriffe im Sinn haben, nur weil sie dieselben Worte verwenden. Alle Kommunikation beruht zwar auf solchen Verkürzungen, wie Begriffe sie darstellen, das ist nicht gänzlich zu vermeiden. Aber eine immer neue Klärung des Verhältnisses von Worten und Begriffen und die Verständigung darüber mit sich selbst und Anderen tragen zur Klärung des eigenen Selbst und des Verhältnisses zu Anderen und zur Welt bei. Eine Hilfestellung auf dem Weg dazu bietet die Philosophie, deren Handwerkszeug seit jeher Begriffe sind.

Auf jeder Ebene, körperlich, seelisch und geistig, erfordert der Umgang mit sich und Anderen und der umgebenden Welt immerzu eine Menge *Gespür*, um die vielfältigen Informationen aufzuspüren und einzuschätzen, die für diesen Umgang relevant sind. Das Gespür ist die Basis der Klugheit, sein neurobiologischer Sitz könnte der *präfrontale Cortex* im Stirnhirn sein, der bezeichnenderweise eine starke Rückkopplung mit dem Gefühlszentrum *Amygdala* in der Mitte des Kopfes unterhält. Die Fähigkeit zum Gespür ist naturgegeben, auszubilden ist es jedoch mithilfe von Erfahrungen, und je reicher die Erfahrung, forciert auch durch Experimente, desto feiner das Gespür. Mit immer neuer Besinnung sind Schlüsse aus den gemachten Erfahrungen zu ziehen und im Gespür abzuspeichern, das über die unvergleichliche Eigenschaft verfügt, eine Unzahl von Informationen blitzartig miteinander verrechnen zu können, um in einer gegebenen Situation zur rechten Zeit die richtige Wahl nahezulegen, sodass ich sagen kann: Ich spüre, dass ich dies und nicht jenes tun oder lassen sollte, ohne genau sagen zu können, warum. In dem Maße, in dem darauf vertraut werden kann, wird eine gelassene Lebensführung möglich, höchst willkommen in der überbordenden Komplexität des modernen Lebens. Und in den verwirrenden Erfahrungen der Liebe.

Liebe und Lieblosigkeit

Dass der gute und gerechte Umgang mit sich dem guten und gerechten Umgang mit Anderen zugutekommt, gilt auch für Beziehungen der Liebe. Das ändert allerdings nichts an den spannungsreichen Erfahrungen zwischen Liebe und Lieblosigkeit, die mit der achten Auflage der Philosophiewochen nun endlich in den Fokus rücken. Was die Liebe eigentlich ist, lässt sich nicht sagen, eine allgemeingültige Theorie der Liebe wird es wohl nie geben. Der subjektiven Fassungslosigkeit bei ihrem Erleben entspricht ihre objektive Unfassbarkeit, die Vielfalt ihrer Erscheinungsweisen entzieht sich jedem Zugriff und jeder Messbarkeit. Bemerkenswert sind die verschiedenen Auffassungen von Liebe, die jeweils mit der Formel »Liebe ist …« beginnen, wobei jede Ist-Aussage durch andere Aussagen ergänzt oder widerlegt werden kann: »Liebe ist

Respekt«, »Liebe ist Bedingungslosigkeit«, »Liebe ist Geben«, »Liebe ist Geben und Nehmen« und vieles mehr.

Am Anfang steht meist die *Sehnsucht* nach Liebe, Sehnsucht begleitet sie und an ihrem Ende zeigt sich erneut eine Sehnsucht: Nach einer anderen Liebe, einem anderen Leben. Auch unabhängig von der Liebe erweist sich die Sehnsucht als menschliche Grunderfahrung: Sich nach etwas zu sehnen, hat vermutlich schon die Vorfahren der Menschen von den Bäumen herabgetrieben. Die Geschichte der Menschheit wäre undenkbar ohne diese immer wieder neu aufbrechende Sehnsucht nach etwas Anderem über das Bestehende hinaus. Erst mit der Bewegung der Romantik ist der Sehnsucht jedoch eine Absolutheit zugesprochen worden, die Eingang in das Selbst- und Weltverhältnis des modernen Menschen gefunden und eine enorme Entwicklung in Bewegung gesetzt hat. Die immer neue Sehnsucht nach Anderen und Anderem treibt die Dynamik der Befreiung von überkommenen Beziehungen und Verhältnissen an. Zwischen der Sehnsucht nach grenzenloser Freiheit und der ebenso großen Sehnsucht nach verlässlichen Beziehungen fühlt der Einzelne sich fortan hin- und hergerissen.

Da die Sehnsucht im Denken und Fühlen Grenzen überschreitet, ist sie eine *transzendente* Bewegung. In der Moderne ersetzt sie die verlorene religiöse Transzendenz, indem sie sich auf säkulare Weise über jede gegebene, endliche Wirklichkeit hinaus auf den unendlichen Raum der Möglichkeiten richtet. Heftiger als andere menschliche Erfahrungen bewegt sich die Sehnsucht, und mit ihr die Liebe, zwischen den grundverschiedenen Ebenen des *Wirklichseins* und *Möglichseins* im Raum der Ontologie, von dem schon in Bezug auf die Sucht die Rede war. Das Möglichsein ist federleicht, alles kann jederzeit auch anders sein, das Wirklichsein aber ächzt unter dem Gewicht des Faktischen, das so ist, wie es ist, und bis auf Weiteres nicht anders sein kann. Möglichkeiten gibt es unbegrenzt viele, Wirklichkeit aber ist immer begrenzt, beengt, beschränkt. Möglichkeiten können über alle Zeiten hinaus bestehen, das wirkliche Leben aber ist ein Leben in der Zeit, endlich und vergänglich, daher will der Sehnsüchtige über die Zeit hinausgelangen, das lässt ihn dem Melancholiker so nahe sein.

Aus diesem Grund sehnen sich Menschen wohl auch nach Liebe: Um die Enge ihrer Endlichkeit verlassen zu können. Sich nach Liebe zu sehnen, ist letztlich nur ein anderer Ausdruck für die Sehnsucht nach Möglichkeiten. Die Liebe birgt unendliche Möglichkeiten in sich, umso misslicher, dass nicht alle wirklich werden können, nicht in diesem Leben. Liebe verlangt nach einem real erfahrbaren Menschen, der alle möglichen Eigenschaften haben sollte, aber in Wirklichkeit sind seine Möglichkeiten begrenzt, wie die des Selbst auch. Sollte es gelingen, einige ersehnte Möglichkeiten zu verwirklichen, unterliegen sie damit wieder den Bedingungen der Endlichkeit und Vergänglichkeit. Das erklärt, warum die romantische Liebe, die ins Unendliche strebt, sich so häufig nicht bewahren lässt, sobald sie der Wirklichkeit ausgesetzt ist. Könnte die Sehnsucht in einem Maß gehalten werden, das neue Möglichkeiten erschließen kann, sofern dies erwünscht ist, um sich danach wieder auf die Bedingungen der Wirklichkeit einzulassen, mit der die Liebe lebbar wird?

Das hängt nicht zuletzt vom *Begriff* der Liebe ab. Auch die Liebe ist zunächst nur ein Wort, entscheidend ist, was darunter verstanden wird. Um allen möglichen Verständnissen gerecht werden zu können, sollte eine Definition möglichst viele Aspekte erfassen, etwa so: *Liebe ist eine Beziehung der Zuwendung und Zuneigung von etwas oder jemandem zu etwas oder jemandem.* Strittig können allerdings die beiden Bezugspunkte der Beziehung sein: Wer oder was ist das *Subjekt* der Liebe, ist es autonom oder der Liebe ausgeliefert? Und wer oder was ist das *Objekt*, richtet sich die Liebe auf jemanden oder auf etwas, gar auf das Lieben selbst? Manche sind verliebt ins *Lieben*, egal wen oder was, viele ins *Geliebtwerden*, egal von wem oder was. Ginge es den meisten bei der Liebe nicht auch um das eigene Selbst, könnte es bei ihrer Liebe auch dann noch bleiben, wenn es kein Geliebtwerden mehr gäbe, aber so selbstlos ist Liebe selten. Sollte dies eine Wahrheit der Liebe sein, wollen freilich die wenigsten Menschen etwas davon wissen. Umso größer ist die Verwunderung, die Enttäuschung und schließlich die Wut, wenn dem Lieben kein Geliebtwerden entspricht.

Die Liebe könnte auch allgemein als Akt der Deutung verstanden werden: *Liebe ist, was als Liebe gedeutet wird.* Aber es ist wahr: Interessanter als die Deutungen sind die Erfahrungen, die in jedem Fall zustande kommen, unter allen denkbaren und undenkbaren Bedingungen, trotz aller Irritationen und Enttäuschungen. Das spricht für die Vitalität des Phänomens und sorgt unabhängig von seiner theoretischen Bestimmung für eine immer wieder neue praktische Erfahrung. Dass dem so ist, weil etwas Unverzichtbares mit Liebe verbunden ist, hat das Nachdenken über Sinn und Sinnlosigkeit bereits zutage gefördert: Liebe gibt dem Leben Sinn und verleiht den Liebenden enorme Energien. Das dürfte auch der Grund dafür sein, dass Menschen selbst dann nicht auf Liebe verzichten wollen, wenn sie schwierig wird, und nach neuer Liebe zu suchen beginnen, wenn die alte abflaut. Liebe ist eine energiereiche Bewegung, die spontan geschieht – und absichtsvoll in Gang gebracht werden kann.

Unter den Zusammenhängen, die solche Energien erfahrbar machen und Sinn hervorbringen können, stechen *ästhetische* ins Auge: *Die Liebe ist schön*, jedenfalls erscheint sie so. Als schön kann auch hier das gelten, was im emphatischen Sinne bejaht werden kann, und es wird bejaht, weil daraus Sinn und Kraft zu beziehen ist, am meisten im Stadium des Verliebtseins. Die Liebe kann sogar noch mehr, als nur schön zu erscheinen: *Sie macht auch schön.* Der Mensch, der bejahenswert, und das heißt zumindest in der erotischen Liebe begehrenswert, erscheint, wird in den Augen des Bejahenden schön, oft auch in den Augen Anderer, und dies nicht nur subjektiv: In allen Kulturen werden seit jeher die strahlenden Augen von Liebenden mit Schönheit identifiziert.

Schönheit ist die äußere Sichtbarkeit der Energie, die die innere Bejahung und das Bejahtwerden widerspiegelt, und mehr noch das Bejahtwerden als das Bejahen. Menschen sehnen sich nach Liebe, damit Schönheit als Erscheinungsform des Wesentlichen ihr Leben durchdringen kann. Was aber ist zuerst da, die Liebe oder die Schönheit? Liebe kann Schönheit erzeugen, Schönheit ihrerseits jedoch auch Liebe, daher wird immer wieder, auch in einer bestehenden, vielleicht entleerten Beziehung, von Neuem die Macht der Schönheit ins Spiel zu bringen versucht, die den Anderen beeindrucken und seine Bejahung anregen soll, sei es mit Mitteln der äußeren Erscheinung, mit der Zuwendung innerlicher Gefühle oder mit der Überzeugungskraft gedanklichen Reichtums.

Die Ästhetik hat Folgen für die Ethik: Die Bejahung des schönen Anderen, das Bejahtwerden durch ihn, bringt für ihn wie auch für das Selbst eine *Aufwertung* mit sich. Setzt die Liebe aus, erscheinen der Andere und das Selbst jedoch nicht mehr schön und es droht eine *Abwertung* und Entwertung durch

Verneinung. Niemand liebt die Abwertung, aber jeder kennt sie aus dem Alltag der Beziehung. Die Liebe kann nur bewahrt werden, wenn es möglich ist, wieder zur Schönheit zu finden, indem von Neuem nach Bejahenswertem gesucht wird. Vielleicht ist es die Kontinuität der Beziehung, die als schön erscheinen kann, da bereits die zeitliche Dauer ihr Sinn verleiht. Vielleicht wird ein liebgewordenes Detail der Beziehung oder etwas am Anderen, ein Charakterzug oder eine Verhaltensweise, jetzt erst als schön erkannt. Oder etwas Gemeinsames, eine gemeinsame Leidenschaft, gemeinsame Kinder, gemeinsame Projekte, eine gemeinsame Sicht der Welt, das ganze bisher gemeinsam bewältigte Leben. Oder eine vertraute Gewohnheit, eine großartige Erinnerung, ein verbindender Grundgedanke, eine wechselseitige Gesprächsbereitschaft, ein anregender geistiger Austausch.

Bewähren kann sich die Liebe letztlich nur in der gelebten Praxis. Die ist freilich geprägt vom gelegentlich auftretenden *Ärger* zwischen den Liebenden, der in verbreiteten Vorstellungen von einer romantischen Liebe keinen Platz hat. Das liegt an der Deutung der Liebe, von der die Bewertung realer Erfahrungen abhängt: Wer sich unter Liebe immerwährende Harmonie vorstellt und Erfahrungen macht, die diesen Vorstellungen nicht immer entsprechen, beginnend, nicht endend, mit dem alltäglichen Ärger, hält dies nicht mehr für Liebe. Wäre es nicht klüger, sich unter Liebe zwar grundsätzlich Harmonie, unterbrochen aber von so manchem Ärger, vorzustellen? Eine solche Deutung wäre enttäuschungsresistent und könnte die Polarität besser integrieren, der auch die Liebe nicht entkommt. Überlegungen zum *Sinn* des Ärgers könnten dabei helfen: Er bietet Abwechslung im eintönigen Alltag, bringt Energien in Schwung und erzeugt eine lebhafte Spannung. Er erlaubt die Behauptung einer eigenen Macht, die den subjektiven Eindruck erzeugt, dem Anderen nicht nur ohnmächtig ausgeliefert zu sein. Und er verhilft zur Selbstklärung, indem er den erforderlichen Rückzugsraum dafür bereitstellt, solange er währt.

Ein *Grundmaß an Ärger* kann offenkundig weder in der Beziehung der Liebe noch im sonstigen Leben unterschritten werden. Alles kommt daher auf eine Kunst des Umgangs damit an, denn wenn der Ärger andauert, gräbt er sich ein und läuft Gefahr, zum Hass zu werden. Die Kunst konzentriert sich auf das Ob und Wann, Wie und Wie lange. Die Bewusstheit hierfür ist kaum je inmitten der Aufwallung zu finden, jedoch davor und danach. Das entsprechende Können lässt sich durch Einübung erwerben: Nicht auf jeden Anlass zu reagieren, vieles an sich vorüberstreichen zu lassen, manchmal sich zu ärgern, oft aber auch nicht. Erleichtert wird die Kunst dadurch, dass der Ärger grundsätzlich akzeptiert wird, statt ihn endgültig eliminieren zu wollen: So wird es möglich, mit seiner ewigen Wiederkehr zu leben, ihn von Zeit zu Zeit aber auch zu vergessen und Anderes für wichtiger zu halten.

Ähnlich verhält es sich mit der großen Herausforderung der Liebe, dem *Alltag*. Romantiker lieben ihn nicht, sie schreiben ihm die Schuld am Sturz von den himmlischen Höhen toller Möglichkeiten auf den harten Boden einer immer viel zu engen Wirklichkeit zu. Aber auch der Alltag lässt sich gut bewältigen, wenn ihm Bedeutung zuerkannt wird. Sogar seine Bejahung wird möglich, vorausgesetzt, dass die Beziehung zum Anderen grundsätzlich bejaht wird. Der Alltag bedarf der Rollenverteilung, der Einteilung und Verteilung der zu erledigenden Aufgaben, die in moderner Zeit individuell erfolgen muss, da traditionelle, konventionelle, religiöse Vorgaben keine Anerkennung mehr finden. Lästige, banale Fragen bleiben offen und werden zu Unruheherden der Beziehung, solange sie nicht beantwortet werden: Wer macht das Essen? Wer deckt den Tisch? Wer wäscht, wer bügelt, wer räumt ein? Wer sorgt für die materiellen Ressourcen? Wer macht die Betten? Wann legen beide sich in sie hinein und zu welchem Zweck? Die Schätze der Romantik sind am besten zu bewahren, wenn die Liebenden die alltäglichen Angelegenheiten fair untereinander aufteilen. Gerade dann, wenn der Alltag gut bewältigt wird, wird der Raum für die Pflege der Romantik frei.

Wie lässt sich die Liebe retten? Indem sie nicht immer nur romantisch, sondern oft auch pragmatisch gesehen wird. Sie sollte gleichsam *atmen können* zwischen Romantik und Pragmatik. Die Liebe kann nicht jeden Tag gelingen, eine gelegentliche Lieblosigkeit ist ihr notwendiger Kontrast. Ihr Stoff ist nicht nur die Leidenschaft, sondern auch die Einrichtung eines Lebens ohne deren ständige Präsenz. Niemand sollte der Liebe abverlangen, jederzeit aus guten *Gefühlen* bestehen zu müssen, sondern zugestehen, sich auch auf *Gewohnheiten* stützen zu dürfen. Selbstverständlich sollte das Leben zu zweit nicht nur aus Gewohnheiten bestehen, aber mit ihrer Hilfe ist der Alltag gut zu strukturieren, und das ist von Vorteil, denn so können die Liebenden sich auch über Auszeiten ihrer Gefühle hinwegretten.

Der Liebe förderlich ist ohnehin der gelegentliche Rückzug voneinander, der nötig ist, um Atem zu schöpfen für das Zusammensein. Im temporären Alleinsein kann die Weite der Seele wiedergewonnen werden, die in der enger werdenden Gemeinsamkeit gerade nach Sternstunden verlorengehen kann. Vor allem aber tut es der Liebe gut, wenn jede und jeder eine klare Entscheidung trifft: Mit diesem Menschen will ich durchs

Leben gehen. Liebe besteht nicht nur aus diffusen Gefühlen, sondern auch aus einer klaren Entscheidung.

Maßstab der Entscheidung kann erneut das *Schöne* sein, zu erschließen durch die Fragen: Bejahe ich die Beziehung zu diesem Menschen? Was ist dasjenige an der Beziehung, zu dem ich Ja sagen kann? Und wenn da nichts zu sein scheint: Was könnte es sein und was müsste ich dafür tun? Kann das Schöne andere Seiten der Beziehung aufwiegen?

Die Diskussionen in den Seminaren drehen sich um weitere Fragen: Kann es sein, dass auch die altruistische Liebe entgegen dem äußeren Anschein nicht frei von Egoismus ist? Geht es nicht in jeder Liebe früher oder später wieder um das eigene Befinden? Ernüchternd fällt jedoch mein eigenes Fazit nach der Thematisierung von Liebe und Lieblosigkeit aus: Die Überlegungen dazu treffen auf große Aversionen, denn fast jeder weiß nach eigener Überzeugung sehr genau, was Liebe »ist« und »nicht ist«. Die These, dass es sich bei allem, was als Liebe bezeichnet wird, um eine *Deutung* handeln könnte, findet keinen Anklang. Übermächtig ist die *Erfahrung*, die für viele die Erfahrung fortgesetzter Enttäuschung ist. Eindrücklich ist auch die anhaltende Reduktion der Liebe auf die Beziehung zwischen zweien. Selbst wenn von der Liebe zu Eltern, zu Kindern, zur Arbeit, zu Tieren, zur Natur die Rede ist, kehrt die Diskussion in kürzester Zeit zu den Problemen zwischen zweien zurück. Und doch gibt es diese anderen Dimensionen der Liebe, Thema eines neunten Zyklus der Vorträge und Seminare.

Liebe wird auch *Freunden und Freundinnen* zuteil, wenngleich sich die Beziehung der Freundschaft deutlich von der Liebesbeziehung im engeren Sinne unterscheidet. Die Verbundenheit zwischen den Freunden kommt ohne Einschränkung der Freiheitsspielräume aus, keiner verlangt dem Anderen beispielsweise Rechenschaft ab, wann und wo er oder sie mit wem war. Die wechselseitige Inbesitznahme, die in der Liebe möglich, wenn auch nicht ratsam ist, verträgt sich nicht gut mit der Freundschaft. Ohne Angabe von Gründen kann ein Freund sich sogar für längere Zeit auf Distanz halten, und gerade dadurch, dass die Freunde sich für eine Weile nicht mehr sehen, können sich Probleme zwischen ihnen wieder in Luft auflösen. So atmet die Beziehung zwischen Nähe und Distanz, die Beteiligten behalten ihr eigenes Leben in vollem Umfang bei, jede gemeinschaftliche Unternehmung wird zum Ereignis. Könnte in einer Liebesbeziehung ebenfalls mehr Freiheit gewagt werden, damit sie modernen Ansprüchen besser gerecht würde? Das ist eine Frage des Ausprobierens und betrifft nicht etwa nur die beliebte Frage, ob Zusatzbeziehungen erlaubt sein sollten.

Die Freundesliebe allerdings schließt Zusatzbeziehungen nicht aus, ganz im Gegenteil: Im größeren Freundeskreis kann jeder mit jedem Anderen verschiedene Seiten seiner selbst ausleben. Unterschiede im Grad der Verbundenheit hängen von der Art der Beziehung ab: Zu den meist wenigen *sehr guten Freunden* ist die Bindung enger als zu den vielen, die *gute Freunde* genannt werden. Je vertrauter die Freundschaft, desto mehr seelische und geistige Berührung ist möglich, auch über Räume und Zeiten des Getrenntseins hinweg. Selbst über weite

Entfernungen kann das imaginäre Gespräch mit dem Freund oder der Freundin gepflegt werden, eine beglückende Erfahrung. Auch die körperliche Berührung und Umarmung trägt zur Vertrautheit der Freundschaft bei. Vom ewigen Unruheherd Sex aber ist sie frei, es sei denn, dass in einer *erotischen Freundschaft* der Eros einer Liebesbeziehung auf dezente Weise mit der Freiheit der Freundschaft verbunden wird.

Möglich ist ebenso eine Liebe zu *Feinden*. Die Idee dazu entstammt der christlichen Kultur, wenngleich Christen selbst die Verwirklichung oft schwerzufallen scheint. Wäre es praktikabler, die Feindesliebe noch anders zu verstehen, etwa als liebevolle Bewahrung anstelle angestrengter Überwindung der Feindschaft? Wozu? Um ihr *Sinn* abzugewinnen. Welchen Sinn? Etwa den Ansporn, es dem Feind »zeigen zu wollen«, woraus ein überwältigender Ideenreichtum und eine große Anstrengungsbereitschaft resultieren kann. Von Nutzen ist auch, sich über sich selbst klarer werden zu müssen, um weniger verletzlich zu sein: Was sind meine Stärken, meine Schwächen? Zudem wird durch die Abwendung und Abneigung eines Menschen der Wert der Zuwendung und Zuneigung Anderer besser fühlbar. Und nicht zuletzt ist der Feindschaft eine Beziehung zu verdanken, die zuweilen verlässlicher als andere ist und für Kontinuität im Leben bürgt. Um all das zu bewahren, wäre sie jedoch in einem verträglichen *Maß* zu halten, um nicht zerstörerisch zu werden. Meine Überlegungen dazu stoßen im Anschluss an den Vortrag allerdings auf große Skepsis und ich bemerke, dass derjenige, der in der Feindschaft Sinn zu sehen versucht, einige Feindseligkeit auf sich zieht.

Die anderen Dimensionen der Liebe reichen aber über die Beziehungen zwischen Menschen noch weit hinaus. Der vorgeschlagenen Definition entsprechend ist Liebe ja nicht nur die Zuwendung und Zuneigung zu *jemandem*, sondern auch zu *etwas*. Sie kann beispielsweise *Dingen* gelten, materiellen wie ideellen. Beide Arten von Dingen sind von Bedeutung fürs Leben: *Ideelle* Dinge wie etwa Ideen, Gedanken, Visionen, Phantasien helfen dem Leben auf die Sprünge, aber nur mit *materiellen* Dingen sind die Ideen, die ontologisch auf der Ebene der Möglichkeit beheimatet sind, auf die Ebene der Wirklichkeit zu bringen. Der Übergang vom Ideellen zum Materiellen, vom unbegrenzten und zeitlosen Möglichsein (grundsätzlich ist alles möglich) zum begrenzten, zeitabhängigen Wirklichsein (nur in der jeweiligen Zeit wird etwas wirklich, zeitlich und zahlenmäßig jedoch begrenzt), gestaltet sich oft mühsam.

Die Angewiesenheit ideeller auf materielle Dinge sorgt auch in der Liebe zwischen zweien für Probleme. Entsteht eine Beziehung, verlangt die Idee der Liebe immer wieder nach dinglicher Materialisierung, etwa in einem Blumenstrauß, sonst regen sich Zweifel. Von den endlos vielen möglichen Blumensträußen (Unendlichkeit der Möglichkeit) kommt schon aus Platz- und Kostengründen meist nur einer in Frage, möglichst jedoch nicht der falsche zum falschen Zeitpunkt, bevor er dann ohnehin verwelkt (Endlichkeit der Wirklichkeit) und das Spiel von vorne beginnt. Der ideelle Wert des Blumenstraußes kann von seinem materiellen weit entfernt sein: Einer, der preiswert ist, kann viel bedeuten; einer, der teuer ist, kann unbeachtet in der Ecke stehen. Entscheidend ist, dass das materielle Ding mit ideeller Liebe betrachtet wird, denn damit verändert es sich, zumindest in der subjektiven Wahrnehmung liebender Menschen, ohne Liebe aber bedeutet es nichts.

Wie sind die Dinge wirklich? Vermutlich sind sie einfach so, wie sie sind, Menschen nie restlos zugänglich, denn da ist immer noch ein anderer, bisher unbekannter Aspekt ein und desselben Dings. Haben Dinge eine *Seele*? Sollte es zutreffen, dass die Seele Energie ist, so liegt diese zweifellos auch Dingen zugrunde und es ist vorstellbar, dass die Energien von Menschen dauerhafte Verbindungen mit denen von Dingen wie etwa Tassen, Taschen, Jacken eingehen. Jedenfalls hängen Menschen leidenschaftlich an manchen Dingen, aber einseitig kann die Verbindung auch wieder aufgelöst werden, wobei nicht gewiss ist, ob dies immer nur von menschlicher Seite geschieht. In Zeiten, in denen Dinge knapp sind, erscheint jedes einzelne sehr wertvoll, wird geliebt und gepflegt, der verlässliche Lebenszusammenhang mit ihm trägt zur Erfahrung von Sinn bei. Die moderne Flut der Dinge aber, die am Fließband produziert und konsumiert werden, macht ein Verhältnis der Liebe und Pflege unmöglich, es dominiert der sorglose Verbrauch und Verschleiß. Mit medialen Mitteln und mit Illusionen muss eine ganze *Sinnproduktionsindustrie* wenigstens den Sinn herstellen, der zum Kauf verleitet.

Um einen Spezialfall von Dingen handelt es sich beim *Geld*, das für sich genommen nichts als bedeutungslose Materie ist, die erst durch bedeutungsvolle Ideen Sinn gewinnt. Dass Geld von vielen begehrt wird, hat ontologische Gründe: Seine Wirklichkeit kann Möglichkeiten speichern. Wer Geld hat, kann sich etwas leisten, es ist ein materielles Ding zur Umsetzung ideeller Dinge. Die beste Voraussetzung dafür, zu Geld zu kommen und es klug zu nutzen, wäre eine engere, pflegliche Beziehung dazu, aber kaum jemand will sich zu einer *Liebe zum Geld* bekennen. Wichtiger ist vielen die Gerechtigkeit bei der Verteilung des Geldes, die sich zum Teil aber auch so einstellt: Viel Geld zu haben, ist nicht nur ein Vorteil, denn das Geld, das im Überfluss vorhanden ist, kann in der Beziehung zwischen zweien das störende Dritte sein. Und wenig Geld zu haben, ist nicht nur ein Nachteil, denn das Leben erhält damit einen festen Rahmen, auch wenn der gewöhnlich wenig geschätzt wird. Aus der Notwendigkeit, materielle Ressourcen erst erarbeiten zu müssen, ergeben sich von selbst klar definierte Ziele und Zwecke, die der, der dieser Notwendigkeit nicht unterliegt, erst selbst definieren muss und es oft nicht kann.

Das *Etwas*, das geliebt wird, kann im Übrigen das Leben selbst sein. Niemand ist darauf zu verpflichten, fraglos kann es Gründe dafür geben, von einer *Liebe zum Leben* nichts wissen zu wollen. Es muss auch nicht immer Liebe sein, möglich ist ebenso eine *Befreundung* oder eine *Kooperation* mit dem Leben, auch eine kämpferische *Auseinandersetzung* mit ihm oder sogar seine Zurückweisung, also eine *Negation* des Lebens. Viele Menschen neigen jedoch zu einer *Gleichgültigkeit*, die in ihnen selbst den Eindruck wachruft, nicht wirklich zu leben. Wovon ist es abhängig, diese oder jene Haltung zum Leben einzunehmen? Von den Umständen des Lebens, vom Ausmaß der Belastungen, die es einem Menschen aufbürdet, von den Möglichkeiten, daran etwas zu ändern, von der eigenen Kraft oder Kraftlosigkeit – und von der *Idee*, die ein Mensch vom Leben hat, der Art, wie er es versteht. Soll es immer leicht sein, *easy*, führen Beschwernisse dazu, dem Leben Vorhaltungen zu machen, nicht *fair* zu sein. Aber kann einem Etwas wie dem Leben ernsthaft ein menschlicher Wert wie Fairness abverlangt werden? Dazu müsste es weitgehend unter menschlicher Kontrolle sein, aber das ist nur bedingt möglich. Dem Zufälligen, Unabänderlichen und in diesem Sinne Schicksalhaften kann niemand restlos ausweichen, nicht jetzt und vielleicht überhaupt nie, auch wenn die moderne Kultur mithilfe von Wissenschaft und Technik viele Möglichkeiten der Korrektur dort offeriert, wo einst das Schicksal zu akzeptieren war.

Kann die Liebe auch dem gelten, was schicksalhaft im Leben geschieht? Die Zuhörer der Vorträge sind gespannt, »was der Philosoph zum Leben und zum Schicksal sagt«. Denn auf dem Prüfstand steht die Beziehung zum Leben für viele, wenn es um so etwas wie Schicksal geht. *Schicksal* ist das, was nicht beliebig zu ändern ist, genau aus diesem Grund konnte es kein Begriff der Moderne sein. Aus der vormodernen *Schicksalsversessenheit* (»Alles ist Schicksal«) wurde die moderne *Schicksalsvergessenheit* (»Nichts ist Schicksal«).

Die moderne Grundidee, nichts als schicksalhaft zu betrachten, hat viele Entwicklungen zum Besseren möglich gemacht, vieles hat sich als veränderlich erwiesen, zugleich hat das aber auch die Illusion geweckt, absolut alles sei veränderbar. Umso größer wird das Leiden an einer Unveränderlichkeit, mit der ein Mensch konfrontiert sein kann. Eine freudige Beziehung zum Leben fällt leicht, wenn alles gutgeht, aber wenn nicht? Dann müsste dies nicht das Ende jeglicher Liebe zum Leben sein. Die Beziehung könnte auch noch die Liebe zum Schicksal mit umfassen, jenes *Amor fati*, mit dem Nietzsche sich unter äußerster Belastung durch Krankheit noch Mut zusprach. Er wollte sich eine offensive Haltung zum Unabänderlichen bewahren, in der Hoffnung, sich dadurch den Umgang mit dem Schweren zu erleichtern.

Handelt es sich beim Schicksal um eine Vorherbestimmung? Ist hinter jedem Menschen und seinem Leben eine Idee, ein *Skript* verborgen? Wer oder was hätte es verfasst und somit das Leben buchstäblich vorgeschrieben? Das wird nie zweifelsfrei zu klären sein. Manchen fällt die Akzeptanz des Unveränderlichen leichter, wenn sie die Endlichkeitsmisere in eine Unendlichkeitshoffnung einbetten können. Mit Metaphysik oder einem Glauben an Gott ist es möglich, sich zu sagen: »Ich bin Teil des Seins« oder: »Wie es Gottes Wille ist!« Die Frage ist nur, ob dies auch dann noch gelten soll, wenn das Sein verändert werden kann oder weltliche Mächte den Vollzug eines göttlichen Willens für sich in Anspruch nehmen.

Es ist ein historischer Gewinn, dass die Bewegung der Aufklärung und die daraus hervorgegangene Moderne die Befreiung von einem Glauben erkämpften, der jeden Versuch zur Veränderung und Verbesserung unterlief. Eine Metaphysik ist nicht an ein unveränderliches Sein, auch nicht an einen Willen Gottes gebunden. Sie geht lediglich von der Überlegung aus, dass in allem, was geschieht und existiert, etwas Wesentliches wirksam ist und alles Einzelne in ein umfassendes Ganzes eingebettet ist, sodass selbst der Zufall aus Zusammenhängen hervorgehen kann, die ein Mensch nicht immer kennt und schon gar nicht überblickt.

Liebe kann auch dieser metaphysischen, transzendenten Dimension zuteilwerden, die nicht zwangsläufig mit einem Jenseits identisch ist, sondern diesseitig, mitten im Leben, erlebbar wird: In intensiver Sinnlichkeit, in der starken Bewegtheit durch Gefühle, bei einem tiefschürfenden Gespräch oder einer spannenden Lektüre, beim Versinken im Spiel oder in einer Tätigkeit, bei jeder Art von »Flow«, einhergehend mit Selbstvergessenheit, Zeitlosigkeit, Allverbundenheit und der Erfahrung von großer Intensität. Menschen nennen diese Erfahrungen, die so tief gehen, dass sie lange im Gedächtnis bleiben, gerne *göttlich*. Die Intensität der Energie, die dabei erlebt wird, gibt der Vermutung Nahrung, dass sie das Wesentliche sein könnte, das über das Selbst und alle Zeit und Endlichkeit weit hinausreicht – eine Energie, die keine Grenzen kennt, mutmaßlich den gesamten Kosmos erfüllt und alles, was ist und lebt, beseelt.

In der *Liebe zur Transzendenz* zu leben heißt, sich für diese Energie zu öffnen und sich von ihr durchströmen zu lassen. Manche verspüren das Bedürfnis, sich dafür einer Religionsgemeinschaft anzuschließen, aber die Dimension der Möglichkeit und Unendlichkeit, die alle Wirklichkeit und Endlichkeit überschreitet, lässt sich auch durch den einfachen Blick in den nächtlichen Himmel erschließen. Wie viele Sterne sind dort zu sehen? Wie weit sind sie entfernt? Was hält sie auf ihrer Bahn? Unvorstellbare Größenordnungen verschwimmen vor den Augen. Ich bin nur ein Tröpfchen in diesem Meer, nicht mehr, aber auch nicht weniger, *nicht nichts*. So kann ich jedenfalls denken und fühlen.

Sollte es so sein, dass Menschen aus dieser Dimension kommen, kehren sie letztlich zu ihr zurück, sodass auch auf weltliche Weise von einem »Heimgehen« die Rede sein kann. Offen bleibt die Frage, ob sie dies als Person tun können, die doch an Zeit und Körperlichkeit gebunden ist. Nicht entscheidend für eine Beziehung der Liebe zu dieser Dimension sind die Begriffe, mit denen sie zu fassen versucht wird, auch nicht die Wahrheit, die immer umstritten sein wird. Entscheidend ist, welche Auswirkung es für das Leben hat, eine solche Dimension für möglich oder unmöglich zu halten. Die Erfahrung der Fülle des Menschseins könnte davon abhängen. Einigen weiteren Erfahrungen des Menschseins ist eine zehnte und letzte Runde der Vorträge und Seminare gewidmet.

Das durchgängige Anliegen der Vorträge und Seminare in den Philosophiewochen war, anhand ausgewählter Themen die Bedingungen und Möglichkeiten des menschlichen Lebens zu erörtern, um es besser zu verstehen und auf dieser Basis die Sorge für sich und Andere wahrnehmen zu können. Das ganze Leben hindurch müssen Menschen mit Bedingungen zurechtkommen, die ihrem Leben eigen sind, können aber auch Möglichkeiten erkunden, die es bietet, und manche von ihnen verwirklichen. Immer haben sie mit der Begrenztheit des Lebens zu tun, streben nach Freiheit und sind mit den Fragen konfrontiert, die sie aufwirft, wollen berührt werden und selbst berühren, erfahren Lüste, aber auch Schmerzen, sind bewegt von Sehnsüchten, ebenso jedoch von Ängsten und anderen Schattenseiten des Lebens, üben Macht aus und fühlen sich ohnmächtig. Menschen erhoffen sich Glück und suchen nach Sinn, müssen mit sich selbst erst umgehen lernen, um auch mit Anderen umgehen zu können, wollen geliebt werden und lieben und müssen dennoch auch Lieblosigkeit durchstehen, flüchten zu Freunden und haben Feinde, können nicht nur Menschen lieben, sondern auch andere Wesen, ebenso Dinge, das Leben, das Schicksal, das Wesentliche und Transzendente.

Ein Phänomen des Menschseins ist die *Geschlechtlichkeit*, aus der sich anders als im Tierreich keine von Natur aus definierte Rollenverteilung ergibt. Gehen Menschen eine Liebesbeziehung ein, sind daran nicht unbedingt unterschiedliche Geschlechter beteiligt, aber es ergeben sich auffällig oft unterschiedliche, ja, gegensätzliche Rollen, die auf nicht genau bestimmbare Weise mit einem Mann- oder Frausein zu tun haben können. Hartnäckig hält sich eine *Polarität* zwischen den Liebenden, egal welchen Geschlechts, einerseits ärgerlich, weil die Welt dadurch noch komplizierter wird, andererseits spannend, weil in der Andersheit des jeweils Anderen eine ganze Welt neu zu entdecken ist. Möglicherweise wird sich, egal wie Männer und Frauen sich selbst definieren, Polarität zwischen ihnen wieder einpendeln. Für den, der das akzeptieren kann, wird es zum Glück, dass es den Anderen gibt, der das Leben reicher macht. Für den, der das nicht akzeptieren kann, gerät die kleinste Divergenz zum Unglück, das die Beziehung in Frage stellt. Woher stammt diese Tendenz zur Differenz? Welchen Sinn hat sie, falls sie sich auf Dauer behaupten sollte? Ist sie in irgendeiner Weise dem Leben förderlich? Geht es um Unterschiede in den Antworten auf Lebensfragen und in den Strategien der Lebensführung, damit unterschiedliche Entwürfe für unterschiedliche Situationen im Leben bereitstehen? Was wäre, wenn die Kultur der Unterschiede und Gegensätze verschwände? Hätte die entstehende Monokultur eine Überlebenschance?

Bemerkenswert ist, dass mir bei den Vorträgen zu diesem Thema von vornherein heftige Vorbehalte entgegenschlagen. In den Augen derer, die sie hegen, kann von Unterschieden zwischen den Geschlechtern gar keine Rede sein, anders geartete Behauptungen sind für sie nicht ernsthaft diskutierbar, da sie von einer alten, überholten Geschlechterideologie ausgehen. Es könnte sein, dass eine lange Periode des Betonens geschlechtlicher Unterschiede historisch gesehen erst einmal von einer Periode des Negierens abgelöst werden muss. Das Pendel der Geschichte schlägt nun mal bevorzugt zur Gegenseite hin aus. In diesem historischen Moment gilt: Wer ein ruhiges Leben führen möchte, sollte von geschlechtlichen Unterschieden schweigen. Also mit der gebotenen Vorsicht, um mir nicht zu viel Ärger einzuhandeln: Die folgenden Überlegungen sind nicht Behauptungen einer letzten Wahrheit, nur Anregungen zu weiteren Gedanken und zur Reflexion eigener Erfahrungen.

Vielleicht ist eine Drittelung sinnvoll: Zu einem Drittel könnten die Unterschiede, die es nicht geben soll, ein Werk der *Biologie* sein, verursacht von Genen, die nach aktuellem Wissensstand schon im Mutterleib die Ausschüttung von Hormonen wie Östrogen und Testosteron steuern. Diese wiederum beeinflussen die Ausbildung von Hirnarealen, in denen entweder die Fähigkeiten zur Kommunikation oder zur Aggression gestärkt werden. Das könnte eine Erklärung dafür sein, warum viele (nicht alle) Mädchen mit ihrem Spielzeug sprechen, während viele (nicht alle) Jungen aus allem ein Schwert machen. Bei einem zweiten Drittel könnte es sich um eine Prägung durch die jeweilige *Kultur*, Familie, Peergroup, Gesellschaft, Sprache, Geschichte handeln. Die entsprechende Ausbildung unterschiedlicher Verhaltensweisen, beispielsweise auf welche Weise viele (nicht alle) Frauen und Männer mit Gefühlen umgehen, kann in der Geschichte lange vorhalten, ist jedoch grundsätzlich veränderbar. Zu einem dritten Drittel könnten *Individuen* selbst mit bewusster Lebensführung und einer Einübung anderer Verhaltensweisen Unterschiede modifizieren, insbesondere die unterschiedlichen Arten des Umgangs mit biologischen und kulturellen Bedingungen. Ein verändertes kulturelles Verständnis von Geschlechtern kommt mittel- und langfristig wahrscheinlich auf diese Weise zustande.

Sollte sich die Beobachtung bestätigen lassen, dass es offenkundige Unterschiede in den Strategien der Lebensführung gibt, stellt sich die Frage: Erweisen sich Frauen dabei als die besseren Lebenskünstler? Viele (nicht alle) scheinen jedenfalls mehr als Männer dazu in der Lage zu sein, sich in Andere und in Situationen einzufühlen, aufmerksamer wahrzunehmen, genauer hinzusehen, mit einem Blick für Kleinigkeiten, denen im Lebensvollzug oft große Bedeutung zukommt. Auf die eigentümliche Logik des Lebens, seine Regelmäßigkeiten, aber auch Zufälligkeiten und Widersprüche können viele Frauen, so jedenfalls der subjektive Eindruck, sich besser einstellen. Sie halten sich weniger mit Grundsätzlichem auf, sind weniger auf ein Ziel fixiert, gehen eher »vielzielig«, *polyteleologisch* vor, wenn ihnen nicht ohnehin der Weg schon als Ziel gilt. Bei der Verwirklichung eines Vorhabens sind sie vorsichtiger in der Wahl der Mittel und verzichten im Übrigen gerne auf Getöse.

Über das Bedürfnis nach *Sinn* im menschlichen Leben reden viele Frauen nicht lange, sondern nehmen es auf lebenspraktische Weise ernst. Welche Bedeutung sie bereits der Ebene der Sinnlichkeit zumessen, ist der Einrichtung und Ausstattung so mancher Wohnung abzulesen. Mehr als Männer verstehen sie sich darauf, »sich das Leben schön zu machen«. Welche Rolle sie der Ebene der Gefühle zuerkennen, zeigt sich in der Art, wie sie Beziehungen pflegen und Sinn aus den gefühlten Zusammenhängen mit Anderen beziehen. Für die Ebene der geistigen Sinngebung gehen sie gerne davon aus, dass alles Sinn ergibt, was sich erzählen lässt. Den wichtigsten Unterschied aber markiert die *hermeneutische Beweglichkeit* vieler Frauen, ihre Fähigkeit, sich etwas Anderes vorzustellen und Dinge immer wieder anders zu deuten. Weniger als Männer setzen sie voraus, dass es eine einzige Wahrheit gibt, sondern ziehen andere Wahrheiten zumindest als Möglichkeit in Betracht. So verfügen sie im Zweifelsfall über Ausweichmöglichkeiten, zuerst im Denken, dann im Handeln. Was eine mögliche Dimension über das gelebte Leben hinaus betrifft, genügt

ihnen anstelle der bei Männern verbreiteten dogmatischen Auffassungen ein eher diffuser metaphysischer Sinn.

Müssen Männer sich angesichts dessen neu erfinden? Viele
(nicht alle) sind bereit, sich nach historisch langer Dominanz
im Spiel der Geschlechterrollen neu zu orientieren: Wann ist
der Mann ein Mann? Über einige biologische Gegebenheiten
hinaus, die irgendwann noch mit operativen oder gentechnischen Eingriffen zu verändern sein werden, ist ein Mann ein
Mann, wenn er seiner *Idee* vom Mannsein folgen kann. Die
ist kulturell bestimmt, aber individuell veränderlich. Es liegt
am Einzelnen selbst, sich darüber klarer zu werden, welche
Idee er aus der umgebenden Kultur aufgenommen hat, um sie
gegebenenfalls zu korrigieren, zumindest für sich selbst. Als
männliche Idee kann beispielsweise die Zielgerichtetheit des
Denkens und Tuns gelten. Häufiger als Frauen gehen Männer
»einzielig«, *monoteleologisch* vor – was nicht zielführend ist, interessiert sie nicht. Damit tut sich allerdings die Gefahr auf, in
ein tiefes mentales Loch zu fallen, wenn das Ziel nicht erreicht
wird, und sogar dann, wenn es erreicht wird und kein weiteres
Ziel mehr zur Verfügung steht. Würde die überkommene Idee
überdacht, um ihr nicht mehr blind zu folgen, könnte sie vermutlich besser realisiert werden.

Modifikationen der Idee des Mannseins könnten ebenso
die *Idee der Arbeit* betreffen, die für viele Männer ein Lebensleit-
motiv ist. Ein erneuertes Verständnis der Arbeit könnte über
die Erwerbsarbeit hinaus auch die Arbeit an sich selbst und an
Freundschaft, die Familienarbeit und Bürgerarbeit, die Muße
als Arbeit und die Arbeit am Sinn umfassen. Möglicherweise
erscheint es schwierig und komplex, all dies im Blick zu behalten, aber es war immer schon eine Idee des Mannseins, große
Aufgaben meistern zu sollen. Weiterhin könnte es eine männ-

liche Idee sein, *Exzellenz* anzustreben, immerzu das Beste zu geben und der Beste sein zu wollen, im Beruf, im Spiel, in der Liebe, als Liebhaber, Ehemann, Vater und Freund: Exzellenz in wenigstens einer dieser Sparten ist erfüllend und beglückend – sofern sie nicht mit Perfektion verwechselt wird, mit der das Scheitern programmiert ist.

Unabhängig vom Mann- und Frausein aber ist es von Bedeutung für das Menschsein, *in Beziehung zu sein*. Da die Beziehungslandschaft der Moderne reicher gestaltet ist als zu jeder anderen Zeit, ist dies im Grunde auf vielfältige Weise möglich. Allerdings ist die Moderne auch die Zeit, in der das Zerbrechen von Beziehungen zum Normalfall wird. Es gibt keinen Beziehungszwang mehr, aber im selben Maße, in dem von Möglichkeiten der Befreiung Gebrauch gemacht wird, wächst auch die Sehnsucht nach verlässlichen Beziehungen. Sollten sie zustande kommen, erwacht nach einiger Zeit wiederum das Bedürfnis nach ungebundener Freiheit. Es ist das Schicksal moderner Menschen, zwischen Bindungssehnsucht und Freiheitsbedürfnis hin- und hergerissen zu sein. Es könnte das Signum einer *anderen Moderne* sein, dass Menschen dazu in der Lage sind, eine größere Beständigkeit von Beziehungen in größerer Freiheit zu realisieren. Aber die entsprechende Veränderung fällt nicht vom Himmel, sie kann nur von Einzelnen, die ihre Beziehungen anders leben, ins Werk gesetzt werden.

Sollte ein neues Bemühen um Kontinuität und Beständigkeit Platz greifen, kann es nicht etwa durch den Ausschluss von Veränderung, nur durch deren Integration erfolgreich sein. Das gilt im Grunde für jede Beziehung, nicht nur für die Liebe im engeren Sinne, sondern auch für Freundschaft, Kollegialität, Verwandtschaft und Bekanntschaft. Mit Veränderungen ist im Laufe des Beziehungslebens fest zu rechnen, auch aufgrund der stets veränderlichen Erfahrungen im Arbeitsleben, die den Einen auf diese, den Anderen auf jene Weise verändern. Beständig kann nur die Beziehung sein, die ein Mindestmaß an Dynamik gewinnt, indem sich jeder von den Veränderungen des Anderen mitverändern lässt. Das aber hängt von der Bereitschaft ab, den häufigen Austausch miteinander zu pflegen, um an der Welt des Anderen teilzuhaben und auf diese Weise seine Veränderungen zumindest ein klein wenig mitzuvollziehen. Und wer ergreift die Initiative dazu? Im Zweifelsfall immer das Ich, wie es in der Lebenskunst üblich ist. Nur ich selbst kann mich auf eine Weise gestalten, die für den Anderen offenbleibt. Es ist die Öffnung des Ich zum Du, die dem Anderen ermöglicht, beim Ich »einzuhaken« und nicht an ihm abzugleiten.

Mich offenzuhalten für die Menschen, denen ich begegne, hatte ich mir selbst von Anfang an für meine Arbeit als philosophischer Seelsorger vorgenommen. *Philosoph zu sein* ist ein Spezialfall des Menschseins, einer von vielen. Aus der Nachdenklichkeit, die eine Möglichkeit jedes Menschen ist, macht der Philosoph einen Beruf, indem er sich inständiger als Andere dem Durchdenken von Phänomenen und Problemen widmet, geleitet von einfachen Fragen wie: Was ist das? Warum ist das so und nicht anders? Wozu dient das? Das Nachdenken darüber ist geleitet vom Vertrauen darauf, dass mehr Verständnis einen besseren Umgang mit Menschen, Dingen und Verhältnissen ermöglicht, besser im Sinne von: Schöner und bejahenswerter. Philosophieren heißt, die vielen kleinen und großen Zusammenhänge von Leben, Liebe, Arbeit und Welt zu bedenken, um die eigene Rolle und die von Anderen in diesem Rahmen klarer sehen zu können. Den Impuls dazu nimmt der Philosoph nicht nur von eigenen Fragestellungen auf, sondern auch von den Fragen derer, die über weniger Zeit für ein intensiveres Nachdenken verfügen. Die gefundenen Antworten gibt er an sie zurück.

Es ist eine Besonderheit der philosophischen Arbeit im Krankenhaus, dass aus dem häufig einsamen Nachdenken ein gemeinsames werden kann. Das hat in den Einzelgesprächen mit Patienten, Klienten, Ärzten und Mitarbeitenden, ebenso in den Vorträgen und Seminaren stattgefunden. Darüber hinaus geschieht es aber noch in Gruppengesprächen, zu denen die Teilnehmer ihre Fragen mitbringen können: Was sind wir dabei zu tun? Welche Probleme stellen sich dabei? Was sind die Gründe dafür? Was können wir anders machen? In kleinen Kreisen von jeweils fünf bis zehn Teilnehmern kann jede und jeder zu Wort kommen, es entwickeln sich spannende Diskussionen, die mehr Aspekte einer Fragestellung ans Licht bringen, als ein Einzelner sie für sich gewöhnlich sehen kann. Auf dieser breiteren Basis fällt es leichter, eigene Antworten zu finden. Das Philosophenzimmer wird für diese Gespräche zu einer Werkstatt der Lebenskunst.

Wie finden Theorie und Praxis zusammen?
Werkstatt der Lebenskunst

Zum Umgang mit Gewohnheiten im Pflegeheim

»Wir haben ein Problem mit den hartnäckigen Gewohnheiten unserer Bewohner, könnten wir mit Ihnen eine Arbeitsgruppe dazu einrichten?« Die freundlichen Frauen von der Altenpflege machen Gebrauch von dem Angebot, das den vierten Schwerpunkt meiner Arbeit darstellt: In *Arbeitsgruppen* den Fragen einer bewussten Lebensführung in Bezug auf die alltägliche Arbeit nachzugehen. Initiiert vom Organisationsteam der Philosophiewochen oder von den Interessierten selbst, kommen Dutzende solcher Gesprächskreise zustande, die in der Regel für zwei Wochen bestehen. Die Philosophie stellt den Raum zur Verfügung, in dem jede und jeder freimütig sprechen kann, quer durch die Arbeitsgebiete und Hierarchieebenen, um die Dinge zur Sprache zu bringen, die ihr oder ihm durch den Kopf gehen und am Herzen liegen. Meine Aufgabe ist die Gesprächsleitung, damit möglichst alle so zu Wort kommen, wie sie es sich wünschen. Zwischendurch versuche ich, dem Gespräch mit einer Idee, einer Denkanregung oder einem konkreten Lösungsvorschlag einen Impuls zu geben.

Die Vermittlung zwischen Theorie und Praxis geschieht vorzugsweise in diesem kleinen Rahmen. Die theoretischen Überlegungen, wie die Dinge beschaffen sein müssten, treffen hier sehr direkt auf die praktischen Erfahrungen, wie sie sich wirklich verhalten. Zwischen den Ebenen hin- und hergehen zu können, erfahren alle Beteiligten als Gewinn für ihre Arbeit, oft auch für ihre persönliche Lebensführung. Die segensreichen Rückwirkungen auf die Theoriebildung lassen mich davon träumen, was die Philosophie gewinnen würde, wenn sie sich stärker auf lebenspraktische Fragen einließe. In der Konfrontation mit der gelebten Praxis bewährt sich eine Theorie, wenn sich mit ihrer Hilfe praktische Abläufe erhellen lassen, die dann als gut und richtig bewertet werden oder deren Veränderung projektiert werden kann. Die Theorie scheitert und muss neu gefasst werden, wenn sie nichts zu erhellen vermag. Was folgt daraus für den Umgang mit Gewohnheiten? Welche Rolle für den Lebensvollzug kommt ihnen in der Theorie zu und wie sieht die gelebte Praxis aus?

Die Altenpflegerinnen haben sich selbst schon einige Gedanken darüber gemacht, was es für einen Menschen bedeutet, beim Eintritt ins Pflegeheim seine bisherigen Gewohnheiten aufgeben zu müssen. Was bleibt ihm noch? Im besten Fall ein soziales Netz, wenn es zuvor schon eines gab. Seine Bewegungsfreiheit ist meist eingeschränkt, seine Wünsche kann er nicht in jedem Fall noch deutlich artikulieren. Unweigerlich befinden sich die Pflegenden in einer Machtposition, die Bewohner in einem Abhängigkeitsverhältnis. Im Falle von Konflikten zwischen den Gewohnheiten der Bewohner und denen der Pflegenden, noch dazu denen der Institution, etwa in Bezug auf Weck- und Essenszeiten, haben in der Regel die Bewohner das Nachsehen. »Oft geschieht auch eine Wertung der Gewohnheiten von Bewohnern durch uns Pflegende – schlecht oder gut, je nachdem, ob wir sie als störend empfinden oder nicht.«

Da ist beispielsweise Herr Hürlimann, »der Geher«, 80 Jahre alt und schon seit Jahren im Heim: Mit einem verschmitzten Lächeln im Gesicht geht er beharrlich seine Wege, ohne viel zu reden. Er ist immerzu auf den Beinen und lässt sich durch nichts und niemanden davon abhalten. Aus Sicherheitsgründen muss er begleitet werden, aber er hat seine eigenen Vorstellungen davon, wo es langgeht, und setzt sie auch durch. Daraus ist zu schließen, dass es sich nicht um eine *akzidentelle*, beiläufige und leicht veränderbare, sondern um eine *existenzielle* Gewohnheit handelt, soll heißen: Seine Existenz hängt davon ab, dass er nach eigenen Vorstellungen zu Fuß unterwegs sein kann, veränderbar wäre das vermutlich nur mit »Ruhigstellen«. Das würde dafür sprechen, Herrn Hürlimanns individuelle Gewohnheit einfach zu respektieren und *institutionelle* Gewohnheiten, also Erfordernisse, die an die Institution Pflegeheim gebunden sind, nach Möglichkeit variabel zu handhaben.

Wir überlegen gemeinsam, wie bedeutsam Gewohnheiten für unser eigenes Leben sind. Nicht jeden Tag wählen wir einen anderen Tagesablauf, nicht jeden Morgen essen und trinken wir zum Frühstück etwas Anderes, nicht bei jeder Gelegenheit gehen wir neue Wege. In der Freizeit schlüpfen wir am liebsten in altvertraute Klamotten, beim Einkauf bevorzugen wir Produkte und Marken, die wir schon kennen. Der Grund dafür ist: *Gewohnheit ist Wohnung.* Es ist die Regelmäßigkeit von Gesten, Wegen und Verhaltensweisen, die für Vertrautheit und Geborgenheit sorgen. Auch beim Raum, der bewohnt wird, ist sehr deutlich, dass das Wesentliche an ihm nicht die vier Wände und das Mobiliar sind, sondern die Gewohnheiten, die sich in diesem Umfeld entfalten. Weil uns unsere Gewohnheiten bestens bekannt und vertraut sind, stellen wir sie nie ohne Anlass in Frage. Wir fühlen uns in ihnen geborgen wie in einer Höhle, in die wir uns zurückziehen können, um uns zu erholen, durchzuatmen und neue Kräfte zu schöpfen. Hätten wir keine Gewohnheiten, die wir pflegen würden, könnten wir nirgendwo wohnen und uns in keiner Vertrautheit regenerieren.

Für das Pflegeheim bedeutet das: Damit die »Bewohner« wirklich solche sein können, sollten sie auch hier in Gewohnheiten wohnen dürfen, teils ihren eigenen, teils denen des Hauses. Aber Widerspruch regt sich: »Ein Leben, das nur noch aus Gewohnheiten besteht, die routinemäßig abgespult werden, ist doch kein Leben mehr, es fehlt an der Offenheit für Neues, an Spontaneität!«

»Keine Frage«, sage ich, »dass ein Übermaß an starren Gewohnheiten die Gefahr einer Abstumpfung in sich birgt, sodass Anderes als das Gewohnte nicht mehr wahrgenommen wird und mechanische Abläufe das Leben entleeren. Aber ältere Menschen interessieren sich vielleicht nicht mehr so rasend für Neues, das Kraft kostet, über die sie nicht mehr verfügen. Ihre Gewohnheiten verbrauchen kaum Kraft, sie laufen automatisch ab.« Dass Kraftersparnis der Gewinn von Gewohnheiten ist, bemerken alle an sich selbst: An einem neuen Ort müssen sie sich erst zurechtfinden, an einem gewohnten Ort nicht. Auf neue Menschen müssen sie sich erst einstellen, auf altbekannte nicht. Dass Neues Kraft kostet, fällt einem Menschen nicht auf, solange er voller Energie ist, aber auch in diesen Zeiten stellen Gewohnheiten seine Regeneration sicher, die die Offenheit für Neues wieder ermöglicht.

Beim Älterwerden lassen sich die schwindenden Kräfte lange durch eine allmähliche Erhöhung des Anteils der Gewohnheiten am Leben auffangen, der Theorie nach in Relation zu den Lebensjahren: 50 Jahre 50 Prozent Gewohnheiten, 70 Jahre 70 Prozent, 100 Jahre 100 Prozent. Deckt sich das mit den Erfahrungen der Altenpflegerinnen? »Ja«, sagen sie, »es hängt jedoch von der körperlichen und seelisch-geistigen Verfassung eines Menschen im jeweiligen Alter ab: Man kann auf sehr unterschiedliche Weise 70 sein.« Ansonsten spreche alles dafür, dass die Einrichtung und Pflege von Gewohnheiten in jedem Lebensalter einen mehr oder weniger großen Teil des Lebens eines Menschen ausmache.

»War das immer schon so?«, frage ich. Dass das Leben in traditionellen Kulturen sehr von Gewohnheiten bestimmt wird, ist keine Überraschung. Aber in der modernen Kultur des Immerneuen, die Gewohnheiten eher verachtet, ändern sie ihre Funktion: Jetzt entlasten sie Menschen von der ständigen Qual der Wahl zwischen Alternativen. Und vermutlich in jeder Kultur helfen sie beim Umgang mit Schmerzen. Menschen gewöhnen sich an alles, auch an Schmerzen, sofern sie nicht zu heftig ausfallen. Und was ist, wenn Gewohnheiten Anderen oder dem eigenen Selbst schaden? Dann wäre es wünschenswert, sie sich bewusstmachen zu können, um sie zu verändern. Gilt das auch für die Bewohner des Pflegeheims? Von vielen kann die erforderliche Selbstreflexion nicht erwartet werden, erst recht nicht die Kraft zur Veränderung, die erfahrungsgemäß auch im Leben draußen und bei Jüngeren schwerfällt.

Schwierig ist der Umgang mit Gewohnheiten, weil sie nicht immer problemfrei sind. Das Beharren auf ihnen kann ein *Machtmittel* sein. Allen fallen sofort Geschichten dazu ein, die sie am Arbeitsplatz erleben, wenn beispielsweise ein Bewohner ohne Anlass regelmäßig die Nachtglocke betätigt. Ebenso können Gewohnheiten zuhause zu einem Instrument im Spiel der Macht zwischen zweien werden. Etwa bei der morgendlichen Zeitungslektüre, die den Anderen nervt, dem Selbst aber eigene Entfaltungsmöglichkeiten gegen dessen Zugriff sichert, teils unübersehbar, wenn die Zeitung zur Lektüre steil aufgerichtet wird wie eine Mauer, hinter der sich der konzentrierte Leser verschanzt. Steht kein anderer Rückzugsraum zur Verfügung? Geht es um eine Machtdemonstration? Um eine Änderung der Gewohnheit zu erwirken, setzt der Andere seinerseits Machtmittel ein, bis hin zur Androhung, andernfalls die Beziehung zu beenden. Verstehen zu wollen, könnte die bessere Alternative sein.

Für die Situation im Pflegeheim formulieren die Teilnehmerinnen der Arbeitsgruppe das Resultat ihrer Reflexion schriftlich selbst: Sie wollen »eine Balance finden zwischen pflegerischer Verantwortung und den Gewohnheiten der Bewohner, zwischen deren Selbstbestimmung und ihrer Gefährdung, wenn es schädliche Gewohnheiten für sie selbst sind«. Ein Jahr später treffen wir uns wieder, sie sind mit den Ergebnissen zufrieden: Ihre Arbeit ist leichter geworden, sie müssen weniger gegen lästige Gewohnheiten ankämpfen, die es weiterhin gibt, die aber mehr als früher von ihnen akzeptiert werden können. Herr Hürlimann blüht regelrecht auf, seit er nicht mehr zurechtgewiesen wird. Er ist gesprächiger geworden, zeigt Vertrauen und ist empfänglich für Scherze. Sein Bewegungsdrang ist unverändert, aber er ist zu Kompromissen bereit und stimmt Umwegen zu, um beispielsweise dienstliche Besorgungen zu machen. Seine Betreuerinnen fassen zusammen: »Wenn wir die Gewohnheiten unserer Bewohner ernst nehmen, entstehen daraus Motivation und Mut für unseren Einsatz. Die Reflexion sollte als Instrument in den Pflegealltag einbezogen werden.«

Gesteigerten Arbeitsanforderungen nicht gerecht zu werden, kann den Arbeitsplatz gefährden. Das ist nicht nur in anders gearteten Institutionen und vor allem Unternehmen so, sondern auch in diesem Haus, das kommt in Gesprächen zu Problemen der Überbelastung deutlich zum Vorschein. Weil das Thema vielen unter den Nägeln brennt, finden vier parallele Arbeitsgruppen dazu statt, interdisziplinär mit Mitarbeitenden aus verschiedensten Abteilungen des Hauses besetzt. Das subjektive Empfinden der Überbelastung steht dabei zunächst im Vordergrund: Müdigkeit, Motivationsverlust, Resignation, »man kann ohnehin nichts tun«. Aber wie kommt es zur Überbelastung? Gründe der *Quantität* werden genannt: Die Zahl der Arbeitsstunden nimmt zu, entsprechend den Vorgaben der Leitung des Hauses, die ihrerseits unter dem Druck steht, Personalkosten einzusparen, sodass weniger Menschen mehr leisten müssen. Auch Gründe der *Qualität* sind dingfest zu machen: Es zählt nach Meinung der Mitarbeitenden nur noch Perfektion, die freilich aufgrund der Überbelastung Einbußen erleidet. Fehler werden zum Anlass von Abmahnungen, aber auch hier dürfte im Hintergrund stehen, dass die Zahl der Mitarbeitenden ohnehin abgebaut werden muss.

Wenn das der Hauptgrund für das Entstehen der Überbelastung ist, kann eine kleine Arbeitsgruppe daran wohl kaum etwas ändern. Also denken wir von hier aus weiter, um andere Ansatzpunkte für Veränderungen zu finden. Wenn die Leitung des Hauses an den zur Verfügung stehenden finanziellen Mitteln nichts ändern kann, auch nicht die Gemeinden, der Kanton, der Staat, konzentrieren sich die Überlegungen besser auf die Möglichkeiten des Umgangs mit den gegebenen

Bedingungen. Was wäre beispielsweise mit einer *Umkehrung der Perspektive* zu gewinnen? Könnte es Gründe dafür geben, eine hohe Belastung als *Vorteil* zu betrachten? Wäre es nicht langweilig, Tag für Tag geruhsam vor sich hinzuarbeiten? Wie intensiv wären die eigenen Anstrengungen, wenn niemand etwas erwarten würde, schon gar nicht in knapper Zeit? Würde sich nicht jeder bald fragen: Wofür bin ich überhaupt da?

Das bestätigen die Teilnehmer: Fehlt es an Herausforderungen, sinkt die Spannkraft, wächst die Unkonzentriertheit. Ideal wäre eine Wellenbewegung mit mehr, dann wieder weniger Belastung, aber wer könnte das so gut austarieren? Bleibt das Problem des Drucks, der nicht nachlässt: »Dem ständigen Druck fühle ich mich nicht gewachsen!« Wenn aber am Druck von außen einstweilen nichts zu ändern ist, könnte das eigene Ich zum Ansatzpunkt werden. Die Überbelastung steht auch in einer Relation zu seiner Verfassung: Fühle ich mich überfordert von den Aufgaben, die ich wahrzunehmen habe? Bräuchte ich eine *fachliche* Stärkung durch Weiterbildung und eventuell eine Zusatzqualifikation? Sollte ich mich selbst darum kümmern oder die zuständigen Stellen im Haus damit befassen? Der Wunsch der meisten ist jedoch eine *menschliche* Stärkung, adressiert an die Leitungsebene des Hauses, die wissen sollte, dass Mitarbeitende, die Anerkennung und Wertschätzung erfahren, sich gestärkt fühlen und mehr aushalten können. Noch mehr Anklang findet der Gedanke, *sich selbst* zu stärken, sich häufiger Gutes zu tun, etwas Schönes für sich zu suchen und von der gesamten Palette der Sinngebung Gebrauch zu machen, sich beispielsweise zu fragen: Nutze ich die Kraft der Sinnlichkeit ausreichend?

Da wird Kritik laut: »Das ist ein Rückzug auf sich selbst, so ändern sich die Verhältnisse nie, jeder ist nur noch für sich selbst da!«

»Ja«, räume ich ein, »aber bis sich die Verhältnisse ändern lassen, ist noch ein wenig Zeit zu überbrücken, und dies am besten gemeinsam mit Anderen. Beziehungen der Kollegialität und Freundschaft im Haus und außerhalb vermitteln viel Sinn und Kraft.« Es liege an jedem selbst, diese Beziehungen zu gründen und zu pflegen, auf Andere zuzugehen und ihnen behilflich zu sein. Das bloße Gespräch sei schon eine Rückversicherung, nicht allein zu sein. Ansonsten könne leicht der Eindruck sinnloser Vereinzelung und einer Überforderung entstehen. Dann reagiere jeder gereizt und verschärfe damit noch die Situation für sich und Andere. Wer aber in einem Netz von Beziehungen lebe, verfüge über ein *soziales Immunsystem*, das Anfeindungen aller Art abwehren und auch Stress auffangen könne.

Dem *Stress* entkommen, das wollen alle, heftiges Nicken.

»Aber es wird schwierig sein«, meine ich. »Zum Teil hat der Stress mit den Gegebenheiten der Arbeit selbst zu tun.« Hier im Haus gehe es schließlich mehr als anderswo darum, Menschen in schwierigen Situationen beizustehen und die damit einhergehenden Belastungen auszuhalten. Nicht die Auflösung von Stress könne daher in Frage stehen, nur die Reduktion auf ein lebbares Maß, zumal er bis zu einem gewissen Grad doch auch munter macht. Wie entsteht Stress? Dadurch, dass zu viel in zu kurzer Zeit zu realisieren versucht wird. Wie ist Stress zu vermindern? Dadurch, dass einiges auf die Zeitschiene gesetzt wird, um es nach und nach zu bearbeiten, wenn auch knapp getaktet. Und dadurch, dass Andere für Entlastung sorgen, die zu anderer Zeit damit rechnen dürfen, ihrerseits nicht alleingelassen zu werden.

»Wenn alle mitziehen, dann geht es immer gut!«, ruft einer.
»Das klingt gut, aber dann kommt immer etwas dazwischen!«, versetzt eine Andere.

»Was denn?«

»Es ist nicht so, dass überall nur gute Kollegen bereitstehen, die einem Arbeit abnehmen. Manche sind Meister darin, einem zusätzliche Arbeit zu verschaffen.«

»Gestresst zu sein voneinander, ist also ein weiterer Grund für Überbelastung«, versuche ich zu vermitteln. »Die erste Rückfrage dazu sollte aber an das eigene Ich gerichtet sein: Kann es sein, dass auch ich selbst schon mal Anderen zusätzliche Arbeit beschert habe, ungewollt und unbedacht? Kann ich das ändern?«

Zentrales Konfliktfeld, so stellt sich heraus, sind unterschiedliche zeitliche Erfordernisse der verschiedenen Abteilungen. Die Laborwerte müssen frühmorgens vorliegen, aber das Labor ist gut ausgelastet, ein sehr früher Arbeitsbeginn wird erforderlich. War es in der Inneren Medizin nicht rechtzeitig absehbar, dass die Werte so rasch gebraucht werden? Fast alle bekennen, zu wenig über die Arbeitsbedingungen andernorts und die dortigen Notwendigkeiten und Zwänge zu wissen. Da liegt die Idee eines temporären personellen Austauschs nahe, Labor und Innere Medizin vereinbaren ihn an Ort und Stelle. Der Zusatznutzen liegt darin, exemplarisch in Erfahrung zu bringen, wie die Vorgänge im Haus ineinandergreifen. Die Zusammenhänge der eigenen Arbeit im größeren Rahmen zu sehen, ist die Basis dafür, sich gedanklich über den Sinn des Ganzen klarer zu werden, der beim bloßen Funktionieren im eigenen, engeren Rahmen leicht verlorengehen kann. Dass die Frage nach Zusammenhängen viele bewegt, zeigt sich in allen Gesprächen, unabhängig davon, ob jemand in der Medizin, der Pflege, der Verwaltung oder anderen Bereichen arbeitet.

Das Stichwort *Zeitmanagement* fällt. Gibt es einen Umgang mit Zeit, der zum Abbau von Überbelastung beitragen könnte? Ich rege an, sich die unterschiedlichen Arten von Zeit vor Augen zu führen, um beispielsweise die *goldenen Stunden* zu identifizieren, in denen eine Arbeit mühelos von der Hand geht. Nur der Einzelne selbst kann herausfinden, zu welchen Tageszeiten das für ihn so ist, um insbesondere die schwierigen Arbeiten, die zu anderen Zeiten schwerfallen, nach Möglichkeit in diese Stunden zu verlegen.

Sinnvoll wäre aber auch, die *roten Stunden* des Ärgers nicht zu scheuen. Zwar heißt es immer so schön, man solle sich nicht ärgern, aber gerade in stressigen Zeiten ist das ein übermenschlicher Anspruch. Menschlicher wäre, den Ärger zu akzeptieren, auch selbst ein wenig Ärger zu machen, um Dampf abzulassen, und es dann wieder gut sein zu lassen. Immer nur nett und freundlich zu sein, kostet zu viel Kraft. Es manchmal für einen erholsamen Augenblick bewusst und begrenzt nicht zu sein, trägt Respekt ein und wirkt befreiend.

Zum Ausgleich für Ärger und Stress können *schöne Stunden* dienen, die im Arbeitsalltag oft nur Minuten und Viertelstunden sind. Die gilt es für sich selbst, aber auch gemeinsam mit Anderen zu suchen. Es können *rosa Stunden* eines Amüsements, einer Freundlichkeit, auch eines Flirts sein, *blaue Stunden* der Muße und des Plauderns, *lindgrüne Stunden* der bloßen Zufriedenheit mit sich und der Welt – wenigstens für diesen Moment, der die Balance wiederherstellt. Tückisch an der Arbeitsbelastung Tag für Tag ist, nicht sofort zu bemerken, dass sie zu groß wird, vor allem dann, wenn das Gespür dafür mangels Erfahrung noch nicht ausgeprägt ist. Der Schwung ist selbsttragend, die Erschöpfung kommt schleichend und schlägt dann so plötzlich durch, dass sie zum »Zusammenklappen« führen kann. Es ist klüger, bereits prophylaktisch für Zeiten des Ausgleichs und der Erholung Sorge zu tragen. Da kommt es allen sehr gelegen, dass ein mitfühlender Anästhesist in den Mittagspausen einen Tanzkurs zur Entspannung anbietet. »Tanzen ist ganz einfach«, sagt Dr. Gregor Guthauser, der in seiner Freizeit als Tanzlehrer arbeitet: »Erst hebt man das eine, dann das andere Bein. Aber nie beide zugleich.« Na, wenn das so ist, folge auch ich gerne der Einladung. Die körperliche Bewegung ist wohltuend, vor allem für einen, der sie sonst eher vernachlässigt. Eine große Anspannung kann sich in der Bewegung entladen, und es ist angenehm, das auf diese Weise erreichen zu können. Ganz nebenbei sind Andere und das eigene Ich in einer anderen Situation als bei der alltäglichen Arbeit kennenzulernen. Abgesehen davon, dass dies eine starke Erfahrung von Gemeinsamkeit vermittelt, wird dabei auch eine ungewohnte Seite des Menschseins sichtbar und kann probeweise gelebt werden. Sich bei einer so zwanglosen Gelegenheit zu begegnen, hat den willkommenen Nebeneffekt, bei anderen Gelegenheiten schon über einen Anknüpfungspunkt für Gespräche zu verfügen und umso unproblematischer miteinander arbeiten zu können.

Was bleibt nach einem langen Arbeitsleben?

»Ich muss nicht mehr jeder Aufregung folgen«, bringt ein Teilnehmer den großen Gewinn nach vielen Jahren Arbeit auf den Punkt. Es ist die Arbeitsgruppe der *Langjährigen*, die seit 20 oder 30 Jahren hier im Spital arbeiten und jetzt etwa 50 oder 60 Jahre alt sind. Mit ihrer Gelassenheit tragen sie dazu bei, dass nicht jede Aufregung inner- oder außerhalb des Hauses auf den Arbeitsalltag durchschlägt. Ihrerseits sind sie froh, dass sie so lange im Haus bleiben konnten. Sie alle kennen Kollegen in anderen Betrieben, die ihre Arbeitsstelle verloren haben oder bedroht sehen. Vor allem in Unternehmen, die »auf amerikanische Weise« geführt werden, ist niemand älter als 50. Dabei täten Unternehmen und Institutionen gut daran, mit älteren Mitarbeitenden den Jüngeren den Halt zu bieten, den diese brauchen, damit ihnen die Integration in den Betrieb besser gelingt. Und die Älteren sind nicht nur das langfristige Gedächtnis des Betriebes, sondern auch ein Archiv an Lebenserfahrung. Sie repräsentieren das *Lebenswissen*, das umso gefragter ist, je stürmischer sich das *Fachwissen* in den diversen Berufsgruppen entwickelt, das zur Beantwortung von Lebensfragen nichts beitragen kann.

Die Jüngeren mögen besser ausgebildet und schneller im Kopf sein, aber die Älteren verfügen über die bessere Orientierung und können rascher zwischen wichtigen und unwichtigen Angelegenheiten unterscheiden. Bereits ihre Anwesenheit verkörpert Kontinuität, schon ihre Ausstrahlung gibt Lebenswissen weiter. Ihr Wissen resultiert aus zahllosen persönlichen und beruflichen Erfahrungen, aus all dem Kommen und Gehen, das sie im Laufe des Lebens und Arbeitslebens miterlebt haben, und aus etlichen Irrtümern und Irrwegen, die wertvolle Einsichten erbrachten. Davon profitieren wiederum die Jüngeren, die mit vielen Fragen und vor allem Lebensfragen konfrontiert sind, für die sie nicht auf Erfahrungen zurückgreifen können. Ob sie Antworten darauf finden, hat Bedeutung nicht nur für sie persönlich, sondern beeinflusst auch ihre berufliche Motivation und Produktivität. Aber die Älteren sollten sich den Jüngeren nicht aufdrängen, vielmehr ihnen viel zutrauen, so der Tenor in der Gruppe.

»War die Arbeit über Jahrzehnte hinweg in Ihren eigenen Augen sinnvoll?«, frage ich in die Runde. Die Antwort darauf ist nicht die, die ich erwartet hätte, sie stellt nicht die vielfach geleistete Hilfe für Andere in den Vordergrund.

»Ich selbst bin in der Begegnung mit den vielen Menschen und ihren Schicksalen klarer und reifer geworden«, sagt einer. »Daher möchte ich kein Jahr missen.« Die in einem langen Arbeitsleben sicherlich vorherrschenden grauen und eintönigen Alltagszeiten fallen im Rückblick komplett weg, es war vielmehr fast immer schön, zur Arbeit zu gehen: Hier waren verständnisvolle Kollegen anzutreffen, die beispielsweise einen Zwist zuhause vergessen ließen. Eine Überbelastung, die auch früher schon vorkam, war auf diese Weise gut zu bewältigen: »Wenn man die Arbeit gern macht, verträgt man mehr.«

»Und was bleibt?«, frage ich weiter.

»Freundschaften vor allem. Es war großartig, gerade in schwierigen Zeiten immer von Anderen mitgetragen zu werden. Aus Kollegen sind Freunde geworden, ein Gewinn fürs Leben auch außerhalb des Betriebs, gerade jetzt beim Älterwerden, um gemeinsam in Erinnerungen zu schwelgen. Ein halbes Leben lang sät man Samen für künftige Erinnerungen, in der zweiten Hälfte des Lebens kann man ernten.«

Aufgrund der persönlichen Bindungen ist das Gefühl der Zugehörigkeit zum Haus groß und wird auch von momentanen Querelen nicht in Frage gestellt. Das Spital war nie nur ein Arbeitsort, immer auch ein Ort des Lebens. Es war keinem gleichgültig, was hier passiert. Die in absehbarer Zeit bevorstehende Loslösung fällt nicht leicht: »Ein Teil von mir bleibt hier, wenn ich gehe.«

»Was ist das Motto Ihrer Lebenskunst, das Sie gerne weitergeben würden?«, frage ich noch.

»Die Waage finden.« Die Arbeit als Ausgleich für schwierige Verhältnisse zuhause. Oder umgekehrt das Zuhause als Zufluchtsort vor Schwierigkeiten im Betrieb. Ein spannendes Hobby als Ausgleich zur anstrengenden Arbeit. Oder umgekehrt die Arbeit als willkommene Ablenkung etwa bei einer großen Enttäuschung oder einem schmerzlichen Verlust.

Während die Langjährigen sich daranmachen, die Dinge aus größerer Distanz zu sehen, stecken die *Mittelfristigen*, die seit zehn oder 20 Jahren dem Betrieb zugehören, mittendrin. Sie sind selbst 30 oder 40 Jahre alt und befassen sich aus gegebenem Anlass teilweise sehr detailliert mit der Situation des Hauses, mit der Organisation der Arbeitsabläufe, den wirtschaftlichen Verhältnissen, dem persönlichen Umgang miteinander.

»Wären die Jahre Ihrer Arbeit hier Ihr Lebensalter, käme jetzt die Pubertät über Sie«, eröffne ich das Gespräch. »Fühlen sie sich so ähnlich, befinden sie sich in einer *Arbeitspubertät*?«

»Ja, so kann man das sehen, wir schlucken nicht mehr alles.« Hier sei vieles nicht in Ordnung. Zu bezweifeln sei, dass sich überhaupt jemand Gedanken über die immer neuen Sparvorgaben mache. »Es hat keinen Sinn, so zu sparen.« Bei einer allgemeinen Kritik lassen sie es nicht bewenden, sie haben selbst eine Liste von Vorschlägen erarbeitet, mit welchen zusätzlichen Spezialisierungen das Haus eine Ertragssteigerung erreichen könnte, die Stellen sichert und neue schafft, statt eine stupide Kostenreduktion durch Stellenstreichung zu betreiben. Es könne nicht alles beim Alten bleiben, neue Wege müssten beschritten werden.

Anders als den Älteren steht ihnen die Option offen, im Zweifelsfall anderswohin zu gehen, das ist ihnen bewusst. Sie wissen aber auch, dass sie in einem anderen Haus mit vergleichbaren Problemen konfrontiert wären, also wollen sie erst einmal hier versuchen, die Verhältnisse zu verändern. Sie haben darüber hinaus die gesellschaftlichen Bedingungen im Blick: Generell müsse die ganze Gesellschaft sich fragen, was nötig und unnötig sei, sonst werde es immer mehr sinnlose Behandlungen geben.

»Aber ist das nicht«, gebe ich zu bedenken, »eine Verschiebung der Frage, was für einen selbst nötig und unnötig ist? Die meisten Menschen sind sehr mutig, wenn es darum geht, einen Verzicht von Anderen und der Allgemeinheit zu fordern. Der Mut lässt nach, wenn das eigene Leben von einer sündhaft teuren Behandlung abhängt. Was wäre, wenn das selbst bezahlt werden müsste?«

»Es müsste«, sagt einer, »viel mehr Geld in die Prävention investiert werden, um Menschen zu einem gesunden Lebensstil zu bewegen, das wäre sinnvoller als die stetig steigenden Krankenkassenbeiträge. Nichtraucher sollten einen geringeren Beitragssatz bezahlen.«

»Aber wie wäre das Rauchen und Nichtrauchen wirksam zu kontrollieren, ohne ein neues Überwachungssystem zu schaffen?«, frage ich nach.

»Hm, schwierig.« Jedenfalls dürften die Beiträge nicht weiter steigen, denn mit ihnen wachse auch die Anspruchshaltung: »Dann will ich auch etwas bekommen für mein Geld!«

Weniger Interesse an nüchternen Zahlen, mehr Bereitschaft zum gefühlsmäßigen Engagement zeigen die *Frischlinge* mit nur wenigen Jahren Betriebszugehörigkeit: »Ich mache alles mit Liebe«, sagt eine junge Frau. »Man muss nicht alles zerreden und ständig alles hinterfragen.«

Meine Verwunderung wird von niemandem geteilt, diese

Liebe hat, stellt sich heraus, keinen religiösen Hintergrund, sie ist nicht in einer altruistischen Ethik des Daseins für Andere begründet. Auch den anderen Teilnehmern, alle knapp über 20 Jahre alt, fällt die Arbeit leichter, wenn sie emotional motiviert sind, und sie tun die Arbeit primär für sich selbst. Ist das egoistisch? Aber kaum etwas ist völlig selbstlos, warum sollte ausgerechnet die Arbeit es sein? Sie mit Liebe zu tun, und sei es mit Selbstliebe, nützt nicht nur den Arbeitenden selbst, sondern auch den Menschen, für die sie arbeiten. Auf Schwierigkeiten könnte diese Arbeitshaltung allenfalls stoßen, wenn die Liebe nachlässt oder ganz aussetzt, wie es auch bei anderen Arten von Liebe geschieht. Wir einigen uns darauf, dass es sinnvoll sein könnte, bei der mit Liebe geleisteten Arbeit auf eine Pendelbewegung gefasst zu sein, ein Hin und Her zwischen der Anwesenheit von Liebe, die die Freude an der Arbeit befördert, und ihrer Abwesenheit, die mit Routine und Pflichterfüllung am besten durchzustehen ist.

»Routine und Pflichterfüllung!« Den Jüngeren ist das ein Gräuel. Sie gehören zur Generation, die nach dem Sinn fragt, nach dem Warum und Wozu, und auch selbst nach Antworten sucht. Sie wollen, wenn sie abends nachhause gehen, das Gefühl haben können: »Das hatte Sinn.« Eigenverantwortlich tätig zu sein, erfahren sie als erfüllend, und wenn es ihnen gelingt, eine größere Herausforderung zu meistern, kann sie das begeistern. Wenn es ihnen aber nicht möglich ist, in irgendeiner Weise nützlich für sich und Andere zu sein, finden sie das sinnlos. Grundsätzlich liege es an einem selbst, das zu finden, was sinnvoll ist, um sich davon motivieren zu lassen. Es gebe immer einen Sinn, er könne aber verborgen sein. Bei der Erholung in der Natur könne man »gratis« die Erfahrung machen, wie sinnvoll dort alles ineinandergreift, das müsste doch im menschlichen Leben ebenfalls möglich sein. Hilft eine solche Sichtweise auch denen, die Tag für Tag mit schweren Schicksalen konfrontiert sind?

Die Rolle eines starken Teams bei der Betreuung von Krebskranken

Wie lässt sich diese Arbeit bewältigen? Zu viele Menschen, die über Monate und Jahre hinweg onkologisch behandelt und betreut werden, sterben an ihrer Krankheit. Das ist keine Besonderheit dieses Hauses, sondern entspricht der allgemeinen Statistik, die allerdings nichts über das individuelle Schicksal aussagen kann. Chemotherapien bringen oft nur kleine Verbesserungen, eine Verzögerung im Krankheitsverlauf um Wochen oder Monate, im besten Fall um Jahre, die für den einzelnen Patienten jedoch Gold wert sind. Eigentlich könnte ein Mensch das ganze Leben hindurch jedes Jahr, jeden Monat, jeden Tag als Gold betrachten, aber es gelingt meist erst dann, wenn das Ende absehbar ist. Warum ist das so?

Die Frage steht im Raum, als ich mit dem kleinen, feinen Team zusammensitze, das sich um die onkologischen Patienten kümmert. Die Antwort liegt meiner Meinung nach auf der Hand: Weil Menschen lange in einer Art von »Unsterblichkeitsblase« leben, die sie glauben lässt, das Leben ende nie und Älterwerden und Tod seien Angelegenheiten einer anderen Spezies. Die Blase platzt, wenn sich die Anzeichen mehren, dass das fortschreitende Älterwerden nicht mehr aufzuhalten ist. Oder aber zuvor, wenn der mögliche Tod aufgrund von Krankheit plötzlich den Horizont des Lebens begrenzt.

Nicht alle Krebsarten sind von gleicher Aggressivität, erfahre ich, am ehesten heilbar sind beispielsweise Hoden- oder Lymphdrüsenkrebs, am wenigsten auszurichten ist, wenn die Bauchspeicheldrüse betroffen ist. In jedem einzelnen Fall geht das Schicksal eines Menschen den Ärzten und Mitarbeitenden nahe, die Bindung zwischen ihnen und den Patienten ist stärker als in anderen Abteilungen. Aus jeder länger währenden Behandlung »wird fast schon eine freundschaftliche Beziehung«, sagt die Pflegeleiterin Anni Messikommer. Am Mitgefühl fehlt es nicht, aber die Schwierigkeit besteht darin, dass es nicht übermächtig werden darf, um in jeder Situation handlungsfähig zu bleiben. »Man muss auch Distanz halten können, um nicht zu viel zu leiden.« Auch sollte man seinen Frieden damit machen, dass die pflegerische und ärztliche Tätigkeit, die gewöhnlich auf Heilung ausgerichtet ist, hier oft nicht von Erfolg gekrönt sein kann. Immer werde die Erinnerung an die Menschen bewahrt, die in Behandlung waren, und diejenigen, die letztlich sterben müssen, »gehen nie ganz weg von uns«.

Dass die medizinische Behandlung dem jeweils aktuellen Standard folgt, versteht sich von selbst. Der Leiter des Teams, Dr. Thomas Froesch, hält sich permanent auf dem Laufenden. Er kennt die immensen Forschungsanstrengungen, die rund um die Welt unternommen werden, um zu verstehen, wie Krebs entsteht, und er verfolgt die Entwicklung der neuesten Therapien. Was besagt es aber, wenn die Forscher nach Jahrzehnten intensiver Bemühungen lediglich die Vielfalt und Komplexität der Prozesse konstatieren können, die zu Krebs führen? Es finden Veränderungen in den Genen statt, aber warum? Was ist die Ursache dafür? Wie können sie rückgängig gemacht werden? Könnte eine Gentechnik entwickelt werden, mit der Krebs geheilt werden kann? Immerhin werden auch Wege der Krebsentstehung entdeckt, an die kaum jemand gedacht hatte: Das Immunsystem eines Menschen reagiert auf eindringende Viren, indem es deren Erbgut mithilfe eines speziellen Enzyms chemisch destabilisiert. Aber ein Übermaß dieses Enzyms kann auch das Erbgut von gesunden Körperzellen treffen, ein Kollateralschaden, der Krebs verursachen kann. Lässt sich hier ansetzen? Und nicht nur zufällige Genmutationen können ursächlich sein, sondern auch epigenetische Faktoren, die Mutationen herbeiführen: Umwelteinflüsse, psychische Belastungen, falsche Ernährung. Man weiß es nie genau, vielleicht ist das auch gut so, jedenfalls aus der Sicht der Patienten.

Jahre später wird mit der *Immuntherapie* experimentiert, die Kosten einer Behandlung vervielfachen sich. Für den betroffenen Menschen ist freilich nicht so sehr das Medizinische von Interesse, sondern die Frage, was aus seinem Leben nun werden soll. Darauf gilt es von Seiten des Teams zu reagieren: Was ist es, was er oder sie sich noch vom Leben erhofft? Welche Ziele will er oder sie noch erreichen, welche Projekte realisieren, wohin reisen, mit wem zusammen sein? Das unscheinbare Wörtchen *noch* rückt ins Zentrum. Die Erfüllung des Lebens steht in Frage, und das betrifft nicht nur das noch mögliche künftige Leben, sondern auch das bisher wirklich gelebte. Irgendwann drängt im Gespräch das ganze Leben dieses Menschen hervor, komprimiert in ein, zwei Stunden. Es kommt auf das Gespür für den Moment an, um in dieser Situation für den Patienten da zu sein. Die Auseinandersetzung mit dem gelebten Leben ist ein wichtiger Schritt auf dem Weg dazu, das absehbare Ende akzeptieren zu können. Nicht das Ende ist schrecklich, sondern diesen Weg zu gehen, die meisten aber hadern fast bis zum Schluss. Ein Mann konnte es immerhin sportlich sehen: »Mein Ziel ist es, die Statistik zu schlagen.« Und so lebte er zwölf statt nur noch zehn Monate.

»Was ist am schlimmsten?«, frage ich.

»Wenn eine Mutter im Alter von noch nicht mal 40 Jahren gehen muss und zwei kleine Kinder zurücklässt. Das ist nur noch traurig. Wo ist da der Sinn?«

Die Frage nach dem Sinn ist gerade hier übermächtig, selten gibt es eine Antwort darauf. Die meisten Patienten sind von der Sinnlosigkeit ihrer Krankheit überzeugt. Sie würden sich provoziert fühlen, wenn ihnen jemand mit Überlegungen zum Sinn käme. Auch die Ärzte und Mitarbeitenden sehen keinen: »Wozu soll eine tödliche Krankheit gut sein? Kann ja sein, dass der Tod grundsätzlich Sinn hat, damit das Leben nicht ewig währt, sondern neuem Leben Platz macht. Aber warum so früh? Warum ist das Leben so ungerecht, Menschen in den vorzeitigen Tod zu schicken, die sich nichts zuschulden kommen ließen?«

Die *Biodizee*, die Frage nach der Gerechtigkeit des Lebens, tritt an die Stelle der alten Theodizee, der Frage nach der Gerechtigkeit Gottes. Ein Plan kann angesichts der Willkür nicht dahinterstecken, ist es nur ein grausamer Zufall? Aber wenn es nicht um Sinn gehen kann, dann vielleicht um *Trost*. »Was tröstet die Menschen?«, frage ich.

»Bei allem untröstlichen Schmerz über den Abschied vom Leben finden viele Trost darin, das heranwachsende Leben zu sehen, die Kinder oder Enkel. Manche gehen in die Geburtsabteilung des Hauses, um sich beim Anblick Neugeborener in den Kreislauf des werdenden und vergehenden Lebens eingebettet zu fühlen.«

Es ist eben doch der Sinn, der tröstet, nur nicht der teleologische Sinn eines Wofür und Wozu, sondern der Sinn der verschiedenen Lebensebenen, beginnend mit der *Sinnlichkeit*, die viele neu entdecken, wenn sich das Ende des Lebens am Horizont abzeichnet. Eine Frau wollte noch einmal (oder zum ersten Mal?) den Regen auf ihrer nackten Haut spüren. Andere wollen einen Ort wiedersehen, der für sie mit schönen Erfahrungen verbunden ist. Berührungen, Umarmungen gewinnen größere Bedeutung als jemals zuvor. *Beziehungen* werden enger, familiäre und freundschaftliche und erst recht Beziehungen der Liebe. Die meisten Menschen fühlen sich getröstet, wenn sie mit ihrem Schicksal nicht allein sind. Das wichtigste Palliativmittel ist die Ummantelung durch vertraute Menschen. Im Geistigen sind es tröstende *Gedanken*, die einem Menschen zur rechten Zeit von irgendwoher zufliegen, auch der Gedanke des Aufgehobenseins in einem größeren Ganzen, wenngleich es unbekannt bleibt.

Mit der Erfahrung von Sinn auf den verschiedenen Ebenen ist auch für die Ärzte und Pflegenden die Arbeit besser auszuhalten. Ihnen ist es wichtig, sich gesund zu ernähren und viel in der Natur zu bewegen, am Wochenende in die Berge zu gehen. So oft wie möglich suchen sie nach einem Außerhalb, um »weg zu sein« und »alles zu vergessen«. Aber sie pflegen auch den gewöhnlichen Alltag, der dem Leben einen Rahmen verleiht, und im Rahmen des Alltags etwas, das Freude bereitet, ein Hobby, eine Sportart. Auch für sie sind Beziehungen entscheidend, vor allem am Arbeitsplatz, um sich aufeinander verlassen und einander viel anvertrauen zu können, nie das Gefühl haben zu müssen, auf sich allein gestellt zu sein. Dadurch, dass alles gemeinsam getragen wird, wird es leichter, »beim Darübersprechen verschwindet schon die Hälfte der Sorgen«. Das ist die Rolle eines starken Teams. Ebenso wichtig ist es, sich auf verständnisvolle Beziehungen in der Familie und im

Freundeskreis stützen zu können, wobei es dort jedoch eher selten möglich ist, von all den Schicksalen zu erzählen, »das will in so geballter Form niemand hören«.

Es sei aber nicht so, dass alles immer nur belastend wäre, meinen alle. »Auch das, was traurig ist, kann schön sein, denn es sind oft Momente von großer Intensität, die mit anderen Menschen zu erleben sind. Eine Quelle der Lebensfreude ergibt sich daraus, sich der Abgründigkeit von Leben und Welt bewusst zu sein. Das Wissen, wie brüchig alles ist, führt dazu, nicht mehr im flauen Zustand einfach nur so dahinzuleben, sondern alles im Leben bewusster wahrzunehmen und vieles zu genießen.«

Die beste Schule für eine bewusste Lebensführung, für die Lebenskunst, kann diese Arbeit sein. Die ständige Konfrontation mit dem Tod wirkt sich auf die eigene Einstellung dazu aus. Das zeigt sich auch bei Anderen im Haus, die mit Sterben und Tod zurechtkommen müssen.

Überlegungen mit Pflegenden zum Umgang mit Sterben und Tod

Diese Arbeitsgruppe findet auf Wunsch von Pflegenden der Inneren Medizin zusammen. Mehrere Patienten starben innerhalb kurzer Zeit auf der Station. Eine zufällige Häufung, die den Pflegenden nahegeht, sie wollen darüber sprechen. Der Tod ist ihnen nicht fremd, aber das große Problem ist nicht so sehr der Tod selbst, bei dem der Mensch dann friedlich daliegt und eine tiefe Ruhe ausstrahlt, das große Problem ist das Sterben. Zwangsläufig geht es dem Tod voraus, allenfalls bei einem plötzlichen Tod, den viele sich wünschen, oder bei einem Freitod, sofern er wie gewünscht verläuft, entfällt das Sterben. Es ist nie restlos vorweg kalkulierbar, es ist ein Prozess, von dem nur gewiss ist, dass er zum Abschluss kommt, ungewiss aber, wann und wie genau, der Endpunkt kann Stunden, Tage, Wochen, Monate auf sich warten lassen. Manchmal ist es ein unabsehbar langer Kampf, in jedem Fall eine unruhige Zeit, die die Pflegenden wie auch die Angehörigen in Atem hält. Die Habachtstellung, in der sich alle in dieser Zeit befinden, die mit dem Sterbenden zu tun haben, kann zermürbend sein. Wie lässt sich damit besser umgehen?

Alles Mögliche und Unmögliche kann in dieser Zeit geschehen, die Pflegenden haben vieles schon erlebt: Der 88-Jährige, der nach dem Busen der Pflegerin grapscht, mit der Begründung, diese Lust könne sie ihm doch nicht jetzt noch versagen. Die 55-Jährige, die solche Angst vor dem Tod hat, dass sie entsetzlich schreit und sich zum Embryo krümmt, bis auch sie für immer verstummt. Die 80-Jährige, die noch warten will, bis ihre Tochter aus den USA angereist ist, um sie ein letztes Mal sehen zu können und in ihrem Beisein zu sterben; tatsächlich gelingt ihr das. Der 77-Jährige, um dessen Bett herum sich Frau, Kinder und Enkel versammelt haben, was ihm aber zu viel zu werden scheint, denn er passt den einzigen Moment ab, in dem er mit sich allein ist, und stirbt.

Wieder einmal tut sich eine Diskrepanz zwischen Pflegenden und Ärzten auf: Ein Arzt ist zwischendurch für zehn Minuten da und trifft Entscheidungen, an die die Pflegenden sich zu halten haben. Im Zweifelsfall entscheidet er seinem Eid gemäß zugunsten des Lebens, nicht des Ablebens des Patienten. Die Pflegenden müssen das dann durchstehen, denn sie sind mehr oder weniger häufig am Bett, bekommen die rasselnden Atemzüge mit, das Seufzen, die Verzerrung im Gesicht bei Schmerzen, den Schweißausbruch, die Darmentleerung, die

Unfähigkeit, auch nur einen Schluck Wasser zu sich zu nehmen. Bei aller Sorge für ihn ist der Sterbende am Ende seines Lebens so einsam wie nie zuvor, bei aller Begleitung kann niemand den letzten Schritt für ihn gehen. Nicht jeder Mensch empfindet das auf gleiche Weise, manche aber leiden schrecklich an der Einsamkeit, die kaum gemildert werden kann. Die Pflegenden brauchen ein Gespür dafür, wer welche Unterstützung braucht.

Wir denken gemeinsam nach: Wie könnte es anders sein? Was wäre wünschenswert? Wer könnte es realisieren? Sollte ein Arzt zur rechten Zeit eine schmerzstillende Spritze so hoch dosieren, dass der Sterbende in den Tod hineinschlafen kann? Das ist ohnehin eine gelegentlich geübte Praxis bei Patienten, die unter unerträglichen Schmerzen leiden und bei denen der unmittelbare Sterbeprozess bereits eingesetzt hat. Sollte das häufiger praktiziert werden? Aber bei wem, bei wem nicht, und wer hat welches Recht, darüber zu bestimmen? Soll es nicht beim unkalkulierbaren Sterben und Tod bleiben, müsste ein *Plantod* eingeführt werden. Das hätte Konsequenzen, die jede und jeder selbst bedenken kann: Könnte ich die entsprechende Verantwortung für Andere tragen? Nur auf Bitten der Betroffenen oder auch ohne, weil ich besser wüsste, was gut für sie ist? Würde ich umgekehrt selbst davon Gebrauch machen wollen? Wer erstellt den finalen Plan für mich, wer setzt ihn um?

Der Begriff *Plantod*, den ich in die Debatte werfe, fordert alle heraus, etwas dazu zu sagen. Dass ein Mensch selbst das Recht zu einem solchen Plan hat, will niemand bestreiten. In den meisten Fällen könnte ein Mensch, wenn er den Mut und die Möglichkeit dazu hätte, seinen Plan auch selbst umsetzen, man nennt es Freitod. Schwieriger wird es, wenn Andere den Plan realisieren sollen. In diesem Fall handelt es sich um Tötung, wenn auch auf Verlangen. Was wird dann aus dem, der getötet hat? Der Gedanke daran könnte ihn ein Leben lang verfolgen. Und am schwierigsten ist es, wenn Andere den Plan fassen und in die Tat umsetzen. Wer darf das tun? Wie lässt sich ein Missbrauch ausschließen? Was ist, wenn der Betroffene den Plan zuletzt noch ändern will, sich aber nicht mehr rechtzeitig bemerkbar machen kann?

Eine Situation der Unsicherheit im Umgang mit dem Lebensende ist entstanden, weil die moderne Freiheit vor Sterben und Tod nicht haltmacht, sondern es ethisch, technisch, medizinisch, pharmakologisch ermöglicht, in einem Maße wie nie zuvor in der Geschichte der Menschheit in das Leben und Sterben einzugreifen. Man könnte meinen, der Tod sei die größte denkbare Freiheit, nämlich die Befreiung von allem, was bedrückt und schmerzt, aber diese Freiheit kostet das Leben, davor schrecken die meisten zurück. Künftige Erfahrungen werden zeigen, wie mit den modernen Möglichkeiten verfahren werden kann. Alle Beteiligten müssen in die neue Sensibilität und Verantwortung erst hineinwachsen. Es ist eine Übergangszeit, die nicht übersprungen werden kann. Im Gespräch jetzt sind lediglich Aspekte zum Vorschein zu bringen, die helfen können, die Situation besser zu verstehen und die entstehenden Unsicherheiten zu akzeptieren, statt vergeblich gegen sie anzukämpfen. In jedem Fall haben Sterben und Tod etwas mit dem eigenen Selbst zu tun. Unweigerlich ruft der Tod Anderer, die einen selbst persönlich oder beruflich etwas angehen, den Gedanken an den eigenen Tod wach. Das kann »herunterziehen« und depressiv stimmen.

Welche Optionen stehen zur Verfügung? Eine Möglichkeit ist, sich abzulenken und die aufkommenden panischen Gedanken zu betäuben. Das ist legitim, finde ich, aber der nicht gedachte Gedanke an den Tod kann wie ein Damoklesschwert über dem Leben hängen und es jederzeit in Stücke hauen. Eine andere Möglichkeit ist, dem Gedanken Raum zu geben, bis der Tod grundsätzlich akzeptiert werden kann. Der Tod Anderer kann zum Anlass genommen werden, sich zu fragen: Was ist meine eigene Haltung zum Tod? Was bedeutet er für mein Leben? Ist er nicht die Bedingung des Lebens, das unter der Voraussetzung der Endlichkeit angetreten worden ist, wenngleich zunächst ohne Bewusstsein und ohne gefragt worden zu sein? So wie es kaum einen Tod ohne Sterben gibt, so auch kaum ein Leben ohne Tod. Niemand kommt umhin, eine Beziehung zu ihm einzugehen, sei sie positiv, negativ oder gleichgültig. Eine positive Beziehung eröffnet die Möglichkeit, keine Kräfte im Kampf gegen ihn zu vergeuden, ihn vielmehr in seinem Recht anzuerkennen und ihm eventuell sogar Sinn zuzubilligen, etwa den, dass er das Leben durch dessen Begrenzung erst wertvoll macht. Viele Menschen leben jedoch *auf den Tod hin*, gebannt vom Gedanken an den Tod, den sie nicht denken wollen. »Oder den sie ständig denken *müssen*«, sagt eine Teilnehmerin. »Sprachen nicht auch schon Philosophen von einem ›Sein zum Tode‹?«

»Ja«, antworte ich, »aber was ist damit gemeint? Sich in jedem Moment der Vergänglichkeit des Lebens bewusst zu sein? Das wäre unmenschlich, das hält niemand aus. Humaner, lebensdienlicher wäre eher, *vom Tod her* zu leben. Denn wenn er die einzige absolute Gewissheit im Leben ist, dasjenige, worauf wir uns vollkommen verlassen können, kann diese Gewissheit als Ausgangspunkt für eine grundsätzliche Überlegung genommen werden: Wo möchte ich angekommen sein, wenn die Gewissheit endgültig Wirklichkeit wird? Welche Schritte kann ich vom Tod aus in Gedanken rückwärtsgehen bis zur Gegenwart, um von hier aus nun die Schritte vorwärts zu machen und zu verwirklichen, was ich mir vornehme, damit ich in unbestimmter Zukunft dort ankommen kann, wo ich hinwill?«

»Und was ist dieses Dort, wo ich hinwill?«, fragt einer der Gesprächsteilnehmer zurück.

»Es könnte das sein, was in meinen Augen schön und bejahenswert ist«, meine ich. »Das könnte bereits die einzelnen Schritte auf dem Weg dorthin schön und bejahenswert machen. Wenn ich weiß, wohin ich gehe, kann ich mich bedenkenlos dem Leben anvertrauen. Entscheidend ist dann nicht, wirklich anzukommen, sondern auf dem Weg zu sein, indem ich tue, was in meiner Macht steht.«

»Das Leben tut ebenfalls, was in seiner Macht steht und worauf ich wenig oder gar keinen Einfluss habe«, bemerkt eine Teilnehmerin trocken.

»Das stimmt. Wenn ich den vorgestellten Weg nicht zu Ende gehen kann, ist das ›schade‹, wie die Malerin Paula Modersohn-Becker sagte, als sie 1907 im Alter von nur 31 Jahren starb. Aber nicht alles liegt in meiner Hand. Kann ich damit einverstanden sein? Dann kann mir die Konfrontation mit Sterben und Tod helfen, leben zu lernen und ein schönes Leben zu verwirklichen, wie kurz oder lang auch immer es ausfallen mag. Die Gedanken, die ich nicht fliehe, bringen Lebenskunst im Sinne von bewusster Lebensführung hervor und machen es möglich, das Leben in seiner ganzen Fülle zu leben, unbekümmert um seine Endlichkeit, unbelastet vom ständigen Denken an den Tod, jetzt aber wohlbedacht.«

»Und was ist über den Tod hinaus? Gibt es die Seele? Ist sie unsterblich?« Diese Fragen bleiben offen. Vermutlich kann auch eine weitere Arbeitsgruppe sie nicht beantworten.

Dass die Seele etwas ist, das den Tod überleben kann, schreiben ihr jedenfalls viele Kulturen, Traditionen und Religionen zu. Aber wie ist das zu verstehen? Das diskutiert die einzige Arbeitsgruppe, die sämtliche Philosophiewochen hindurch bestehen bleibt. Ausgerechnet das ungreifbare Etwas der Seele führt die Vertreter der verschiedensten Disziplinen auf nachhaltige Weise zusammen: Psychotherapeuten, Psychiater, Ärzte, Pflegedienstleitende, Leitende des Spitals und sowieso Theologen und mich. Die so genannte *Seelengruppe* ist so spannend, dass ihr Teilnehmerkreis im Laufe der Jahre stetig wächst. Das reduziert allerdings die Unmittelbarkeit des Wechselgesprächs und verdeutlicht, dass die Anzahl der Teilnehmer in einem umgekehrt proportionalen Verhältnis zur Intensität der Diskussionen steht.

Was die Seele ist, weiß niemand: Das ist der Ausgangspunkt der Diskussionen. Die Anerkennung, dass jedes Reden über etwas so Diffuses wie die Seele zwangsläufig mit viel Deutung und Interpretation verbunden ist, tut dem vorbehaltlosen Austausch gut. Niemand wähnt sich im Besitz der alleinigen Wahrheit, jede Deutung kann folglich als Mosaikstein einer möglichen umfassenden, vielgestaltigen Wahrheit betrachtet werden, für die auch in Betracht kommt, dass die Seele eine menschliche Erfindung ist. Aber warum fasziniert der Begriff der Seele so viele, trotz aller modernen Erklärungen seiner Irrelevanz? Vielleicht, weil doch »etwas dran ist« an den Zuschreibungen. Und weil zahlreiche Phänomene und Merkwürdigkeiten, Unter- und Hintergründe, auch Sehnsüchte in diesem Begriff Platz finden.

Merkwürdig ist, dass eine Seele nicht nur Menschen, sondern allen möglichen Wesen und Dingen, auch Organisationen und Institutionen zugesprochen wird. Beispielsweise ist von der Seele eines Betriebes die Rede. Könnte man stattdessen auch einfach vom »Betriebsklima« sprechen? Aber wie kommt dieses Klima zustande? Welche Rolle spielen dabei einzelne Menschen, in denen die »Seele des Betriebes« inkarniert zu sein scheint? Es sind unverkennbare, charismatische Persönlichkeiten, deren hierarchischer Status unwichtig ist, die sich vielmehr durch bestimmte Eigenschaften wie Offenheit, Ansprechbarkeit, Verbindlichkeit, Versöhnlichkeit auszeichnen. Bei ihnen ist etwas spürbar, was »menschliche Wärme« genannt wird, eine Energieform, über die offenkundig nicht jeder Mensch in beliebigem Maße verfügt, die sich jedoch jedem unmittelbar mitteilt und ein wichtiger Faktor des erwähnten Klimas ist. Ohne diese Wärme, die Einzelne ausstrahlen können, wäre das Ganze ein seelenloser Betrieb, in dem kaum jemand arbeiten wollen würde.

»Kann ja sein, dass die Seele eine solche Form von Energie ist«, meint eine Therapeutin, »aber es kommt darauf an, wie diese Energie gepolt ist. Manche Menschen strahlen Wärme aus, andere Kälte. Die Friedfertigkeit der Einen wird von der Aggressivität der Anderen konterkariert.«

Es ist nicht die einzige unterschiedliche Polung. Einige Teilnehmer beobachten eine solche auch bei der weiblichen und männlichen Seele. Männliche Patienten gehen demzufolge gerne zu Ärztinnen, von denen sie sich mehr Einfühlung erhoffen. Die männliche Seele selbst sei verschlossener als die weibliche. »Weil sie weniger empfindsam ist«, sagen die Einen. »Weil sie besonders empfindsam ist und sich daher schützen muss«, sagen die Anderen. Es ist erwähnenswert, dass sich die Meinungen dazu nicht nach Geschlechtern aufteilen lassen.

Für Seelen jeder Art könnte es wichtig sein, sich ebenso öffnen wie auch verschließen zu können. »Bräuchten Menschen nicht«, schlage ich vor, »eine *Muschelkompetenz der Seele*?« Vorausgesetzt, dass die Seele wenigstens in der gedanklichen Vorstellung eine Muschel sein kann, bedürfte es entsprechender Muskeln, um dieses gewölbte Gebilde zu manchen Zeiten öffnen, zu anderen verschließen zu können. Bei einer Öffnung könnten Energien in Form von Gefühlen abgegeben und von Anderen aufgenommen werden, umgekehrt könnten die Gefühle Anderer die Seele eines Menschen auf direktem Weg erreichen. Aber nicht zu jeder Zeit sind Menschen in der Lage, ihre Energien zu verausgaben, nicht jederzeit wollen sie auch von den Gefühlen Anderer erreicht werden, etwa im Fall von Ärger und Zorn, sei es im privaten oder professionellen Kontext. Mit gut ausgebildeten Muskeln könnte der Seelenraum graduell geöffnet oder verschlossen werden, je nach Situation, Gesamt- und Tagesverfassung der eigenen Seele und ebenso der Seele Anderer, denen das Selbst begegnet.

Dass dieses Etwas namens Seele nicht ständig in gleicher Verfassung ist, und dies nicht nur von Tag zu Tag, sondern auch von Lebensphase zu Lebensphase, zieht besonderes Interesse auf sich. Eine Ärztin erzählt freimütig, dass sie ihrem Mann neulich sagte: »Ich bin nicht mehr die Frau, die du geheiratet hast.« Die Energien, die sie in sich spüre, seien andere geworden. Die Gefühle, in denen diese zum Ausdruck kommen, seien nicht mehr dieselben wie einst. Ihre Sichtweise des Lebens und Zusammenlebens habe sich verändert. Sie fühle sich von Träumen, Wünschen und Sehnsüchten bewegt, auf die sie antworten wolle, und hoffe darauf, dass ihr eheliches Gegenüber dafür Verständnis habe und sich im Idealfall mitbewege.

»Entwicklung findet auf diese Weise statt, aber muss nicht,

was sich da entwickelt, zuvor als Potenzial in der Seele angelegt gewesen sein, bevor es nach und nach aktualisiert werden kann?«, fragt ein Psychiater. Es seien ganz offenkundig zweierlei Arten von Ich in einem Menschen vorhanden: Ein *reales Ich*, das dieser Mensch zu diesem Zeitpunkt wirklich ist, und ein *potenzielles Ich*, das er zu anderen Zeiten, unter anderen Umständen möglicherweise sein kann, auch ohne etwas davon zu wissen, vielleicht aber ahnend, dass da noch etwas Anderes in ihm steckt. In den Energien von Sehnsüchten, Wünschen und Träumen, die einen Menschen umtreiben, könnte sich das potenzielle Ich bemerkbar machen.

Leben ist Entwicklung, an dieser modernen Grundüberzeugung zweifelt hier niemand, das entsprechende Werden umfasst gleichwohl auch das *Älterwerden* und letztlich das Vergehen des Lebens. Ist die Seele ebenso dem Älterwerden und der Vergänglichkeit unterworfen? »Sollte das Wesentliche der Seele wirklich in Energien zu sehen sein«, überlege ich, »wäre das Phänomen der sich jung fühlenden Seele im älter werdenden Körper gut erklärbar, denn Energie altert nicht, sie schwindet allenfalls, entschwindet anderswohin und wandelt sich in andere Energieformen um. Was altert, ist der Körper, der aus Materie besteht, und je mehr die Energie aus ihm entweicht, desto sterblicher wird er. So wie anfänglich der Übergang von der Energie zur Materie des Körpers stattgefunden hat, geschieht nun der umgekehrte Übergang.«

Als Philosoph liebe ich solche Überlegungen, aber der Einwand kommt prompt: »Ist das nicht alles sehr spekulativ?« Einige Psychotherapeuten würden lieber über das *Unbewusste* sprechen: »Könnte es nicht das gesuchte Etwas der Seele sein?« Sich das Unbewusste bewusst zu machen, erbringe Aufschluss über verborgene Vorgänge im Inneren des Ich.

Eine Konstellation unsichtbarer Energien bestimme dessen Verhalten, eine Verhaltensänderung werde möglich, wenn die Konstellation erkennbar werde. Das Unbewusste übe Macht aus, erst die Bewusstmachung versetze einen Menschen in die Lage, seinerseits auf diese Struktur Einfluss zu nehmen.

Dieser Sichtweise folgend, ist das gelebte Leben oft nur der äußere Schauplatz der inneren Auseinandersetzungen, die Energien eines Menschen werden teilweise durch weit zurückliegende traumatische Erlebnisse blockiert und kommen erst wieder in Fluss, wenn die einstigen Geschehnisse therapeutisch bearbeitet werden. Oder wenn einem Menschen bewusst wird, wo die Energien sinnlos verausgabt werden, da er aufgrund unbewusster Ängste beispielsweise an einer Beziehung festhält, die ihm nicht guttut. Ohne Bewusstmachung wiederholen sich unbewusste Muster, die immer gleiche Struktur zieht die immer gleichen Verhängnisse nach sich, wenn sie nicht durch die therapeutische Arbeit aufgedeckt werden.

Nicht nur bei Anderen, sondern auch beim eigenen Selbst ist mit unbewussten Strukturen zu rechnen. Aus diesem Grund sind Therapeuten dazu verpflichtet, sich erst einmal mit sich selbst zu befassen, bevor sie bei therapeutischen Gesprächen auf Andere treffen. Auch Ärzte, Theologen, Philosophen sollten ihrer Meinung nach so vorgehen, bevor ihre Struktur einer anderen Struktur begegnet, ihre Seele einer anderen Seele. Es sei gut möglich, dass die Seelen nicht kompatibel sind, sodass eine wechselseitige Abstoßung die Folge ist, die die therapeutische Arbeit unmöglich macht. Oder dass die Seelen allzu kompatibel sind, sodass eine wechselseitige Anziehung die Gespräche unterlaufe.

»Aber sind die Gespräche nicht darauf angewiesen, dass die Seele des Anderen erreicht wird?«, frage ich. »Bedarf es nicht einer Zuwendung und Zuneigung, die sogar Liebe genannt werden könnte?«

»Liebe ist missverständlich, das könnte falsche Assoziationen wachrufen.«

»Aber sicher ist doch, dass es ohne Sympathie für den betreffenden Menschen schwer ist, ihn in seinem Inneren zu erreichen«, meine ich. »Mit Sympathie gelangen wir eher an den Punkt in seiner Seele, von dem aus etwas in Gang kommen kann.« Dass sich dieser innere Punkt durch einen Impuls von außen anregen lässt, durch eine Zuwendung und Zuneigung im Gespräch, die vom Anderen als Ermutigung aufgenommen wird, diese Erfahrung machen alle, die Gespräche führen. Wird dieser Ansatzpunkt nicht erreicht, ist die innere Struktur auch nicht veränderbar.

»Wir sind von der Frage nach der Seele etwas weggedriftet«, konstatiert ein Arzt, »und sind dabei gelandet, wie sie zu therapieren ist, ohne wissen zu können, was sie eigentlich ist. Glücklicherweise muss sie nicht ständig therapiert werden, zwischendurch kann sie sich hoffentlich ausgiebig über das Leben freuen. Aber die große Herausforderung des Lebens sind zweifellos Schmerzen, wo immer sie auftreten. Gelingt es nicht, einem Menschen in dieser Situation zu helfen, bleibt er mit seinem Schmerz allein, der eine sinnlose Erfahrung für ihn ist. Das wünsche ich keinem.«

Haben Schmerzen einen Sinn?

Der ursprüngliche Grund für die Einladung, nach Affoltern am Albis zu kommen, waren Überlegungen zum Sinn von Schmerzen, die ich angestellt hatte. Zum Abschluss der zehnjährigen Tätigkeit als philosophischer Seelsorger im Spital äußern einige den Wunsch, in einer Arbeitsgruppe erneut über Schmerzen nachzudenken. Die *Schmerzgruppe*, wie sie von den Beteiligten genannt wird, besteht aus je einem Vertreter oder einer Vertreterin der Anästhesie, Physiotherapie, Psychotherapie, Inneren Medizin, Gerontologie und Geburtshilfe.

Mein Ausgangsgedanke war damals, dass es Gründe dafür geben muss, warum sich die Schmerzerfahrung im menschlichen Leben so hartnäckig behauptet. Angesichts zahlreicher Möglichkeiten der *Intervention* müssten Schmerzen eigentlich längst verschwunden sein. Aber auch im 21. Jahrhundert weiß jeder Mensch noch immer, was Schmerz ist, physisch und psychisch. So tief ist das Schmerzsystem im Körper verankert und verzweigt, dass Wirkstoffe immer wieder unerwartete Nebenwirkungen zeitigen. Kann es also sein, dass Schmerzen Sinn haben, auch wenn kaum ein Mensch Sinn darin sieht, sie zu empfinden? Was könnte dieser Sinn sein? Diese Frage bewegt Patienten und diejenigen, die sie umsorgen.

»Selbstverständlich ist es nur ein *Gedanke*, dass Schmerzen Sinn haben können«, stoße ich die Diskussion an. »Sie *müssen* keinen haben, möglich ist auch ihre Sinnlosigkeit. Sie müssen jedoch bewältigt, zumindest ausgehalten werden. Dabei kann die Annahme eines Sinns hilfreich sein.« Beobachtungen am eigenen Selbst, die jede und jeder anstellen kann, erbringen zumindest Hinweise auf einen möglichen Sinn. Schon vor einem Schmerz erweist sich die Angst vor ihm als sinnvoll, denn sie ist ein Warnsignal, vorsichtig zu sein. Gäbe es keinen Schmerz, gäbe es auch keine Vorsicht, das wäre nicht sehr lebenserhaltend. Ist vielleicht der gesamte aufwändige Reflexionsapparat des Menschen nur als Instrument zur Schmerzvermeidung entstanden? Manchmal aber schmerzt die Reflexion selbst.

Im akuten Fall ist die Erfahrung zunächst übermächtig und legt alles Denken lahm, dann aber erzwingt der Schmerz eine Reflexion: Warum dieser Schmerz? Habe ich etwas falsch gemacht? Ist er ein Vorzeichen für das Ende? Wie lange habe ich noch, woran liegt mir sehr, was kann ich dafür tun? Und wer steht mir jetzt bei? Das könnte der Sinn von Schmerzen sein: Eine Selbstbefragung des Menschen in Gang zu bringen. Im *Nachhinein* erweist sich der Schmerz als sinnvoll, da er eine neue Orientierung des Lebens anstößt. Es hilft nichts zu sagen, dass dieser Prozess auch ohne schmerzliche Erfahrung möglich wäre: Ohne Schmerz fehlt der existenzielle Ernst, der dazu antreibt, die Anstrengungen des Nachdenkens auf sich zu nehmen. Der Lohn der Mühe ist der große Stolz darauf, die schmerzliche Herausforderung zu meistern und damit eine neue Empfänglichkeit für die Freuden des Lebens zu gewinnen.

Niemand widerspricht. Entscheidend sei die *Einstellung* zum Schmerz, finden alle Teilnehmer. Die aber hänge nicht nur vom Individuum, sondern auch von der Kultur ab, in der es lebt. In der modernen Kultur herrsche die Erwartung vor, dass das Leben schmerzfrei verlaufe, mit der Folge, bei der kleinsten Wahrnehmung von Schmerz schon zu leiden. Die weiblichen Gesprächsteilnehmer weisen darauf hin, dass das nicht so sehr ihr Problem sei, da der Monatszyklus eine regelmäßige Erfahrung von Schmerz mit sich bringe. Ist aber die Hoffnung auf Schmerzfreiheit nicht verantwortlich für die Tendenz, Kinder per Kaiserschnitt zu gebären? Nein, auch die Hoffnung, sich die Figur nicht zu »ruinieren«, spiele dabei eine Rolle. Bei der gewöhnlichen Geburt sei jedoch die Schmerzlinderung durch PDA (Periduralanästhesie, eine lokale Betäubung) sehr gefragt, ergänzt die Gynäkologin. Für die Frauen, die darauf verzichteten, führe die Geburt zu einer starken Selbsterfahrung, die postnatale Zufriedenheit sei größer. Und der Geburtsschmerz selbst stehe in einem Verhältnis zur individuellen Einstellung: Sinn darin zu sehen, relativiere den Schmerz.

Geschlechtliche Unterschiede in der Empfindung und Äußerung von Schmerz beschäftigen die Runde noch eine Weile. Demnach verbalisieren Frauen seelische Schmerzen eher als Männer, die zu viel in sich »hineinfressen«. Die Äußerung könne das Innere entlasten und Anderen die Möglichkeit geben, zu Hilfe zu eilen. Männer würden eher körperlichen Schmerzen Ausdruck verleihen, an denen sie schon bei Erkrankungen, die der Rede nicht wert sind, so vernehmbar leiden, dass es zum Erbarmen ist. Individuell aber empfinde jeder Mensch Schmerz anders, weiß der Anästhesist. Beeinflusst werde das von der momentanen Lebenssituation, früheren Erfahrungen, aktuellen Belastungen, Schlafmangel und Ängsten.

Im Laufe des Lebens verändert sich die Schmerzempfindlichkeit und wird kleiner, »eine positive Auswirkung der degenerativen Veränderungen, die mit dem Alterungsprozess einhergehen«, so der Gerontologe, der auch Palliativmediziner ist. Mit dem Nachlassen der Sinnesempfindungen schwäche sich die Reizbarkeit der Schmerzrezeptoren ab. »Vor den möglichen Schmerzen am Lebensende ängstigen sich die meisten Menschen jedoch mehr als vor dem Tod selbst.« Ein nicht geringer Teil der Palliativversorgung bestehe daher darin, mit teils sehr starken Schmerzmitteln dafür zu sorgen, dass Sterbende die medizinische Seite des Schutzmantels um sie herum nicht entbehren müssten. Für den Arzt komme es darauf an, im Austausch mit dem Patienten die richtige Dosierung zu wählen, damit die Schutzwirkung nicht mit einer zu großen Bewusstseinstrübung erkauft werde.

»Bei jüngeren Menschen wiederum«, berichtet die Psychotherapeutin, »ist zu beobachten, dass einige nach der Erfahrung von Schmerz suchen, um sich stärker zu spüren, aus sehr unterschiedlichen Gründen: Junge Frauen ritzen sich die Haut, um seelischen Schmerz zum Ausdruck zu bringen, auch aus der Verzweiflung heraus, dass ihr Leben ihrer Meinung nach keinen Sinn hat. Der seelische Schmerz erhält auf diese Weise eine körperliche Fassbarkeit und kann behandelt werden. Womöglich wird er zum letzten Halt im Leben, die sichtbare Wunde kann ein Hilfeschrei sein: Kümmert euch um mich! Junge Männer hingegen suchen körperlichen Schmerz durch Anstrengungen, für die es keine zwingende Notwendigkeit gibt, wenn sie beispielsweise mit dem Mountainbike Bergspitzen erstürmen.«

»Ist das ein Indiz«, frage ich, »für die existenzielle Bedeutung von Schmerz, der im letzteren Fall als Prüfung erscheint, deren Bestehen mit der Ausschüttung von Glückshormonen belohnt wird? Oder ist es eine erste Lebenserfahrung, dass Lüste intensiver, schöner, anhaltender erlebt werden, wenn ihnen eine starke Kontrasterfahrung vorausgeht?«

Wir diskutieren darüber, ob die unterschiedlichen Verhaltensweisen damit zu erklären sind, dass die moderne Zeit dem erklärten Ziel der Abschaffung von Schmerz nähergekommen ist. In der entstehenden, relativ schmerzarmen Kultur könnten Menschen spüren, dass ihnen eine wichtige Lebenserfahrung fehlt, sodass sie sich willentlich auf die Suche nach ihr begeben. Die Schmerzfreiheit, die im gewohnten Alltag gar nicht wahrgenommen wird, wird durch die Schmerzerfahrung erst »süß«. Ist das nicht paradox? Die moderne Glücksvorstellung von maximierter Lust und eliminiertem Schmerz führt zu schmerzlich langweiligen Lüsten und lustvoll empfundenen Schmerzen.

Das steht in krassem Gegensatz dazu, dass andere Menschen nie nach Schmerz suchen und dennoch im Übermaß damit konfrontiert werden, akut im Moment oder chronisch über lange Zeit. Mit ihnen haben alle hier bei ihrer Arbeit am häufigsten zu tun. Ist der *akute* Schmerz noch halbwegs zu bewältigen, wenn eine zeitliche Grenze absehbar ist, greift der *chronische* Schmerz tief in das Leben ein und kann es von Grund auf verändern, auch zermürben und zerstören, im Falle von physischem Schmerz ebenso wie beim psychischen etwa eines Liebesentzugs, Ausgeschlossenseins oder Verlassenwerdens, oder beim kognitiven Schmerz einer Sinnlosigkeit, die subjektiv als solche erscheint, meist jedoch als objektive Tatsache gilt.

»Der Umgang mit chronischem Schmerz ist ein großes Experimentierfeld«, erklärt der Innere Mediziner. »Medikamente helfen, aber welche, mit welchen Nebenwirkungen?« Akupunktur helfe häufig, ohne Nebenwirkungen. Mögliche Schmerztherapien seien Denkübungen, die Schmerzempfindungen ausblenden könnten, aber nicht nur tage- und wochenlang, sondern monate- und jahrelang vollzogen werden müssten, um anstelle neuronaler Bahnen, die die Erfahrung verursachen, andere Bahnen zu verfestigen.

Eine Hirnnervenstimulation könne Schmerzsignale dämpfen, die keine erkennbare Ursache haben. Hypnose und Selbsthypnose veränderten die Schmerzbewertung und linderten die Schmerzen, indem sie die Aufmerksamkeit von ihnen abziehen und auf andere Dinge richten. Mit einer Bewegungstherapie seien weniger schmerzliche Bewegungsabläufe einzuüben. Atemtechnik ermögliche eine Integration von Schmerzen, indem sie vom Ausgangspunkt weg in den ganzen Körper hineingeatmet werden, bis alle Teile des Körpers bis in die Zehenspitzen hinein die Belastung tragen, jeder nur ein kleines

Quantum, während der betroffene Teil allein unter der großen Last zusammenbrechen würde. Bei einer multimodalen Therapie, wie sie immer häufiger von Schmerzzentren und Praxisgemeinschaften angeboten werde, arbeiteten Physiotherapeuten, Psychologen, Anästhesisten und andere Fachärzte wirksam zusammen.

Schmerzen werden aber nicht nur passiv erlitten, sondern manchmal auch aktiv zugefügt, gerade im Umgang mit Kranken, dosiert und kalkuliert, denn der Zweck ist Heilung, für die es nötig ist, zu piksen und zu schneiden. Die Physiotherapeutin weiß, dass durch Druck an einer fraglichen Stelle der Schmerz noch verstärkt werden muss, bis der Patient mit der besseren Durchblutung in der darauf folgenden Entspannungsphase das Nachlassen des Schmerzes regelrecht genießen kann. Immer aber bleibt die Schmerzempfindung subjektiv, objektiv messbar ist sie nicht. Umso erstaunlicher, dass alle Menschen rund um den Planeten die Sprache der Schmerzen verstehen und aus Mimik, Gestik und Verhaltensweisen meist erschließen können, was der Betroffene empfindet und welche Hilfe er jetzt benötigt. Das ist die Basis für das Einfühlungsvermögen, ohne das eine Kunst des Umgangs mit Schmerz nicht denkbar wäre, um die sich Ärzte, Pflegende und Therapeuten bemühen. Letzten Endes ist es freilich trotz allem der Betroffene selbst, der einen Schmerz zu bewältigen hat. Das gilt auch für die besondere Art von Schmerz, die beim Abschiednehmen entsteht.

Schlussbetrachtungen

Abschied nehmen

Der Abschied fällt schwer, es sind viele herzliche Beziehungen zu den Menschen im Spital entstanden. Eine letzte Runde beim rituellen *Apéro*, diesem zwanglosen Beisammenstehen bei Getränken und kleinen Häppchen von fein geschnittenem Bündnerfleisch, Bröckchen von schmackhaften Käsesorten, Trauben und Oliven. Die Akzentsetzung im *Apéro* verweist auf französische Wurzeln, aber es handelt sich wohl eher um die schweizerische Spielart des italienischen *Aperitivo*. Der Apéro ist leicht zu organisieren, für jeden Anlass geeignet, beruflich oder privat, etwas für zwischendurch oder für den Übergang zwischen Arbeit und Feierabend, zur Feier einer Beförderung, auch zur Begrüßung oder Verabschiedung von Mitarbeitenden, jetzt zum Ausklang der Philosophiewochen nach zehn Jahren. Man muss nicht mit großen Tellern jonglieren (außer beim *Apéro riche*), alle anstrengende und trennende Förmlichkeit fällt weg. Es bedarf auch keiner Festlegung für Stunden (außer beim *Apéro prolongé*), deswegen ist das nette Plaudern für eine kleine Weile so beliebt. Alle sollen mit allen ihr Glas anstoßen, aber will man jemanden meiden, ist das kein Problem, man ist ja ständig im Gespräch. In jeder Hinsicht genügt der größtmögliche Austausch ohne großen Aufwand beim Apéro dem Kriterium der Effizienz.

Ein Gemisch von Heiterkeit, dass alles getan ist, und Wehmut, dass es vorbei ist, begleitet diesen Abschied. Das war auch so beim weit schwereren Abschied, der zu diesem Zeitpunkt hinter mir liegt. Es war ein letztes Gespräch mit Kathrin, als sie wusste, dass ihr der letzte Akt der »Oper *Abschied*«, von der sie immer wieder sprach, unmittelbar bevorstand. Sieben Jahre sind vergangen, seit ich sie in den OP-Saal begleitet habe, fünf Jahre, seit Lebermetastasen bei ihr festgestellt wurden. Das entspricht erschreckend genau dem Zeitraum der Lebenserwartung, den der behandelnde Onkologe damals aufgrund statistischer Daten nannte, als ich ihn mit Kathrins Einverständnis um Auskunft darüber bat; sie selbst wollte das nicht wissen. Jetzt sitze ich allein am Hauptbahnhof in Zürich im Café *Les Arcades* (aus dem Jahre später das *Atrio* wird, wieder Jahre später …), das wir oft gemeinsam frequentierten, nicht draußen in der Bahnhofshalle, nicht drinnen im Schankraum, sondern in der seitlichen Passage mit dem schönen Gewölbe, wo es etwas ruhiger ist.

Das vertraute Plaudern miteinander war immer schön, oft so unbeschwert, als hätte Kathrin gar keine Last zu tragen. Ich habe ihr geschildert, woran ich gerade arbeite, sie hat mir von ihren jüngsten Reisen erzählt, die sie unternahm: »Es drängt mich, all das Schöne in mich aufzunehmen.« Sie wollte das so, um nicht in den vielen Details ihrer Krankengeschichte zu versinken. Die aber drängten sich nun mit Macht in den Vordergrund, eine geplante Operation zur Entfernung von Metastasen konnte nicht mehr durchgeführt werden. Der Chirurg wollte »keinen Emmentaler Käse« aus ihr machen, sie also nicht durchlöchern, nicht an so vielen Stellen. Der Krebs wucherte mittlerweile überall in ihr, keine Therapie konnte noch etwas dagegen ausrichten, der zuständige Arzt sagte ihr in unmissverständlicher Deutlichkeit: »Genießen Sie, was Sie können, und ordnen Sie alles!«

Da sah sie sich plötzlich verloren im luftleeren Raum. Sie

stehe am Scheideweg, schrieb sie mir per E-Mail, sie sei nicht traurig und habe keine Angst, müsse aber eine letzte Entscheidung treffen: »Will ich noch oder will ich nicht mehr?«

Trotz aller Bedenken setzte sie sich ein letztes Mal einer Chemotherapie aus, die üble Nebenwirkungen, aber keinerlei Erfolg mehr zeitigte. Auf die Frage, wie sie sich nun fühle, antwortete sie nur: »Golgatha.« Der allerletzte Leidensweg begann.

Wir haben uns bei ihr zuhause verabredet. Sie wollte, dass wir es uns noch einmal gemütlich machen: »Bei Kaffee und Kuchen und so heult es sich besser als irgendwo in der Öffentlichkeit.« Es ist ein wunderschöner Frühlingstag, blühendes Leben und keine Spur von Tod. Kathrin nimmt das intensiv wahr und macht mich bereits vorweg auf elektronischem Weg darauf aufmerksam: »Siehst und spürst Du etwas vom Frühling oder geht er vor lauter Arbeit an Dir vorbei?« Auf der Strecke nach Affoltern am Albis, die ich schon so viele Male mit der S-Bahn gefahren bin, erwartet sie mich an ihrer Heimatstation. Ich muss tief durchatmen, bevor ich aussteige. Es liegt ein sehr ernster Zug um ihren Mund. Ihr fehle der Elan, sagt sie entschuldigend, sie habe einfach nicht mehr die Kraft dafür.

Wir sitzen auf ihrem Balkon, der Blick wandert über das Tal hinweg zu den nahen Bergen, und wir wissen beide, dass es das letzte Mal sein wird. Aber worüber sprechen, wenn die Lebensperspektiven definitiv und unabweisbar auseinandergehen? Welche Einfühlung ist aus einem offenen Lebenshorizont heraus noch möglich gegenüber dem Anderen, der endgültig vor der Schwelle steht, von der nur eines gewiss erscheint: Dass es allenfalls einen letzten Blick zurück, aber keine Wiederkehr gibt. Dass darüber hinaus alles anders sein wird. Hilft es ihr und mir zu sagen, dass früher oder später jede und jeder an demselben Punkt ankommt? Wir sind alle todgeweiht, aber hat nicht der gut reden, für den es jetzt noch keinen Tod gibt, für den dieser unerhörte Grenzübertritt vielmehr in unbestimmter, fast unwahrer Ferne liegt?

Kathrin hat kein Problem damit. Jetzt sei es eben so, das Einzige, was sie wirklich weinen mache, sei das Wissen, anderen Menschen damit wehzutun, dass sie sterben müsse. Sie selbst könne nach wie vor von außen auf sich blicken, als habe das alles nichts mit ihr zu tun, und dann müsse sie sich wieder daran erinnern, dass doch sie es sei, der das alles passiere. Aber sie könne ohne jede Bitterkeit aus dem Leben gehen, sie habe ein gutes und schönes Leben gehabt und da sei nichts, was sie noch vorgehabt hätte. Es sei richtig gewesen, dass ich sie in den Jahren seit der Krebsdiagnose nicht nur dazu ermutigte, das Leben mit voller Intensität zu genießen, sondern auch dazu anhielt, den möglichen Tod im Auge zu behalten, um die schmerzliche Fallhöhe zwischen heller Freude und bitterer Enttäuschung zu verringern.

Wie lange wird es jetzt noch dauern? Sie weiß es nicht genau und will es auch nicht wissen. Sie will auf alles vorbereitet sein und es dann so nehmen, wie es kommt. Mir werden die Augen feucht, ich bewundere sie für die Tapferkeit in dem Moment, in dem das Leben ihrer am meisten bedarf. Eine Kraft wird darin spürbar, die weit stärker ist als die Trauer darüber, dass dieses Leben zu Ende geht. Sie könnte daher rühren, sich mitsamt der Endlichkeit in einer umfassenden Unendlichkeit geborgen zu wissen, für die es nicht wichtig ist, welchen Namen sie trägt. Für Kathrin ist es Gott, aber es kommt ihr nicht darauf an. Sie ist sich auf jeden Fall sicher, in ein anderes, noch schöneres Leben als diesem hier hinüberzugehen.

Eine letzte Umarmung und dann noch ein allerletztes Gespräch, das wir einige Tage später am Telefon führen, ihre Stimme ist matt und schon so fern. Mühsam formuliert sie Sätze und ist dabei nicht mehr ganz von dieser Welt. Sie ist müde und will nur noch schlafen, sie sei völlig bereit für den Tod, sagt sie, aber es solle schnell gehen. Es ist erschütternd ohnegleichen im Körper, in der Seele, im Geist, bewusst ein allerletztes »Adieu« zu sagen. Immer gibt es noch ein Später, ein anderes Mal, ein Irgendwann, aber jetzt nicht mehr, nie mehr. Solange das Leben da ist, sind Möglichkeiten da. Der Tod aber vernichtet alle Möglichkeiten, das Leben wird zur Wirklichkeit, die abgeschlossen ist. Andere können sie noch interpretieren, aber an ihr selbst ist nichts mehr zu ändern. Die Unwiderruflichkeit ist ungeheuerlich.

Kathrin will mir »von oben zusehen, wenn ich Zeit dafür habe«, das ist ihr letztes Wort. Es gibt mir zu denken: Könnte es sein, dass das Leben dort oben, oder wo auch immer, kein Leben *in der Zeit* mehr ist, dass sie also im vollen Sinne des Wortes keine Zeit mehr haben wird? Zeit ist das, was die Welt der Endlichkeit regiert, sodass alles, was in ihr wirklich wird, vergänglich ist. Jeder Anfang in ihr wird auch ein Ende haben, und die Schwierigkeiten des Anfangs werden noch übertroffen von denen, die das Ende bereitet. Die Unendlichkeit aber müsste zeitlos und problemfrei sein, ohne Anfang und Ende, unwirklich und unvergänglich. Wie ist das vorstellbar? Es ist zu abstrakt, kein Bild steht mir vor Augen, nicht einmal eine Ahnung wird spürbar. Vorstellbar ist für mich auch nicht, dass der oder die Tote weiterhin eine Person sein könnte, denn auch eine Person ist nur eine Gestalt in der Zeit. Bleibt nicht wenigstens das Wesentliche, die Energie, die die Person durchs Leben getragen hat, über das Leben hinaus erhalten, wenn der Energieerhaltungssatz gültig ist? Ist das ein Trost?

Ausgerechnet jetzt geht ein Gewitter nieder, Regen prasselt ans Fenster, als würde es Tränen hageln. Wie der Zufall oder eine merkwürdige Fügung es will, halte ich mich zu Vorträgen in Hertenstein in der Nähe des Berges Rigi auf, von wo aus ich Kathrin vor zwei Jahren schon einmal anrief und sie inmitten tiefer Niedergeschlagenheit vorfand. Es ist der Berg, für den sie mich begeistert hat, sie hat mir die wundervollen Ausblicke gezeigt, die er auf allen Wegen hoch über dem tiefblauen Vierwaldstätter See gewährt, etwa auf die schneebedeckten Gebirgszüge des Titlis. Das hat auch Andere angerührt, »denn es war ein nie gesehener, nie wieder zu schauender Anblick, und wir verharrten lange«, erinnerte sich Goethe in *Dichtung und Wahrheit*, nachdem er 1775 auf den Spuren von Wilhelm Tell dort weilte.

Dorthin flüchte ich in diesem Moment, in dem meine vertraute Freundin unendlich müde ist und im Sterben liegt. Dort denke ich an die gemeinsamen Unternehmungen zurück, fast immer in Sichtweite der (oder des) Rigi, etwa in Luzern auf dem Hotelbalkon, auf dem ich ihr eine Kolumne über den Wurstsalat vorlas, an der ich schrieb und über die wir uns bogen vor Lachen. Einmal saßen wir oben auf der Terrasse von Rigi Kulm mit dem Blick rundum über die ganze Welt, und auf dem Rückweg aßen wir in der Gaststätte an der Haltestelle der Bergbahn, Rigi Kaltbad, selbstverständlich Wurstsalat. Als das Bezirksspital mir zum Abschied nicht nur einen *Apéro*, sondern auch ein paar Hotelübernachtungen an einem Ort meiner Wahl irgendwo in den Bergen spendiert, überlege ich nicht lange: Diese Tage verbringe ich auf der Rigi. Hier beginne ich darüber nachzudenken, was von der Arbeit im Krankenhaus bleibt. Einige Zeit halte ich mich von Affoltern fern, um den Blick von außen wiederzugewinnen, der der Reflexion förder-

lich ist, und auch aus anderen Gründen: Es gehen dort unerwartete Veränderungen vor sich. Erst Jahre später kehre ich
besuchsweise an den Ort meiner einstigen Tätigkeit zurück.

Was bleibt von der Arbeit im Krankenhaus?

Die Wiesen am Hang hinter den Häusern, wo in den Anfangs-
jahren noch Kühe weideten, sind mittlerweile mit adretten Neu-
bauten übersät. Das Zimmer, das ich auf dem Klinikgelände
bewohnte, meine »Mönchsklause«, musste ich im Laufe der
Jahre mehrfach wechseln, immer auf der Flucht vor den jeweils aktuellen räumlichen Erweiterungen. Selbst die *Schmied-*
stube, die in der Nähe des Spitals gelegene Gaststätte, die ich
gerne frequentierte, blieb in dieser Zeit nicht dieselbe: Ein
neuer Service sollte Bedürfnisse einer anderen Art von Gästen
befriedigen, der Wandel vom volkstümlichen Treff beim Bier
zum erotischen Stelldichein auf den Zimmern nötigte mich
zum Umzug in die Bahnhofsgaststätte *Löwen*, die etwas besser
beleumdet war. Auch dort konnte ich im Freien sitzen und an
lauen Abenden am Vortrag für den nächsten Tag feilen, manchmal etwas verzweifelt, weil die Sätze sich nicht fügen wollten.

Die Philosophiewochen endeten jeweils mit einer *Schluss-*
runde, bei der ich allen im Haus, die sich dafür interessierten,
meist etwa 20 oder 30 Ärzten, Mitarbeitenden und Vertretern
der Leitungsebene, von meiner Arbeit berichtete. Neben dem
Zweck, Rechenschaft zu geben, versuchte ich einen Blick für
das Haus als Ganzes zu vermitteln und die Aufmerksamkeit
auf Zusammenhänge zu lenken, in der Hoffnung, damit zum
Zusammenwirken der einzelnen Bereiche beizutragen. Ich erzählte von den Gesprächen, die ich führte (anonymisiert), von

der Mitarbeit in den verschiedenen Abteilungen des Hauses, von den besprochenen Themen in den vielen Arbeitsgruppen. Auch rekapitulierte ich die Vorträge und Seminardiskussionen und berichtete vom medialen Interesse, das über die Jahre hinweg konstant anhielt – es galt sowohl der philosophischen Arbeit als auch dem Haus, das ein solches Experiment wagt.

Ein paar Jahre nach meinem Engagement bin ich erneut hier und stelle nach den vielen Schlussrunden eine *Gesamtschlussbetrachtung* für mich selbst an: Was war meine Arbeit? Welche Einsichten habe ich gewonnen? Was ist aus der Grundidee des Hauses geworden? Unter den signifikanten Veränderungen, die ich vorfinde, ist die *Schmiedstube*, die nun vom Erotiktreff zur Shisha-Lounge *Volcano* mutiert ist, noch die kleinste. Die größte ist das Spital, das ein anderes geworden ist. Am Empfangstresen kann ich mit niemandem scherzen, ich muss mich mit Namen und Anliegen erst vorstellen. Die Fluktuation ist bemerkenswert: Etliche der Engagierteren haben das Haus verlassen, einige infolge von Auseinandersetzungen, andere fanden andernorts bessere Arbeitsbedingungen und Aufstiegschancen. Auch die Leitung des Hauses ist ausgetauscht, Konsequenz eines heftigen Streits über die strategische Ausrichtung, den ich zum Teil selbst noch miterlebt habe: Was soll maßgebend sein, materielles Interesse oder ideelles Konzept? Das Konzept, das für die Einen die Voraussetzung dafür war, wirtschaftlich erfolgreich zu sein, hielten die Anderen nun definitiv für einen Klotz am Bein der Wirtschaftlichkeit. Und zweifellos steckte, wie so häufig, die Unverträglichkeit von Personen hinter der Unversöhnlichkeit der Ansätze.

Die Probleme, die allen guten Ansätzen zum Trotz schon gegen Ende meiner Mitarbeit unübersehbar waren, könnten mit der Idee des integrativen Konzepts selbst zu tun gehabt haben. Die oft eingeforderte *Interdisziplinarität* erwies sich nicht nur sprachlich, wie üblich, als Zungenbrecher, sondern erzeugte auch aus anderen Gründen Unbehagen. Mit ihr sollte mehr Gemeinsamkeit erreicht werden, aber die ist im Zweifelsfall eine Frage der Definition. Jede Definition wirft Fragen auf: Wer definiert und was ist mit denen, die der Definition nicht folgen wollen? Ein *Konsens* sollte das Ziel sein, auf den jedoch zwangsläufig Kontrolle folgte: Wer weicht ab und wie ist er oder sie auf den gemeinsamen Boden zurückzuführen? In den zeitlich eng begrenzten Philosophiewochen ergab sich Gemeinsamkeit aus den Themen, von denen sich viele angesprochen fühlten. Im Klinikalltag scheint es andersgeartete Praktiken gegeben zu haben. Zwar finden die meisten Menschen Gemeinsamkeit schön und bejahenswert, aber sie legen großen Wert darauf, dass sie aus freien Stücken zustande kommt.

Ein Problem hieß *Macht*, einer alten Erfahrung gemäß: Gerade diejenigen, die eine gute Sache vertreten, fühlen sich dazu legitimiert, sie mit einem Machtanspruch zu verbinden. Der aber unterminiert oftmals die zugrundeliegende gute Idee. Womöglich hat die Thematisierung von Macht im Rahmen der Philosophiewochen ein Übriges dazu getan, dass Machtfragen auf die Tagesordnung gerieten. Wäre es besser gewesen, die Finger von diesem Thema zu lassen? Nicht wenige zogen aus dem offenen Sprechen über Macht den Schluss, in die Offensive gehen zu sollen. Und so loderten nach den Vorträgen und Diskussionen über Fragen der Macht heftige Auseinandersetzungen in verschiedenen Arbeitsbereichen und auch auf der Leitungsebene des Hauses auf, ohne noch geschlichtet werden zu können. Keine Moderation, keine Mediation vermochte etwas daran zu ändern.

Wenn Menschen sich ineinander verhaken, können sie sich

kaum noch voneinander befreien, das war bei dieser Gelegenheit schmerzlich zu lernen. Dass ich mich herauszuhalten versuchte, half mir nichts: Die streitenden Parteien waren von der Richtigkeit ihrer jeweiligen Sichtweise so überzeugt, dass ihnen die Zurückhaltung als Verrat erschien. Alles reduzierte sich auf die biblische Formel: Wer nicht für mich ist, der ist gegen mich. Nur mit Mühe, mit großen Einbußen, Vertrauensverlusten und Zerwürfnissen konnten einige Errungenschaften des Hauses durch diejenigen bewahrt werden, die trotz allem an ihrem Arbeitsplatz die Ideen und Werte, die ihnen weiterhin überzeugend erschienen, hochzuhalten versuchten.

Die aufbrechenden Fragen der Macht gingen mit verletzten Gefühlen einher. Es herrschte zu dieser Zeit die psychologische Norm vor, Gefühle *zeigen* zu müssen, die besser zurückgehalten worden wären. In Vorträgen zur Lebenskunst im Umgang mit sich und Anderen hatte ich zu erklären versucht, dass das Zeigen von Gefühlen eine Option ist, eine andere Option je nach Situation jedoch, dieses Zeigen zu *mäßigen*. Gegen das herrschende Paradigma kam ich nicht an. Wenige Personen reichten aus, um mit ihren rückhaltlos gezeigten Gefühlen die Gefühle Anderer so zu verletzen, dass diese ihrerseits mit gezeigten Gefühlen zurückschlugen, bis kein tragfähiger Boden der Gemeinsamkeit mehr übrig blieb. Nicht Maß und Klugheit, nicht Machtteilung und Wechselseitigkeit der Machtausübung standen in Frage, nur noch die Durchsetzung eigener Interessen um jeden Preis. Bewährte Freundschaften zerbrachen darüber, in der finalen Unversöhnlichkeit erneut verletzend.

Verletzte Gefühle spielten wohl auch eine Rolle beim Umgang mit *Öffentlichkeit*, zunächst in ihrer *hausinternen* Form. Dass der Umgang mit Informationen eine sensible Angelegenheit ist, keineswegs nur für Andere, sondern auch für das eigene Ich, ist nicht überraschend. Komplizierter wird alles dadurch, dass Menschen sich nicht etwa nur dann verletzt fühlen können, wenn sie einer Offenlegung und Weitergabe von Informationen, die sie betreffen, nicht zugestimmt haben, sondern auch dann, wenn sie zugestimmt haben, eine Offenlegung und Weitergabe aber unterbleibt. Problematisch ist erst recht die *anonyme* Offenlegung und Weitergabe, etwa in der Form: »Es ist zu hören, dass einige gesagt haben, nicht alle seien zufrieden mit dieser Arbeit ...« – Ein Klima der Verdächtigung entsteht auf diese Weise: Wer hat mich verleumdet? Es wäre besser, im eigenen Namen zu sprechen (»Ich meine, dass ...«), Bedenken selbst konkret zu äußern, Anregungen selbst zu geben, auf Probleme, die als solche erscheinen, selbst aufmerksam zu machen. Da aber auch das übelgenommen werden kann, bleibt wohl nur die Wahl zwischen zwei Übeln.

Zu einem Unruheherd wurde darüber hinaus die *externe* Öffentlichkeit, die durch Berichte in Zeitungen, Zeitschriften und Radiosendern entstand, teils auf der Basis von *Interviews* (neben Einzelgesprächen, transversaler Arbeit, Vorträgen, Arbeitsgruppen ein fünfter Schwerpunkt meiner Arbeit), teils auf der Basis genehmigter journalistischer Recherchen im Haus. Mediale Öffentlichkeit heißt, dass außer Dingen und Verhältnissen eventuell auch die eigene Person für viele Menschen sichtbar wird und Aufmerksamkeit erfährt. Das ist vermengt mit Lust, wenn die Aufmerksamkeit erwünscht ist, oder aber mit Angst, wenn sie unerwünscht ist. Aufmerksamkeit kommt zudem prinzipiell in den Modi des Zuviel und Zuwenig vor. Neid und Missgunst entstehen, wenn nach eigenem Dafürhalten dem Ich zu wenig, Anderen hingegen zu viel Aufmerksamkeit zuteilwird. Irritationen in den menschlichen und kollegialen Beziehungen, die damit in manchen Fällen einhergingen, verschwanden nicht mehr, sobald sie Einzug gehalten hatten. Eine Lösung dafür wäre der Verzicht auf jegliche Öffentlichkeit gewesen, der aber von vornherein festgelegt und dann hätte durchgehalten werden müssen.

Probleme im Umgang miteinander wurden umso empfindlicher wahrgenommen, je mehr sie aus subjektiver Sicht im Kontrast zu den menschenfreundlichen Grundsätzen des Hauses standen. Kaum jemand zog in Betracht, dass auch gutgemeinte Grundsätze nicht die Polarität des Lebens außer Kraft setzen können. Menschen wollen daran glauben, dass das Gute in reiner Form realisierbar ist, wenigstens auf einer Insel, abgeschottet gegen eine ungute Umwelt. Umso schmerzlicher ist die Enttäuschung, wenn es wieder nicht gelingt, aus welchen Gründen auch immer. In diesem Fall lag ein Grund darin, dass die Leitung des Hauses in Zeiten, in denen das gesamte Gesundheitswesen immer neue politische Vorgaben für Einsparungen zu bewältigen hatte, nicht um Entlassungen herumkam. Das widersprach nicht nur in den Augen der Betroffenen dem Grundsatz des Leitbildes, jeden Einzelnen in seinem ganzen Menschsein zu achten. Eine Lehre daraus wäre, nie darauf zu setzen, dass ein alleiniges Regiment des Guten und der Harmonie in einer Institution, einem Unternehmen, einer Gesellschaft möglich ist, sondern immer ein gewisses Maß an Ungutem und Konflikten als Kontinuum vorauszusetzen. Es ist ein Segen gehobener Ansprüche, an der Verbesserung einer misslichen Realität arbeiten zu können. Es ist ein Fluch gehobener Ansprüche, an jeder besseren Realität zu leiden, die immer noch nicht das erstrebte Beste zustande bringt.

Ferner gab es konstitutionelle Gründe dafür, dass das anspruchsvolle Projekt ins Stolpern geriet: Dazu dürfte die Trägerschaft des Hauses durch mehrere Gemeinden zu zählen sein, deren gegensätzliche politische Interessen sich in wankelmütigen Personalentscheidungen niederschlugen. Mal sollte das Projekt gefördert, mal bekämpft werden, bis alte Weggefährten sich nicht mehr über den Weg trauten und letztlich die verdienstvollen Gründer des Modells selbst ihren Abschied nahmen. Die Geschichte kennt Beispiele dafür, dass vielversprechende Ideen erst einmal in der Praxis scheitern müssen, bevor sie zu anderen Zeiten unter anderen Bedingungen wieder aufgegriffen werden können; so manche Revolution fand so ihren Weg.

Tragischerweise sind es aber oft die engagiertesten Protagonisten, die die Weiterverbreitung ihrer Ideen verhindern, da sie diese zu sehr als ihr Eigentum begreifen, an dem Andere sich nicht vergreifen dürfen. Überall sehen sie Verschwörungen gegen ihre gute Sache am Werk, deren Verwirklichung ihnen nicht schnell genug gehen kann. Statt auf den Charme der Ideen zu setzen, schwingen sie die Keule der Macht, um den Prozess zu beschleunigen – und vergrößern damit die Widerstände, die sie ausschalten wollen. Die beste Zeit einer Idee bricht vermutlich immer erst dann an, wenn ihr die ersten Vorkämpfer nicht mehr im Weg stehen. Im Übrigen gilt: Menschen durchirren nun mal ihr Leben. Welcher Weg ein Irrweg ist, zeigt sich erst im Nachhinein, dann aber vor aller Augen, das erhöht die Überzeugungskraft der besseren Idee entschiedener als alle noch so guten Argumente.

Und was bleibt für mich persönlich? In den Begegnungen mit Menschen und ihren Schicksalen habe ich sehr viel über all das gelernt, was Menschen bewegt. Mir ist klarer geworden, welche Rolle das Motiv der *philosophischen Seelsorge* auch für meine sonstige Arbeit in Form von Büchern, Vorträgen, Seminaren, Gesprächen und anderen Formen der Kommunikation spielt. Einige Themen erschlossen sich mir in ihrer existenziellen Tragweite erst hier: Die Befreundung mit sich selbst, die Beziehungen zu Anderen, die Frage nach Glück, die Suche nach Sinn. Neu war für mich, wie gerne Menschen über sich und ihr Leben sprechen. Verblüfft war ich über den Reichtum an Möglichkeiten, das Leben zu bewältigen, gerade in der Konfrontation mit großen Herausforderungen. Auch Illusionen helfen dabei, wenngleich es wünschenswert wäre, sie in dieser Funktion zu erkennen, um ihnen nicht ausgeliefert zu sein, sollten sie sich als unlebbar erweisen.

Es war eine Entdeckung für mich, dass die Philosophie Menschen dabei behilflich sein kann, schwierige Lebenssituationen zu bewältigen, und dass diese Hilfe darin besteht, ein *Verständnis des Lebens* zu gewinnen, das ermöglicht, die Situation einzuordnen und eine Haltung dazu zu finden. »Du musst das Leben nicht verstehen«, meinte zwar Rainer Maria Rilke in einer am 8. 1. 1898 in Berlin-Wilmersdorf niedergeschriebenen Gedichtzeile. Er arbeitete unter dem Eindruck seiner Affäre mit Lou Andreas-Salomé an der Gedichtsammlung *Dir zu Feier*, aus der dann *Mir zur Feier* hervorging. Aber auch das ist ein mögliches Verständnis des Lebens: Das Leben zu verstehen heißt auch zu verstehen, dass nicht immer alles zu verstehen ist. Von der Arbeit im Krankenhaus habe ich sogar den Eindruck mitgenommen, dass das Leben weit ins Unverständliche hineinragt – dass aber auch das ein Element seiner omnipräsenten Polarität ist. Das Leben erprobt nicht nur das, was Menschen gut nachvollziehen können, sondern auch das, was ihnen unmöglich und aberwitzig erscheint. Dem unerklärlichen, blinden Zufall könnte eine größere Rolle im Leben zukommen, als ihm dies nach modernem Lebensverständnis zugebilligt wird.

Selten in meinem Leben hatte ich so sehr das Gefühl, gebraucht zu werden, selten erfuhr ich so viel über mich, meine Möglichkeiten und Grenzen. Die organisatorische Verdichtung in der begrenzten Zeit der Philosophiewochen verlangte allen Beteiligten jedoch ein hohes Maß an Konzentration ab, das bei einer auf Dauer gestellten Arbeit nicht aufrechtzuerhalten wäre. Das gilt ebenfalls für die Verdichtung des Denkens in den verschiedenen Formaten von Einzel- und Gruppengesprächen, Vorträgen und Seminardiskussionen. Eine Folge der großen Anspannung war bei mir selbst immer wieder ein Kräfteverschleiß, der dazu führte, dass ich nach der Rückkehr zuhause irgendeinen Infekt auszukurieren hatte. Eine verstetigte Arbeit als philosophischer Seelsorger in einer Institution oder einem Unternehmen müsste von vornherein *poröser*, luftiger, weniger dicht angelegt sein.

Dass Menschen den Raum des Innehaltens und Nachdenkens bestärkt verließen, war augenscheinlich oft der Fall, und die Nachfrage blieb anhaltend groß. Würde ich die Arbeit neu beginnen, würde ich die Gesprächspartner jedoch um eine *Evaluation* bitten, nicht so sehr unmittelbar nach den Gesprächen, sondern einige Zeit später, um genauer ausfindig zu machen, was philosophische Denkanregungen bedeuten und bewirken können.

Oft konnten die Gespräche vermutlich eine *Erstverbesserung* bewirken, aber es wäre wichtig zu wissen, was davon auf längere Sicht bleibt, wenn die Mühen des Alltags wieder durchgestanden werden müssen. Was hilft ein beflügelndes Gespräch, wenn ein Mensch dann doch wieder mit gebrochenen Flügeln am Boden liegt? Nur in einigen Fällen, meist zufällig, erhielt ich Kenntnis von einer nachhaltigen Wirkung im Sinne eines besseren Zurechtkommens mit sich, mit Anderen und dem Leben. Wären solche Wirkungen auch möglich, wenn die Gespräche in der »Wolke«, also im virtuellen Raum, mithilfe elektronischer Medien, geführt werden würden, an einem virtuellen Krankenbett, wie ja wohl auch die medizinische Versorgung zumindest teilweise virtualisiert werden wird? Das ist eine offene Frage. Offen ist aber vor allem, ob die Seelsorge, wo und in welcher Gestalt auch immer, überhaupt zu einem Teilgebiet der Philosophie werden kann.

Überlegungen zu einer veränderten Philosophie in einer anderen Moderne

Ob die Philosophie dort hilfreich sein kann, wo das Leben schwierig wird, ging mir im Vorfeld der Arbeit als philosophischer Seelsorger durch den Kopf. Die Erfahrung erbrachte die Antwort, dass die Philosophie weit mehr kann, als sie selbst es sich zutraut. Sie kann eine Hilfe fürs Leben *aufgrund* ihres Spiels mit Gedanken und ihrer Arbeit an Begriffen sein. Die Philosophen wissen oftmals von den praktischen Möglichkeiten des Denkens zu wenig, weil sie die Hochhäuser der Theoriebildung zu selten verlassen, um sich in die Niederungen der Praxis vorzuwagen. In der Praxis sind Erfahrungen zu machen, aus denen viel zu lernen ist, wenn Nachdenklichkeit auf sie folgt. Die Schlüsse, die im Denken gezogen werden, können die Praxis verändern. Umgekehrt kann die Praxis das Denken verändern, wenn klar wird, dass das, was in der Theorie richtig ist, in der Praxis nichts taugt. Auf diese Weise können eine gut durchdachte Praxis und eine erfahrungsgesättigte Philosophie zustande kommen.

Was Menschen brauchen und die Philosophie ihnen geben kann, ist *Besinnung*. Das ist die »geistige Nahrung«, die der Philosophie zugeschrieben wird: Gedankliche Anregungen für die tiefgründigere Beschäftigung mit Lebensfragen bieten zu können, damit ein überlegteres Leben und Arbeiten möglich wird, nicht nur im privaten Leben und nicht nur im Krankenhaus, sondern in allen Lebensbereichen. Die philosophische Lebenshilfe dient nicht einer ohnehin vergeblichen Perfektionierung, sondern einem besseren Verständnis des Lebens um einer bewussten Lebensführung, einer Lebenskunst willen.

Die Philosophie kann bestehende Bedingungen analysieren und Menschen auf Ideen bringen, indem sie Möglichkeiten des Lebens aufzeigt. Über das Einzelne hinaus kann sie das Allgemeine erschließen, das den Sinn des Einzelnen besser erkennen lässt. Sie kann trösten, indem sie den Blick weitet und damit einem starken Bedürfnis entgegenkommt, das nicht wenige Menschen in einer verengten Lebenssituation entwickeln. Ein kraftvolles Motiv für das Leben und Arbeiten, das Zusammenleben und Zusammenarbeiten ist der erweiterte Blick, der in der besonderen Situation des Lebens, der Institution, des Unternehmens, der Gesellschaft leicht verlorengehen kann. Die Philosophie ist dabei behilflich, die eigene Rolle im größeren Rahmen wieder zu sehen und die Gemeinsamkeit mit Anderen zu suchen, die aus vereinzelten Tätigkeiten und Fertigkeiten ein organisches, menschlich reiches, immerzu wechselwirkendes Werk macht.

Das eigene Leben wird als Bestandteil einer Welt wahrnehmbar, die umfassender ist als die unmittelbare Realität, vermutlich auch umfassender als alle Realität, die Menschen zu erkennen vermögen. Mit *universeller Besinnung* gelingt es, möglichst viele Zusammenhänge in den Blick zu bekommen, ganz im Sinne von Platons »Blick über alle Zeit und alles Sein« (*Politeia*, 486a). Die Philosophie ist die *Verknüpfungswissenschaft*, die alle

Bereiche des menschlichen Lebens und des Wissens darüber in ihrem Zusammenwirken sieht. Das aktuell verfügbare Wissen der verschiedensten Wissensdisziplinen lässt sich dafür heranziehen, ohne den momentanen Wissensstand mit der Gesamtheit des möglichen Wissens zu verwechseln. Seit jeher haben Philosophen sich als Generalisten des Wissens verstanden, wer sonst könnte die Kleinteiligkeit des Einzelwissens wieder in größere Zusammenhänge eingliedern und das verfügbare Wissen für ein besseres Verständnis des Lebens und Arbeitens nutzbar machen?

Jeder Philosoph sollte selbst in einem Spezialgebiet des Wissens verankert sein, um die Wissensarbeit aus eigener Erfahrung zu kennen, aber er sollte auch darüber hinaus blicken können, um so weit wie möglich anderes Wissen kennenzulernen und zugleich die Fragwürdigkeit allen Wissens und die unbestimmbare Größe des Nichtwissens im Blick zu behalten. Auf diese Weise kann er seinem Begriff gerecht werden, ein Freund (*philos*) der Weisheit (*sophia*) zu sein – ohne dies mit dem Besitz von Weisheit zu verwechseln, denn Freundschaft kann kein Besitz von etwas oder jemandem sein. Wenn Andere ihm Weisheit zusprechen, sollte er es besser wissen: Wirklich weise ist nur der, der sich um Weisheit bemüht. Wer glaubt, sie gefunden zu haben, fällt von selbst in den Zustand der Unweisheit zurück.

Auf diese Weise nehmen Philosophen an der Wissensarbeit teil, die Dinge und Verhältnisse klarer zu machen versucht und Zusammenhänge klärt, soweit dies möglich ist, traditionell *Aufklärung* genannt. Es erscheint sinnvoll, sich zur Erfüllung dieser Aufgabe nicht nur an die bereits Aufgeklärten zu wenden, die sich in ihrer Aufgeklärtheit wechselseitig bestätigen, sondern auch an diejenigen, die der Aufklärung bedürfen und nach ihr fragen, um sie zur Grundlage einer bewussten Lebensführung machen zu können. Das wirkt sich auf die Sprache der Philosophie aus, die nicht verunklaren, sondern klar verständlich sein sollte. Es kann sich nicht um Aufklärung handeln, wenn zum Verständnis komplizierter Ausführungen vorweg der Besuch von Universitätsseminaren erforderlich ist. Gerade dann, wenn Zusammenhänge komplex sind, erfordern sie ein Begreifen, das sie greifbar und damit handhabbar macht, dazu dienen vertretbare Vereinfachungen. Eine rhetorische Schulung könnte nützlich sein, um zumindest bei außeruniversitären Auftritten eine größere Verständlichkeit zu erreichen.

War die Philosophie in moderner Zeit eine weitgehend theoretische Angelegenheit, sollte eine veränderte Philosophie in einer anderen Moderne Menschen mehr als bisher helfen können, sich in jedem Sinne auf sich und Andere, auf das Leben und die Welt zu besinnen, um sich zu orientieren und das Leben besser verstehen und bewusster führen zu können. Die Verbindung von theoretischer und praktischer Arbeit könnte in Institutionen und Unternehmen, in Städten und Gemeinden auf ähnliche Weise, wie die Aufklärungsarbeit von Philosophen einst die Heraufkunft der Moderne befördert hat, zum Entstehen einer sozial und ökologisch veränderten Moderne in der Gesellschaft und Weltgesellschaft beitragen. Der Rückzug der Philosophie auf sich selbst, wie er vor allem im westlichen Kulturraum über Jahrzehnte hinweg gepflegt worden ist, könnte auf diese Weise wieder korrigiert werden.

Das käme gesellschaftlichen wie auch inneruniversitären Bedürfnissen entgegen, denn gebraucht wird eine Disziplin, die die verschiedensten Wissensbereiche integrieren und auf Lebensfragen beziehen kann, eine wirkliche *Lebenswissenschaft*, die sich nicht darin erschöpft, die naturwissenschaftlichen Grundlagen des Lebens zu erforschen, sondern beständig danach fragt, was das biologische, chemische, physikalische, technologische, psychologische, linguistische, historische, ethnologische, soziologische, ökonomische, ökologische, pädagogische usw. Wissen für den praktischen Lebensvollzug bedeuten kann. Auch wenn die Philosophie Wert darauf legt, um ihrer selbst willen da zu sein, ist sie dennoch ein Bestandteil der arbeitsteiligen Gesellschaft, für die sie die Aufgabe der Nachdenklichkeit übernimmt und von der sie dafür auch honoriert wird, sei es an der Universität aus Steuermitteln, in außeruniversitären Institutionen wie dem Krankenhaus aus Spendengeldern oder auf dem Buchmarkt aus Tantiemen.

Nur die *akademische Philosophie*, die institutionell an die Universität gebunden ist, kann die bestmögliche Aus- und Weiterbildung auch für die praktischen Tätigkeitsfelder von Philosophen garantieren. Sie ist das *Standbein* der Philosophie und muss es bleiben, um ein gezieltes, methodisches, weiträumiges Denken, eine Vertrautheit mit der Geschichte des Denkens, mit dem Fundus der Denkmöglichkeiten und der Herkunft von Denkstrukturen zu vermitteln. Insbesondere die Auseinandersetzung mit der Philosophiegeschichte – wie mit aller Geschichte – macht auf Anhieb klüger, da sie den Reichtum der gedachten Gedanken und der bisher auf der Basis des Denkens verwirklichten Existenzen zu Bewusstsein bringt. Eine wohltuende Distanz zur vorlauten Gegenwart wird möglich, deren Herkunft zugleich klarer hervortritt.

Für das Praktischwerden der Philosophie bedarf es jedoch einer modifizierten Ausbildung, nicht als Ersatz, sondern als Zusatz zum gängigen Lehr- und Lernpensum. Einen ersten Anlauf dazu unternahm die Universität Wien, wo 2014 unter der Leitung von Konrad Paul Liessmann, assistiert von Donata Romizi, ein zweijähriges Zusatzstudium für *Philosophische Praxis* im weiteren Sinne, alle Arten von Praxis umfassend, eingerichtet wurde. Absolventen der Philosophie, ausnahmsweise auch Personen mit Hochschulreife und mindestens fünfjähriger Berufserfahrung, werden damit für praktische Tätigkeiten in verschiedenen Organisationsformen, die dem Nachdenken über Lebensfragen Raum geben, qualifiziert. Im Rahmen dieses Programms ist die einschlägige Philosophiegeschichte durch Textlektüre kennenzulernen. Neben Grundlagen und Beispielen der praktischen philosophischen Arbeit werden Grenzen der Beratung und Abgrenzungen zu anderen Disziplinen erörtert. Auch ökonomische und rechtliche Rahmenbedingungen der Arbeit werden thematisiert.

Weitere Schwerpunkte sind die Befassung mit dem Selbst (Selbsterkenntnis, Selbsterfahrung) und der Gesellschaft, mit der zusätzlichen Frage, welche Rolle die philosophische Praxis in ihr spielen kann. Herzstück der Ausbildung ist die Befähigung zum philosophischen Gespräch mit Einzelnen wie mit Gruppen. Nicht nur theoretisch, sondern auch praktisch ist eine Kunst der Gesprächsführung zu erlernen, die das Eigene, Persönliche nicht in einem schematischen Ablauf ersterben lässt, sondern es als lebendiges Element des Gesprächs bewahrt. Zur Vorbereitung auf eine künftige Tätigkeit ist ein eigenes praktisch-philosophisches Projekt zu entwerfen und zu realisieren.

In verschiedenen Ländern werden Anstrengungen unternommen, die philosophische Reflexion für eine bewusste Lebensführung nutzbar zu machen. In Finnland veranstaltet Esa Saarinen, Professor für Philosophie an der Aalto-Universität, Seminare zu lebensphilosophischen Themen auch in Krankenhäusern. In den Niederlanden stehen in vielen Institutionen *humanistische Berater* für Gespräche über Leben, Glück, Sinn und den Umgang mit Krankheit und Tod zur Verfügung. Ihre Qualifikation erwerben sie mit einem Studium an der Humanistischen Universität Utrecht, die ihr Programm auf die Ermöglichung eines sinnerfüllten Lebens in einer humanen Gesellschaft ausgerichtet hat; den Studienbereich Lebenskunst und Kulturphilosophie verantwortet Joep Dohmen. An der Universität Amsterdam initiierte Daan Roovers 2012 ein Wahlfach *Öffentliche Philosophie*, das interessierten Studenten den Brückenschlag vom Innenraum des akademischen Denkens zum Außenraum des gesellschaftlichen Lebens erleichtert.

In Italien gibt es seit langem *philosophische Lebensberater (consulenti filosofici)*, die eine universitäre Zusatzausbildung für Philosophische Praxis im engeren Sinne, also primär für Einzelgespräche in einer eigenen Praxis, absolviert haben, oft aber nebenbei auch in Krankenhäusern und Psychiatrien arbeiten. An der Universität Venedig, Fakultät für Philosophie und Kulturgüter, kann unter Leitung des Wittgenstein-Experten Luigi Perissinotto seit 2005 ein »Master in Consulenza Filosofica« erworben werden. In Spanien bietet die Universität Sevilla eine solche Ausbildung einschließlich Doktoratsprogramm an.

Eine akademische Aus- und Weiterbildung für praktische Tätigkeiten trägt der Tatsache Rechnung, dass Philosophen seit dem ausgehenden 20. Jahrhundert ohnehin in wachsender Zahl in außerakademischen Bereichen tätig sind. Lange mussten sie sich autodidaktisch aneignen, was sie zusätzlich brauchten. Verpflichtende *Praktika* bereits während des Studiums könnten besser auf solche Tätigkeiten vorbereiten. Viele tragen als Journalisten oder freie Publizisten zur Kultur der kritischen Öffentlichkeit bei, die ein Indikator für den Stand der

Aufgeklärtheit einer Gesellschaft ist. Andere sind als Unternehmensberater, Mitarbeitende von Strategieabteilungen, Coaches, Mediatoren, Mitglieder von Ethikkommissionen, Leiter von Kulturzentren, einige auch als Politiker tätig.

Zahlreiche Diskussionsveranstaltungen, Philosophische Cafés genannt, werden von Philosophen oder philosophisch Interessierten organisiert. Außeruniversitäre Institute, Akademien, Vereine, Volkshochschulen bieten philosophische Veranstaltungen an. In England gründete Alain de Botton 2008 in London eine außeruniversitäre *School of Life*, mit Ablegern in Amsterdam, Antwerpen, Paris, Tel Aviv, Melbourne, Seoul, São Paulo, Berlin; auch eine ähnliche Institution in Hamburg (*modern life school*) ist davon inspiriert.

Philosophische Praxen entstanden, ausgehend von Deutschland, in vielen Ländern. Denkbar wäre darüber hinaus, dass *Stadtphilosophen* ähnlich wie einst Sokrates auf Straßen und Plätzen, in Kneipen und Cafés für Gespräche über alles zur Verfügung stünden. Gerade in digitaler Zeit könnten sie eine persönliche, analoge Anlaufstelle für den kommunikativen Austausch und die Weitergabe von Informationen sein, ein Ankerpunkt für die Integrität der Gesellschaft vor Ort.

Individuelle Kreativität hat dazu geführt, dass eine institutionell ungebundene, *freie Philosophie* entstanden ist, die das *Spielbein* der Philosophie darstellen kann. Sie ergänzt die akademische Philosophie um ein Denken, das inmitten der Gesellschaft seinen Platz hat, existenziell ungesichert und gerade aus diesem Grund sensibel für die Fragen von Menschen, ihre Probleme und die damit zusammenhängenden gesellschaftlichen Entwicklungen. In ihr kommt das *transversale Potenzial* der Philosophie stärker zur Geltung, die Fähigkeit, quer durch die Gesellschaft mit allen Gruppen und Schichten im Gespräch zu sein und quer zu Konventionen zu stehen, Denkgewohnheiten durch Fragen aufzubrechen und das Denken in Bezug zur Existenz zu setzen. Die freie Philosophie kann zur *existenziellen Essayistik* werden, wenn sie Versuche mit einer bewussten Lebensführung anstellt und praktisch erprobt, was sich mit dem theoretischen Denken machen lässt, ob und wie es für individuelle und gesellschaftliche Veränderungen eingesetzt werden kann.

Gerne würde ich mit diesem Buch dazu beitragen, dass die Philosophie sich entschiedener als bisher mit Lebensfragen befasst. Wenn der Sinn des Philosophierens die Besinnung ist, die immer neue Frage nach Sinn, nach Zusammenhängen, dann kann eine umfassende philosophische Besinnung das Bewusstsein für die konzentrischen Kreise wachhalten, in denen Menschen leben. Ausgangspunkt ist das jeweilige Selbst, das seine Kreise zieht und Anderen vergeblich abverlangt, seine Kreise nicht zu stören, denn es lebt und arbeitet mit ihnen. Es ist eingebettet in engere Kreise mit einer überschaubaren Zahl von Anderen und in weitere Kreise mit sehr vielen Anderen in Institutionen und Unternehmen.

Darüber hinaus unterhält es eine Beziehung zur Gesellschaft, in der es als Bürger lebt, und zum jeweiligen Land, in dem es sich aufhält, und ist beheimatet auf dem gesamten Planeten, dessen Weltbürger jeder Mensch ist und von dessen ökologischen Ressourcen jeder abhängt. Zuletzt kann das Selbst sich eingegliedert fühlen in eine transzendente, kosmologische Dimension, mag es sich selbst auch nur für eine verschwindende Nichtigkeit halten. Eine bewusste Lebensführung und Ethik der Sorge möglich zu machen, die auf diese konzentrischen Kreise achtet, ist die Aufgabe eines philosophischen Seelsorgers.

Zum Autor

Wilhelm Schmid, geboren 1953 in Billenhausen (Bayerisch-Schwaben), lebt als freier Philosoph in Berlin und lehrt Philosophie als außerplanmäßiger Professor an der Universität Erfurt. Umfangreiche Vortragstätigkeit, seit 2010 auch in China und Südkorea. 2012 wurde ihm der deutsche Meckatzer-Philosophiepreis für besondere Verdienste bei der Vermittlung von Philosophie verliehen, 2013 der schweizerische Egnér-Preis für sein bisheriges Werk zur Lebenskunst. Er studierte Philosophie und Geschichte in Berlin, Paris und Tübingen. Viele Jahre war er regelmäßig tätig als Gastdozent in Riga/Lettland und Tiflis/Georgien sowie als philosophischer Seelsorger am Spital Affoltern am Albis in der Nähe von Zürich/Schweiz.
Homepage www.lebenskunstphilosophie.de, Twitter @lebenskunstphil

Buchpublikationen:
Von den Freuden der Eltern und Großeltern, 2016, Insel-Bücherei.
Vom Nutzen der Feindschaft, 2015, Insel-Bücherei.
Sexout. Und die Kunst, neu anzufangen, 2015, Insel Verlag.
Vom Glück der Freundschaft, 2014, Insel-Bücherei.
Gelassenheit. Was wir gewinnen, wenn wir älter werden, 2014, Insel Verlag.
Dem Leben Sinn geben. Von der Lebenskunst im Umgang mit Anderen und der Welt, 2013, Suhrkamp Verlag.
Unglücklich sein. Eine Ermutigung, 2012, Insel Verlag.
Liebe. Warum sie so schwierig ist und wie sie dennoch gelingt, 2011, Insel Verlag.
Die Liebe atmen lassen. Von der Lebenskunst im Umgang mit Anderen, 2013, Suhrkamp Taschenbuch. Ursprünglich unter dem Titel: *Die Liebe neu erfinden*, 2010, Suhrkamp Verlag.
Ökologische Lebenskunst. Was jeder Einzelne für das Leben auf dem Planeten tun kann, 2008, Suhrkamp Taschenbuch.
Glück. Alles, was Sie darüber wissen müssen, und warum es nicht das Wichtigste im Leben ist, 2007, Insel Verlag.

Die Fülle des Lebens. 100 Fragmente des Glücks, 2006, Insel Taschenbuch.

Die Kunst der Balance. 100 Facetten der Lebenskunst, 2005, Insel Taschenbuch.

Mit sich selbst befreundet sein. Von der Lebenskunst im Umgang mit sich selbst, 2004, Suhrkamp Taschenbuch.

Schönes Leben? Einführung in die Lebenskunst, 2000, Suhrkamp Taschenbuch.

Philosophie der Lebenskunst – Eine Grundlegung, 1998, Suhrkamp Taschenbuch Wissenschaft.

Was geht uns Deutschland an? Ein Essay, 1993, Edition Suhrkamp.

Auf der Suche nach einer neuen Lebenskunst, 1991, Suhrkamp Taschenbuch Wissenschaft.

Die Geburt der Philosophie im Garten der Lüste, 1987, Suhrkamp Taschenbuch.